经济、能源、环境关系

——北京地区实证研究案例

王虹　著

中国环境科学出版社·北京

图书在版编目（CIP）数据

经济、能源、环境关系：北京地区实证研究案例/王虹著. —北京：中国环境科学出版社，2011
ISBN 978-7-5111-0742-8

Ⅰ. ①经… Ⅱ. ①王… Ⅲ. ①能源经济—区域经济发展—关系—区域环境—研究—北京市 Ⅳ. ①F426.2 ②X321.21

中国版本图书馆 CIP 数据核字（2011）第 208294 号

责任编辑 陈金华
责任校对 唐丽虹
封面设计 玄石至上 照片由陈金华摄

出版发行 中国环境科学出版社
（100062 北京东城区广渠门内大街 16 号）
网 址：http://www.cesp.com.cn
联系电话：010-67112765（总编室）
发行热线：010-67125803，010-67113405（传真）

印 刷 北京东海印刷有限公司
经 销 各地新华书店
版 次 2011 年 10 月第 1 版
印 次 2011 年 10 月第 1 次印刷
开 本 880×1230 1/32
印 张 13.5
字 数 360 千字
定 价 40.00 元

总 序

伴随着世界各国经济水平的发展，能源消耗量的增长对全球资源储蓄量提出了严峻挑战；而能源消耗量和废弃物以及温室气体排放量的增加，对全球的自然承载力形成了巨大压力。经济发展、能源消耗、温室气体排放犹如多米诺骨牌，由此产生一系列连锁反应，对人类生存和发展产生了严峻的威胁，引起了社会各界广泛的关注和研究。

改革开放以来，我国 GDP 呈现指数增长态势，令世界瞩目。伴随着经济持续高速增长，我国能源消费以年均 5.77%的速度递增，2009 年，我国成为世界第二大能源消费国，令国人担忧。更为严峻的是，近些年来，我国能源供需出现的缺口有逐年增大的趋势，特别是对化石能源的消耗，我国对石油进口依存度较高，给我国能源安全造成极大隐患。

北京以建设世界城市为目标，在建设世界城市的过程中，如何构建起安全、可靠、清洁、高效、可持续的能源供应保障体系，已成为北京城市发展的重要问题。虽然自 2007 年以来北京产值能耗水平为全国最低，但是，不容忽略的是，受北京自然条件限制，能源供需缺口大，北京一次能源大部分依赖外供，与发达国家和城市相比，北京能耗增速还处于较高水平，能源利用结构有待进一步优化。在节能方面，当前北京市节能减排的动力仍然主要来自产业结构调整。从长远观点看，北京仍处于经济快速发展的“爬坡”和发展模式转型的“越门槛”阶段，建设世界城市的步伐加快，建筑、交通、居民等需求的规模和水平进一步提高，决定了北京市仍然处于能源需求较快攀升的时期，要实现北京经济发展与能耗降低的目标，科学分析与量化北京经济增长与能源消耗之间的关系是十分必要的。

利用“脱钩”理论对经济、能耗、环境之间关系进行系统研究还不多见。北京工业大学经济与管理学院王虹副教授针对北京经济发展、能源消耗、废弃物排放量的现状，对这三者之间的关系利用“脱钩”“复钩”理论和方法进行测度与分析，分析了北京经济发展与能耗之间、经济发展与废弃物排放量之间、能源消耗与废弃物排放量之间的变动方向与变动程度，研究了能源消耗的变动轨迹与经济增长的非同步点与非同步程度，研究了不同产业能源消耗变动的影响因素，为进一步研究北京节能潜力和降耗空间奠定了基础。我相信，该书的研究成果将对探索北京节能减排的潜力，挖掘北京第三产业的降耗空间，减缓北京生活能源消耗的速度起到一定的促进作用，为相关决策部门和广大科研工作者提供依据和参考。

李京文 2011.10.9.

前　言

纵观历年北京经济、能源、环境之间的变动关系，犹如多米诺骨牌，三者之间存在连锁反应。经济发展，势必造成对能源消耗的增加，而能耗的快速增长，又会加大对环境的压力。北京自然资源相当匮乏，环境对废弃物排放承载力有限，为保持北京经济可持续发展，对北京经济、能源、环境关系的量化分析尤为必要。本书利用北京多年经济发展、能源消耗、环境状况数据，从不同角度、不同层面分析北京经济发展、能源消耗、环境压力之间的变动关系与变动趋势。

一、本书的写作起源

伴随着北京经济发展和人口增加，人口、能源逆向互动，能源供需矛盾日益加深。2009 年年底，北京市常住人口达到 1 755 万人，能源消耗量为 6 570.3 万 t 标煤。人均耗能由 1980 年的 2.12t 标煤上升到 2009 年的 3.81t 标煤。与此同时，第三产业能耗也呈现逐期上升的趋势，其能耗所占比重由 1980 年的 15.59%上升到 2009 年的 42.01%。同期，北京生活能耗构成同样也呈现缓慢上升的趋势，其能耗构成由 1980 年的 7.55%上升到 2009 年的 17.76%，人均生活能耗由 1980 年的 159.99kg 标煤上升到 2009 年的 676.41kg 标煤，为全国平均水平的 2.81 倍。针对北京能源消耗压力增大的现状，研究北京经济增长与能源消耗之间的关系是十分必要的。针对北京第三产业产值能源消耗增加的现状，研究北京第三产业产值与其能耗的变动关系和第三产业能耗降低的空间与可行性措施；针对北京人均能耗不断增大的趋势，研究生活能耗与人口增长之间的变动关系，研究北京生活用能的降耗空间及可行性措施。

二、本书的主要内容

本书对北京经济、能源、环境之间关系分析研究分为 4 个不同层面：

第一层面是研究的基础篇，包括研究的背景、研究的方法和北京经济发展、能源消耗、环境压力的现状；

第二层面是产业篇，在第一层面分析的基础上，首先对北京总体的经济、能源、环境关系进行测度，利用能源库兹涅茨曲线量化分析北京经济发展与能耗之间的变动轨迹，研究其出现拐点的时间。其次分不同产业，分别研究各产业的经济发展、各产业能源、各产业废弃物排放之间两两关系，利用“脱钩”理论与方法，测度各产业经济发展与其能耗之间、经济发展与其废弃物排放量之间、能耗与废弃物排放量之间的“脱钩”“复钩”状态，并计算各自的“脱钩”指数。在对第三产业的分析中，特别对北京交通运输、仓储和邮电业的变动进行了研究与测度。再次利用指数分解法，对影响三次产业能耗变动的影响因素进行因素分析；

第三层面是行业部门篇，在此篇中仅测度北京工业、建筑业经济发展与其能耗和废弃物排放之间的“脱钩”“复钩”关系，分析生活能耗变动的影响因素；

第四层面是案例分析篇，在此篇中利用两个案例，第一个案例是利用指数分解法，对我国 4 个直辖市的能耗总量、生产性能耗和生活能耗的影响因素分别从相对量和绝对量进行了因素分析，根据分析结果，对 4 个直辖市的能耗变动进行了简要评价。第二个案例是实际调查案例，利用非全面调查的方法，对北京市民对于新能源汽车购买意愿进行调查，并对调查结果进行了系统分析。

三、鸣谢

本书的写作过程，需要多年的文献与数据积累，需要多种分析方法的结合运用，在此，感谢曾给予帮助的各位老师与年轻学者，感谢北京市教委人文社科研究计划重点项目的支持与资助。

我期待着读者和同行们的批评指正。

王　虹

2011 年 9 月 1 日

于北京工业大学经济与管理学院

目　录

基础篇

产业篇

行业部门篇

案例分析篇

基础篇

- 绪论
- 研究方法
- 国家、地区、北京经济、能源、环境现状研究
- 北京经济、能源、环境之间关系的研究

第 1 章　绪论

改革开放以来，北京地区生产总值呈现指数增长态势，2009 年，北京地区生产总值占全国 GDP 的 3.54%；伴随着经济持续高速增长，北京能源消费以年均 4.36%的速度递增，2009 年，占全国能耗总量的比重 2.14%，能源利用效率在全国为领先水平。分析北京经济发展现状，面临以下两个主要制约因素。

第一，能源资源“有限性”制约因素。北京是一个能源资源相对贫乏的地区，长期以来，北京能源供需矛盾突出，北京地区自有能源有限，所消费的能源基本是由京外各地区输入，能源引入比例从 1980 年的 69.11%增至 2009 年的 92.76%。如果按能源消费年均增长 4.36%的速度递增，能源势必成为制约北京经济发展的严重“瓶颈”。

第二，结构节能“有限性”制约因素。目前，北京对一些高耗能企业的搬迁调整工作基本完成，1980—2009 年，北京工业增加值构成由 62.5%下降到 19.0%，工业能耗由 70.95%下降到 36.41%，通过“结构节能”的空间越来越小。但是，北京与世界城市（纽约、东京、伦敦）相比，在能耗增速、单位产值能耗、人均能耗等方面存在较大差距，北京应将节能途经转向第三产业节能、管理节能和技术节能。

鉴于北京面临的“有限性”制约因素，针对北京经济、能源、环境多方面变动结果，对北京这三方面关系进行实证分析与研究。

1.1 研究背景

从整体上看，多年来，北京社会经济发展一直处于较快增长时期，产业结构调整力度加大，伴随着城市化进程，北京人口逐年增多，能源供需矛盾加剧，环境压力加大。

1.1.1 北京经济发展迅猛

新中国成立至今，北京经济发展变化迅猛。有数据显示，新中国成立初期，北京市生产总值仅为 2.8 亿元，人均生产总值约合 66 元。新中国成立后，北京经济迅速恢复发展，到 1978 年，北京地区生产总值达到 108.8 亿元，人均生产总值上升到 1 257 元。2009 年，北京全年实现地区生产总值 12 153 亿元（按当年价格计算），比上年增长 10.2%，按常住人口计算，全市人均地区生产总值达到 70 452 元，比上年增长 6.3%。若以改革开放以后的数据为例，这种变动趋势则更加明显。见图 1-1。

图 1-1 显示，改革开放后，北京积极调整经济发展战略，全市经济增长步伐明显加快。从生产总值年均增长速度看，按可比价格计算，改革开放后第一个 10 年年均增长 10.02%，第二个 10 年年均增长 9.70%，第三个 10 年年均增长 11.97%。从人均生产总值看，继 1979 年人均生产总值突破 6 000 元之后，1986 年突破 1 万元，1995 年突破 2 万元，2000 年超过 3 万元，2004 年和 2006 年分别突破 4 万元和 5 万元，2009 年，超过 6 万元，为 62 850 元/人，地区生产总值也突破 1 万亿元，达到 12 153 亿元，按可比价口径是 1952 年的

300 多倍，是 1978 年的 21 倍。从经济发展战略来看，北京市生产总值在 1988 年提前两年实现比 1980 年翻一番的基础上，1995 年提前 5 年实现再次翻番目标，顺利完成前两步的现代化战略任务。2002 年，北京市九次党代会提出北京“新三步走”战略，构建了未来 50 年北京市经济社会发展的宏伟蓝图。2008 年，北京提前两年实现了基本现代化，2009 年经济总量比 2002 年翻了一番，年均增长 12%。2009 年北京生产总值环比增速为 10.19%，此增长速度与其他直辖市相比低于天津和重庆的 16.5%和 14.9%，高于上海的 8.2%，但若计算每增长 1%的绝对值，北京增长的绝对量仅低于上海，为 121.53 亿元。

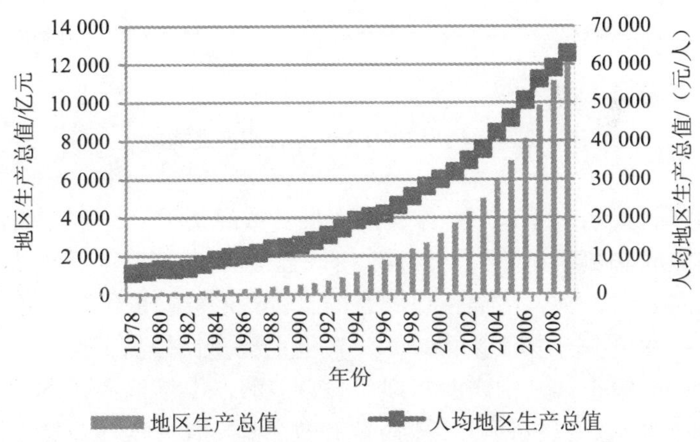

* 图中地区生产总值和人均地区生产总值均为 2005 年可比价计算。

数据来源：历年《北京统计年鉴》。

图 1-1　1978—2009 年北京地区生产总值和人均生产总值

1.1.2 产业结构日趋合理

伴随着北京经济高速发展，北京产业结构日趋合理。从北京产业结构演进的总体状况看，北京第一产业结构稳步下降，第二、第三产业结构呈现较为明显的剪刀分布，见图 1-2。

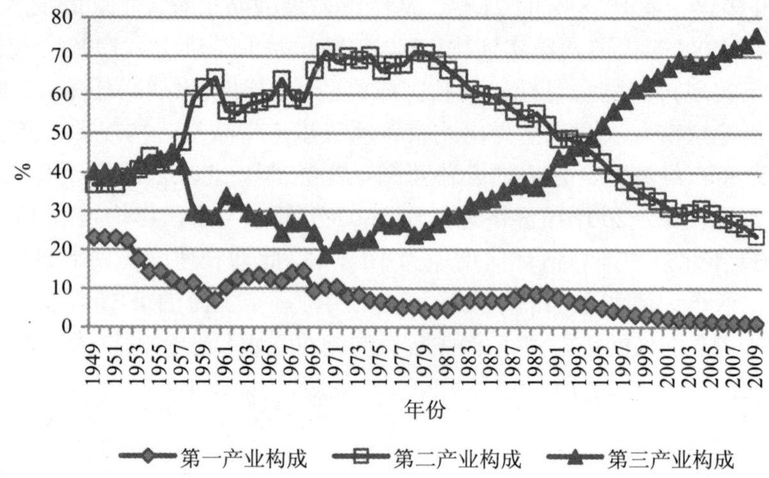

数据来源：《北京统计年鉴 2010》。

图 1-2　1949—2009 年北京三次产业构成

图 1-2 显示，北京产业结构的发展大致经历了以下 4 个阶段：从新中国成立初期到 1957 年为第 1 阶段，此时北京三次产业结构构成为“三、二、一”格局，但此时的二、三产业构成十分接近；从 1957—1978 年属于第 2 阶段，第二产业的比重比较高。第一、三产业比重则比较小，三次产业呈现“二、三、一”格局；1978—1993 年是第 3 阶段，这一时期由于改革开放的推动，三次产业结构虽然继续保持着“二、三、一”的格局，但同时第三产业有了较大发展，开始超过第二产业，北京产业结构摆脱了最初的那种“农业基础薄弱、工业畸重发展、服务业水平较低”的局面，地区生产总值增长从主要由第一、二产业带动转为主要由第二、三产业带动；1990 年至今是第 4 阶段，北京产业结构进入了新的发展时期，产业结构出现了“三、二、一”的格局，同时第二产业内部也由量的扩张转变为质的改善，以现代制造业的发展来促进“首都经济”，产业结构得到了合理调整，北京开始从一个工业基地转变为服务业领先发展的经济中心城市。

1.1.3 常住人口增长加快

与北京经济变动相比，北京常住人口变动趋势呈现较为稳定的增长态势，1949—2009 年，北京常住人口年均增速为 2.41%，远高于全国人口的年均增速。从北京常住人口增速变动特征看，除个别年份增速为负值，其他大多年份为正增长，并保持相对较高的增长水平。

从北京常住人口增长绝对量看，1949 年底，北京市按照现行政区划统计，人口只有 420.1 万人，到 1978 年猛增至 871.5 万人，北京人口在 29 年时间内增长两倍之多。截至 2009 年底，北京常住人口为 1 755 万人，为 1949 年人口的 4.2 倍。60 年中年均增加人口为 22.2 万人，相当于每年增加一个小城市的人口。在北京地域面积不变的情况下，如此大的人口规模对于资源匮乏的北京，形成的人口压力越来越大。北京人口变动情况见图 1-3。

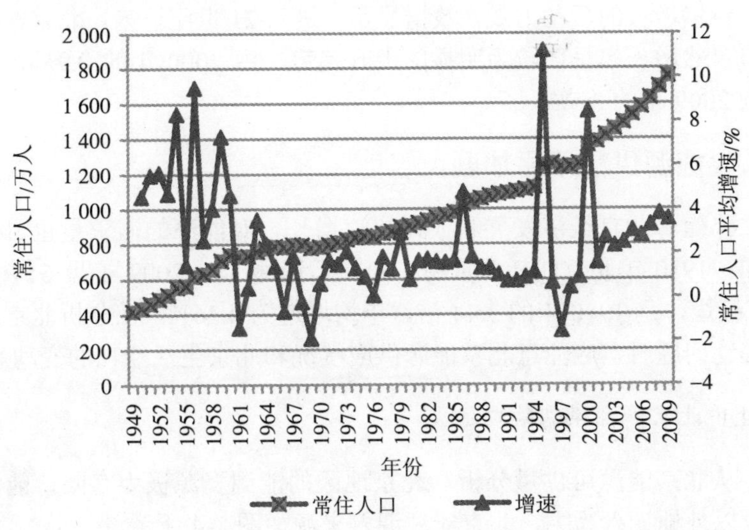

数据来源：《北京统计年鉴 2010》。

图 1-3　1949—2009 年北京人口

不断膨胀的人口规模，虽然在一定程度上可以满足各个时期北京经济和社会发展对人力资源的需要，但不可忽视的是，人口数量太多，规模太大，已超越了北京资源和环境的承载能力，从而制约了北京和谐社会的构建。另外，与人口过多相关的是人口的分布过密。仅以 2009 年北京人口分布情况看，北京在占城市总面积 8%的规划市区内集中了 62%的城市人口，核心区的人口密度是 22 847 人/km^2。虽然近几年数据显示北京人口分布有向核心区外扩散的趋势，但未根本改变人口分布过度集中的局面。过密人口带来的直接后果是住房紧张、交通拥挤、水源污染、空气污浊等一系列问题。

在人口增长的同时，还注意到，北京常住人口自然增长率仍处于较低水平，说明增加的北京人口主要是由于机械增长所致。数据显示，北京外来人口从 1978 年以来，以年均 10.91%的速度递增，特别是进入 21 世纪，年均增速上升为 14.64%。这对于资源有限的北京无疑形成巨大压力。由于外来人口的年龄构成较低，形成北京人口自然增长的后备力量，数据显示，进入 21 世纪以来，北京常住人口自然增长率呈现较为明显的上升趋势，由 2000 年的 0.9‰，增加到 2009 年的 3.5‰。

1.1.4 能源供需矛盾加剧

伴随着北京经济发展和人口快速增长，对能源的需求量也日趋增加。1980 年北京能耗总量为 1 907.7 万 t 标煤，2009 年为 6 570.3 万 t 标煤，是 1980 年的 3.44 倍，年均增速为 4.36%。在分析北京能耗变动问题时，应注意北京能源供应状况和北京生活能耗的变动。

1.1.4.1 北京能源供需缺口加大

从北京能源可供量分析，北京地区的能源资源极为有限，能源供应以外地调入为主，北京能源调入来源如图 1-4 所示。

北京自产煤炭主要是无烟煤，分布在京西门头沟和房山区，石油和天然气尚未发现可供开采的工业储量。电力供应 70%从华北电网调入；天然气来自陕甘宁长庆天然气气田和华北油田。根据 1980—

2009 年北京能源生产量和能源消耗量数据，显示出北京能源生产与消耗之间的供需缺口逐年加大。见图 1-5。

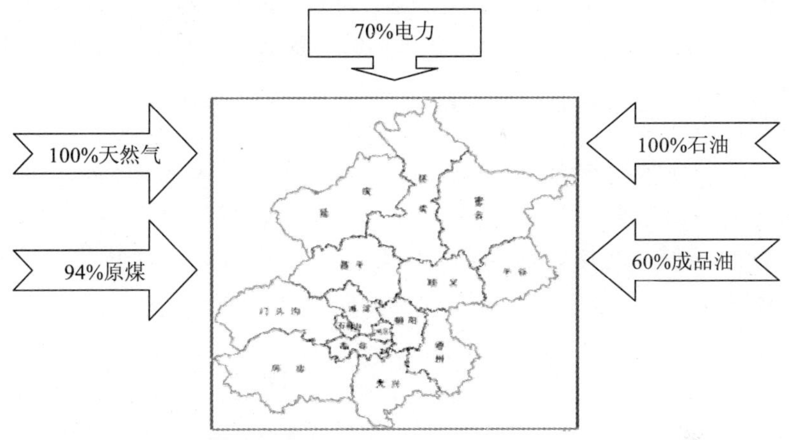

图 1-4　北京能源调入来源示意图

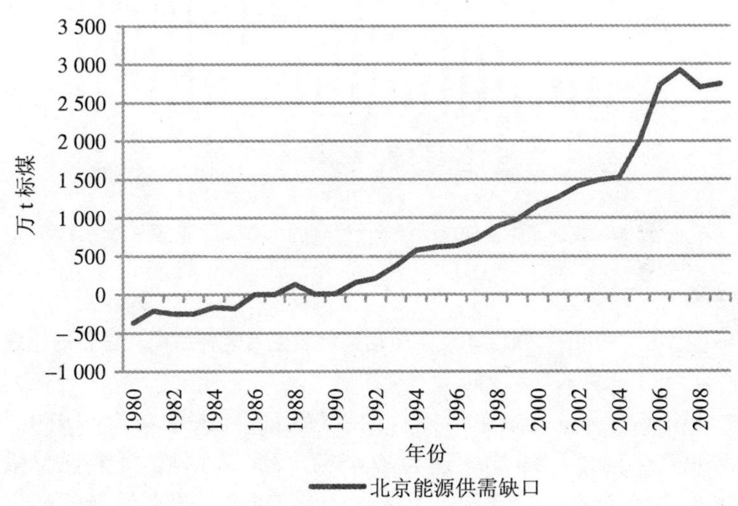

数据来源：《北京统计年鉴 2010》。

图 1-5　1980—2009 年北京能源供需缺口

图 1-5 显示，从 1980—1987 年，北京能源生产量一直大于能源消耗量，1988 年后，呈现相反的变动趋势，北京能源生产量不能满足消耗量，二者缺口逐年加大，由 1989 年的 5.1 万 t 标煤，扩大到 2009 年的 2748 万 t 标煤，能源供需缺口加大，能源供需矛盾加剧。

1.1.4.2 北京生活能耗增速迅猛

随着我国城市化进程的加快，北京常住人口高速增长，由此带来北京生活能耗的同步递增。具体表现为双向增加，①生活能耗总量的增加；②生活能耗在能耗总量中比重的提高。其变动趋势见图 1-6。

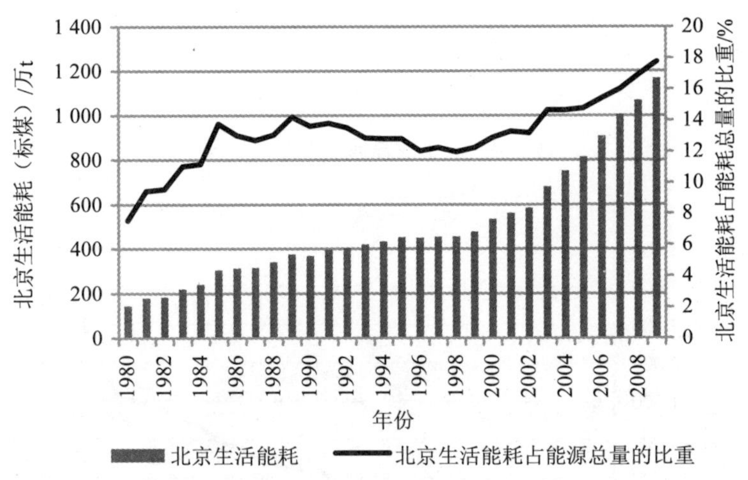

数据来源：《北京统计年鉴 2010》。

图 1-6 1980—2009 年北京生活能耗及生活能耗占能耗总量的比重

图 1-6 显示，北京生活能耗由缓慢增长到快速增长，1980—2009 年，北京生活能耗年均增速为 7.48%，高于同期北京能耗总量年均增速 3.12 个百分点，特别是进入 21 世纪以来，北京生活能耗年均增速 9.08%，生活能耗的变动与同期北京常住人口的变动相关系数为 0.97，表现高度正相关；生活能耗总量的变动，使得其在能耗总量中

所占比重由1980年的7.55%上升到2009年的17.76%，这是在进行北京经济发展、能源消耗变动关系分析中应注意的一个变动特征。

1.1.5 资源环境压力加大

北京是一个特大型城市，城市的两大基本特点是高密度的人口聚落形式和开放的物质流和信息流。鉴于城市人口的高度集中，决定了其所需的大量物质必须依靠外界输入。真正对在城市中生存的人类至关重要的自然资源是：水资源、土地资源；北京环境指标主要是工业废水排放量、废气排放量、固体废弃物排放量、CO_2排放量。

1.1.5.1 北京自然资源匮乏

据统计，全国缺水城市300个，陷入困境的有40个，北京是其中之一。目前，北京地下、地表水的承受能力已超过极限。2009年，北京用水总量为35.5亿m^3，比上年增加了0.4亿m^3。其中地表水为3.8亿m^3，地下水为19.7亿m^3，再生水6.5m^3，人均生活用水85.2m^3。历年数据表明，北京自有水资源开发早已经超过极限，水资源短缺问题已经成为城市可持续发展最重大制约因素。北京水资源变动情况见图1-7。

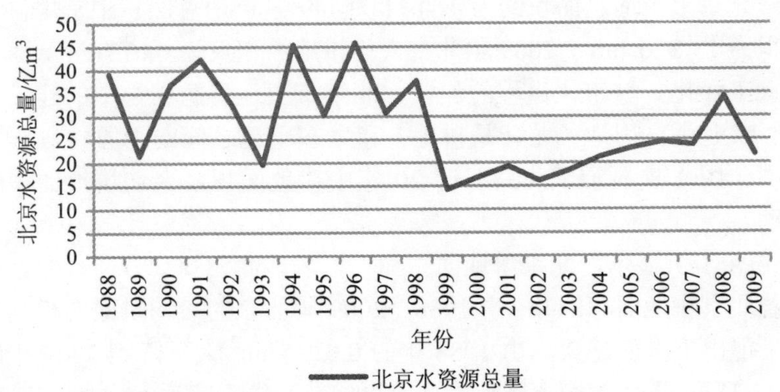

数据来源：历年《北京水资源公报》，《北京统计年鉴2010》。

图1-7　1988—2009年北京水资源总量变动

图 1-7 显示，1988—2009 年北京市水资源总量的变动呈锯齿形分布。水资源总量最低为 1999 年的 14.22 亿 m^3，最高为 1996 年的 45.87 亿 m^3。1988—1999 年北京市水资源总量在 15 亿～45 亿 m^3 之间并呈锯齿形的变化，平均水资源总量为 33.05 亿 m^3。当 1999 年北京市水资源总量降到历史最低后，从 2000 年开始，北京市水资源总量呈逐步上升趋势，即从 1999 年的 14.22 亿 m^3 上升到 2008 年的 34.2 亿 m^3，水资源总量上升了 140.51%，平均水资源总量为 21.18 亿 m^3，为 1988 年到 1999 年的平均水资源总量 33.05 亿 m^3 的 64.08%，2009 年，北京水资源又急剧下降，为 21.8 亿 m^3。由此看出北京市的水资源总量在近几年较低水平上呈现缓慢上升，但仍有起伏的变动趋势。

土地作为一种资源，具有 3 个基本特征，即位置固定、面积有限和不可替代。其中与城市人口容量关系密切的是面积的有限性。城市中的土地资源更多的是作为一种空间资源，是一种能够为城市居民提供生活、居住、工作等各项活动所需场所的空间资源。由于城市居住、经济活动的高密度特性和城市不可能无限外延的规定性，决定了城市土地资源的短缺特征。本问题仅从北京耕地面积变动方面进行分析。

北京市土地总面积约为 164.11 万 hm^2。土地总面积中常用耕地面积为 23.2 万 hm^2，2009 年北京人均耕地面积仅为 0.013 hm^2。随着北京工业化、城市化进程的加快，北京市土地资源结构中的建设用地、农业生产用地（尤其是耕地）和生态用地之间的矛盾将进一步加剧。图 1-8 显示了北京在近 20 年中耕地面积及人均耕地面积的变动。

图 1-8 显示，北京耕地面积和人均耕地面积变动方向一致。伴随着北京耕地面积的减少，1988—2009 年北京的人均耕地面积则一直呈现出下降的趋势，由 1988 年的 0.039 5 hm^2/人下降到 2009 年的 0.013 2 hm^2/人，年均下降速度为 5.09%，下降幅度达 66.58%。以联合国规定的人均耕地国际警戒线 0.053 km^2 为标准，将北京 2009 年人均耕地面积 0.013 2 hm^2 换算为 km^2，为 0.000 132 km^2/人，远远低

于国际警戒线，说明北京人口密度过大。

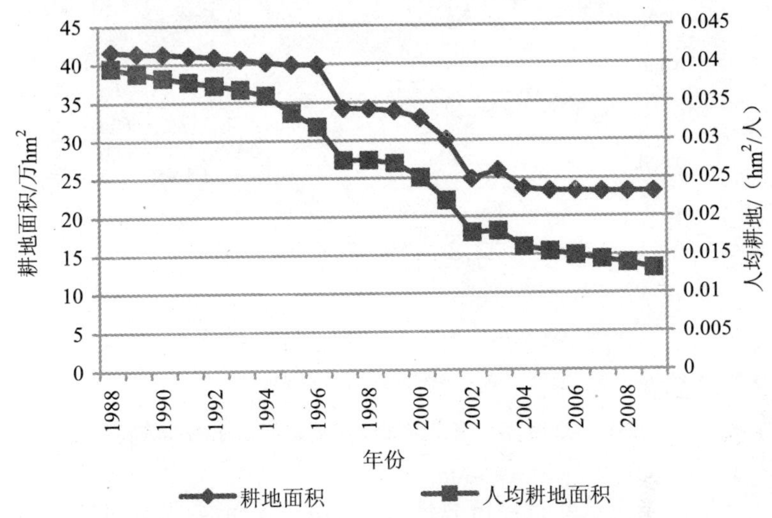

数据来源：历年《北京统计年鉴》。

图 1-8　1988—2009 年北京耕地面积及人均耕地面积

1.1.5.2 北京环境压力加大

由于数据资料获取的局限性，对北京环境压力状况的分析主要利用工业废水排放量、工业固体废弃物产生量、工业 CO_2 排放量等指标进行分析。

近几年，伴随着北京产业结构优化，环境治理力度加大，北京工业废水排放呈现较为明显的下降趋势，从 1981 年的 4.08 亿 t 下降到 2009 年的 0.87 亿 t，年均下降速度为 5.36%；工业固体废物产生量却呈现相反的变动态势，由 1981 年的 653 万 t 增加到 2009 年的 1 242 万 t，年均增速为 2.32%。具体走势见图 1-9。

图 1-9 显示，北京工业废水排放量和工业固体废物产生量呈现类似交叉变动分布，从近几年数据观察，北京工业固体废物产生量增长势头减弱，呈现起伏波动的变动特征。

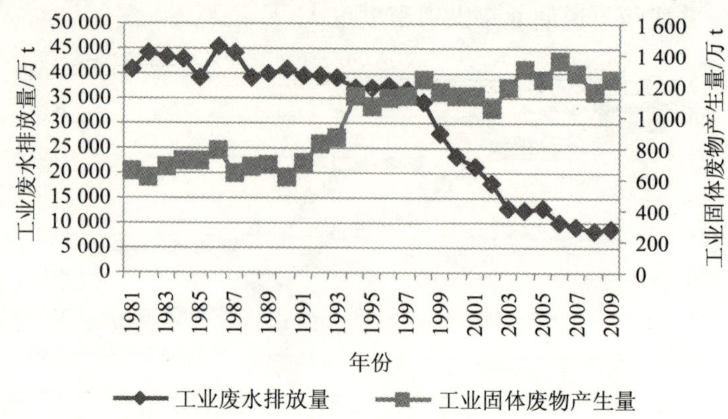

数据来源:《北京统计年鉴 2010》,历年《北京环境状况公报》。

图 1-9 1981—2009 年北京工业废水排放量和工业固体废物产生量

但是，伴随着北京经济总体规模的扩大，能源消耗量的增加，有专家测算，一国或一地区的 CO_2 排放量约 80%是由能源消耗形成，北京能耗中，工业能耗一直占有绝大比重。因此，笔者结合北京工业各行业能耗平衡表，利用各行业能耗品种 CO_2 排放系数，测算出北京 2000—2009 年北京工业 CO_2 排放量，具体数据见图 1-10。

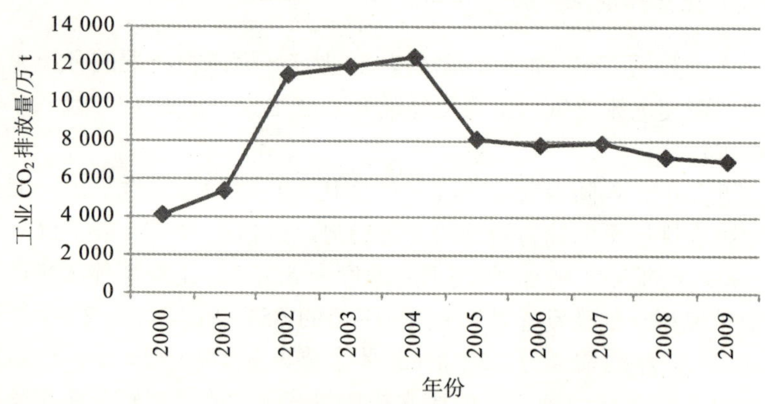

数据来源：根据历年《北京统计年鉴》计算得出。

图 1-10 2000—2009 年北京工业 CO_2 排放量

图 1-10 显示，北京工业 CO_2 排放量在 2005 年之前为逐年递增，这与北京产业结构状况有关，2000—2005 年，北京工业增加值平均构成为 24.97%，能耗的平均构成为 51.56%，导致工业 CO_2 排放量增加。但随后截至目前，北京工业增加值构成逐年降低，由 2005 年的 24.8%下降到 2009 年的 19%，同期工业能耗在总能耗中的比重也由 2005 年的 47.07%下降到 2009 年的 38.72%，致使工业 CO_2 排放量呈现递减趋势。

进一步分析工业 CO_2 排放量的行业构成发现，2000 年，由黑色金属冶炼及压延加工业形成的 CO_2 排放量为最多，占当年工业 CO_2 排放总量的 45.25%，其次是非金属矿物制品业和石油加工、炼焦及核燃料加工业；2009 年，这一构成发生了变化，工业各行业 CO_2 排放量占第一的是机械制造业，占比为 52.84%，其次为家具制造业和仪器仪表及文化、办公等。黑色金属冶炼及压延加工业形成的 CO_2 排放量已由 2000 年的 45.25%下降到 2009 年的 22.26%。这一排序的变动说明北京产业结构调整的优化过程。

1.1.6 规划目标约束加强

在北京“十二五”规划、北京“十二五”节能降耗应对气候变动综合性工作方案、“绿色北京”行动计划（2010—2012 年）等政府规划文件中，分别制定了北京经济社会发展的主要指标及实现目标，这些纲领性文件既是北京今后发展的动力，同时也是压力。

1.1.6.1 北京“十二五”规划主要目标

在北京“十二五”规划中，围绕人文北京、科技北京、绿色北京战略和建设中国特色世界城市的目标，对北京经济发展、社会发展、创新发展、绿色发展等方面进行了目标指标的量化。共制定了 25 个目标指标，其中预期性指标 11 个，约束性指标 14 个，特别是在北京绿色发展方面，制定了 10 个指标，除了“中心城公共交通出行比例”为预期性指标外，其他均为约束性指标，包括万元地区生产总值能耗降低率、万元地区生产总值 CO_2 排放降低率、生活垃圾资源化率等。在能源消费结构变动中，规划提出要逐步降低煤炭所占比重，大力提高天然气和可再生能源的消费比重。

1.1.6.2 北京“十二五”节能工作方案

在《北京“十二五”节能降耗应对气候变动综合性工作方案》中，制定了北京“十二五”末主要目标，其中有单位地区生产总值能耗比 2010 年下降 17%，比 2005 年下降 39%；单位地区生产总值 CO_2 排放比 2010 年下降 18%；能源消费总量控制在 9000 万 t 标煤左右；清洁能源消费比重达到 80%以上，其中天然气比重超过 20%；新能源和可再生能源占能源消费的比重力争达到 6%左右；工业生产过程 CO_2 排放控制在 2010 年水平等。北京率先在全国实施农业总量控制，这对于北京进一步提高经济增长质量、加速能源结构优化将起到积极的促进作用。

1.1.6.3 “绿色北京”行动计划

在“绿色北京”行动计划（2010—2012 年）中，明确提出了北京远景目标和近期目标。远景目标是实现“到 2020 年本市经济发展方式转型升级，绿色消费模式和生活方式全面弘扬，宜居的生态环境基本形成，将北京初步建设成为生产清洁化、消费友好化、环境优美化、资源高效化的绿色现代化世界城市”；近期目标是，到 2012 年，通过构建生产、消费与环境三大体系，实施 9 大绿色工程，完善 10 项保障机制，为建设绿色现代化世界城市奠定坚实基础。为此，“绿色北京”行动计划还制定了 16 项建设指标[①]，从生产、消费和环境等方面明确了近两年的执行标准。北京绿色行动计划，从生产、消费、生态环境等不同方面进行制约，从目前执行情况分析，北京

---

① 16 项指标分别为：（1）新能源和节能环保产业销售收入总额；（2）可再生能源利用量占能源消费总量比重；（3）煤炭占能源消费总量的比重；（4）单位 GDP 能耗；（5）单位 GDP 水耗；（6）单位 GDP CO_2 排放；（7）二级及二级以上能效产品市场占有率；（8）节能建筑占现有民用建筑的比例；（9）中心城区公共交通出行比例；（10）生活垃圾资源化率；（11）再生水利用率；（12）空气质量二级和好于二级天数占全年比例；（13）COD 排放量下降率；（14）SO_2 排放量下降率；（15）林木绿化率；（16）人均公共绿地面积。

今后需要加强的主要集中在能源消耗方面，要优化能源消费结构，进一步降低能耗品种中煤炭的消耗比重，加大新能源的开发利用，这是完成绿色北京行动计划的重要环节。

要实现这些目标，就要了解北京经济发展、能源消耗和环境状况的现状，通过对数据分析与研究，掌握北京各方面发展现状及变动规律，针对“十二五”制定的目标，提出切实可行的建议措施。

1.2 研究意义

本书拟通过对北京经济发展、能源消耗、环境压力现状分析，利用“脱钩”“复钩”理论和方法，对北京经济、能源、环境之间的关系进行量化分析，观察其变动走向，并对今后趋势进行预测分析。

能源资源的有限性成为北京经济增长的“瓶颈”，第二产业和第三产业既是北京经济增长贡献的主要产业，也是能源消耗大户。北京是一个特大型消费城市，同时又是能源资源匮乏的城市，能源对外依存度高，约束矛盾突出。所需能源中 96%的煤炭、100%的原油、天然气、60%的成品油和 70%的电力要靠外地提供。2009 年，北京市能源消费总量为 6 570.3 万 t 标煤，尽管能源利用效率在全国名列前茅，但与北京能源供应量相比，北京能源供需矛盾依然十分尖锐。特别是近年来，北京经济发展迅速，人口规模逐年递增，要实现北京经济发展与能耗降低的目标，科学分析与量化北京经济增长与能源消耗之间的关系是十分必要的。通过利用“脱钩”“复钩”理论和方法对北京经济发展与能耗之间变动方向与变动程度的量化测评，发现北京在节能减排中的主要问题，特别是针对北京产业结构特点，研究近年来北京能源消耗总量及构成变动，研究能源消耗的变动轨迹与经济增长的非同步点与非同步程度，提出针对北京发展特点的节能减排措施，以缓解北京能源供需矛盾。

1.2.1 理论意义

“脱钩”就是指用少于以往的物质消耗产生多于以往的经济财富，

这个概念是针对长期以来经济增长对物质消耗的高度依赖提出的。关于“脱钩”理论的研究在我国还处于起步阶段，研究的成果并不多见。从国外研究现状看，大多是从宏观层面对一个国家的经济发展与能耗之间变动依存关系的测度，将“脱钩”“复钩”理论与方法引入对北京经济发展与能耗之间关系的测评，并细化到对北京不同产业能耗的测评以及对不同能耗种类的测评，这对于该理论和方法的实际应用进行有效的扩展，达到对问题的分析与判断更具有针对性和科学性。使得这一理论与方法的应用价值在实际问题的分析中得以体现。

1.2.2 实际意义

利用“脱钩”“复钩”理论和方法，结合北京历年实际数据，对北京经济发展与能源消耗之间的关系进行定量描述。利用能源库兹涅茨曲线，根据北京经济发展与能耗之间数量关系，分析北京所处的发展阶段，预测北京今后能源供需矛盾的变动趋势，特别是深入分析北京近些年来第三产业能耗和北京生活用能增长加速的趋势与成因，在北京优化产业结构和第二产业节能减排措施相对完善的情况下，研究第三产业和生活能源消费的降耗空间及可行性措施，量化测评北京经济发展与能耗之间、经济发展与不同能源种类之间、北京第三产业与其能耗之间、北京人口增长与生活用能之间的“脱钩”或“复钩”的程度，根据分析结果及原因探析，提出切实的改进措施，为政府决策提供依据。这是本书研究的现实意义。

1.3 研究框架

首先，拟利用描述统计方法，对北京经济、能耗、环境状况进行全面分析；其次，利用“脱钩”“复钩”理论与测度方法，分别对北京经济发展与能源消耗、经济发展与环境压力、能源消耗与环境压力之间关系的分析，进行“脱钩”“复钩”的测度，并计算相应的“脱钩”指数，进一步对不同产业和不同行业的增加值与其能耗之间、不同产业和行业与其能耗品种之间采用同样的方法进行测度，观察各自的“脱钩”状态。根据测度结果，进行评价；再次，利用因素分析法，对不同产业能耗变动构建分解模型，进行因素分析；最后，通过不同案例说明北京经济可持续发展的水平，通过实地调研，了解北京市民对涉及节能产品的接受状况。具体框架如图 1-11 表示。

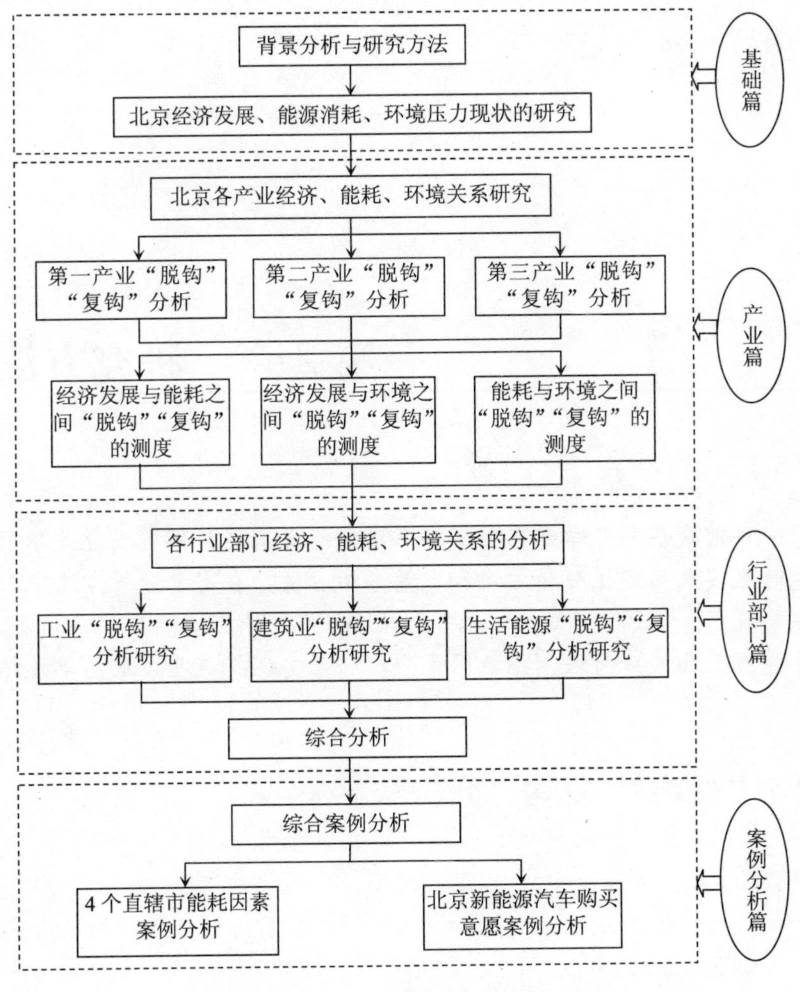

图 1-11　本书框架结构

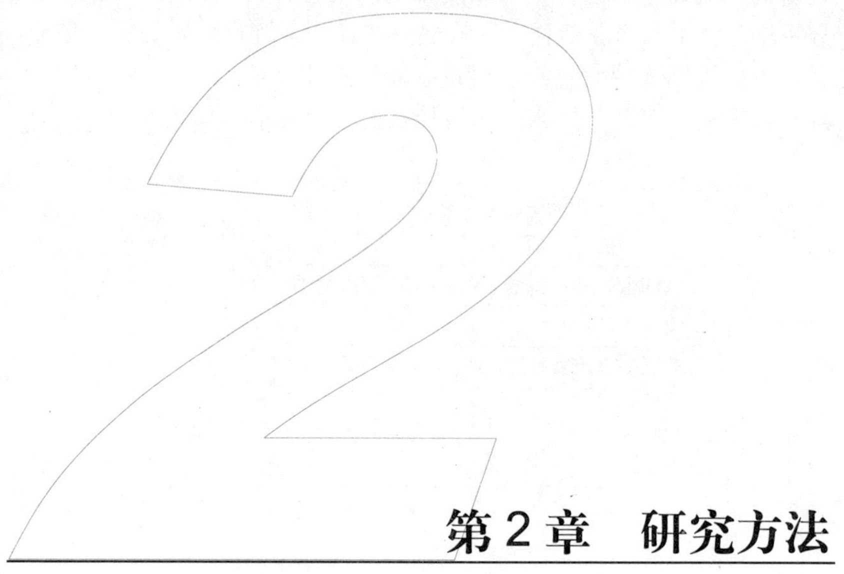

第2章　研究方法

目前众多研究学者在对经济变动、能源消耗、环境质量关系研究时主要采用定性分析方法和定量分析方法。在定量分析方法中，主要采用："脱钩""复钩"分析法、"脱钩"指数法、物质流分析法、库兹涅茨曲线分析法、指数因素分析法等。现将这些方法简单介绍如下。

2.1 "脱钩""复钩"分析法

2.1.1 "脱钩""复钩"的概念

2.1.1.1 "脱钩""复钩"理论的提出

"脱钩"（Decoupling）一词最初源于物理领域，就是使具有响应关系的两个或多个物理量之间的相互关系不再存在[1]，物理学界一般将其理解为"解耦"（Decoupling），通俗地讲就是两个或多个物理量之间的响应关系尽早分道扬镳。

早在 20 世纪 60 年代，国外就有学者[2]提出了关于经济发展与环境压力的关系问题。通过长期动态观察，发现在经济发展过程中，物质消耗总量在经济发展之初随经济总量的增长而增长，但是会在以后某个特定的阶段出现反向变化，从而实现经济增长的同时物质消耗下降，称为"脱钩"，并将这一理论首次引入对社会经济领域问题的分析。当物质消耗量与经济发展出现"脱钩"后，又恢复与其同步变动的状态，这种现象称为"复钩"。

2.1.1.2 "脱钩""复钩"概念的界定

科学家们分别从不同角度对这种"脱钩"现象进行了描述、研究，但是到现在为止也没有统一的标准来界定究竟怎样算是"脱钩"。当前关于"脱钩"的评价，尽管研究方法与表达手段各异，但是基本能够达成一致的是：它反映了经济增长与物质消耗不同步变化的实质。

20 世纪末，经济合作与发展组织（Organization for Economic Co-operation and Development，OECD）开始将"脱钩"的概念引入农业政策研究，并逐步拓展到环境等领域[3]。又有众多资源环境学者利用"脱钩"概念分析经济增长与环境冲击或资源消耗之间的相互关系[4-9]、GDP 与道路交通的"脱钩"问题[10]。但"脱钩"在不同领域的定义存在差别。

OECD 将"脱钩"概念应用于农业政策领域分析农业政策与贸易和市场均衡之间的相互关系，OECD 的报告 *Indicators to Measure Decoupling of Environmental Pressures for Economic Growth* 把"脱钩"定义为经济增长与环境冲击耦合关系的破裂，并把"脱钩"分为绝对"脱钩"和相对"脱钩"，绝对"脱钩"是指在经济发展的同时与之相关的环境变量保持稳定或下降的现象，而相对"脱钩"则定义为经济增长率和环境变量的变化率都为正值，但环境变量的变化率小于经济增长率的情形[11]。在一项有关物质减量的研究中使用了物质使用强度（Intensity of Material Use，IU）来分析相对物质减量和绝对物质减量[12]，这项研究分析了经济增长与物质消耗的“脱钩”。还有学者认为“脱钩”是指在工业发展过程中，能源消耗总量在初期随经济总量增长而一同增长，但在以后某个特定的阶段出现反向变化，从而实现经济增长的同时，物质消耗下降[13]。表现为人类经济发展对物质的依赖程度降低，物质消耗与财富增长的相互关系进入一个相对的良性轨道[14]。简而言之，“脱钩”状态就是要求在整体生活质量提高的同时，实现能源消耗压力的下降。

与“脱钩”相对应的还有“复钩”状况，即能源消耗与经济实现“脱钩”后又重新恢复同步增长的状态[15]。有学者[16]发现，在某些情况下环境压力下降一段时间后（“脱钩”）又再次上升（所谓“复钩”），如 20 世纪 90 年代后期经济合作和发展组织国家物质消费总量快速回升，超过同期经济增长速度。随着研究的深入，人们发现目前世界范围内所实现的“脱钩”大多数是环境压力增长的速度低于经济发展增长的速度，即环境压力相对量降低。

2.1.2 “脱钩”“复钩”的应用

2.1.2.1 国外“脱钩”“复钩”的应用研究

如上分析，20 世纪末，OECD 开始将“脱钩”的概念引入经济问题分析后，又有众多资源环境学者利用“脱钩”概念分析经济增长与环境冲击或资源消耗之间的相互关系[9]、GDP 与道路交通的“脱钩”问题[10]。从方法上看，在对一国或一地区进行“脱钩”或“复钩”测度时，往往借助该国 IU 指标的动态变化曲线进行测度，即在同一时间序列下比较物质利用强度的变化。IU 用于评估生产和服务过程中单位经济产出与所消耗物质量之间的关系，是当今西方国家评价“脱钩”应用最广泛的一个指标。

德国经济学家 Robert 曾对以联邦德国为代表的工业化水平较高

的西方发达国家物质消耗与经济增长关系进行了研究[17]，初步观察其在经济发展过程中针对不同资源显示的“脱钩”时间，得出初步结论，人类经济发展对物质的依赖程度逐渐降低，物质消耗与财富增长的相互关系进入了一个相对的良性循环轨道，经济发达国家已经局部实现了“脱钩”。

2.1.2.2 国内“脱钩”“复钩”的应用研究

我国真正意义上的“脱钩”“复钩”的研究时间较短，但其前期研究，即对经济发展与能源消耗关系的研究可以追溯到20世纪80年代。大多学者是从宏观角度研究GDP发展与能耗的相关性。随后，也有学者相继探讨区域发展中二者的关系，提出资源短缺的不可替代性规定了城市高效、集约使用资源的内在要求，并利用“脱钩”概念分析经济增长与环境冲击或资源消耗之间的相互关系[6][8]。

中国环境科学研究院副院长段宁等学者[6]，介绍了西方国家研究经济增长与物质消耗关系的“脱钩”理论的评价模式，并通过对它们评价手段、评价过程的进一步比较、分析，提出了从理论推导和实际应用需求两方面看，应正确运用这些方法，对总量研究的评价模式给予更多关注。另外，段宁学者利用经合组织国家相关资料，发现物质消耗在经历了一定时期与经济增长逆向变化（“脱钩”）之后，出现“复钩”现象。“复钩”现象提醒人们真正缓解资源供需矛盾任重道远。

2.1.3 “脱钩”“复钩”的分类

目前，主流的“脱钩”“复钩”评价模式主要有总量评价和IU曲线评价两种。前者主要考察经济总量增长的同时能源消耗总量的变化情况，后者则从单位GDP与能源消耗的相关性角度考察经济与能源需求的关系。IU 曲线法体现了“脱钩”“复钩”的内在机理，目前被较广泛采用；而在评价“脱钩”“复钩”对实际能源消耗的影响效果方面，总量评价法则更具优势。这是因为经济总量增长的同时减少能源消耗，必然源于单位 GDP 的能耗下降；而单位 GDP 的能耗下降，未必引起资源消耗总量下降。

根据单位GDP能耗降低是否引起能源消耗总量下降，可以将“脱钩”分为两种形式：相对“脱钩”与绝对“脱钩”。将“脱钩”描述为环境压力增长率低于经济驱动力增长率的情形，显示出其对相对“脱钩”的认同，同时也对相对“脱钩”与绝对“脱钩”的内涵差异进行了阐释[18]。有学者认为应以绝对“脱钩”作为标准，采用总量进行比较，评价经济增长是否真正同物质消耗脱钩。只有经济总量上升的同时物质消耗持平或下降，才属于“脱钩”情况[6]。也有学者认为，要实现“脱钩”，需要单位物质消耗强度以及单位污染排放的减少速率在大小上低于经济增长的速率，这也与绝对“脱钩”标准相吻合[8]。通常选取 GDP 指标反映经济发展水平，也有用人均 GDP 或人口增长等指标[11]。采用能源消耗总量反映能源消耗情况。在对经济驱动力及能源需求进行量化以后，需要采用合适的方法来描述二者的变化关系[19]。通常，研究者按照二者的时间序列绘制图表，直观描述它们的变化过程；同时，研究者还常采用计算环境压力和经济驱动力比值（单位 GDP 能耗）的方法对“脱钩”程度进行定量描述。

时间序列的统计图表虽然具有较强的直观性，但是不便于定量刻画和理性分析。本书参考经济增长与环境压力“脱钩”“复钩”分析理论[20]，用能源消耗总量（Energy Consumption，EC）、GDP 和能源消耗量与 GDP 的比值（EC/GDP）3 个指标，其在基期与报告期的变化量与“零”比较，将经济增长与能源消耗量之间的关系进行定义，定义出的 6 种情况涵盖了所有可能的情况，以 GDP 的变化量为横轴，能源消耗的变化量为纵轴，同时将能源消耗与 GDP 的比值定义为第三坐标轴并画出，建立坐标系，并将 6 种情况进行标注，如图 2-1 所示。

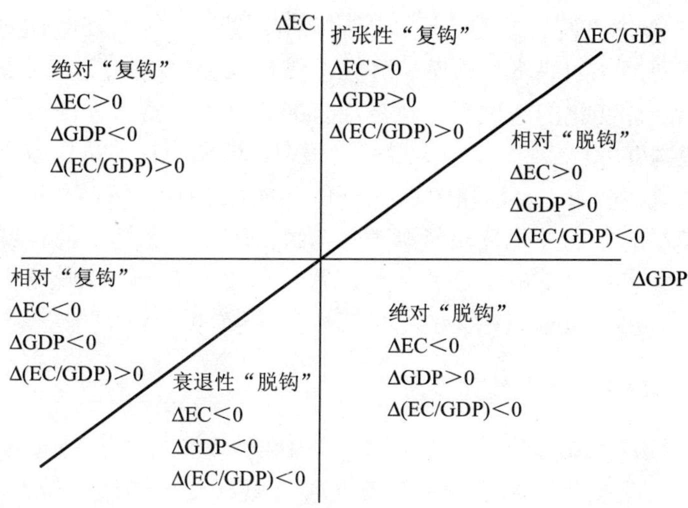

注：Δ表示变化量。

图 2-1 “脱钩”“复钩”类别

将上述 6 种情况用表格表示。见表 2-1。

表 2-1 “脱钩”“复钩”类别表

状态	名称	条件
“脱钩” Δ（EC/GDP）<0	衰退性“脱钩”	ΔGDP<0，ΔEC<0
	绝对“脱钩”	ΔGDP>0，ΔEC<0
	相对“脱钩”	ΔGDP>0，ΔEC>0
“复钩” Δ（EC/GDP）>0	扩张性“复钩”	ΔGDP>0，ΔEC>0
	绝对“复钩”	ΔGDP<0，ΔEC>0
	相对“复钩”	ΔGDP<0，ΔEC<0

2.1.4 “脱钩”指数的计算

2.1.4.1 “脱钩”指数的概念引入

在 OECD 相关报告[21]的基础上，目前对能源消耗与经济增长

“脱钩”概念有两种较为广泛认同的理解：第一，在一定时期内，当某种资源消耗的速度，或某一环境质量指标恶化的速度，或某种环境压力指标变化的速度小于经济增长的速度时，就认为是出现了相对“脱钩”；第二，当在经济增长过程中，资源消耗总量在减少，或环境质量在改善、环境压力在降低时，则为绝对“脱钩”。然而，如何用简单的指标具体反映能源消耗与经济增长“脱钩”的程度仍然是目前学术界没有解决好的一个问题。在此定义一个“脱钩”指数（Decoupling Index，DI）来大致描述“脱钩”的状况。

2.1.4.2 “脱钩”指数的计算方法

“脱钩”指数（DI）是指一定时期内某种资源消耗量变化的速度，或某种污染物排放量变化的速度与经济规模变化的速度的比。“脱钩”指数的计算见公式（2.1）。

$$\mathrm{DI}_n = \frac{\mathrm{EI}_n}{\mathrm{GI}_n} \tag{2.1}$$

式中：DI_n——第 n 年“脱钩”指数；

EI_n——第 n 年能源消耗环比指数；

GI_n——第 n 年 GDP 环比指数。

DI 指标有 3 种计算结果，即：

DI＜1，说明能源消耗增速慢于 GDP 增速，大体表现为“脱钩”状态；

DI＞1，说明能源消耗增速快于 GDP 增速，大体表现为“复钩”状态；

DI＝1，说明二者基本同步变动。

简单用“脱钩”指数还不能准确说明经济发展与能耗之间“脱钩”或“复钩”的程度，需要结合各自的产值速度和能耗速度指标，综合说明该国经济发展与能耗的关系。现将“脱钩”指数的计算结果与不同种“脱钩”“复钩”类型结合分析，测度标准见表 2-2。

表 2-2 “脱钩”指数测度标准

“脱钩”“复钩”状态	名称	条件	状态
“脱钩” DI<1	衰退性“脱钩”	GI<1，EI<1	可允许状态
	绝对“脱钩”（强“脱钩”）	GI>1，EI<1	较理想状态
	相对“脱钩”（弱“脱钩”）	GI>1，EI>1	
“复钩” DI>1	扩张性“复钩”	GI>1，EI>1	不可取状态
	绝对“复钩”（强“复钩”）	GI<1，EI>1	
	相对“复钩”（弱“复钩”）	GI<1，EI<1	

2.2 物质流分析法

人类社会经济系统与自然环境系统之间的关系主要体系在两个接口：一个是社会经济系统对自然环境系统物质资源的获取；另一个是社会经济系统向自然环境系统废弃物的排放。人类避免自然环境系统功能的快速退化的办法之一，就是减少社会经济系统动用自然环境系统中物质的数量，即减少对自然环境系统的“吞吐量”。物质流分析法（Material Flow Analysis，MFA）正是对人类社会经济活动对自然环境体系产生的“吞吐量”而进行全过程的跟踪反映。基于物质流分析法建立的统计指标可以有针对性地反映循环经济的运行效果与运行质量。

国际上一些国家和组织采用 MFA 来表述国家资源投入、废弃物产生和废弃物再生利用的概况，并在物质流分析方法框架的基础上，建立循环经济的评价指标体系。物质流分析法利用比较成熟或制度化的国际组织和国家一是欧盟，二是日本。

2.2.1 欧盟物质流分析法

2.2.1.1 核算框架

在欧洲，物质流账户已成为几个欧盟成员国和欧洲自由贸易区国家官方统计的一部分[22]，并在 20 世纪 90 年代付诸实践。根据有关文献[22]，将进入经济系统的物质分为 4 种类型：①非生物物质，包括各种矿产和建筑材料等，其中气态和液态的化石燃料均以其质量计入；②生物物质，包括第一性和第二性生产者的生产量；③水，指从环境中提取的天然水；④土地的搬运，指在经济生产活动中移动的表土量和引起的水土流失量等。其中①～③类物质作为商品进入经济系统，又称为直接物质输入；第④类物质虽然并未进入经济系统，没有体现在 GDP 中，但它是获得前 3 种物质过程中人类动用的环境物质，其数量巨大且环境负面影响十分显著，称为隐流或生态包袱；直接物质输入与生态包袱之和称为物质需求总量。需要指出的是，直接物质输入和生态包袱又分为国内和进口两部分，物质需求总量实际上是来自国土范围内的物质需求总量与由国外进口的物质需求总量之和，其中进口物质的生态包袱虽然对出口国产生环境压力，但仍计入进口国的物质需求总量之中，这样，物质需求总量便是一个国家的经济系统动用整个自然界物质总量的指标。具体划分见图 2-2。

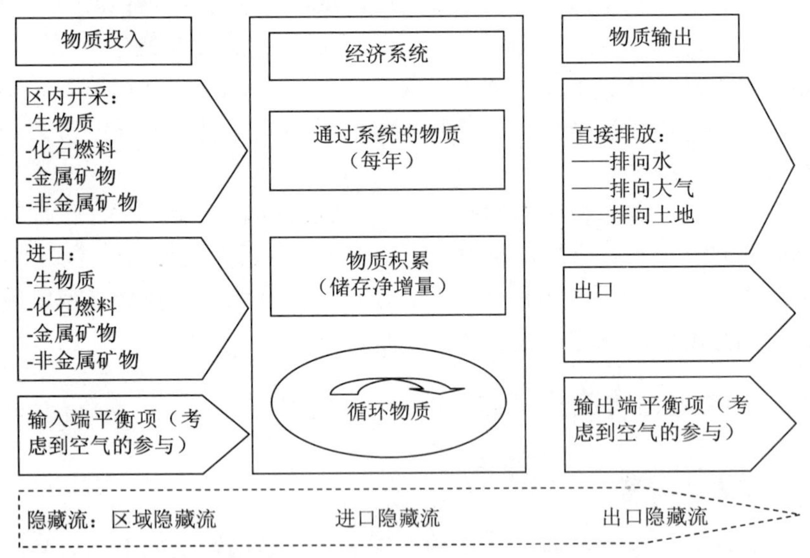

图 2-2 欧盟统计局核算框架

可将图 2-2 中的核算项目简化，将进入经济系统的自然物质分为生物物质、固体非生物物质、水和空气 4 类，将排出经济系统的物质分为固体废弃物、废水、废气和其他气体物质 3 类，见图 2-3。

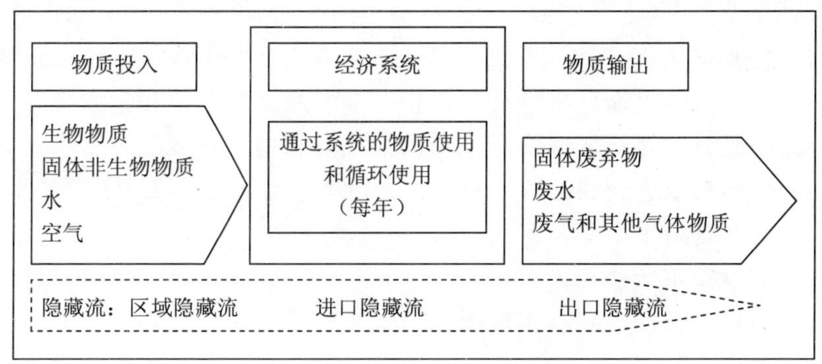

图 2-3　欧盟统计局简化核算框架

2.2.1.2 核算指标

根据上述框架构建相应的指标，反映社会经济系统对自然环境中物质的“吞吐”情况。见表 2-3。

表 2-3　社会经济系统物质输入与输出度量指标

物质输入			物质输出	
物质类别		度量指标	物质类别	度量指标
固体物质输入	生物物质	农业、林业、牧业和渔业生物产量	固体废弃物输出	工业和生活固体废弃物排放量
	非生物物质	化石燃料、金属和工业矿物产量		
水输入		供水量或用水量	废水输出	工业和生活废水排放量
气体物质输入		化石燃料燃烧、工业过程及生物呼吸消耗的 O_2 量 植物光合作用消耗的 CO_2 量	废气和其他气体输出	化石燃料燃烧和工业的废气排放量 生物呼吸排放的 CO_2 植物光合作用排放的 O_2 量
进口物质		原材料进口量	出口物质	原材料出口量

2.2.2 日本物质流分析法

2.2.2.1 核算指标

2000 年 6 月日本国会通过了《推进循环型社会形成基本法》，该法指出，所谓“循环型社会”是指：抑制产品迅速转变为废弃物，努力使废弃物等转变成资源并予以恰当的利用，对无法进行再生利用的废弃物做适当的处置。基于此，日本构建了如下 3 个指标[23]：

（1）资源生产率。

（2）资源循环利用率。

（3）不进行再利用和再循环的废弃物“最终处理量”。

2.2.2.2 目标设定

日本 2003 年 3 月日本政府内阁会议通过了第一个《推进循环型社会形成基本计划》，计划中公布了到 2010 年发展循环型社会的主要目标。上述 3 个指标计算公式、含义及目标见表 2-4。

表 2-4 日本反映循环型社会主要指标含义、方法及目标

指标名称	指标计算方法	指标含义	到 2010 年达到的目标
资源生产率	$资源生产率=\dfrac{GDP}{天然资源等投入量}$	反映了经济社会物质流的入口端情况，说明资源的生产效率	由 1990 年的 21 万日元/t 上升到 39 万日元/t
资源循环利用率	$资源生产率=\dfrac{循环利用量}{循环利用量+天然资源投入量}$	在经济社会物质流中间环节，被投入资源总量中被用来进行循环利用的资源量所占的程度	由 1990 年的 8% 上升到 14%
最终处理量	最终处理量	研究经济社会中物质流的出口端状况	由 1990 年的 11 000 万 t 下降到 2 800 万 t

2.2.3 两种物质流分析法简单对比

欧盟和日本物质流分析法所设计的指标中都涉及物质资源投入量、物质循环利用量、废弃物排出量等数据，而且各个数据又有详细的界定。

2.2.3.1 欧盟指标计算的精细与烦琐

欧盟指导中的指标，由于包含的内容复杂，涉及的范围宽泛，为真正体现人类社会经济系统对自然环境的“吞吐量”，指标计算比较精细与烦琐。比如，欧盟体系中的物质投入量指标，分为生物物质和非生物固体物质，对于非生物固体物质又分为化石燃料、金属和工业矿物产量，在统计这些产量时，不仅要统计实际流入社会经济系统中的产量，还要统计在形成这些产量的过程中没有流入经济系统中的隐藏流量。将隐藏流转化为物质需求量时需要不同的换算系数。从我国目前统计基础看，难以实现真正意义的物质投入量的统计。

2.2.3.2 日本指标计算的简明与系统

由于日本现有关于促进循环型社会法律体系较为完善，资源消耗和循环利用等数据可以通过不同协会统计获取。因此，对于统计制度完善、数据内容全面、数据来源稳定的日本来说，计算上述 3 个指标有数据基础。但对于我国来讲，同样存在数据来源的问题。再有，上述指标中的第 3 个指标是“最终处理量”，这是计算排放的绝对量，这一绝对量的多少与一国经济规模大小有直接关系，所以，我国在设置相应指标时要做调整。

2.3 库兹涅茨曲线分析法

2.3.1 库兹涅茨曲线的形成

诺贝尔奖获得者、经济学家库兹涅茨（Kuznets，1955）在 20

世纪 50 年代提出了库兹涅茨曲线学说。库兹涅茨曲线的意义是能够分析人均收入水平和分配公平度之间的关系。实践与研究都证明，随着经济的发展，收入不均呈现先上升，然后下降的趋势，在以收入水平为横坐标，分配公平度为纵坐标的图示中，两者关系曲线呈现“倒 U”形。

2.3.2 库兹涅茨曲线的演进

2.3.2.1 收入库兹涅茨曲线

美国经济学家库兹涅茨[24]在研究收入分配均衡程度与经济发展的关系时，经过对 18 个国家经济增长与收入差距实证资料的分析，得出了如下结论：收入分配不平等在经济增长早期阶段迅速扩大，随后是短暂的稳定，然后在增长的后期阶段逐渐缩小。并且他通过比较一些国家的横截面资料，得出的结论是处于发展早期阶段的发展中国家比处于发展后期阶段的发达国家有更高的收入不平等。这就是收入库兹涅茨曲线（Kuznets Curve，KC）。如果用横轴表示经济发展的某些指标（通常为人均产值），纵轴表示收入分配不平等程度的指标，这种变动轨迹表现在图形上是一条先向上弯曲后向下弯曲的曲线，形似颠倒过来的 U，故人们将其称为“倒 U”形曲线，又称 KC。

2.3.2.2 环境库兹涅茨曲线

根据收入库兹涅茨曲线的分析原理，学者 Grossman 和 Krueger（1991）[25]在分析北美自由贸易区协议（NAFTA）的环境效应时，对经济活动与自然资源消耗和污染物排放之间的关系进行了分析，实证考察了环境-收入“倒 U”形关系的存在，即在相对低收入情况下，资源的消耗和污染物的排放会随着收入的增加而加大，当收入达到一定水平时，二者则呈现相反的变动轨迹，又称为环境库兹涅茨曲线（Environmental Kuznets Curve，EKC）或 EKC 假设。

在研究中发现，由于不同国家所处的经济发展阶段不同，科技水平、收入水平、资源消耗水平也不尽相同，所以不同国家的 EKC

形态也有所差异。由此，理论界对于 EKC 假设是否存在的问题有不同的看法。支持 EKC 假设的学者（Managi，2006[26]）采用实证分析的手段对 EKC 进行验证，以说明 EKC 变动轨迹在多数国家的存在。有的学者（Richmond，2006[27]；Galeotti，2006[28]）按照不同国家的收入水平进行研究，发现 EKC 并非具有普遍性，对于 OCED 国家存在 EKC 关系，对于非 OCED 国家则不存在 EKC 关系。质疑 EKC 假设的学者（Khanna，2004[29]；Maddison，2006[30]）认为，收入的增加并非环境质量改善的主要因素，经济增长与环境是相互影响的，二者之间存在动态管理效应（DeBruyn，1998）[31]。环境库兹涅茨曲线形象地描述了在收入增加开始时，环境质量随之恶化，但当收入增长到一定水平时环境质量会随之改善，整体来看，两者呈现“倒 U”形关系，形状见图 2-4。

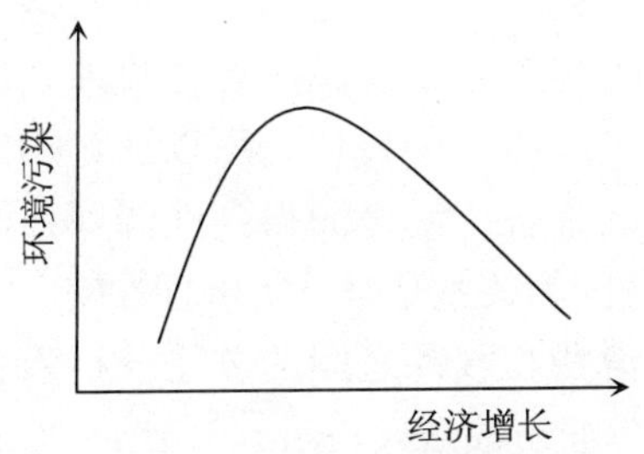

图 2-4　环境库兹涅茨曲线

当一个国家经济发展水平较低的时候，环境污染的程度较轻，但是随着人均收入的增加，环境污染由低趋高，环境恶化程度随经济的增长而加剧；当经济发展达到一定水平后，也就是说，到达某个临界点或称“拐点”以后，随着人均收入的进一步增加，环境污染又由高趋低，其环境污染的程度逐渐减缓，环境质量逐渐得到改善，这样，就存在两个大的区域，即“两难”区与“双赢”区。随着经济的发展，环境污染加剧，这时，如何平衡经济发展与环境污染之间的关系，是许多国家都会遇到的“两难”问题，而当经济发展到一定程度，环境污染越过最高拐点持续下降，这无疑是发展的

“双赢”态势。

环境库兹涅茨曲线是通过人均收入与环境污染指标之间的演变模拟，说明经济发展对环境污染程度的影响，即在经济发展过程中，环境状况先是恶化而后得到逐步改善。

2.3.2.3 能源库兹涅茨曲线

EKC研究自创立以来发展就非常迅速，并成为环境经济学领域中的前沿问题。而以往的众多研究更多关注的是环境污染与收入之间的关系，没有从能源的角度来分析。即使有学者关注并从事于能源消耗与经济发展变动的研究，但这些研究主要是从二者变动关系角度进行的，对于从能源的角度分析能源消耗与经济发展的KC的研究并不多见。通过学者刘扬、王毅等研究[32]发现，能源消费与污染物排放，存在着因果关系，污染物一向被看做是经济增长的副产品，也是能源消费的副产品，能源消费与收入之间的关系，可以看做是污染物与收入之间的一种替代。所以通过用能源消费对环境库兹涅茨中的污染物进行替代，进而得到能源库兹涅茨曲线，用于分析能源消费与收入之间的关系是有一定可行性的。因此，借助于EKC分析方法，从能源消费和收入之间的关系分析入手，通过建立拟合模型，验证能源库兹涅茨曲线（Energy Kuznets Curve，EyKC）的存在以及是否出现拐点。EyKC的三种曲线模式如图2-5所示。

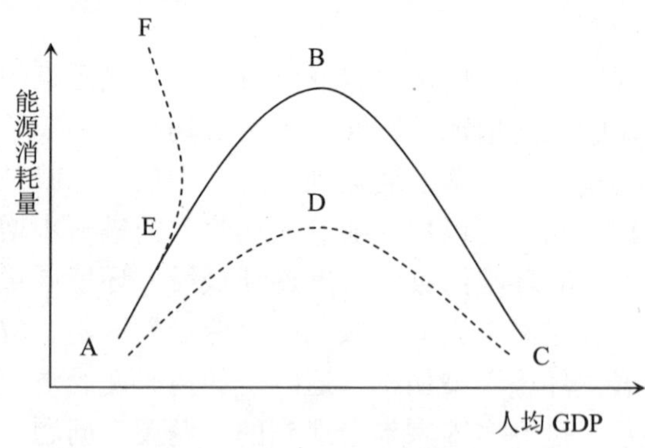

图2-5 能源库兹涅茨曲线

图 2-5 中的 EyKC 变动轨迹大体分为三种模式，实线 ABC 为一般国家经济发展与能源消耗之间变动过程的轨迹；虚线 ADC 是同样的经济发展路径而能源消耗较少，这是一种较为理想的变动模式；虚线 AEF 说明随着经济发展到一定程度能耗量剧增的被动局面。

2.3.3 能源库兹涅茨曲线模型建立

从经济理论和长期发展过程变化来看，由能源库兹涅茨曲线（EyKC）理论可以推出，一国的能源消费在其经济发展水平较低时能源消费较低，但其能源消费程度随经济增长而加剧，此时 EyKC 属于攀升阶段，当该国经济发展达到一定水平后，能源消费会逐渐改善，EyKC 达到并通过“倒 U”形曲线顶点后，呈下降趋势。当然不同的国家由于其经济发展水平不同，其能源消耗程度也不尽相同，所以其各自的 EyKC 可能只是“倒 U”形曲线中的一部分。为了印证理论，笔者选取了德国的能耗数据及经济发展数据进行了分析，选取德国的数据是因为德国的经济发展较早，其经济发展水平也较高，并且这个国家非常重视环保与节能，从理论上来看，德国的能耗水平应该已经通过了 EyKC 的“倒 U”顶点，通过分析这个典型国家，可以看到一个完整的 EyKC 的“倒 U”形曲线。

2.4 指数因素分解分析法

2.4.1 指数分解法的研究现状

目前较前沿的研究国内外能源及能源相关环境问题的方法是指数分解法，该方法的最大优点在于通过子行业有意义的分解能追溯总指标（能源效率或能源相关的环境）变化趋势的原因，找出间接影响总指标的深层次因素，从而提供切实可靠的政策措施。

能源是国民经济的基础要素，能源的有效利用和合理消费关系到社会经济的可持续发展，能源消费量过快增长和能源利用低效率会阻碍社会经济的可持续发展。一些学者围绕能源效率的提高进行了多方面的探讨。

李世祥和成金华（2008）[33]基于生产理论框架的非参数法，应用几个不同目标情景下的能源效率评价模型，从省际、工业行业面板数据的角度评价了中国的能源效率，并利用“两步法”估计了其影响因素。文章指出，中国的能源效率总体水平很低，而且省际、区际之间差异较大，表明节能减排潜力巨大；工业部门以及 6 个主要耗能行业的能源效率都不高，这是由能源密集型的工业结构以及生产技术结构所决定的，技术进步与地区之间的技术扩散，能源价格的适当提高与价格机制的完善，对于能源效率的改进具有重要作用。

史丹（2006）[34]对中国能源效率的地区差异与节能潜力进行了分析，指出中国能源效率较高的省市主要集中在东南沿海地区。能源效率最低的地区主要是煤炭资源比较丰富、以煤炭消费为主的内陆省区。提高中国的能源效率需要改变目前地区自我平衡的能源配置方式，使能源流向效率高的地区。各地区在制定节能措施时既要考虑影响能源效率的一般性因素，也要考虑本地区的特殊因素，中国也不能不分地区地实行同一节能降耗的目标。

杨中东（2010）[35]对中国制造业 27 个行业的能源效率研究发现，价格调节能源需求的能力小于收入调节能源需求的能力，以经济快速扩张为特征的经济周期以及其中的重化工工业的快速发展是影响这个时期能源效率下降的重要因素。因此，要提高能源利用效率，需要根据制造业的行业特征，分类管理能源需求。对于低能耗行业需要政府制定行业节能标准，鼓励节能设备投资；对于高能耗行业，除继续运用能源市场价格调节能源需求外，还要控制这些行业的发展规模。

冯蕾（2009）[36]用 DEA 方法测度了 2005—2007 年我国各省能源效率。通过在 CRS 模型中限定资本和劳动力为非意愿变量，发现效率提高的 3 年间能源技术效率平均提高 4.32%，能源效率低于劳动力和资本效率。进一步利用 Malmquist 生产指数的测算结果表明，技术进步是目前生产效率提高的主要因素，而且多数省份的技术进步还是倾向于劳动力和资本。

这些学者的研究认为我国能源效率较低，各省市之间以及各行业之间能源效率差异较大，这主要是能源密集型的工业结构和生产技术结构、地区自平衡的能源配置以及经济快速扩张所决定的。他们普遍提出技术进步是当前最为有效的提高能源效率的手段，还提到了分类管理能源需求的必要性。还有一些学者运用各种分解方法探究了能源强度影响因素。

王霞和淳伟德（2010）[37]运用脉冲响应函数与方差分解模型，对能源强度变化影响因素的动态作用特征及其影响效果进行了研究，并提出：能源强度自身与第二产业比重对能源强度影响程度较大，能源价格变动与技术进步也对能源强度有一定影响，影响因素共同通过内在联结关系与相互作用机制，对提高能源效率有积极作用。

吴巧生（2010）[38]利用费雪指数分解模型从产业层面考察了我国能源强度指数的变化及影响因素，研究结果表明改革开放以来，中国能源效率得到了大幅度提高，在能源消耗强度下降的诸因素中效率份额的贡献占绝对主导，结构份额的影响较少，产业部门结构变动对能源消耗强度的累计影响基本上可以忽略。从时间演变的角度看，能源强度下降幅度呈现明显逐年放缓趋势，产业部门技术进步对能源效率提高的影响逐年降低。

刘静华等（2010）[39]运用对数平均权重 Divisia 分解法，将我国第二产业能源消费总强度变动分解为效率因素和结构因素两大因素，分别对煤、石油和电力能源消费强度的两个因素贡献值进行比较，并对采掘业、制造业、建筑业和电力业的效率因素和结构因素的贡献份额作比较，给出了降低第二产业四大行业能源强度的管理对策。

综上所述，各种指数分解的方法已经被广泛地应用于降低能源消耗强度的研究中，他们提出能源强度与第二产业比重有着密切的联系，而第二产业能源强度又可以分解为效率因素和结构因素。但是国内学者对于我国不同区域能源消费影响因素的对比分析研究甚少，在国外这种横断面研究已经被广泛应用，在 Chung（1998）的文章[40]、Ang 和 Zhang（1999）的文章[41]、Vicent Alcantara 和 Rosa Duarte（2004）的文章[42]以及 Zhang 和 Ang（2001）的文章[43]中都发现了这类方法的应用。

本书参考这种研究思路，结合前述的技术进步、效率因素、结构因素以及分类管理等观点，利用指数分解法对我国直辖市能源消耗影响因素进行分析和测度，并对比研究其各自的特点，为政府部门提供相关建议。

2.4.2 指数分解法的分解模型

前面提到了本书要利用指数分解法研究能源消耗影响因素，并从能耗总量、生产性能耗和生活能耗三个方面建立分解模型，下面将详细介绍能源消耗分解模型及方法，并说明本书研究所用数据的资料来源。

利用指数分解法将能耗总量、生产性能耗和生活能耗变动的影响因素进行分解，分别构建这三方面的因素分解模型，具体能源消耗分解模型和方法如下所述。

2.4.2.1 能源消耗总量变动的因素分解模型

首先，将能源消耗总量（Total Energy Consumption，TEC）变动分解为总能源强度（te）和产值总量（Y）两个因素，总能耗强度又称产值能耗，反映能源利用效率，称为效率因素；产值总量因素又称为经济规模因素。能耗总量、能耗强度、产值总量三者之间的数据关系为：

$$\mathrm{TEC} = te \cdot Y \tag{2.2}$$

若进一步分析由于能耗强度和产值总量的变动对能耗总量的影响程度，则构建如下分解模型：

$$\frac{\text{TEC}_1}{\text{TEC}_0}=\frac{te_1}{te_0}\times\frac{Y_1}{Y_0} \tag{2.3}$$

公式（2.3）中，下标为 1 表示报告期，下标为 0 表示基期。根据公式（2.3）可将影响能耗总量的因素分解为效率因素和规模因素。公式（2.3）为分解模型的相对关系式，分解模型的绝对关系式如下：

$$\text{TEC}_1-\text{TEC}_0=(te_1-te_0)\cdot Y_1+(Y_1-Y_0)\cdot te_0 \tag{2.4}$$

2.4.2.2 生产性能耗总量变动的因素分解模型

生产性能耗（Production Energy Consumption，PEC）主要包括三次产业的能耗，其变动主要受生产性能耗强度和各产业的产值因素的影响，而生产性能耗强度可以分解为受各产业能耗强度和各产业产值构成的影响。因此，生产性能耗总量变动影响因素可以分解为两种关系模型，一个是两因素关系模型，另一个是三因素关系模型。即：

$$\frac{\text{PEC}_1}{\text{PEC}_0}=\frac{pe_1}{pe_0}\times\frac{Y_1}{Y_0} \tag{2.5}$$

式中：PEC——生产性能耗；

pe——生产性能耗强度。

由于生产性能耗强度可以进一步分解为各产业能耗强度和各产业产值构成两个影响因素，则三因素关系模型在公式（2.5）的基础上可以表示为：

$$\frac{\text{PEC}_1}{\text{PEC}_0}=\frac{\dfrac{\sum pe_{1i}\cdot y_{1i}}{\sum y_{1i}}}{\dfrac{\sum pe_{0i}\cdot y_{0i}}{\sum y_{0i}}}\times\frac{Y_1}{Y_0}=\frac{\dfrac{\sum pe_{1i}\cdot y_{1i}}{\sum y_{1i}}}{\dfrac{\sum pe_{0i}\cdot y_{1i}}{\sum y_{1i}}}\times\frac{\dfrac{\sum pe_{0i}\cdot y_{1i}}{\sum y_{1i}}}{\dfrac{\sum pe_{0i}\cdot y_{0i}}{\sum y_{0i}}}\times\frac{Y_1}{Y_0} \tag{2.6}$$

若用 y' 表示产值构成，则公式（2.6）可以表示为：

$$\frac{\mathrm{PEC}_1}{\mathrm{PEC}_0}=\frac{\sum pe_{1i}\cdot y'_{1i}}{\sum pe_{0i}\cdot y'_{1i}}\times\frac{\sum pe_{0i}\cdot y'_{1i}}{\sum pe_{0i}\cdot y'_{0i}}\times\frac{Y_1}{Y_0} \qquad (2.7)$$

公式（2.7）显示了生产能耗变动受三个因素的影响：各产业效率因素、各产业产值结构因素和整体经济规模因素。分解模型的绝对关系式如下：

$$\begin{aligned}\mathrm{PEC}_1-\mathrm{PEC}_0=&(\sum pe_{1i}\cdot y'_{1i}-\sum pe_{0i}\cdot y'_{1i})\cdot Y_1+\\&(\sum pe_{0i}\cdot y'_{1i}-\sum pe_{0i}\cdot y'_{0i})\cdot Y_1+(Y_1-Y_0)\cdot pe_{0i}\end{aligned} \qquad (2.8)$$

2.4.2.3 生活能耗总量变动的因素分解模型

生活能耗总量（Household Consumption，HC）与一国的经济发展水平和人民生活水平密切相关，生活能耗变动受人均生活能耗和人口规模变动的影响。分解模型如下：

$$\frac{\mathrm{HC}_1}{\mathrm{HC}_0}=\frac{\overline{hp_1}}{\overline{hp_0}}\times\frac{P_1}{P_0} \qquad (2.9)$$

式中：HC——生活能耗；

$\overline{hp}$——人均生活能耗；

P——人口。

绝对关系式为：

$$\mathrm{HC}_1-\mathrm{HC}_0=(\overline{hp_1}-\overline{hp_0})\cdot P_1+(P_1-P_0)\cdot\overline{hp_0} \qquad (2.10)$$

2.5 本章小结

本书在对北京经济、能源、环境关系分析时，主要采用以下方法，见表 2-5。

表 2-5　不同分析方法的主要适用分析内容

方法名称	适用分析的内容
“脱钩”“复钩”分析法	利用此方法可以分析能源消耗与经济变动之间的依存或背离的态势，并可以进一步研究不同产业经济变动与其能耗之间、经济变动与不同能耗品种之间的耦合关系，并可以测度这种关系的紧密程度
“脱钩”指数法	利用此方法可以量化现象间“脱钩”程度，便于横向对比
库兹涅茨曲线分析法	利用此方法可以量化能源消耗与经济发展之间的关系，测度在整个变动过程中的位置，大致预测能耗出现拐点的时间与程度
指数因素分解分析法	利用此方法可以将对能耗的影响因素进行分解，分别测度各影响因素对能耗的影响的相对量及影响绝对量

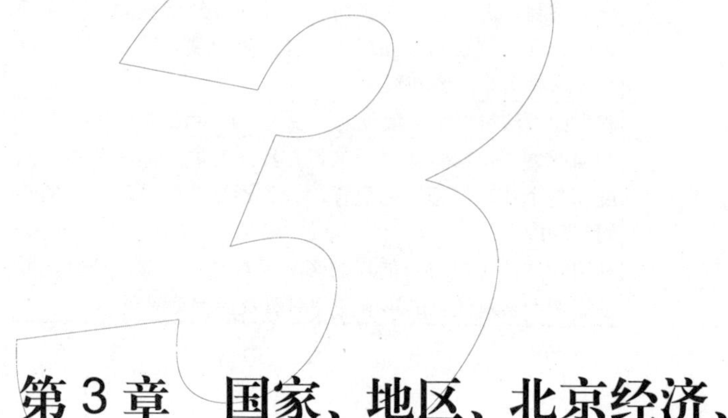

第3章　国家、地区、北京经济、能源、环境现状研究

在对北京经济、能源、环境现状分析时，分为国家、地区、直辖市3个大的层次进行分析，在此基础上，针对北京总体及北京各不同功能区再进一步分析，研究北京在全国整体层面的发展水平，以及北京总体及其各功能区的发展平衡状况。

3.1 经济发展水平分析

对此问题的分析分别从国家、地区和北京3个层面，针对经济增速、人均GDP和产业构成等方面进行。

3.1.1 我国整体分析

3.1.1.1 经济增速分析

自 1978 年改革开放以来，我国经济年平均增长速度为 10.46%。与此同时，工业增加值则以 11.57%的速度递增，若将时间按 5 年分组，这种增长的趋势则更为明显，见表 3-1。

表 3-1 1978—2009 年我国 GDP 和工业增加值年均增长速度

时间段（年份）	GDP 年均增长率/%	工业增加值年均增速/%
1978—1980	7.71	10.64
1981—1985	10.70	9.90
1986—1990	7.87	9.21
1991—1995	12.26	17.68
1996—2000	8.63	10.20
2001—2005	9.58	10.89
2006—2009	11.34	11.78

数据来源:《中国统计年鉴 2010》。

表 3-1 显示，在这几个时间段中，我国 GDP 年均增速接近两位数，而近几年的增速有加快趋势。我国工业年均增长率大多快于 GDP 增速，致使工业的增加值构成以 2%的速度递增，近几年接近 45%。这一变动特点说明我国正处于工业化过程中。具体走势见图 3-1。

图 3-1 显示，我国工业的增速只在 20 世纪 80 年代初时低于 GDP 的年均增速，在其他几个时间段中，均高于 GDP 的增速。

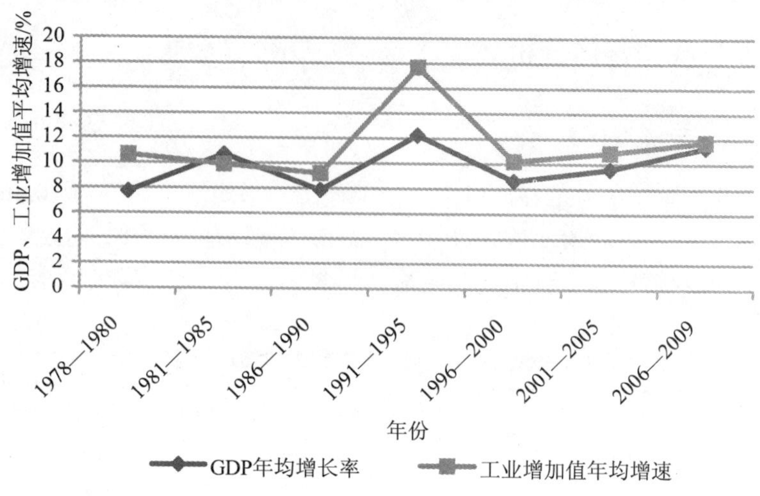

图 3-1 1978—2009 年我国 GDP 和工业增加值年均增速

3.1.1.2 人均 GDP 分析

按 2005 年不变价计算，1978 年以来，我国人均 GDP 由 1978 年的 1 596 元/人，增加到 2009 年的 21 353 元/人，年均增速为 8.73%，其发展速度在世界领先。具体走势见表 3-2 和图 3-2。

表 3-2 1978—2009 年我国人均 GDP 单位：元/人

年份	人均 GDP	年份	人均 GDP	年份	人均 GDP	年份	人均 GDP
1978	1 596	1986	3 003	1994	5 797	2002	10 698
1979	1 694	1987	3 297	1995	6 360	2003	11 697
1980	1 804	1988	3 611	1996	6 924	2004	12 800
1981	1 874	1989	3 700	1997	7 491	2005	14 053
1982	2 014	1990	3 786	1998	8 000	2006	15 599
1983	2 201	1991	4 078	1999	8 536	2007	17 549
1984	2 502	1992	4 602	2000	9 183	2008	19 023
1985	2 800	1993	5 184	2001	9 873	2009	21 353

数据来源：《中国统计年鉴 2010》。

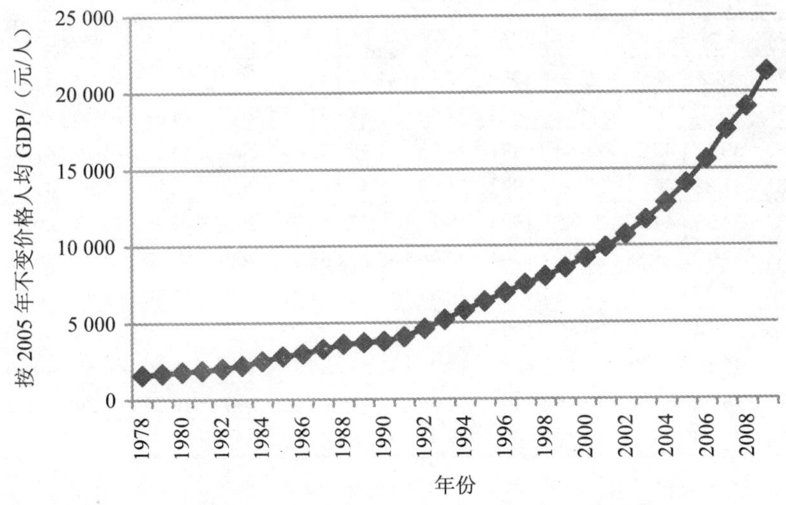

图 3-2 1978—2009 年我国人均 GDP

我国人均 GDP 的增速令人瞩目。在对不同国家收入水平进行对比分析时，根据世界银行公布的标准，依据各国人均国民总收入指标进行界定。若将我国人均国民总收入与其他国家进行对比，差距显而易见。以 2009 年数据为例，我国人均国民总收入为 3 650 美元/人，为低收入国家平均水平的 6.47 倍，为中等收入国家的 107.64%，为高收入国家的 9.63%，为世界平均水平的 41.86%。控制人口增长，加快经济发展步伐，仍是我国今后的工作重点。

3.1.1.3 产业构成分析

从产业构成变动看，我国第二产业构成处于较为稳定的状态，1978—2009 年，变动幅度不大，围绕 45%上下波动。与此同时，我国第一产业和第三产业产值构成则表现为此增彼减的变动关系，伴随着第一产业产值构成的下降，第三产业产值构成逐渐上升，形成剪刀的形状。见表 3-3 和图 3-3。

表 3-3　1978—2009 年我国产业增加值构成　　单位：%

年份	一产	二产	三产	年份	一产	二产	三产	年份	一产	二产	三产
1978	28.2	47.9	23.9	1989	25.11	42.83	32.06	2000	15.06	45.92	39.02
1979	31.3	47.1	21.6	1990	27.12	41.34	31.55	2001	14.39	45.05	40.46
1980	30.17	48.22	21.60	1991	24.53	41.79	33.69	2002	13.74	44.79	41.47
1981	31.88	46.11	22.01	1992	21.79	43.44	34.76	2003	12.80	45.97	41.23
1982	33.39	44.77	21.85	1993	19.71	46.57	33.72	2004	13.39	46.23	40.38
1983	33.18	44.38	22.44	1994	19.76	46.57	33.57	2005	12.20	47.70	40.10
1984	32.13	43.09	24.78	1995	19.86	47.18	32.86	2006	11.30	48.70	40.00
1985	28.44	42.89	28.67	1996	19.69	47.54	32.77	2007	11.10	48.50	40.40
1986	27.15	43.72	29.14	1997	18.29	47.54	34.17	2008	11.30	48.60	40.10
1987	26.81	43.55	29.64	1998	17.56	46.21	36.23	2009	10.58	46.80	42.62
1988	25.70	43.79	30.51	1999	16.47	45.76	37.67				

数据来源：《中国统计年鉴 2010》。

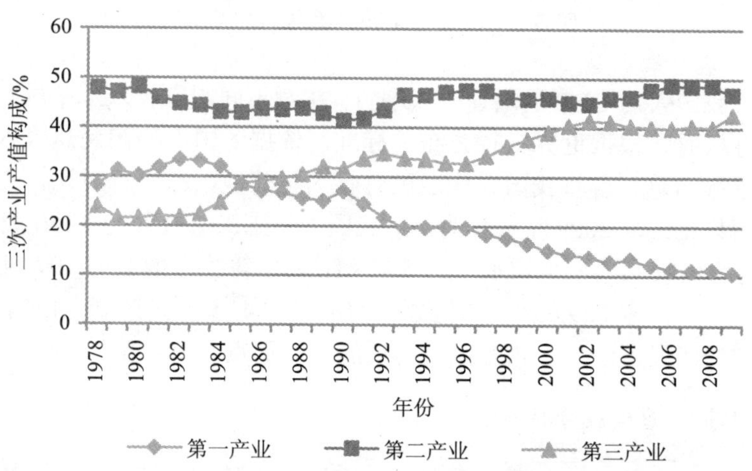

图 3-3　1978—2009 年我国三次产业产值构成

图 3-3 将这种变动趋势更为清晰地显示出来。1978—2009 年，我国第二产业产值平均构成为 46.33%，构成变动平均离差为 2.08%，低于第一产业的变动离差 7.47%和第三产业的变动离差 6.48%，说明

第二产业的产值构成变动比较平稳。根据世界银行提供的数据，2008年，世界各国第一产业产值平均构成为 2.87%，第二产业产值平均构成为 27.02%，第三产业产值平均构成为 70.11%。由此看出，我国第一产业、第二产业产值构成均高于世界平均构成水平，而第三产业产值构成相反。若将我国的产业产值构成与世界中低收入国家平均水平比较，同样有不小的差异。见表 3-4。

表 3-4　2009 年我国产业产值构成与世界的比较　　单位：%

产业	我国	高收入国家*	中高收入国家	中等收入国家	中低收入国家	低收入国家	世界平均*
第一产业	10.35	1.46	7.49	9.55	16.77	25.66	2.87
第二产业	46.30	25.11	35.91	34.92	31.44	24.43	27.02
第三产业	43.35	73.43	56.60	55.33	51.79	49.91	70.11

* 为 2008 年的数据。

数据来源：世界银行数据库 2010，http://data.worldbank.org/indicator/NY.GDP.PCAP.CD。

表 3-4 显示，随着收入水平的提高，第一产业所占比重较小，第三产业所占比重提高。我国目前的产业结构比较接近中低收入国家的水平。

3.1.2 不同地区分析

在经济发展过程中，由于各地区发展基础和条件不尽相同，表现出较为明显的地区差异。本书根据《中国能源统计年鉴》和《中国环境统计年鉴》对中国地区的划分，将全国 31 个省市区分为东部沿海、中部、西部以及东北老工业基地 4 个地区进行研究①。在本问题的分析中，由于西藏自治区的数据相对比减少，因此，在分析西

① 东部沿海地区包括：北京、天津、河北、上海、江苏、浙江、福建、山东、广东、海南；东北老工业基地包括：辽宁、吉林、黑龙江；中部地区包括：山西、安徽、江西、河南、湖北、湖南；西部地区包括：内蒙古自治区、广西壮族自治区、重庆、四川、贵州、云南、西藏自治区、陕西、甘肃、青海、宁夏回族自治区、新疆维吾尔自治区。为叙述方便，本书用东部、东北、中部和西部代表上述 4 个区域。

部地区时，没有包括西藏自治区的数据。为叙述方便，本书用东部、东北、中部和西部代表上述4个区域。

3.1.2.1 经济增速分析

从我国经济整体看，1978—2009年，我国按2005年可比价格计算的GDP年均增速9.89%，经济增长在我国各不同地区之间有较大差异，见表3-5。

表3-5 1978—2009年我国各地区生产总值和工业增加值年均增长速度*

单位：%

时间段/年	地区生产总值年均增速				工业增加值年均增速			
	东部	东北	中部	西部	东部	东北	中部	西部
1978—1980	9.67	6.63	8.95	7.70	13.34	11.33	17.35	13.34
1981—1985	11.64	8.72	11.41	10.67	9.70	6.16	10.85	8.13
1986—1990	9.14	7.31	6.82	7.63	13.44	7.99	11.71	10.13
1991—1995	16.52	9.29	11.69	11.18	18.57	8.98	13.41	12.65
1996—2000	11.00	8.91	9.85	9.27	12.85	9.18	11.71	9.85
2001—2005	12.60	10.87	11.07	11.35	14.50	11.41	12.57	12.67
2006—2009	13.26	13.68	13.22	13.56	14.87	16.78	17.38	18.62

* 表中各年份数据均按2005年不变价计算得出。

数据来源：由历年《中国统计年鉴》、国家统计数据库数据计算得出。

由表3-5看出，大多数年份我国各地区工业增加值增速大于其生产总值的增速，但在20世纪80年代初，各地区的工业增加值增速均小于其经济增速。将表3-5用图形显示，见图3-4。

图3-4显示，从整体来看，我国各地区经济增速呈现起伏波动态势，根据划分的几个不同时间段分析，20世纪90年代初是我国经济腾飞的重要阶段，各地区经济发展在此阶段均呈现较高增长水平，特别是我国东部地区，增速高达16.52%，成为我国经济增长快速发展地区。由于我国工业在整个国民经济中所占比重较大，又由于工业是能源消耗大户，同时也是对环境影响的重要产业部门，所以，在此将我国各地区工业发展状况进行比较分析。见图3-5。

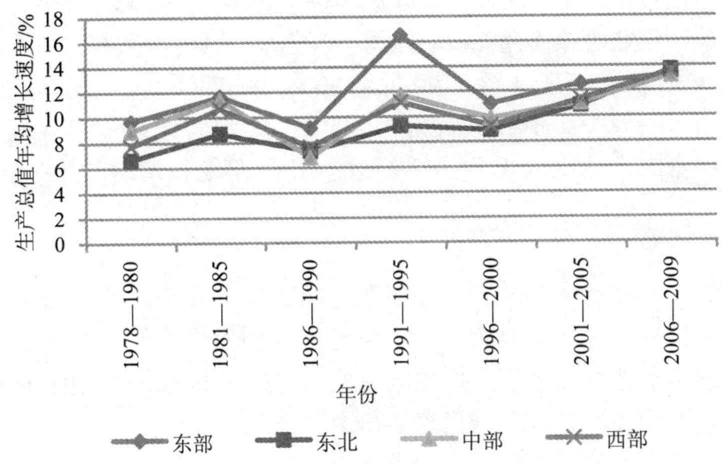

图 3-4 1978—2009 年我国各地区生产总值年均增长速度

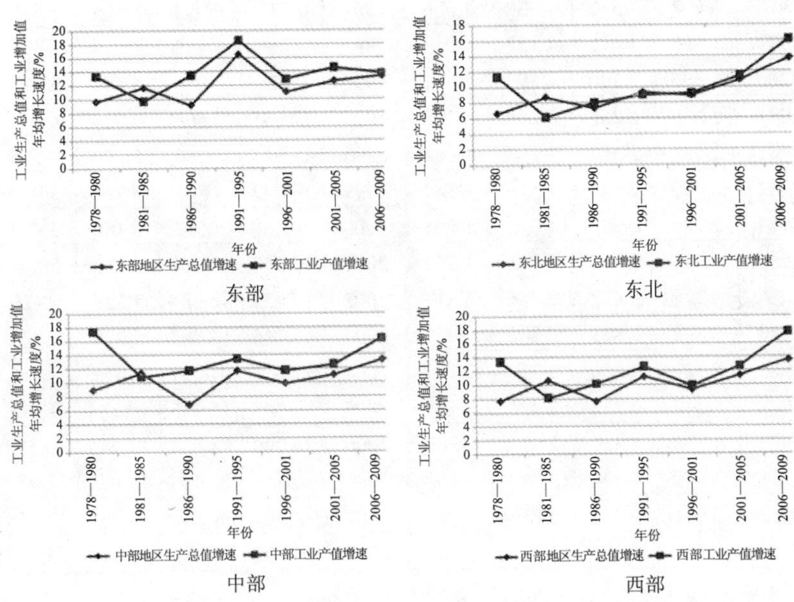

图 3-5 1978—2009 年我国各地区生产总值和工业增加值年均增长速度

我国各地区工业增加值增速大多快于其国内生产总值的增速，说明各地区工业对整体经济拉动作用不可忽视。其中，东部、中部、西部地区表现更为明显，除了20世纪80年代初期外，各时间段工业增速均高于生产总值的增速。东北地区则不同，20世纪80—90年代，东北地区第二产业增速低于生产总值的增速，但这种增速差并非很大。

3.1.2.2 人均生产总值分析

与我国整体人均生产总值发展态势类似，各地区的人均生产总值以不同速率递增，尽管东部沿海地区人口密集，但在其经济快速增长的带动下，该地区人均生产总值增速高于其他3个地区的人均生产总值增速。具体数据见表3-6。

表3-6 1978—2009年我国各地区人均生产总值 单位：元/人

年份	东部	东北	中部	西部	年份	东部	东北	中部	西部
1978	1 608	1 832	1 039	1 006	1994	7 812	6 001	3 609	3 352
1979	1 726	1 977	1 137	1 048	1995	8 860	6 453	4 019	3 660
1980	1 886	2 240	1 198	1 101	1996	9 826	7 058	4 484	3 993
1981	1 989	2 253	1 269	1 145	1997	10 885	7 664	4 944	4 339
1982	2 154	2 364	1 367	1 264	1998	11 941	8 266	5 324	4 705
1983	2 350	2 641	1 516	1 369	1999	13 043	8 881	5 714	5 030
1984	2 706	2 987	1 729	1 545	2000	14 168	9 612	6 186	5 425
1985	3 073	3 248	1 941	1 722	2001	15 343	10 456	6 710	5 867
1986	3 324	3 429	2 086	1 817	2002	17 022	11 484	7 329	6 429
1987	3 692	3 825	2 242	1 952	2003	19 146	12 705	8 078	7 122
1988	4 127	4 200	2 350	2 125	2004	21 656	14 251	9 076	7 991
1989	4 237	4 272	2 436	2 185	2005	24 048	15 945	10 383	9 152
1990	4 388	4 330	2 474	2 300	2006	26 900	18 036	11 948	10 505
1991	4 826	4 534	2 554	2 463	2007	30 363	20 486	13 624	11 971
1992	5 681	4 954	2 866	2 729	2008	33 469	23 181	15 273	13 466
1993	6 729	5 498	3 246	3 042	2009	36 732	26 086	17 003	15 193

* 表中各年份数据均按2005年不变价计算得出。

数据来源：历年《中国统计年鉴》、国家统计数据库数据计算得出。

从人均生产总值数据分析，东部地区在1978—1989年均低于东北地区的水平，之后，超过东北地区，一直处于领先地位，其年均增速为10.65%；东北地区则情况不同，最初的人均生产总值水平较高，但其增速低于东部地区，为8.83%，在20世纪90年代后，人均生产总值水平低于东部地区；中部地区和西部地区由于发展基础落后于东部地区，尽管其人均生产总值水平增速较快，分别为9.37%和9.03%，但总体水平处于较低状态。具体走势见图3-6。

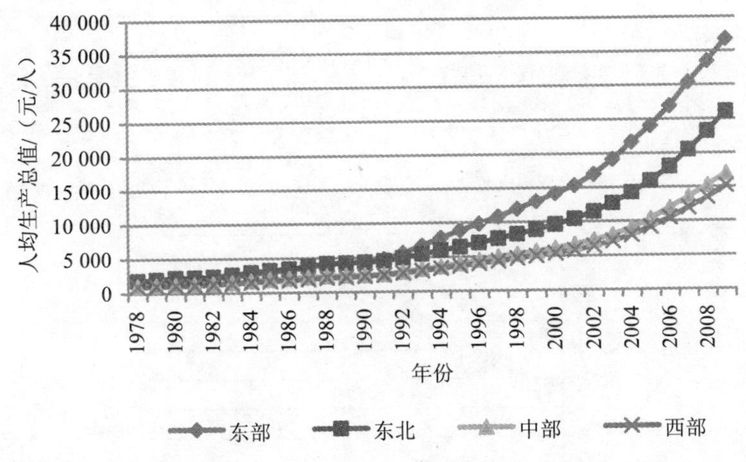

图3-6 1978—2009年我国各地区人均生产总值

图3-6显示，由于各地区发展水平及递增速度不同，人均生产总值之间的绝对离差加大。1978年，4个地区人均生产总值的绝对差为601元/人，2009年，这一绝对离差增加到21 538元/人。所以，加速西部地区的发展任重道远。

3.1.2.3 产业结构分析

根据上述我国总体产业结构分析得出，我国第二产业构成一直处于45%左右，第一产业与第三产业的构成为此增彼减的变动态势。这一分析结果是由于将我国各地区的变动差异抽象化之后的总体变动。若分别观察我国各地区产业构成变动呈现不同的地域特征。为更清晰地表现各地区产业构成的变动，分别将三次产业构成变动分不同地区单独列示，见组图 3-7。

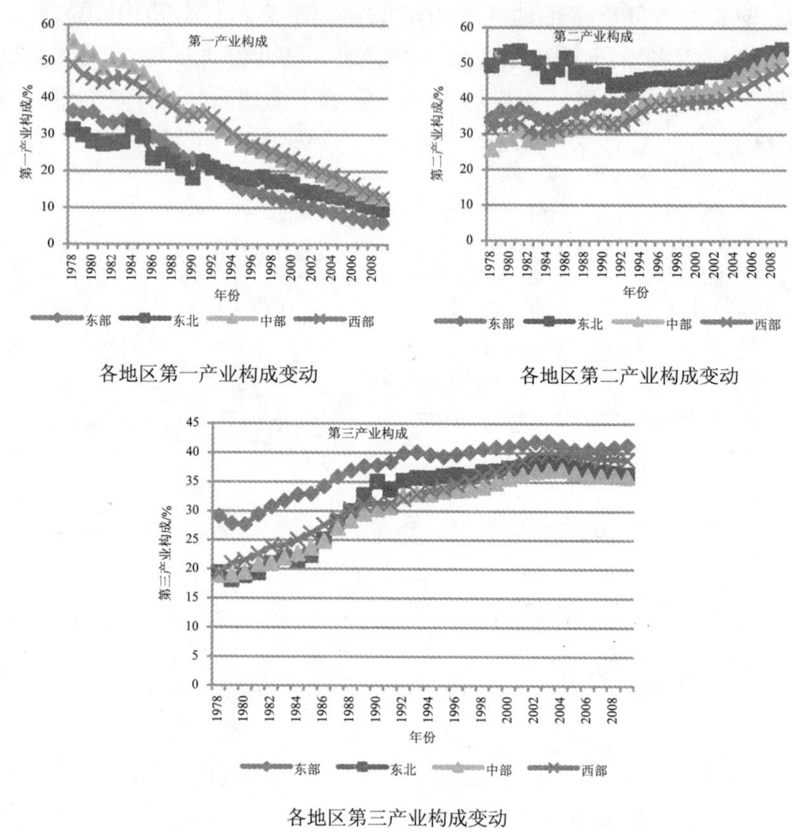

各地区第一产业构成变动

各地区第二产业构成变动

各地区第三产业构成变动

数据来源：《中国统计年鉴》统计数据库，2010。

图 3-7　1978—2009 年我国各地区产业构成变动

从各地区三次产业构成变动看，第一产业呈下降趋势，第二产业和第三产业则呈上升的态势。特别是第一产业，下降速度较快，4 个地区分别以年均 5.74%、3.77%、4.69%和 4.24%的速度递减，致使第一产业构成从 1978 年的 30%～55%下降到 2009 年的 10%左右，以东部地区第一产业构成下降最为明显，由 1978 年的 36.40%下降到 2009 年的 5.83%。与全国总体变动不同的是，各地区第二产业构成呈现波动上升的趋势，除东北老工业基地外，其他 3 个地区第二产业构成分别以 1.39%、2.28%和 1.38%的增速上升。正是由于各地区第二产业构成的缓慢上升，其第三产业构成上升的趋势并不比全国幅度大，经过 30 年的变动，各地区第三产业构成缓慢上升到接近 40%的水平。

若将三次产业构成变动分别不同地区观察，各自变动特点则更加清晰。见组图 3-8。

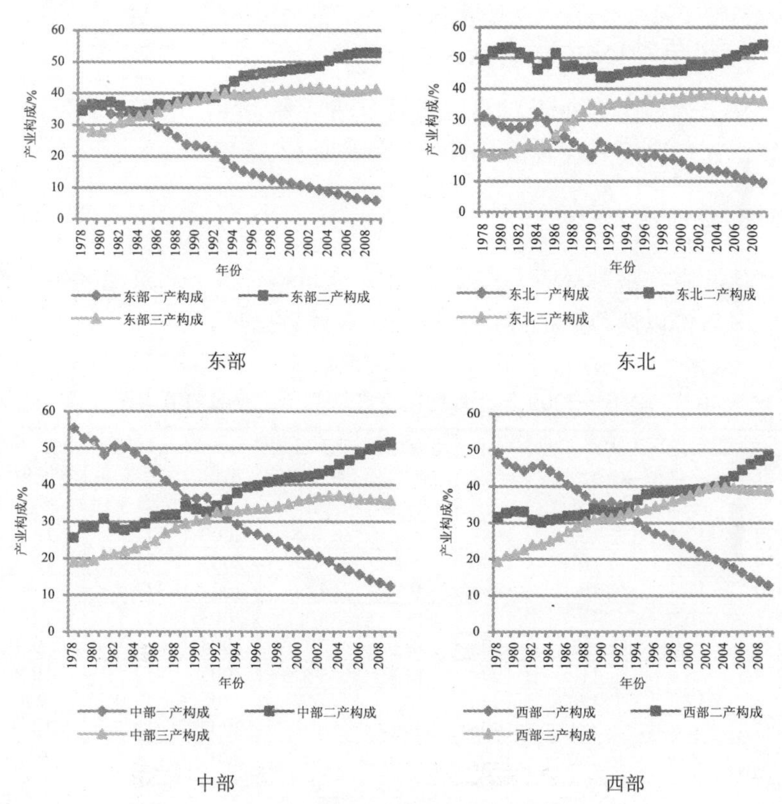

图 3-8　1978—2009 年我国各地区产业构成变动

组图 3-8 显示，4 个地区三次产业构成的变动都有一个交叉变动的过程，但各自交叉变动的时间和交叉的产业各有不同。东部地区交叉时间大约在 1985 年，是第一产业和第三产业的交叉，即 1985 年后，东部地区第三产业构成高于第一产业的构成，第二产业一直处于较高的构成比；东北地区与东部地区有些类似，第一和第三产业交叉时间大约在 1987 年，而且其第二产业构成领先优势明显；中部和西部地区是第二产业、第三产业与第一产业的交叉，时间约为 20 世纪 90 年代初，即 20 世纪 90 年代初后，这两个地区的第二产业、第三产业构成高于其第一产业的构成，并且这种趋势将会长期持续下去。

3.1.3 北京地区分析

从上述地区分布看，北京所属东部沿海地区，由于北京特殊的位置，其经济发展在我国一直处于领先地位。

3.1.3.1 经济增速分析

从北京经济整体看，按 2005 年不变价格计算，北京地区生产总值大多年份以两位数的速度在增长，具体数据见表 3-7。

表 3-7 1978—2009 年北京地区生产总值和工业增加值增速* 单位：%

年份	北京地区生产总值增速	北京工业增加值增速	年份	北京地区生产总值增速	北京工业增加值增速	年份	北京地区生产总值增速	北京工业增加值增速
1978	10.5	12.4	1989	4.4	8.4	2000	11.8	13.2
1979	9.7	10.1	1990	5.2	1.9	2001	11.7	10.2
1980	11.8	10.1	1991	9.9	12.6	2002	11.5	7.8
1981	–0.5	–4.7	1992	11.3	10.3	2003	11.1	12.2
1982	7.4	5.8	1993	12.3	10.5	2004	14.1	19.3
1983	16.4	11.5	1994	13.7	13.5	2005	12.1	10.9
1984	17.4	15.7	1995	12.0	7.7	2006	13.0	9.5
1985	8.7	9.1	1996	9.0	6.1	2007	14.5	13.1
1986	8.0	5.0	1997	10.1	8.7	2008	9.1	0.2
1987	9.6	5.5	1998	9.5	8.7	2009	10.2	8.8
1988	12.8	13.0	1999	10.9	12.8			

* 表中数据按 2005 年不变价格计算。

数据来源：《北京统计年鉴 2010》。

与全国 GDP 发展不同的是，北京地区生产总值发展速度大多快于其工业增加值的增速，这与北京近几年进行产业结构调整、大力发展第三产业有直接的关系。致使在 1978 年后的 32 个年份中，大多年份呈现地区生产总值的发展超过工业的增长。走势见图 3-9。

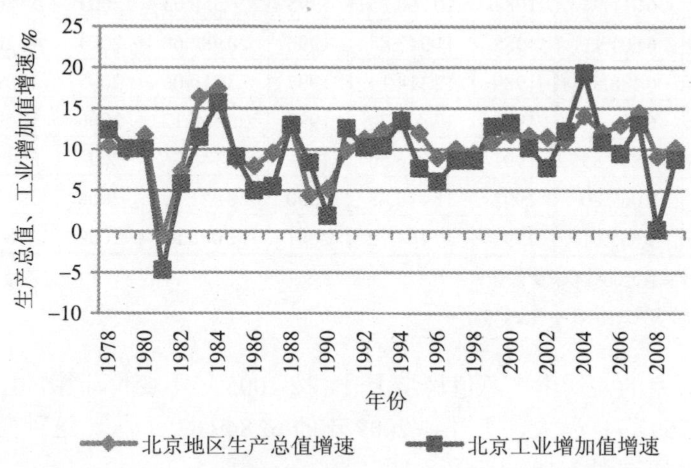

图 3-9　1978—2009 年北京地区生产总值和第二产业产值增速

图中的两条线段几乎重合，说明二者的增速处于同一水平，结合表 3-7 中的数据可以看出，大多年份，北京第二产业的增速低于其生产总值的增速，特别是 2008 年，北京第二产业的下降趋势明显，这将会对北京的产值能源消耗水平降低、环境改善状况以及产业结构的优化都会产生积极的影响。

3.1.3.2 人均生产总值分析

北京的经济增速较为迅猛，但由于人口增长较快，致使北京人均生产总值以低于全国及东部地区人均生产总值的增速变动。1978—2009 年，北京人均生产总值增速为 8.11%，同期，全国增速为 8.61%，东部地区增速为 10.65%。具体数据见表 3-8。

表 3-8 1978—2009 年北京人均生产总值* 单位：元/人

年份	北京人均生产总值	年份	北京人均生产总值	年份	北京人均生产总值	年份	北京人均生产总值
1978	5597.71	1986	10141.61	1994	19313.69	2002	34928.83
1979	6011.94	1987	10760.25	1995	20356.63	2003	37845.08
1980	6601.11	1988	11943.88	1996	20987.68	2004	42163.61
1981	6488.89	1989	12314.14	1997	23210.06	2005	45992.81
1982	6852.27	1990	12806.70	1998	25556.12	2006	50500.53
1983	7845.85	1991	13946.50	1999	28146.96	2007	56113.96
1984	9069.80	1992	15410.88	2000	30051.46	2008	59123.24
1985	9695.61	1993	17167.72	2001	32005.55	2009	62849.82

* 表中数据按 2005 年不变价计算。

数据来源：《北京统计年鉴 2010》。

北京的人均生产总值稳步上升，按 2005 年不变价计算，由 1978 年的 5597.71 元/人，上升到 2009 年的 62849.82 元/人。这种变动趋势可以通过图 3-10 显示。

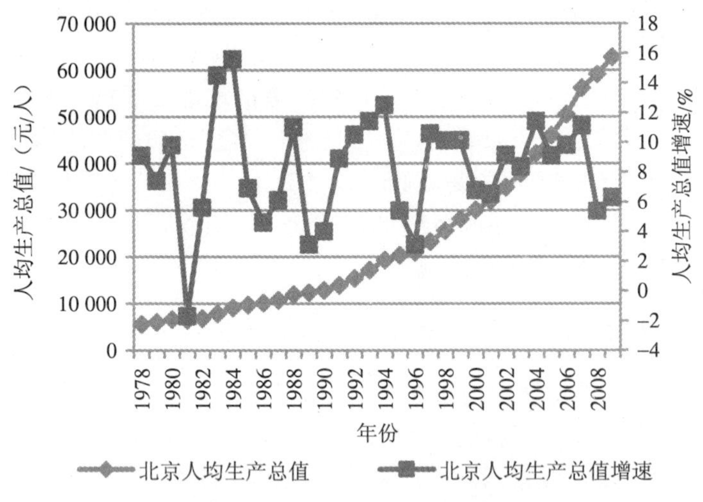

图 3-10 1978—2009 年北京人均生产总值及增速变动

北京经济的快速发展带动了人民生活水平的提高，其结果是多方面的，其中生活能耗的增加与其也有相应的关联，这在后面的章节将做进一步的分析。

3.1.3.3 产业构成分析

近 30 多年来，北京第一产业产值构成缓慢降低，由 1978 年的 5.2%下降到 2009 年 1.0%，北京第一产业因地制宜，发展特色产业；第二产业构成则以年均 3.51%的速度递减，由 1978 年的 71.1%下降到 2009 年的 23.5%；第三产业构成呈现相反的变动势头，1994 年，北京第三产业产值构成首次超过第二产业产值构成，为 48.9%，之后一直位于领先地位。2009 年，北京第三产业构成已上升到 75.5%，接近发达国家三次产业的构成水平。北京三次产业构成的变动，大力推进了北京向世界城市发展的步伐。具体数据见表 3-9 和图 3-11。

表 3-9 1978—2009 年北京产业产值构成 单位：%

年份	一产	二产	三产	年份	一产	二产	三产	年份	一产	二产	三产
1978	5.2	71.1	23.7	1989	8.5	55.3	36.2	2000	2.5	32.7	64.8
1979	4.3	70.9	24.8	1990	8.8	52.4	38.8	2001	2.2	30.8	67.0
1980	4.4	68.9	26.7	1991	7.6	48.7	43.7	2002	1.9	28.9	69.2
1981	4.7	66.5	28.8	1992	6.9	48.8	44.3	2003	1.8	29.6	68.6
1982	6.7	64.4	28.9	1993	6.1	47.3	46.6	2004	1.6	30.6	67.8
1983	7.0	61.5	31.5	1994	5.9	45.2	48.9	2005	1.4	29.5	69.1
1984	6.9	60.3	32.8	1995	4.9	42.8	52.3	2006	1.1	27.9	71.0
1985	6.9	59.8	33.3	1996	4.2	39.9	55.9	2007	1.1	26.8	72.1
1986	6.7	58.2	35.1	1997	3.6	37.7	58.7	2008	1.1	25.7	73.2
1987	7.4	55.9	36.7	1998	3.2	35.4	61.4	2009	1.0	23.5	75.5
1988	9.0	54.0	37.0	1999	2.9	33.9	63.2				

数据来源：《北京统计年鉴 2010》。

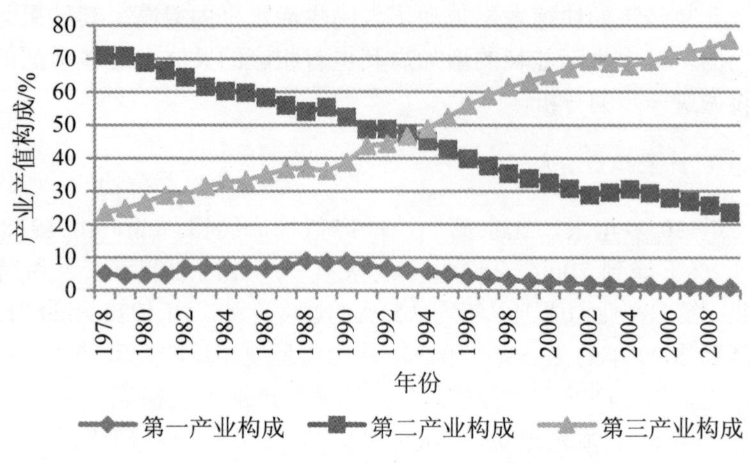

图 3-11 1978—2009 年北京产业产值构成

与我国产业构成变动图类似，在图 3-11 中同样出现一个剪刀形，但形成剪刀的两个产业构成是不同的。我国产业构成变动图中的剪刀是由第一产业构成和第三产业构成组成，即伴随着第一产业的降低，我国第三产业构成上升，而第二产业则一直处于较高水平。北京产业构成变动图中的剪刀是由第二产业构成和第三产业构成组成，即伴随着第二产业的降低，第三产业构成上升。而北京第一产业构成则一直处于较低水平。北京目前的三次产业构成状况十分接近发达国家的产业构成比例。

3.1.4 经济发展的综合对比分析

在上述分析的基础上，对我国、我国各地区、北京的 3 个不同层次的经济发展状况进行对比分析。

3.1.4.1 经济增长速度的对比分析

现将我国、东部地区、北京 3 个层次的经济发展水平进行对比，以观察北京在我国经济体中的位置。见表 3-10。

表 3-10　1978—2009 年全国、东部地区、北京生产总值和工业增加值年均增长速度

单位：%

时间段/年	全国		东部地区		北京	
	GDP 年均增速	工业增加值年均增速	生产总值年均增速	工业增加值年均增速	生产总值年均增速	工业增加值年均增速
1978—1980	7.71	10.64	9.67	13.34	10.75	9.65
1981—1985	10.70	9.90	11.64	9.70	9.68	8.33
1986—1990	7.87	9.21	9.14	13.44	7.96	6.43
1991—1995	12.26	17.68	16.52	18.57	11.83	10.87
1996—2000	8.63	10.20	11.00	12.85	10.26	9.44
2001—2005	9.58	10.89	12.60	14.50	12.10	11.36
2006—2009	12.91	14.93	12.66	13.65	11.68	8.51
总平均	11.06	13.67	12.10	14.92	10.55	9.20

数据来源：《中国统计年鉴 2010》，国家统计局数据库查询；《北京统计年鉴 2010》。

从增速计算结果看，北京的生产总值年均增速与全国的基本持平，工业增加值年均增速低于全国和东部地区的增速水平。值得一提的是，东部地区工业增加值年均增速为 14.92%，处于较高水平。若分别不同时间段观察，全国和东部地区的生产总值年均增速大多低于其工业的增速，而北京正好相反。这从一定程度上说明这是北京对产业结构调整的结果。

3.1.4.2 人均生产总值的对比分析

一个国家的生产总值与该国的大小有关，通过进行人均生产总值的计算与对比，则可分析该国生产的水平与规模。现将这 3 个层次的人均生产总值进行对比，见表 3-11。

从动态分析看，1978 年北京人均生产总值为 5 598 元/人，远高于全国和东部地区的水平，经过 30 余年的发展，2009 年，北京人均生产总值为 62 850 元/人，为全国水平的 7.94 倍，为东部地区的 1.71 倍。具体走向见图 3-12。

表 3-11　1978—2009 年全国、东部地区、北京人均生产总值*

单位：元/人

年份	全国	东部	北京	年份	全国	东部	北京	年份	全国	东部	北京
1978	1 598	1 608	5 598	1989	3 706	4 237	12 314	2000	9 196	14 168	30 051
1979	1 696	1 726	6 012	1990	3 792	4 388	12 807	2001	9 887	15 343	32 006
1980	1 806	1 886	6 601	1991	4 084	4 826	13 946	2002	10 713	17 022	34 929
1981	1 877	1 989	6 489	1992	4 608	5 681	15 411	2003	11 714	19 146	37 845
1982	2 017	2 154	6 852	1993	5 192	6 729	17 168	2004	12 819	21 656	42 164
1983	2 204	2 350	7 846	1994	5 805	7 812	19 314	2005	14 185	24 048	45 993
1984	2 505	2 706	9 070	1995	6 370	8 860	20 357	2006	15 895	26 900	50 501
1985	2 804	3 073	9 696	1996	6 934	9 826	20 988	2007	18 051	30 363	56 114
1986	3 007	3 324	10 142	1997	7 502	10 885	23 210	2008	19 689	33 469	59 123
1987	3 302	3 692	10 760	1998	8 012	11 941	25 556	2009	21 353	36 732	62 850
1988	3 616	4 127	11 944	1999	8 548	13 043	28 147				

* 表中数据均按 2005 年不变价计算。

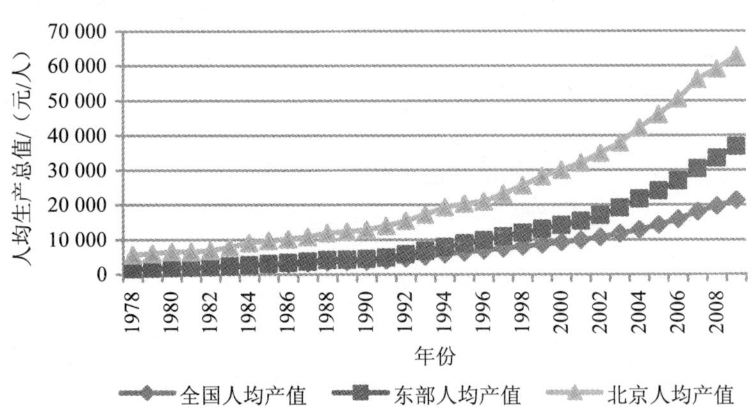

图 3-12　1978—2009 年全国、东部地区、北京人均生产总值

从图 3-12 显示的 3 条曲线走向看，北京人均产值一直高于全国和东部地区的人均产值。随着时间的推移，3 条曲线均呈现上升的趋势，并且 3 者之间的绝对差额明显加大。1978 年，北京人均生产总值比全国的高4000元/人，比东部地区高3990元/人，2009年，这种差距扩大到41497元/人和26118元/人。人均产值的高低可以从一方面反映地区发展的水平，差异的扩大说明我国地区发展的不平衡。

3.1.4.3 三次产业构成的对比分析

全国、东部地区和北京的三次产业构成的变动走向呈现不同的变动特征，见组图3-13。

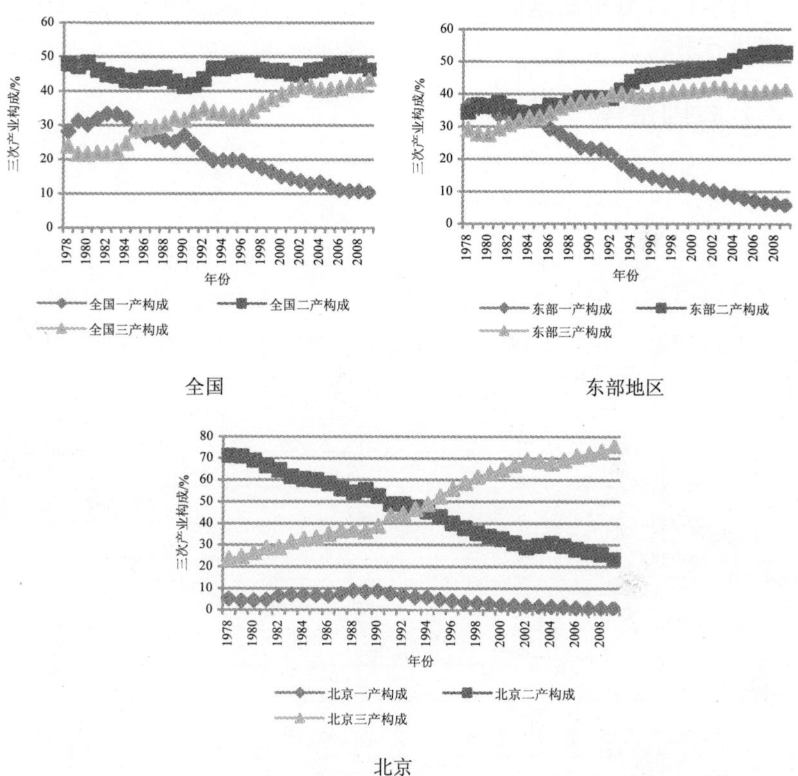

图3-13　1978—2009年全国、东部、北京三次产业构成变动

通过图3-13，可清晰看出这3个层次的产业构成的变动轨迹。这3个图形中都有个剪刀形状，但构成剪刀的两条曲线内容不同，全国和东部地区是第一产业构成下降，第三产业上升而形成的剪刀形状；北京是第二产业下降，第三产业上升而形成的剪刀形状。并且，全国和东部地区的第二产业构成较高，北京已形成发达国家的产业构成格局。

3.2 能源消耗变动分析

按照同样分析问题的思路，对全国、东部地区以及北京的能源消耗进行分析。

3.2.1 我国整体分析

3.2.1.1 我国能源消耗总量分析

根据《中国统计年鉴》数据计算，从 1978—2009 年，我国能源消耗总量呈现逐年上升的趋势，年均增速为 5.57%。进入 21 世纪以来，能耗增速加快，2000—2009 年年均增速为 8.63%，高于同期世界能耗年均增速 1.75%的 6.88 个百分点。见图 3-14。

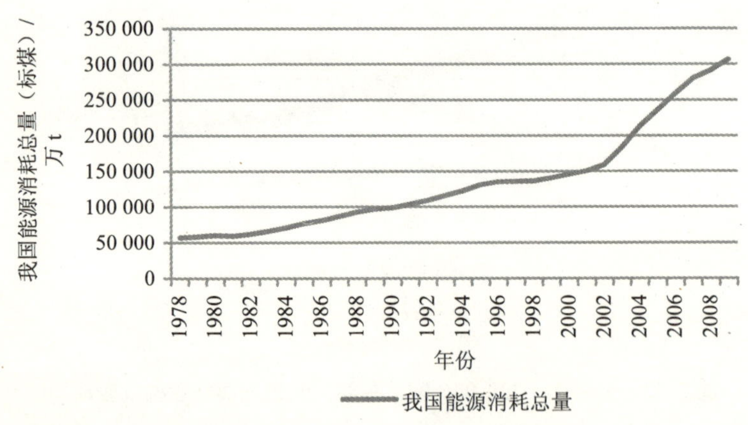

数据来源：《中国统计年鉴 2010》。

图 3-14 1978—2009 我国能源消耗总量

图 3-14 中能耗走势大体分为 3 个变动阶段：第一阶段是 1978—1996 年，这一阶段为缓慢上升阶段，此阶段年均增速为 5.06%；第二阶段，即到 2002 年，为较为平稳阶段，此间，1997 年，较上一年有所减少；第三阶段，由 2003—目前，为快速增长阶段，年均增速为 8.91%，处于较高增长态势。从目前来看，这种趋势还将持续一段时间。

3.2.1.2 我国能源消耗强度分析

由于能源消耗量与经济发展和人口增长有密切关系，因此利用产值能耗[①]和人均能耗的变动程度可以大体说明能源的利用效率和利用强度。图 3-15 为 1978—2009 年我国产值能耗和人均能耗变动图。

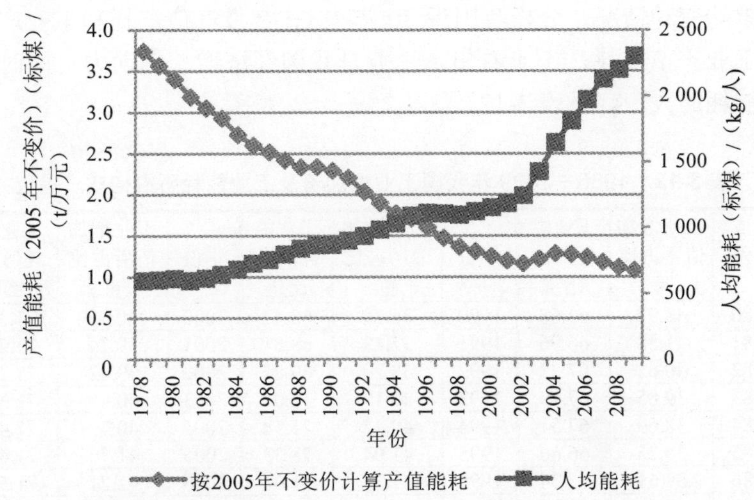

数据来源：《中国统计年鉴 2010》。

图 3-15　1978—2009 年我国产值能耗和人均能耗变动

图 3-15 显示我国产值能耗与人均能耗呈现交叉状，表现为不同的变动方向，伴随着产值能耗年均递减 3.93%速度，人均能耗以

① 本书中产值能耗指标中的产值是按当年价计算。

4.45%的速度逐年上升。尽管我国产值能耗在逐年下降，但与一些发达国家和世界平均水平相比还有一定差距。从单位GDP能耗指标看，以2008年为例，我国为世界平均水平的2.73倍[①]，说明我国能源利用效率有很大的上升空间。但由于我国人口众多，计算人均能耗指标，往往低于其他国家。有数据表明[②]，我国人均能耗为美国的19.56%，日本的37.23%，德国的36.69%。为世界平均水平的86.89%。正是由于人口基数大，一旦我国人均能耗上升到世界平均水平，就会造成我国能源消耗总量的急速增加，并且会对世界能源市场产生巨大影响。

3.2.1.3 我国能耗部门构成分析

首先，利用《中国统计年鉴》中的数据，从我国工业能耗所占比重的变动情况，分析我国近30年来GDP及产值能耗和工业产值及工业产值能耗，不难看出，工业是我国经济增长的动力，同时也是能耗的大户，见表3-12。

表3-12 1980—2009年我国工业增加值及工业能耗所占构成 单位：%

年份	工业增加值所占比重	工业能耗所占比重	年份	工业增加值所占比重	工业能耗所占比重	年份	工业增加值所占比重	工业能耗所占比重
1980	43.92	64.68	1990	36.74	68.47	2000	40.35	71.31
1981	41.88	66.96	1991	37.13	68.81	2001	39.74	71.23
1982	40.62	67.32	1992	38.20	69.87	2002	39.42	71.25
1983	39.85	67.49	1993	40.15	70.02	2003	40.45	71.37
1984	38.69	67.51	1994	40.42	71.58	2004	40.79	71.45
1985	38.25	66.60	1995	41.04	73.33	2005	41.76	71.49
1986	38.61	67.34	1996	41.37	71.64	2006	42.21	71.50
1987	38.03	67.86	1997	41.69	71.66	2007	41.58	71.49
1988	38.41	67.79	1998	40.31	71.51	2008	41.48	71.81
1989	38.16	68.39	1999	39.99	71.32	2009	39.72	71.48

数据来源：《中国统计年鉴2010》。

① 数据来源：美国能源信息总署。http://www.eia.gov/cfapps/ipdbproject/IEDIndex3.cfm?tid=44&pid=44&aid=2。

② 同上。

表 3-12 数据显示，我国工业增加值所占比重与其能耗所占比重差异较大，这与工业生产特点有关，同时说明了节能减排的关键环节应在工业生产过程中。多年来，工业产值所占比重稳定在 45%左右，但其能耗比重却高达 70%上下，在近几年又呈现上升的趋势。这种变动趋势在图 3-16 中显示得更加清晰。

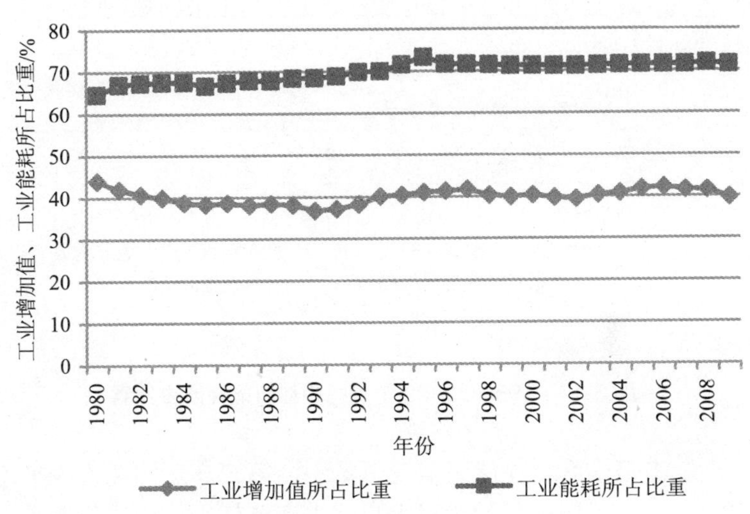

数据来源：《中国统计年鉴 2010》。

图 3-16　1980—2009 年我国工业增加值及工业能耗所占比重

尽管工业增加值能耗从 1980 年的 7.73t 标煤/万元，下降到 2009 年的 1.82t 标煤/万元，但仍高于 2009 年第一产业产值能耗的 0.23t 标煤/万元和第三产业的产值能耗 0.36t 标煤/万元，仅从这点分析，我国通过调整产业结构降低能耗还有很大的空间。

其次，利用数据分析我国各部门能耗构成的变动趋势与特点。现将我国三次产业能耗和生活能耗构成进行动态分析，观察各自的变动轨迹。见图 3-17。

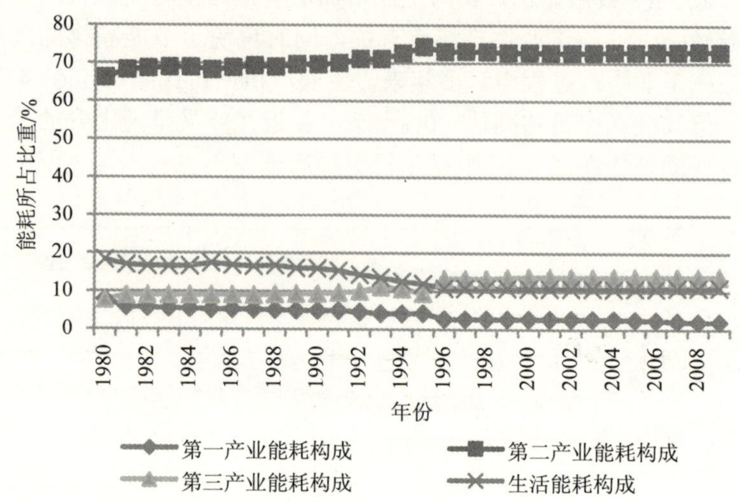

数据来源：《中国统计年鉴 2010》。

图 3-17　1980—2009 年我国各部门能耗所占比重

从全国范围看，在能源消耗总量中，第二产业能耗构成平均为 71.22%，成为我国能耗的绝对大户，生活能耗平均构成位居第二，为 13.46%，其次为第三产业能耗构成和第一产业能耗构成，分别为 11.38%和 3.95%。从动态发展看，生活能耗和第一产业能耗构成缓慢下降，第二产业和第三产业能耗构成持续上升，特别是第二产业能耗构成持续高位运行。

3.2.1.4 我国能耗品种构成分析

有数据显示，早在 1953 年，我国能源消耗中主要是煤炭，占比为 94.3%，石油比重很小，为 3.8%，水电、核电、风电的利用更少，占比为 1.8%。虽然煤炭消耗的比重在几十年的演进中有一定程度的下降，但其领先地位一直没有变化。现将我国 1980 年以来能耗品种构成的变动列表 3-13 显示。

表 3-13　1980—2009 年我国能源消耗品种构成　单位：%

年份	煤炭	石油	天然气	新能源	年份	煤炭	石油	天然气	新能源	年份	煤炭	石油	天然气	新能源
1980	72.2	20.7	3.1	4.0	1990	76.2	16.6	2.1	5.1	2000	69.2	22.2	2.2	6.4
1981	72.7	20.0	2.8	4.5	1991	76.1	17.1	2.0	4.8	2001	68.3	21.8	2.4	7.5
1982	73.7	18.9	2.5	4.9	1992	75.7	17.5	1.9	4.9	2002	68.0	22.3	2.4	7.3
1983	74.2	18.1	2.4	5.3	1993	74.7	18.2	1.9	5.2	2003	69.8	21.2	2.5	6.5
1984	75.3	17.4	2.4	4.9	1994	75.0	17.4	1.9	5.7	2004	69.5	21.3	2.5	6.7
1985	75.8	17.1	2.2	4.9	1995	74.6	17.5	1.8	6.1	2005	70.8	19.8	2.6	6.8
1986	75.8	17.2	2.3	4.7	1996	73.5	18.7	1.8	6.0	2006	71.1	19.3	2.9	6.7
1987	76.2	17	2.1	4.7	1997	71.4	20.4	1.8	6.4	2007	71.1	18.8	3.3	6.8
1988	76.2	17	2.1	4.7	1998	70.9	20.8	1.8	6.5	2008	70.3	18.3	3.7	7.7
1989	76	17.1	2.0	4.9	1999	70.6	21.5	2.0	5.9	2009	70.4	17.9	3.9	7.8

数据来源：《中国统计年鉴 2010》。

表 3-13 显示，30 年来，煤炭一直是我国能源消耗的主要品种，所占比重达 70%左右，我国石油消耗呈现波动起伏的变动态势，天然气消耗的比重较为稳定，处于 2%左右，值得一提的是我国新能源利用由 1980 年的 4%，上升到 2009 年的 7.8%。

若将我国2009年各能源品种消耗量与世界各能源品种消耗总量进行对比，可见一斑。根据国际能源署的数据①，2009 年，我国消耗的煤炭为世界煤炭消耗总量的 46.909%，石油消耗量占世界石油消耗总量的 10.42%，天然气为 3.01%，新能源为 21.42%。由此看出，减少煤炭的消耗量，对于我国优化能耗结构、降低 CO_2 排放都会产生积极的影响。

虽然我国能耗品种结构还有待优化，但其变动趋势应得到肯定。组图 3-18 是将 1980 年和 2009 年的能耗品种结构加以显示，可以看出这种变化。

① http://www.iea.org.

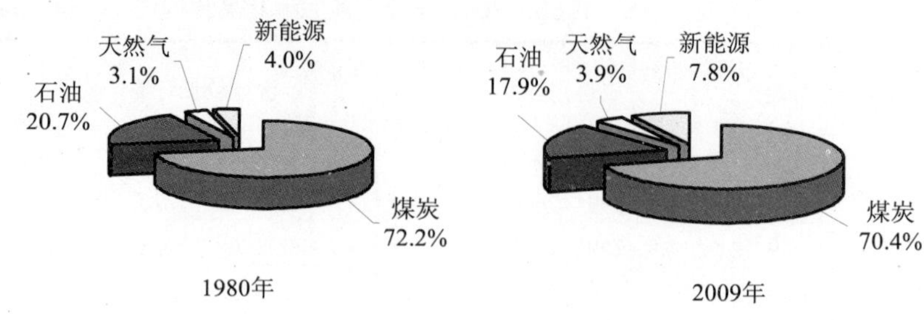

图 3-18　1980 年和 2009 年我国能源消耗品种构成

尽管能源品种构成变动并非显著，但煤炭消耗构成的下降、新能源比重的上升，可以反映出我国这几年在能源结构调整方面所做的工作。

3.2.2 不同地区分析

3.2.2.1 我国各地区能源消耗总量分析

根据历年《中国能源统计年鉴》提供的数据资料，能够获取1985—2009 年的有关能源的数据，但其中一些年份的数据资料缺失，为不影响对各地区能耗问题的分析，对缺失数据利用插值法、建模估算法等方法进行弥补，以得到 1985—2009 年完整的数据资料。所以，本节后所采用的数据有个别年份为采用上述方法计算的数据。

若暂不考虑各地区经济发展水平的不平衡对能耗总量的影响，单纯分析其能耗总量变动，见图 3-19。

与全国能耗变动趋势相同，各地区能耗以不同程度在增长。从图 3-19 看出，东部地区能耗增长最为显著，年均增速为 7.77%；西部地区经济发展水平在全国较为落后，但其能耗上升仅低于东部地区，说明西部地区能源利用效率有待提高。

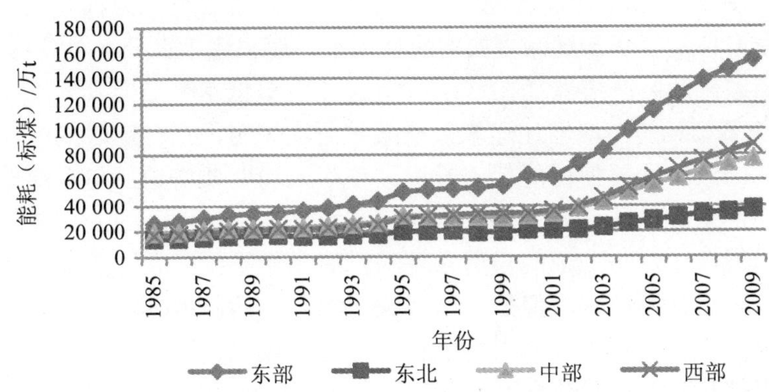

数据来源：历年《中国能源统计年鉴》。

图 3-19　1985—2009 年我国各地区能源消耗总量

3.2.2.2 我国各地区能源消耗强度分析

能耗总量的多少与该地区经济发展水平和人口数量有直接的关系。所以，在分析能耗总量变动的基础上，再进一步分析各地区的能源消耗强度和人均能耗，见组图 3-20。

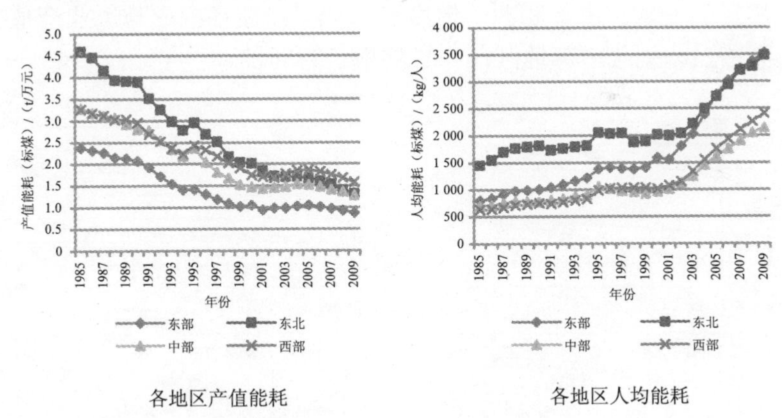

数据来源：历年《中国能源统计年鉴》。

图 3-20　1985—2009 年我国各地区产值能耗和人均能耗

图 3-20 显示我国各地区产值能耗与人均能耗变动方向相反，伴随着产值能耗逐年递减，人均能耗以不同速率逐年上升。同时看出，我国东部地区产值能耗在这 4 个地区中为最低水平，但其人均能耗却以 6.41%的年均增速递增，从某种角度说明了在一定时期内，某地区的经济发展使得能耗上升，又使得人均能耗增长；与东部地区不同，东北地区这两项内容均为较高水平；中部地区的人均能耗为全国最低，这与当地的自然条件与发展水平不无关联；西部地区是我国重点开发地区，但是，值得关注的是，西部地区的产值能耗水平现居于全国领先，而人均能耗上升势头较强，这是在发展中要密切跟踪其变动，并及早采取有效措施改变这种局面。

3.2.2.3 我国各地区能耗部门构成分析

由于数据资料来源问题，在对我国各地区工业增加值能耗分析不能进行连续动态分析，现选取如下年份，观察我国各地区工业增加值构成及工业增加值能耗构成的变动情况。见组图 3-21。

组图 3-21 显示，各地区工业产值构成均表现为缓慢增长趋势，但由于各地区工业能耗利用效率不同，形成工业产值增减不等，东部和东北部地区伴随着工业产值构成的缓慢上升，工业能耗构成呈现相反的变动；中部和西部地区显示其工业能耗构成与工业产值构成同增，特别是中部地区，二者的增长为同步。

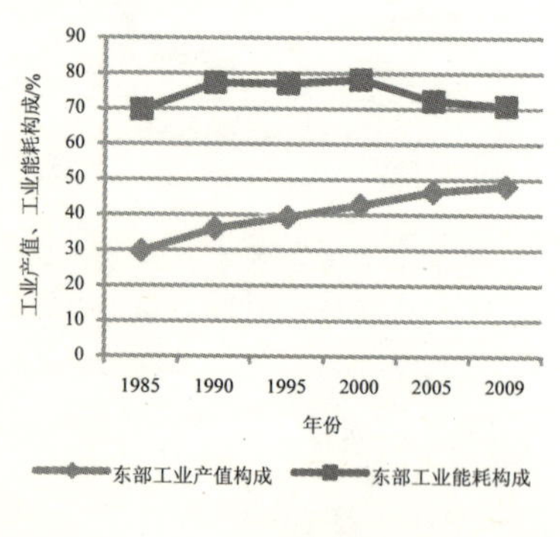

东部地区

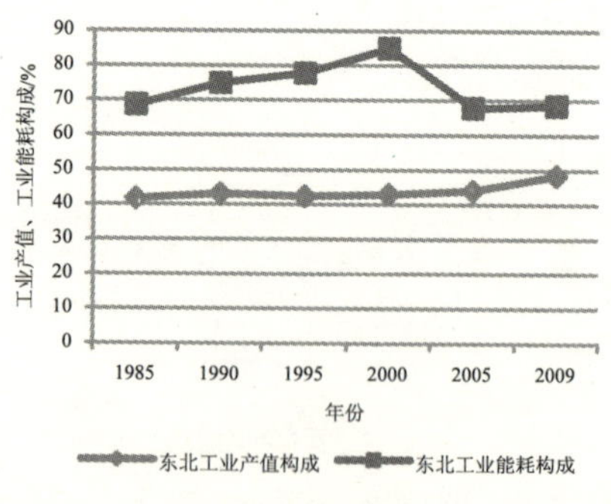

东北地区

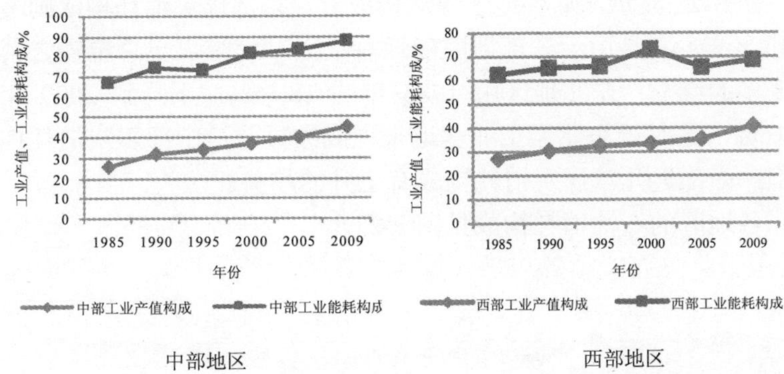

中部地区　　　　西部地区

图 3-21　1985—2009 年我国各地区工业产值构成和工业能耗构成变动

3.2.2.4 我国各地区能耗品种构成分析

现掌握的各地区能耗品种数据为煤炭消耗量和石油消耗量，均为实物量，因此无法计算各地区内部的能耗品种结构，现只能根据各地区煤炭消耗量和石油消耗量进行能耗品种分析。各地区的煤炭消耗构成见图 3-22。

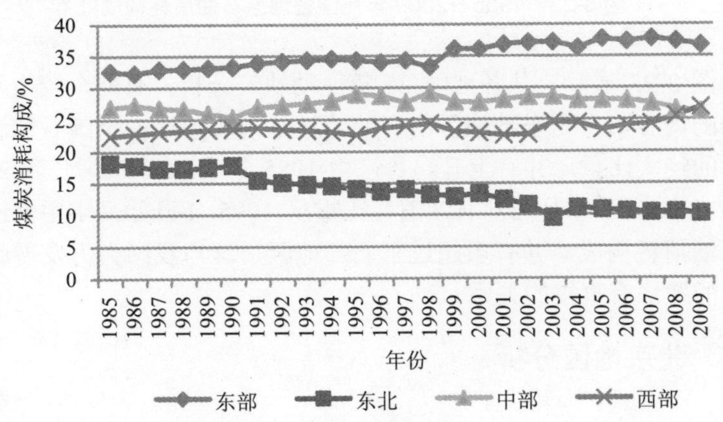

图 3-22　1985—2009 年我国各地区煤炭消耗构成

图 3-22 显示，从各地区煤炭构成看，东部煤炭消耗构成则缓慢上升，这主要是由于东部地区能耗总量大，使得煤炭总量较之其他地区多的缘故；东北地区由 1985 年的 18.15%，下降到 2009 年的 10.16%，这对于东北老工业基地来说成绩显著；中部煤炭消耗构成平稳；西部近几年煤炭消耗构成有上升的趋势。

各地区的石油消耗构成见图 3-23。

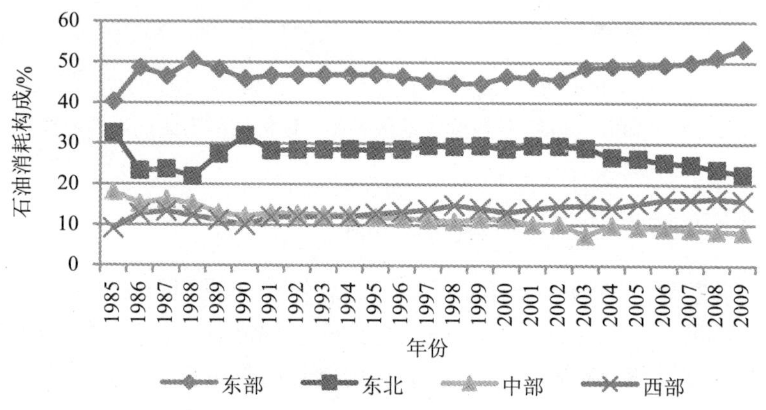

图 3-23　1985—2009 年我国各地区石油消耗构成

图 3-23 显示，从各地区 25 年变动轨迹分析，有两个较为显著变动的内容，一是东部地区的石油消耗量构成始终占全国石油消耗总量的绝大比重，并有上升趋势，由 1985 年的 40.28%增长到 2009 年的 53.38%；二是西部石油消耗比重从 1995 年开始高于中部地区的石油消耗构成，并有望超过东北部地区，这与我国大力发展西部地区的经济有直接的关系。

3.2.3 北京地区分析

3.2.3.1 北京能源消耗总量分析

从总量来看，伴随北京经济的快速发展，能源消耗总量以 4.36%

的年均速度递增，低于其经济增速 6.18 个百分点。致使北京万元生产总值能耗由 1980 年的 13.71t 标煤/万元下降到 2009 年的 0.54t 标煤/万元，成为全国产值能耗最低的省市。具体走势见表 3-14。

表 3-14 1980—2009 年北京能源消耗总量及生产总值增速与能耗增速

年份	能耗/万t标煤	生产总值增速/%	能耗增速/%	年份	能耗/万t标煤	生产总值增速/%	能耗增速/%	年份	能耗/万t标煤	生产总值增速/%	能耗增速/%
1980	1907.7	11.8	—	1990	2709.7	5.2	2.1	2000	4144.0	11.8	6.1
1981	1902.6	–0.5	–0.3	1991	2872.0	9.9	6.0	2001	4229.2	11.7	2.1
1982	1920.4	7.4	0.9	1992	2987.5	11.3	4.0	2002	4436.1	11.5	4.9
1983	1984.7	16.4	3.3	1993	3264.6	12.3	9.3	2003	4648.2	11.1	4.8
1984	2144.1	17.4	8.0	1994	3385.9	13.7	3.7	2004	5139.6	14.1	10.6
1985	2211.4	8.7	3.1	1995	3533.3	12.0	4.4	2005	5521.9	12.1	7.4
1986	2400.0	8.0	8.5	1996	3734.5	9.0	5.7	2006	5904.1	13.0	6.9
1987	2475.8	9.6	3.2	1997	3719.2	10.1	-0.4	2007	6285.0	14.5	6.5
1988	2612.6	12.8	5.5	1998	3808.1	9.5	2.4	2008	6327.1	9.1	0.7
1989	2653.2	4.4	1.6	1999	3906.6	10.9	2.6	2009	6570.3	10.2	3.8

数据来源：《北京 60 年，1949—2009》，《北京统计年鉴 2010》。

很明显，从绝对量上分析，北京能耗年均递增 4.36%，大大低于北京同期生产总值增速，与全国 5.77%和东部地区 1985—2009 年年均增速 6.72%相比，同样处于比较低的水平。北京能耗与生产总值的速度变动差异见图 3-24。

图 3-24 显示，近 30 年，北京能耗增速均以不同程度低于其经济的发展速度。并且在 1981 年、1986 年北京能耗增速几乎接近于 0 或为负数，1989 年、1990 年、1993 年、1996 年均处于较低的增长水平，这对于北京经济持续高速增速的条件下实属不易，具体原因将在后面的内容中做详尽剖析。

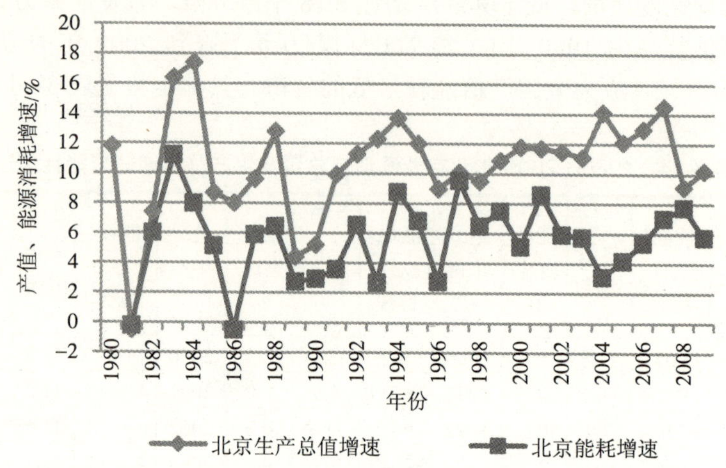

图 3-24　1980—2009 年北京生产总值增速及能源消耗增速

3.2.3.2 北京能源消耗强度分析

在对全国和各地区的分析中，显示产值能耗和人均能耗呈现一种交叉变动，即伴随着产值能耗的逐年降低，人均能耗却在上升。北京的情况也不例外。形成这种变动态势的一个简单而主要的原因就是生产总值、能耗和人口变动速率不同。以 1980—2009 年为例，北京这 3 项指标的年均增速分别为 8.08%、4.36%和 2.27%，不同水平的年均增速，导致计算的产值能耗和人均能耗水平的变动呈现不同方向的变动趋势。见图 3-25。

从图 3-25 看，与全国的相应图形一样，二者呈现相反的变动方向，随着北京产值能耗的降低，人均能耗在上升。北京的产值能耗下降幅度大，由 1980 年的 3.21 t 标煤/万元，下降到 2009 年的 0.61 t 标煤/万元，年均下降率为 5.59%。人均能耗的水平持续较高，截止到 2009 年，北京人均能耗为 3 808.87 kg 标煤/人，为同期全国平均水平的 1.65 倍，为东部地区的 1.19 倍。从全国来看，北京人均能耗水平较高，若与同期世界平均水平和一些发达国家相比，北京为世界平均水平的 80.72%，为日本的 33.26%，为美国的 17.49%①。

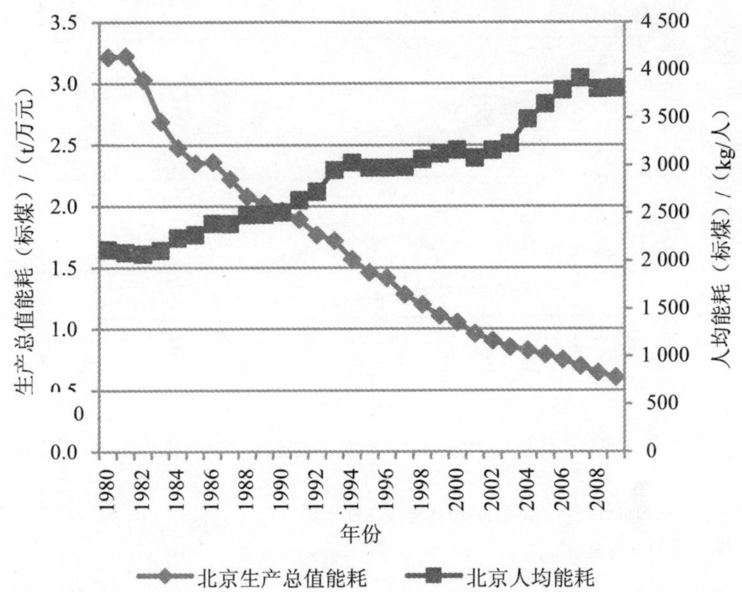

注：图中北京产值能耗中的生产总值按 2005 年不变价计算。

数据来源：《北京统计年鉴 2010》。

图 3-25　1980—2009 年北京生产总值能耗和人均能耗变动图

在北京总的产值能耗降低的带动下，北京三次产业产值能耗也呈现不同的变动，见图 3-26。

从整体看，北京第三产业产值能耗一直处于较低水平，成为北京能耗降低的主要贡献产业。北京第三产业产值能耗水平为全国的 87.18%。大力发展第三产业，降耗的关注点应转向第三产业，这对于北京今后进一步挖潜降耗开辟了新的途径。

① 数据来源：美国能源信息总署。

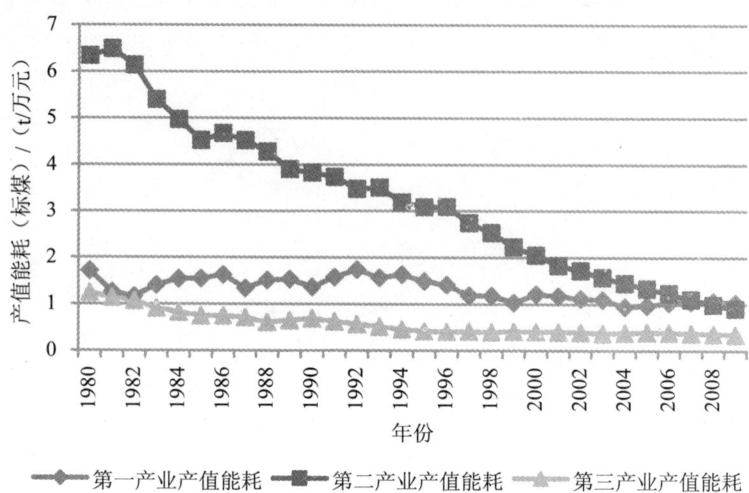

注：图中各产业产值数据中的产值按 2005 年不变价计算。

数据来源：《北京统计年鉴 2010》。

图 3-26　1980—2009 年北京三次产业产值能耗变动图

3.2.3.3 北京能耗部门构成分析

利用《北京 60 年，1949—2009》中的数据，对比分析北京能耗产业构成。尽管工业是能耗大户，但北京经过近些年的产业调整，工业增加值在生产总值中的构成远远低于第三产业，与上海 2009 年产业构成类似，接近发达国家产业构成的水平。由于工业产值下降，其能耗也呈现同向的变动，具体数据见表 3-15。

表 3-15 数据显示，北京工业增加值比重一直低于其工业能耗比重，同样说明北京工业也是能耗的主要部门，但这两个比重差小于全国的，并且有逐渐缩小的迹象，这种变动趋势在图 3-27 中显示得更加清晰。

表 3-15　1980—2009 年北京工业增加值及工业能耗所占构成　单位：%

年份	工业增加值所占比重	工业能耗所占比重	年份	工业增加值所占比重	工业能耗所占比重	年份	工业增加值所占比重	工业能耗所占比重
1980	62.03	—	1990	41.65	62.24	2000	25.65	56.86
1981	58.52	71.85	1991	41.69	61.76	2001	24.39	54.09
1982	56.33	71.17	1992	38.90	61.98	2002	24.11	52.42
1983	53.40	68.47	1993	36.55	64.54	2003	24.54	51.21
1984	50.65	67.81	1994	36.40	64.92	2004	24.99	49.62
1985	50.98	66.18	1995	33.08	64.60	2005	24.79	47.07
1986	49.11	66.11	1996	31.03	65.09	2006	24.06	45.22
1987	46.12	65.43	1997	28.42	62.17	2007	23.13	42.72
1988	44.94	65.82	1998	26.58	61.53	2008	20.88	39.81
1989	45.21	64.07	1999	26.37	59.09	2009	19.00	36.41

数据来源：《北京统计年鉴 2010》。

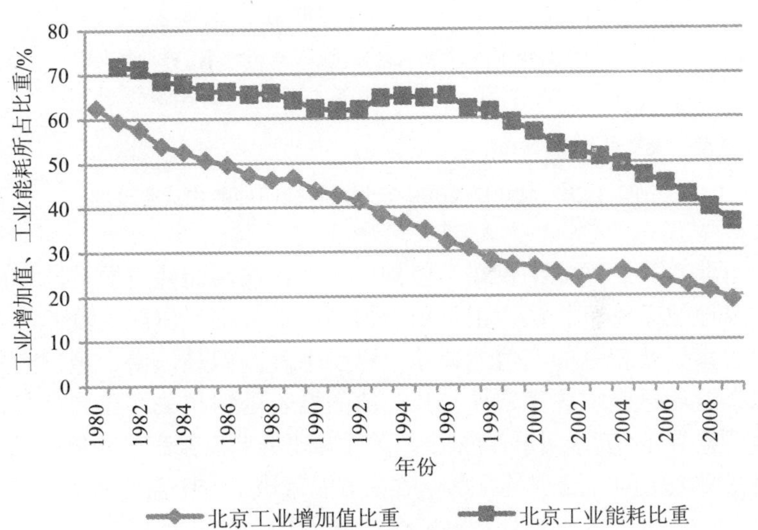

数据来源：《北京统计年鉴 2010》。

图 3-27　1980—2009 年北京工业增加值及工业能耗所占比重

从能耗部门构成看，包括三次产业能耗和生活能耗。由于北京产业结构的不同，各产业能耗构成也随之变化。特点主要表现在两个方面：① 2008 年，北京第三产业能耗构成首次超过第二产业，占据北京能耗大户；② 北京生活能耗比重高于全国和东部地区的水平。具体走向见图 3-28。

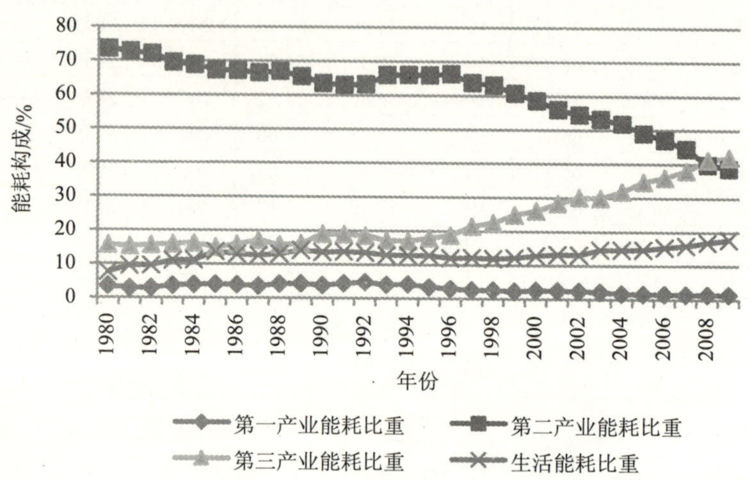

数据来源：《北京统计年鉴 2010》。

图 3-28 1980—2009 年北京各部门能耗构成变动图

北京第三产业不仅在产值构成方面，在其能耗方面也同样占有重要地位。不可否认，正是由于第三产业单位产值能耗较低，才使得北京近几年总的产值能耗趋于稳步下降。但是，由于第三产业能耗在能耗总量中逐步增加与其产值的增长密切相关，在北京产业结构调整节能空间变小的背景下，关注与研究北京第三产业能耗，并寻找其降低空间，这正是北京今后在节能减排工作中需要考虑的问题。

3.2.3.4 北京能耗品种构成分析

与全国情况类似，北京能耗品种主要是煤炭，并且这种消费格局至今没有显著改观。具体数据见表 3-16。

表 3-16　1980—2009 年北京能源消耗品种构成　　单位：%

年份	煤炭	石油	天然气	新能源	年份	煤炭	石油	天然气	新能源	年份	煤炭	石油	天然气	新能源
1980	65.3	33.5	0.0	1.2	1990	70.7	28.7	0.4	0.2	2000	72.1	24.1	3.1	0.7
1981	64.9	34.5	0.0	0.6	1991	71.1	28.2	0.4	0.3	2001	71.3	23.9	4.7	0.1
1982	65.9	33.6	0.0	0.5	1992	70.9	28.4	0.4	0.3	2002	67.1	27.2	5.6	0.1
1983	67.6	31.8	0.0	0.6	1993	72.4	27.0	0.4	0.2	2003	69.0	25.4	5.5	0.1
1984	68.0	31.6	0.0	0.4	1994	75.6	23.8	0.4	0.2	2004	65.8	27.8	6.4	0.0
1985	68.7	31.0	0.0	0.3	1995	74.2	25.1	0.4	0.3	2005	64.0	28.9	7.0	0.1
1986	68.2	31.4	0.1	0.3	1996	72.0	26.9	0.5	0.6	2006	61.6	30.0	8.4	0.0
1987	69.3	30.3	0.1	0.3	1997	72.8	25.8	0.6	0.8	2007	60.2	30.8	9.0	0.0
1988	69.9	29.8	0.1	0.2	1998	73.5	24.4	1.3	0.8	2008	56.7	31.7	11.6	0.0
1989	69.5	29.8	0.4	0.3	1999	71.6	25.2	2.5	0.7	2009	56.3	30.9	12.8	0.0

数据来源：《北京统计年鉴 2010》。

结合表 3-16，与全国数据对比分析看出，北京能耗品种构成有如下特点：第一，北京石油的消耗构成在全国处于较高水平。以 2009 年数据为例，北京石油消耗构成为 30.9%，同期全国石油消耗构成为 17.9%；第二，北京新能源消耗量小，构成低于全国 7.8%的水平。这与北京的地理环境不无关系，但也说明了新能源的开发利用是北京目前面临的一个重要课题。

若将北京 1980 年和 2009 年的能耗品种结构状况进行对比分析，依然可以看出北京能耗品种不断优化的过程。见组图 3-29。

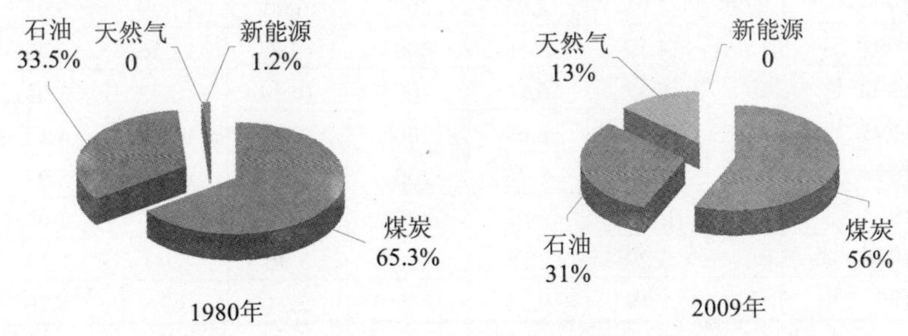

图 3-29　1980 年和 2009 年北京能源消耗品种构成

图 3-29 显示，北京煤炭消耗量所占比重 2009 年与 1980 年相比，减少了 9 个百分点，能源消耗构成优于全国；北京天然气所占比重由无到有，2009 年，达到 12.8%。但值得注意的是，北京新能源利用甚少，在“绿色北京”建设中，大力开发利用新能源是不可或缺的内容，今后北京在新能源利用方面还有许多重要工作去做。

3.2.4 能源消耗的综合对比分析

由于地区能耗品种数据的缺乏，在进行对比分析时，主要是从全国、东部地区、北京 3 个不同层次，分别将能耗增速、产值能耗、人均能耗以及工业能耗变动进行对比分析。

3.2.4.1 能耗增速的对比分析

从总体上看，近 30 年，全国、东部地区和北京 3 个不同层次的能源消耗均为上升态势，但速率有所不同，现以 1986—2009 年数据为例，分析这 3 个不同层次能耗的变动轨迹。见表 3-17。

表 3-17 1986—2009 年全国、东部地区、北京能耗增速 单位：%

年份	全国	东部	北京	年份	全国	东部	北京
1986	5.44	6.71	–0.49	1998	0.20	1.73	6.49
1987	7.15	10.31	5.88	1999	3.22	3.06	7.49
1988	7.35	8.05	6.45	2000	3.53	14.00	5.12
1989	4.23	3.06	2.73	2001	3.35	–1.40	8.62
1990	1.82	2.91	2.92	2002	6.00	17.29	5.93
1991	5.15	4.59	3.56	2003	15.28	13.56	5.73
1992	5.19	6.37	6.54	2004	16.14	18.72	3.09
1993	6.25	7.01	2.69	2005	10.56	16.03	4.17
1994	5.81	6.80	8.78	2006	9.61	10.22	5.37
1995	6.88	15.52	6.83	2007	8.44	9.43	7.02
1996	3.06	3.29	2.75	2008	3.90	5.99	7.74
1997	0.53	1.19	9.55	2009	5.21	5.26	5.76

北京能耗增速在全国和东部地区都为较低水平，说明北京近 30 年以较低的能源消耗支撑着较高的经济增长。表 3-17 显示，1997—1999 年这 3 个层次的能耗为较低的水平，特别是 1998 年，全国能耗增速接近于 0；2004 年，在同期经济快速增长的带动下，能耗增长异常迅猛，均为 2 位数字；随后几年，增速趋于下降。北京能耗的低速增长，成就了北京提前完成单位产值能耗的降低目标。具体走势见图 3-30。

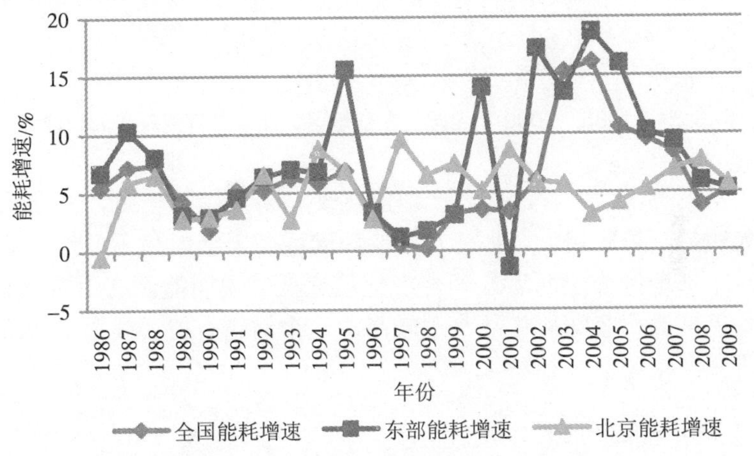

图 3-30　1986—2009 年全国、东部地区、北京能耗增速

正如上述分析，从这 3 条变动曲线看，北京能耗增速曲线大多位于 3 条曲线的下方，东部能耗增速曲线波动起伏明显，仅从能耗增速看，北京在节约能耗、提高能源利用效率方面的努力已见成效。

3.2.4.2 能耗强度的对比分析

利用这 3 个层次的产值能耗和人均能耗变动情况说明各自的能源利用效率。见组图 3-31。

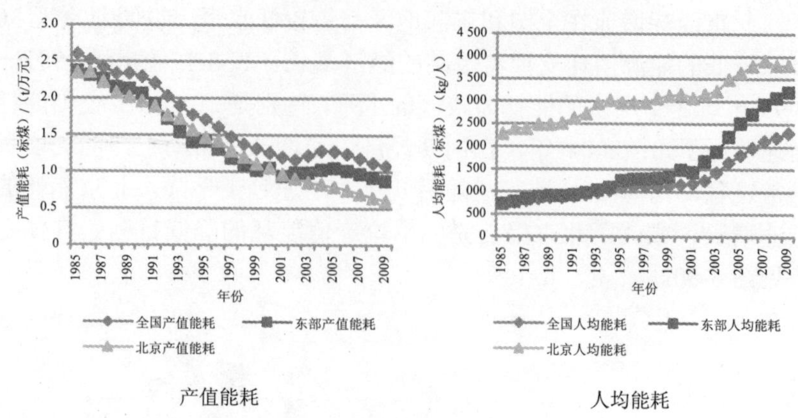

图 3-31 1985—2009 年全国、东部地区、北京产值能耗和人均能耗

从图 3-31 中看，三者产值能耗变动轨迹趋于一致，北京下降最为明显，与此相反，北京人均能耗远远高于全国和东部地区的水平，东部地区介于两者之间。产值能耗低，说明能源利用效率高；人均能耗高，意味着生活水平较高。这个问题有待后续章节做进一步研究。

3.2.4.3 工业能耗的对比分析

从这 3 个不同层次的工业能耗分析，工业产值能耗位居其他产业产值能耗的前列，节能减排的重点产业是工业，在一定程度上，一个地区工业产值能耗水平的高低决定着这一地区的能耗水平。现将这 3 个层次的工业产值能耗进行对比分析，观察其变动差异。见图 3-32。

从整体来看，工业产值能耗下降趋势明显，近几年，北京的工业产值能耗低于全国和东部的能耗水平，这对北京进一步降耗提出了严峻的课题。

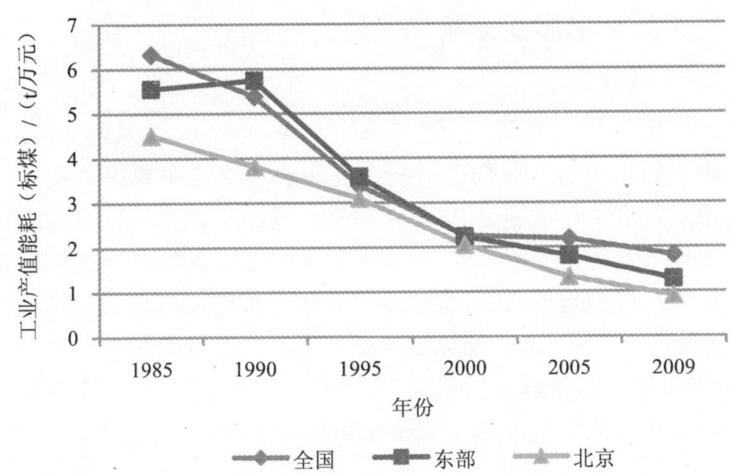

图 3-32　1985—2009 年全国、东部地区、北京工业产值能耗

3.3 环境质量分析

在分析此问题时，有两点需要说明。第一，对于本问题分析研究所采用的数据，是根据 1991 年以来的《中国环境统计年鉴》、1994 年以来的《北京环境状况公报》和《北京 60 年，1949—2009》，鉴于来源中的统计年数有限，所以，对于环境质量问题的分析大多为 1991—2008 年数据。需要说明的是，在这些年鉴中，有个别数据并非连续，对于缺失数据采用插值法和模型法进行填补。第二，由于我国西藏自治区的数据资料较少，在分析经济变动和能源消耗问题时，没有包括西藏自治区的数据，为了使得前后问题分析数据的一致性，在对此问题分析时，没有包括西藏自治区的数据资料。

在对环境质量进行分析时，依然是从 3 个不同层面，分别对工业废弃物（废水和废气）排放量、排放强度以及主要关联因素的分析。

3.3.1 全国环境质量分析

3.3.1.1 我国工业废弃物排放总量分析

由于数据局限，此问题分析工业废弃物排放主要指工业废气排放量和工业废水排放量。1991 年以来，我国工业废气排放量逐年递增，年均增速为 9.53%，高于同期我国能耗年均增速 6.20%的 3.33 个百分点。特别是进入 21 世纪以来，年增加的绝对量明显加大，年均增速为 13.62%。工业废水排放量与工业废气排放量不同，1991—2009 年变动较为平缓，特别是在 1995—2004 年，还呈现下降的趋势。具体工业废气和废水排放量变动见图 3-33。

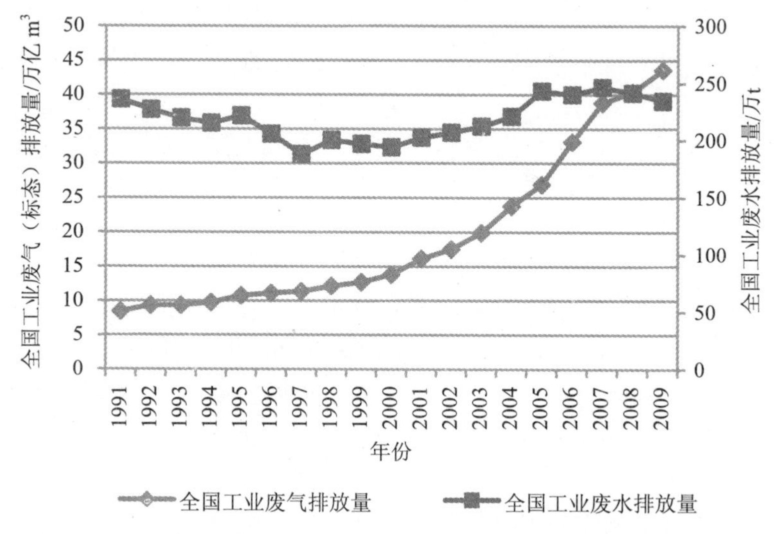

图 3-33　1991—2009 年我国工业废气和工业废水排放量

图 3-33 显示，工业废气排放量曲线，1991—2000 年平缓上升，2000—2007 年曲线较为陡峭，2009 年的排放量又持续走高，今后的走势如何，还要继续跟踪观察。工业废水排放量曲线呈现不典型的“U”形分布，说明近几年工业废水排放量又有些回升，这同样应引

起有关部门的重视。

3.3.1.2 我国工业废弃物排放强度分析

正如分析能耗变动一样，工业废弃物排放量的增减与其经济发展状况有密切关系，将这种关系用描述性统计方法进行显示，计算产值排污强度指标和能耗排污强度指标。计算结果见表 3-18。

表 3-18 1991—2009 年我国工业废气、工业废水排放强度

年份	产值排污强度		能耗排污强度		年份	产值排污强度		能耗排污强度	
	废气标态/（m^3/元）	废水/（t/万元）	废气标态/（m^3/t 标煤）	废水/（t/t 标煤）		废气标态/（m^3/元）	废水/（t/万元）	废气标态/（m^3/t 标煤）	废水/（t/t 标煤）
1991	3.89	108.29	8156.73	22.73	2001	1.47	18.47	10694.32	13.46
1992	3.47	84.26	8556.76	20.78	2002	1.46	17.21	10991.71	12.99
1993	2.64	62.12	8054.19	18.92	2003	1.46	15.62	10821.58	11.55
1994	2.02	44.66	7939.90	17.54	2004	1.49	13.83	11134.85	10.36
1995	1.77	36.46	8192.81	16.90	2005	1.46	13.16	11397.31	10.30
1996	1.56	28.90	8224.30	15.21	2006	1.53	11.10	12795.12	9.28
1997	1.43	23.82	8332.34	13.84	2007	1.46	9.28	13837.62	8.79
1998	1.44	23.74	8899.14	14.72	2008	1.29	7.69	13856.78	8.29
1999	1.41	21.97	9021.48	14.02	2009	1.28	6.88	14220.39	7.64
2000	1.39	19.57	9491.45	13.34					

同样是工业废气排放，由于产值与能耗的增速不同，计算的单位产值废气排放和单位能耗废气排放走向不尽相同。产值废气排放强度在 20 世纪 90 年代初一路下降，90 年代末到目前，基本保持不变，为 1.5 标 m^3/元上下，2009 年呈现较为显著的下降；能耗废气强度则一路上扬，由 1991 年的 8156.73 标 m^3/t 标煤上升到 2009 年的 14220.39 标 m^3/t。具体走势见组图 3-34。

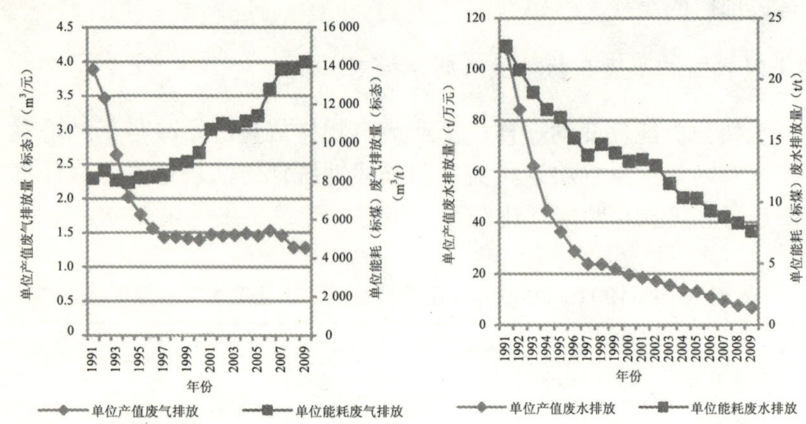

注：图中产值数据为当年价。

图 3-34 1991—2009 年我国工业废弃物排放强度

与废气排放强度不同的是，单位产值和能耗废水排放强度均表现为下降趋势，说明我国污水治理已见成效。若结合工业废水排放达标情况进行分析，可以得出，我国废水排放达标率由 1991 年的 53.23%上升到 2008 年的 94.24%，成绩显著。

3.3.2 各地区环境质量分析

与经济发展和能源消耗的变动一样，在各地区同样存在不均衡状态。

3.3.2.1 各地区工业废弃物排放总量分析

分别观察各地区工业废气排放量和工业废水排放量。见图 3-35。

从排放总量分析，东部地区工业废气和工业废水排放量居各地区之首，工业废气排放量上升速度较快，在全国工业废气中所占比重由 1991 年的 33.24%上升到 2001 年的 45%，并一直保持较高水平，同时，在工业废水保持平稳态势并略有下降的条件下，东部地区工业废水却出现明显增长，致使其所占比重已接近全国的一半；东北地区工业废气和工业废水排放总量较少，特别是东北地区的工业废水排放量，呈现逐年下降的趋势，所占比重在 4 个地区中也是最低的地区；中部和西部地区排放水平位于东部和东北排放水平之间。

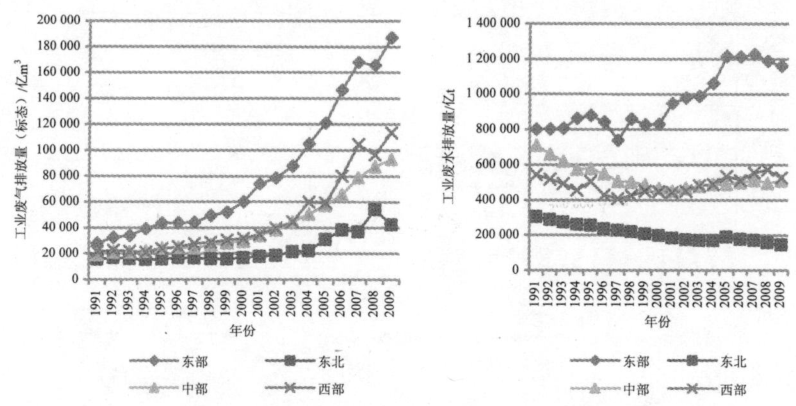

图 3-35　1991—2009 年我国各地区工业废气、废水排放量

3.3.2.2 各地区工业废弃物排放强度分析

各地区工业废弃物排放强度同样是从两方面进行测度，一是产值工业废气、工业废水排放强度，二是能源工业废气、工业废水排放强度。由于这两方面指标要分别 4 个区域分别计算，现将其计算结果用图示显示。见图 3-36。

组图 3-36 显示，由于各地区产值增速快于其各自的能耗增速，因此，计算出的单位产值排放指标为逐年下降的趋势，又由于工业废气排放增速迅猛，使得组图（1）中的曲线自 20 世纪末至今，基本处于水平变动，而组图（3）整体变动趋势呈上升的趋势；组图（2）和组图（4）中趋势变动较为一致，主要是工业废水排放量的减少所致，又由于各地区能耗的增速小于其产值的增速，使得两图中的总体变动趋势呈下降状态。因此，针对工业废气排放量上升的原因，寻找减少排放的途径，是保持环境质量的重要工作内容。

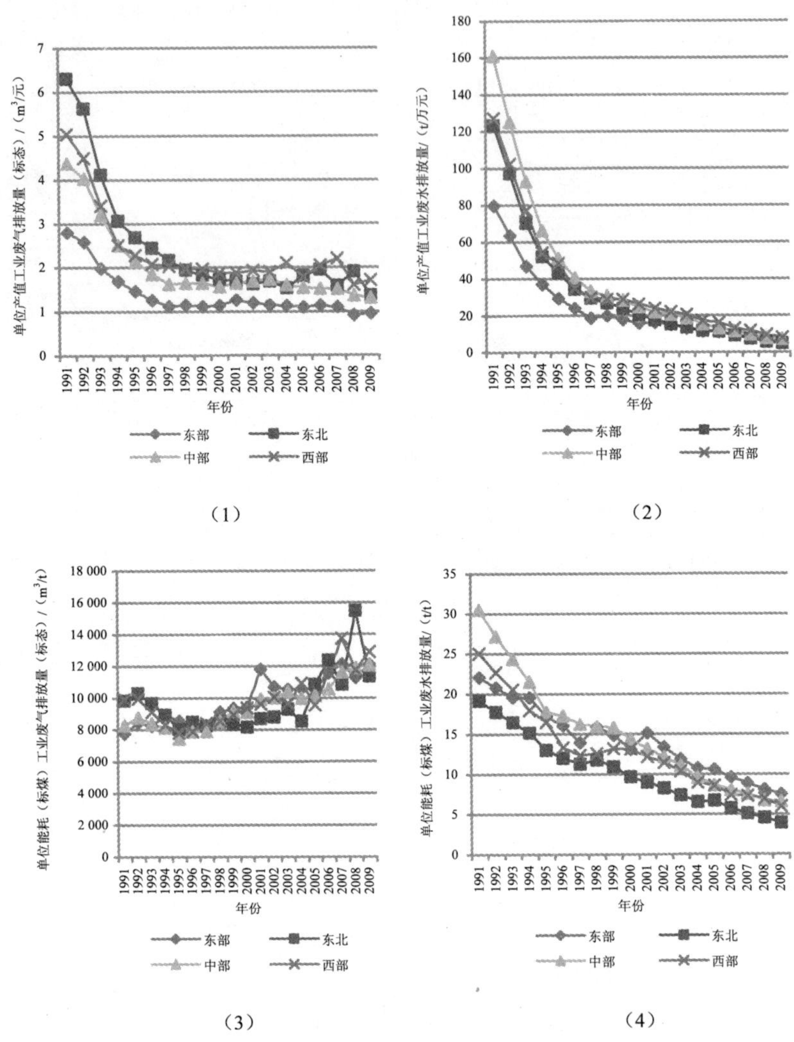

注：图中产值数据为当年价。

图 3-36　1991—2009 年我国各地区工业废气、废水排放强度

3.3.3 北京环境质量分析

3.3.3.1 北京工业废弃物排放总量分析

为了与全国和各地区分析的内容保持一致，在此节中对于北京环境质量的分析同样采用工业废气和工业废水排放量数据，产值数据采用当年价。北京工业废气和工业废水排放量变动情况见图 3-37。

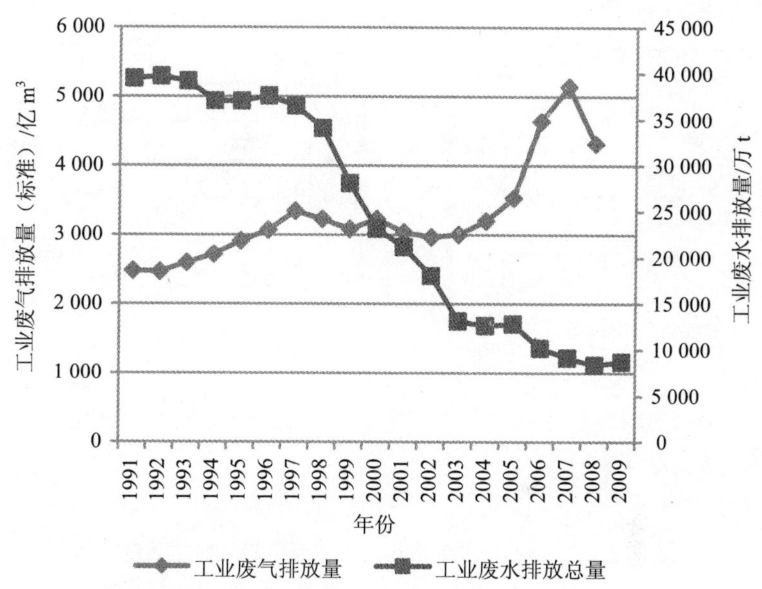

注：北京工业废气排放量数据截止到 2008 年。

数据来源：历年《北京统计年鉴》、历年《北京环境统计公报》。

图 3-37　1991—2009 年北京工业废气、废水排放量

尽管北京工业废气排放量的动态走势与全国和东部地区大致相同，即呈现增长趋势，但北京的增长速度却小于全国和东部地区的水平，1991—2009 年，北京工业废气排放量年均增速为 3.31%，全国同期为9.53%，东部地区为11.10%；北京工业废水年均递减8.72%，而全国为基本持平，东部地区则年均上涨2.09%。

3.3.3.2 北京工业废弃物排放强度分析

根据数据计算的4个北京工业废弃物排放强度指标均呈现不同程度的下降，以单位产值工业废水排放量下降幅度最为显著。1991—2008年，年均下降22.87%，其次是单位能耗工业排废水排放量，年均下降为8.05%，仅从上述数据初步得出，北京近20年对环境治理成效明显。见图3-38。

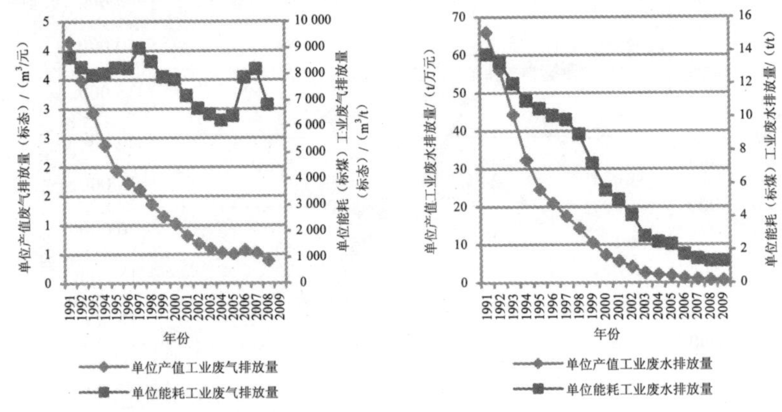

注：北京工业废气排放量数据截止到2008年。

数据来源：历年《北京统计年鉴》，历年《北京环境统计公报》。

图3-38 1991—2009年北京工业废弃物排放强度

图中各曲线走向基本印证了上述的结论。

3.3.4 环境质量的综合对比分析

3.3.4.1 工业废弃物排放总量增速对比分析

单纯比较不同地区工业废气和工业废水排放量，由于地域范围不同、各地区经济发展水平和经济规模不同，存在不可比问题。将各地区排放量增速进行对比，就基本解决了这一问题。全国、东部、北京 3 个不同层次的各年的增速如图 3-39 所示。

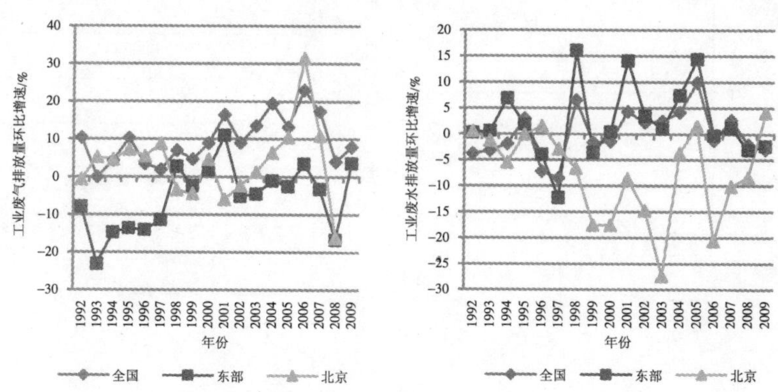

数据来源：历年《北京统计年鉴》，历年《北京环境统计公报》。

图 3-39　1991—2008 年全国、东部、北京工业废弃物排放量环比增速

从工业废气排放量环比增长速度看，全国各增速指标大多为正，说明从整体看，工业废气和工业废水排放量在逐年递增；与全国情况不同的是，东部地区废气排放量稳中有降，多个年份出现负增长；北京废水排放量降低较为明显，2003 年出现较大程度的降低。相比较而言，工业废气排放量还须加大控制力度，工业废水排放量控制情况较好。特别是北京的增速，在这 18 个年份中，只有 4 个年份的增速大于 0，并且还都非常接近于 0，说明北京在工业废水治理中工作成效显著。

3.3.4.2 工业废弃物排放强度对比分析

为了排除不可比因素，将这三个不同层次的工业废弃物排放强度指标进行动态对比，以观察各自的变动特征。见图 3-40。

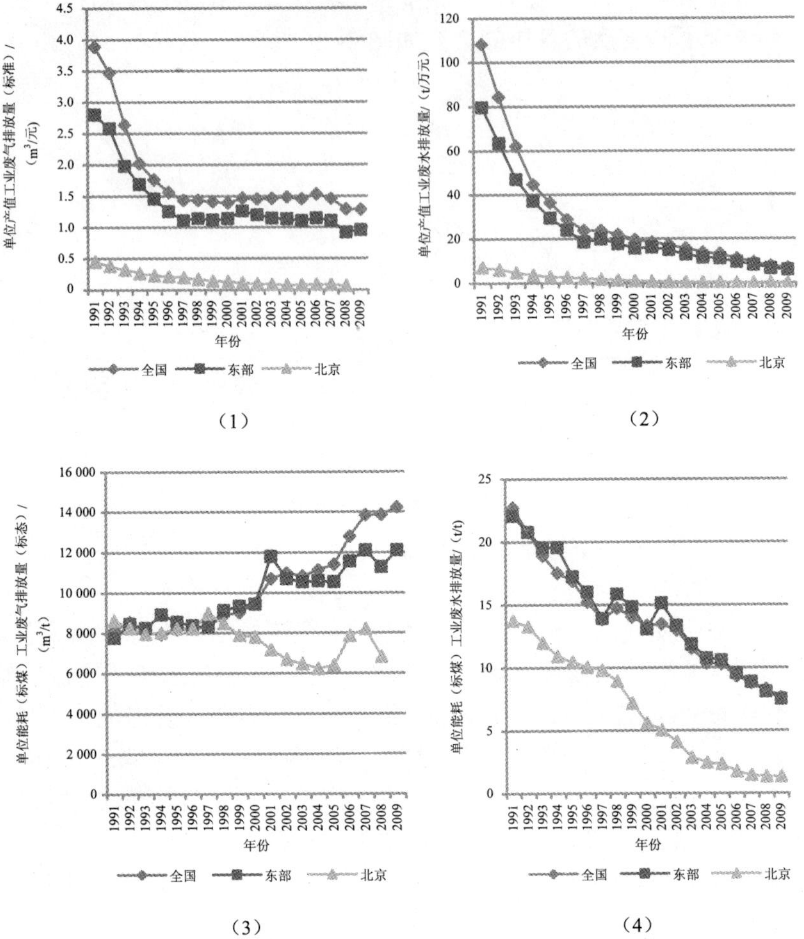

（1）

（2）

（3）

（4）

图 3-40　1991—2009 年全国、东部、北京工业废弃物排放强度

图 3-40 中的 4 个强度指标均为逆指标，即结果越大说明环境质量压力越大。结合各层次的产值和能耗指标，计算出的工业废弃物排放强度看出，北京与全国和东部地区相比，各强度指标值较小，并且逐年降低的趋势明显，说明北京环境治理效果优于全国和东部地区。

3.4 综合分析

在上述分析的基础上，将北京的经济发展、能源消耗和环境质量综合与全国和东部地区进行比较，以更加明确北京的各项的发展水平。

3.4.1 各项比重综合分析

现分别计算北京生产总值、能源消耗量、工业废气和工业废水排放量等指标占全国和东部地区相应指标的比重，以分析各项之间的均衡性。因数据来源所限，将数据的年份统一为1991—2009年。见表3-19。

表3-19 1991—2009年北京产值、能耗、工业废气占全国和东部地区的比重

单位：%

年份	北京占全国的比重			北京占东部地区的比重			年份	北京占全国的比重			北京占东部地区的比重		
	产值	能耗	工业废气	产值	能耗	工业废气		产值	能耗	工业废气	产值	能耗	工业废气
1991	2.75	2.77	1.67	5.96	7.93	4.93	2001	3.38	2.81	1.05	6.33	6.75	2.23
1992	2.63	2.74	1.75	5.61	7.75	4.95	2002	3.59	2.78	0.87	6.57	6.04	1.84
1993	2.51	2.81	1.78	5.16	7.92	4.86	2003	3.69	2.53	0.62	6.51	5.57	1.32
1994	2.38	2.76	1.72	4.93	7.69	4.29	2004	3.77	2.41	0.57	6.50	5.19	1.19
1995	2.48	2.69	1.67	5.05	6.94	4.21	2005	3.77	2.34	0.53	6.34	4.80	1.05
1996	2.51	2.76	1.83	5.10	7.11	4.46	2006	3.75	2.28	0.42	6.31	4.66	0.84
1997	2.63	2.74	1.94	5.23	6.99	4.94	2007	3.70	2.24	0.37	6.46	4.53	0.74
1998	2.82	2.80	1.70	5.50	7.04	3.97	2008	3.54	2.17	0.35	6.16	4.30	0.70
1999	2.99	2.78	1.43	5.74	7.01	3.40	2009	3.57	2.14	0.37	6.18	4.25	0.75
2000	3.19	2.85	1.19	5.99	6.52	2.79							

从理论上分析，若在某一年度中的3项比重基本相等，说明北京这3项内容在全国中的位次相似；若其中某一比重高于其他两个

比重，说明北京该项内容在全国水平较高；反之亦然。观察表 3-19 中的各年数据，北京这 3 项数据在全国和东部地区所占比重不尽相同。见图 3-41。

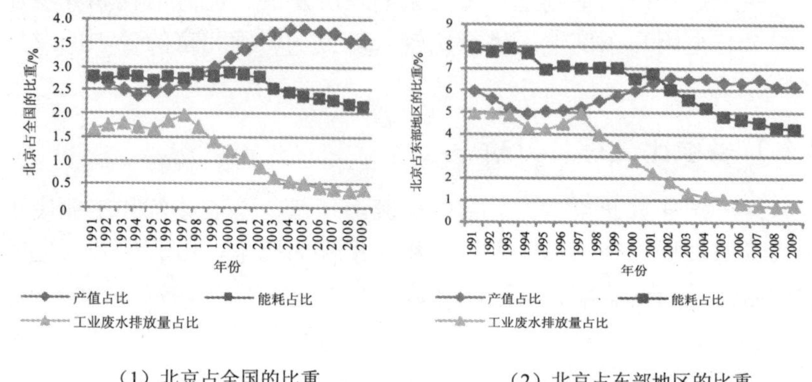

（1）北京占全国的比重　　　　（2）北京占东部地区的比重

图 3-41　1991—2009 年北京产值、能耗、工业废水排放占全国和东部地区的比重

在图 3-41（1）显示，北京占全国比重的 3 条曲线经历了由一致到分散的变化过程。1998 年之前，3 条曲线差异不大，集中在 2.5% 上下；1998 年之后，3 条曲线出现分离，北京产值比重逐渐上升，截止到 2009 年，产值比重为 3.57%，工业废水排放量比重缓慢下降，2009 年为 0.37%，能耗比重依然在 2%～3%徘徊。图 3-41（2）显示，北京占东部地区比重的 3 条曲线呈现交错的变化过程。以 1999 年为界，之前产值比重较低，能耗比重和废气排放量比重交错变化，之后废气排放量比重持续下降，产值比重上升，大体出现与全国比重类似的分布。

从总体分析，北京的经济发展在全国和东部地区水平较高，能源利用效率较好，工业废水排放量治理成效显著。现将 1991—2009 年综合计算比重指标，见表 3-20。

表 3-20 1991—2009 年北京产值、能耗、工业废水排放量占全国和东部地区的综合比重

年份	北京占全国的比重/%	北京占东部地区的比重/%
产值	3.42	6.14
能耗	2.51	5.67
工业废水排放量	1.12	2.56

从综合比重看，北京占全国的比重中产值比重最高，为 3.42%，其次是能耗比重和工业废水排放量比重，说明北京的能源产值效率与全国的平均水平相比较高，但北京在东部地区比重中的能源消耗比重过高，说明在东部地区范围内，北京能源利用还有待提高。

3.4.2 各项偏离度综合分析

利用上述比重分析结果，通过计算偏离度指标，对北京经济、能耗、废弃物排放等方面变动均衡程度进行测度。

偏离度计算公式如下：

$$\text{偏离度 } E_i = \frac{\text{某指标比重}}{\text{另一指标比重}}$$

若偏离度为正值，表明分子比重大于分母所占比重，其绝对值越小说明二者发展越平衡，为零时两者均衡。现利用该指标，仅与全国对比，分别计算北京经济变动与其能耗变动的偏离度、北京经济变动与工业废水排放量变动的偏离度、北京能耗变动与工业废水排放量变动的偏离度。经过计算，上述 3 项偏离度如图 3-42 所示。

图 3-42 显示，从偏离度走势看，3 种偏离度均大于 0，说明北京的经济发展快于能耗的增长，而能源消耗的增速又快于工业废水排放量的增加。具体观察，北京经济发展与其能耗变动相对均衡，即随着生产总值的增长，能耗同步上升，但能耗上升幅度小于北京生产总值的增幅。偏离较大的是北京经济与工业废水排放量的变动，二者差异较大，从另一方面可以看出，北京经济发展对环境的影响较小。

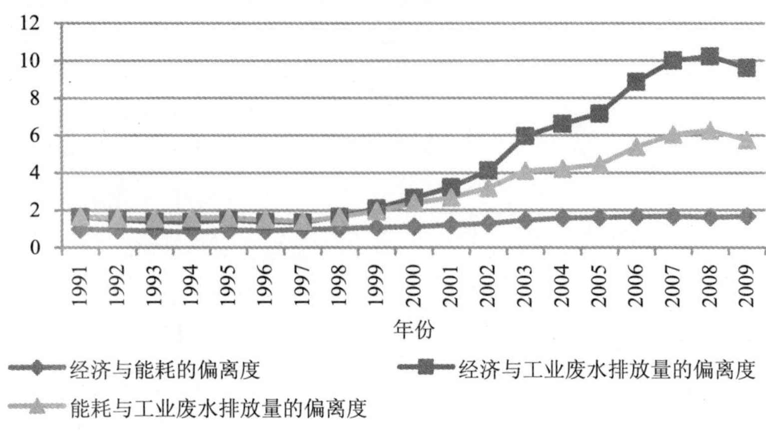

图 3-42　1991—2009 年北京经济、能耗、工业废水排放量之间偏离度

3.5 本章小结

通过本章对全国、各地区、北京 3 个不同层次，针对各层次经济发展、能源消耗、环境质量的分析得出，从整体上看，北京在经济发展水平、能源利用效率和环境质量控制等方面均处于全国领先地位，动态变动趋势良好，但从能源消耗总量观察，北京能耗总量较高，要继续降低产值能耗，单纯靠增加产值总量是不够的，还应该从内涵上挖潜，控制能源消耗总量的增速，真正做到节能减排。

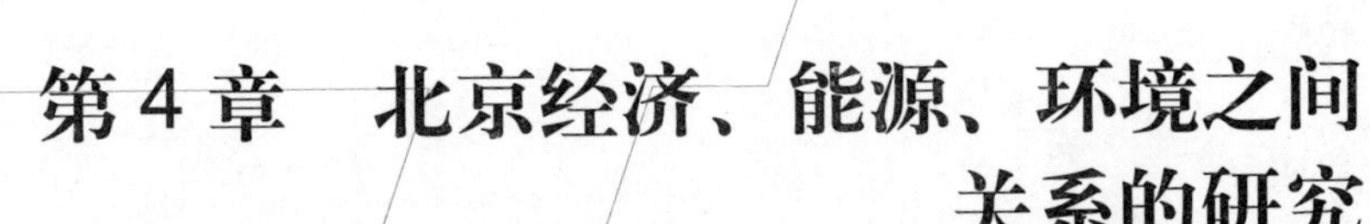

第4章 北京经济、能源、环境之间关系的研究

在上述对经济、能源、环境现状分析的基础上，利用“脱钩”“复钩”理论和方法对北京经济增长与能源消耗之间、能源消耗与环境压力之间、经济增长与环境压力之间3方面的关系进行分析研究。

4.1 北京经济增长与能源消耗之间关系的研究

利用“脱钩”“复钩”理论与方法，从经济增长总量与能耗总量、经济增长与能耗品种、产业增加值与各产业能耗3方面分别进行研究。

4.1.1 北京经济增长与能耗总量之间“脱钩”“复钩”测度

利用图 2-1 构建的评价模式，对北京经济增长与能耗总量之间进行“脱钩”“复钩”测度时，利用可比价地区生产总值（GDP）数据、能源消费总量（TEC）数据以及能耗强度（TEC/GDP）数据分别计算各自的环比增长速度（Δ），计算结果见表 4-1。

表 4-1　1981—2009 年北京 GDP、TEC 和能耗强度（TEC/GDP）环比增长速度

单位：%

年份	ΔGDP	ΔTEC	Δ(TEC/GDP)	年份	ΔGDP	ΔTEC	Δ(TEC/GDP)
1981	–0.50	–0.27	0.23	1996	9.00	5.69	–3.03
1982	7.40	0.94	–6.02	1997	10.10	–0.41	–9.55
1983	16.40	3.35	–11.22	1998	9.50	2.39	–6.49
1984	17.40	8.03	–7.98	1999	10.90	2.59	–7.50
1985	8.70	3.14	–5.12	2000	11.80	6.08	–5.12
1986	8.00	8.53	0.49	2001	11.70	2.06	–8.63
1987	9.60	3.16	–5.88	2002	11.50	4.89	–5.93
1988	12.80	5.53	–6.45	2003	11.10	4.78	–5.69
1989	4.40	1.55	–2.73	2004	14.10	10.57	–3.09
1990	5.20	2.13	–2.92	2005	12.13	7.44	–4.18
1991	9.90	5.99	–3.56	2006	12.99	6.92	–5.37
1992	11.30	4.02	–6.54	2007	14.49	6.45	–7.02
1993	12.30	9.28	–2.69	2008	9.11	0.67	–7.74
1994	13.70	3.72	–8.78	2009	10.20	3.84	–5.77
1995	12.00	4.35	–6.83				

数据来源：根据历年《北京统计年鉴》整理得出。

将表 4-1 中的数据用图形表示，则更加清晰明了，见图 4-1。

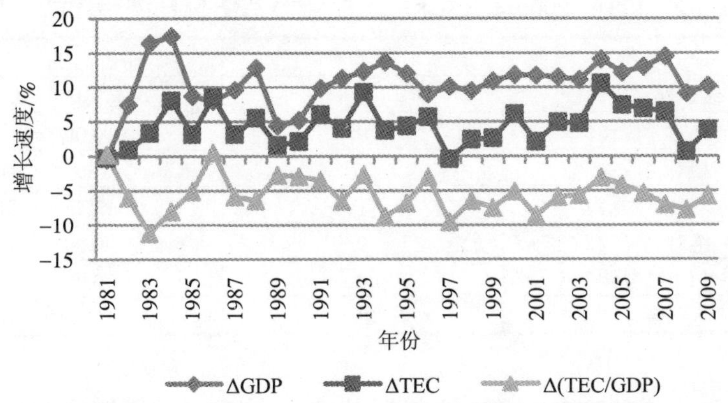

图 4-1　1981—2009 年北京 GDP、TEC 和能耗强度环比增长速度

图 4-1 显示，1981—2009 年，北京的ΔGDP 除 1981 年外全部大于零，ΔTEC 除 1981 年和 1997 年表现为负值外也均大于零，说明 1997 年北京在地区生产总值比上一年增长的情况下仍实现了能耗总量的降低。从总量变动来看，1980—2009 年这 30 年来，北京的经济总量近似呈现出几何级数的增长趋势，年均增速为 10.54%。同期的能耗总量除 1997 年外，其变动与经济总量的变动基本同向，年均增速为 4.36%。正是由于经济增长的速度快于能耗增速，由两者计算得出的能耗强度显示出逐年下降的趋势，即Δ（TEC/GDP）在 29 年中除 1981 年和 1986 年外均小于零。利用“脱钩”“复钩”的理论和方法进行测度发现，1981—2009 年，能耗总量随着地区生产总值的迅猛增长均表现为“脱钩”的状态，特别是 1997 年北京在保持了经济增长的基础上实现了能耗总量的绝对下降，从而表现为强“脱钩”。因此，可初步判定，1981—2009 年，北京经济增长与能耗总量之间的变动关系主要表现为弱“脱钩”。

将上述分析结果出现的各“脱钩”状态的年数列示如表 4-2 所示。

表 4-2 1981—2009 年北京生产总值与能耗总量“脱钩”“复钩”年数

名称	年数/个	占比/%
衰退性“脱钩”	1	3.45
绝对“脱钩”	0	0.00
相对“脱钩”	27	93.10
扩张性“复钩”	1	3.45
绝对“复钩”	0	0.00
相对“复钩”	0	0.00
合计	29	100.00

4.1.2 北京经济增长与能耗种类之间“脱钩”“复钩”测度

能耗总量的“脱钩”或“复钩”并不意味着不同能源种类也呈现同样的变动。现将能源按照煤炭（C）、石油（P）、天然气（N）和水电（H）等不同种类，分别观察其与经济总量的吻合或“脱钩”情况。具体数据见表 4-3。

表 4-3 1981—2009 年北京煤炭、石油、天然气、水电消耗量环比增速*

单位：%

年份	ΔC	Δ（C/GDP）	ΔP	Δ（P/GDP）	ΔN	Δ（N/GDP）	ΔH	Δ（H/GDP）
1981	−0.88	−0.38	2.71	3.23	—	—	−50.13	−49.88
1982	2.49	−4.57	−1.70	−8.47	—	—	−15.89	−21.68
1983	6.01	−8.92	−2.19	−15.97	—	—	24.01	6.54
1984	8.67	−7.43	7.35	−8.56	—	—	−27.98	−38.65
1985	4.20	−4.14	1.18	−6.92	—	—	−22.65	−28.84
1986	7.74	−0.24	9.93	1.78	—	—	8.53	0.49
1987	4.82	−4.36	−0.45	−9.17	3.16	−5.88	3.16	−5.88
1988	6.44	−5.64	3.78	−7.99	5.53	−6.45	−29.65	−37.63
1989	0.97	−3.28	1.55	−2.73	306.21	289.09	52.33	45.91
1990	3.89	−1.24	−1.64	−6.50	2.13	−2.92	−31.91	−35.28
1991	6.59	−3.01	4.14	−5.24	5.99	−3.56	58.98	44.66
1992	3.73	−6.80	4.76	−5.88	4.02	−6.54	4.02	−6.54
1993	11.59	−0.63	3.89	−7.49	9.28	−2.69	−27.15	−35.13
1994	8.30	−4.75	−8.58	−19.59	3.72	−8.78	3.72	−8.78

年份	ΔC	Δ（C/GDP）	ΔP	Δ（P/GDP）	ΔN	Δ（N/GDP）	ΔH	Δ（H/GDP）
1995	2.42	−8.55	10.05	−1.74	4.35	−6.83	56.53	39.76
1996	2.56	−5.91	13.27	3.92	32.12	21.21	111.39	93.93
1997	0.70	−8.54	−4.48	−13.24	19.51	8.55	32.79	20.61
1998	3.37	−5.59	−3.17	−11.57	121.84	102.60	2.39	−6.49
1999	−0.06	−9.89	5.95	−4.46	97.28	77.89	−10.24	−19.06
2000	6.82	−4.46	1.45	−9.26	31.54	17.65	6.08	−5.12
2001	0.92	−9.65	1.21	−9.39	54.73	38.52	−85.42	−86.95
2002	−1.29	−11.47	19.38	7.06	24.98	12.09	4.89	−5.93
2003	7.75	−3.02	−2.15	−11.93	2.91	−7.37	4.78	−5.69
2004	5.44	−7.59	21.02	6.06	28.67	12.77	—	—
2005	4.50	−6.80	11.69	−0.39	17.51	4.80	—	—
2006	2.91	−8.92	10.99	−1.77	28.30	13.55	—	—
2007	4.03	−9.13	9.29	−4.54	14.06	−0.38	—	—
2008	−5.18	−13.10	3.61	−5.04	29.75	18.92	—	—
2009	3.11	−6.43	1.22	−8.15	14.59	3.98	—	—

数据来源：历年《北京统计年鉴》、《中国能源统计年鉴》整理得出。

* 表中：ΔC 为煤炭消耗增速、ΔP 为石油消耗增速、ΔN 为天然气消耗增速、ΔH 为水电消耗增速。

同样，将表 4-3 中数据用图形表示，如图 4-2 至图 4-5 所示。

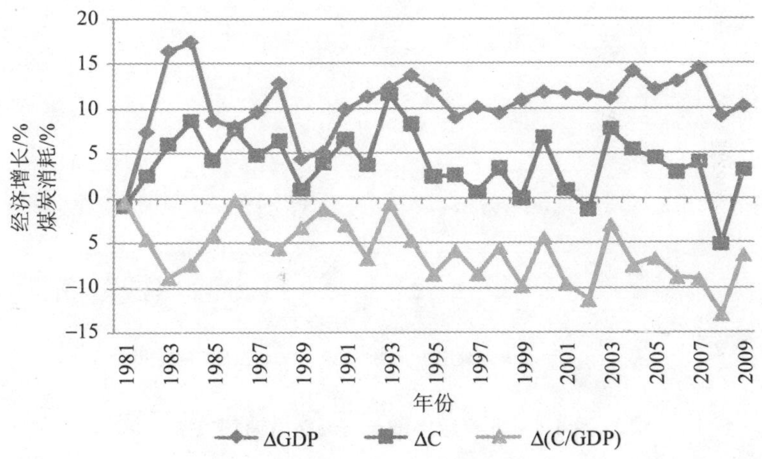

图 4-2　北京经济增长与煤炭消耗关系

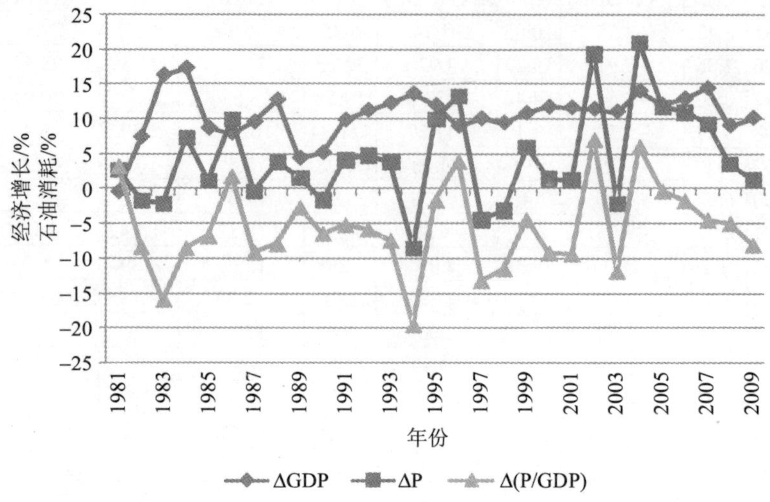

图 4-3　北京经济增长与石油消耗关系

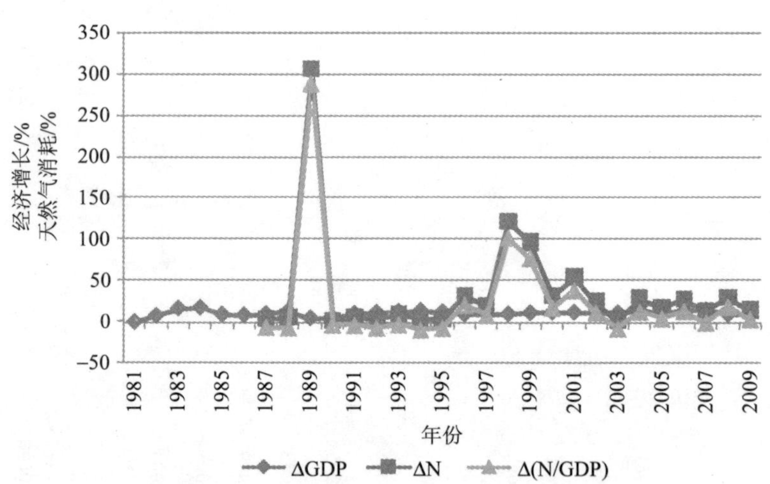

图 4-4　北京经济增长与天然气消耗关系

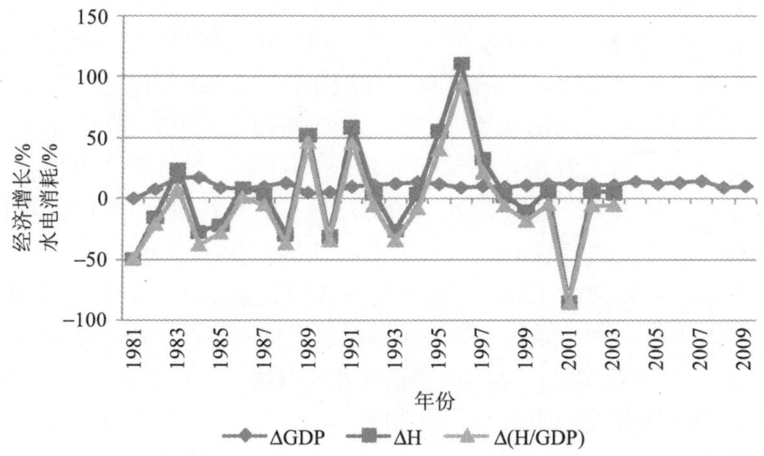

图 4-5　北京经济增长与水电消耗关系

在上述 4 幅图中，ΔGDP 除 1981 年外均大于零，因此，北京经济增长与不同种类能源消耗之间“脱钩”“复钩”的判断主要取决于各种能耗和能耗强度的增速。

如图 4-2 所示为北京经济增长与煤炭消耗的关系图，其变动情况与图 4-1 中的变动轨迹相类似，分析其原因，主要是煤炭在北京的能耗结构中占有较大比重，在 1981—2009 年 29 年中，煤炭消耗量平均占能源消耗总量的 67.23%。所以，煤炭消耗量的增减变动在很大程度上影响着能耗总量的走向。29 年中，北京经济增长与煤炭消耗的关系除 1981 年外均表现为“脱钩”，具体来说，有 3 个年份（1999 年、2002 年和 2008 年）表现为绝对“脱钩”，即在地区生产总值增长的情况下，实现了煤炭消耗总量和煤炭消耗强度的下降，其余年份均表现为相对“脱钩”。因此，可以认为，北京经济增长与煤炭消耗之间的变动关系已实现“脱钩”，并且以相对“脱钩”为主。

如图 4-3 所示为北京经济增长与石油消耗的关系图。从“脱钩”“复钩”的角度来看，经济增长与石油消耗之间每经历若干年的相对

“脱钩”就会出现一两次绝对“脱钩”，绝对、相对“脱钩”交替变化频繁。在1981—2009年，共出现“脱钩”24个年份，其中绝对“脱钩”8个年份。与同时期的煤炭消耗量相比：2000年以前，石油消耗量与经济增长之间出现绝对“脱钩”的年份多一些；进入21世纪以后，由于石油消耗的年增速明显加快，石油消耗与经济增长之间出现了两次扩张性“复钩”，2009年石油消耗量占能耗总量的比重达到30.9%，煤炭消耗量的减少大多由石油消耗量所弥补。

图4-4为北京经济增长与天然气消耗的关系图。自1986年开始，北京对天然气的利用始终保持着快速增长，特别是在1996—2001年，年均增速高达60.48%，24年的年均增速也达到29.01%，但北京对天然气的利用强度一直较小，到2009年为止天然气消耗量占能耗总量的比重将超过10%，为12.8%。天然气是一种清洁高效的能源，北京在能源发展的“十一五”规划中提出，天然气占一次能源消费总量的比例将在2010年达到13.1%，因此，期待能耗总量下降的同时，应进一步提高天然气消耗的比重，即经济增长对天然气的依赖程度有待继续提高，而这种扩张性“复钩”的现象自1996年开始已有所显现。在1987—2009年23年中，北京经济增长与天然气消耗的变动关系共有13个年份表现为扩张性“复钩”。天然气的扩张性“复钩”将对北京能源结构的优化产生极大的促进作用。

图4-5为北京经济增长与水电消耗的关系图。1981—2003年，水电消耗量增速的一大特点是波动剧烈，整体的变动状况呈明显的锯齿状。从“脱钩”“复钩”的角度来看，经济增长与水电消耗之间以“脱钩”为主，其中绝对、相对“脱钩”出现的年份大约各占一半。水电能源在北京能耗结构中所占的比例不到1%，作为国家大力提倡的可再生能源之一，也是为了响应政府“节能减排”和“低碳经济”的口号，北京应在今后的发展中逐步加大对诸如水电这样的可再生能源的应用。

将上述分析结果用表4-4列示。

表 4-4　1981—2009 年北京生产总值与能耗品种“脱钩”“复钩”年数

名称	煤炭		石油		天然气		水电	
	年数/个	占比/%	年数/个	占比/%	年数/个	占比/%	年数/个	占比/%
衰退性“脱钩”	1	3.45	0	0.00	0	0.00	1	4.35
绝对“脱钩”	3	10.34	7	24.14	0	0.00	8	34.78
相对“脱钩”	25	86.21	17	58.62	10	43.48	7	30.43
扩张性“复钩”	0	0.00	4	13.79	13	56.52	7	30.43
绝对“复钩”	0	0.00	1	3.45	0	0.00	0	0.00
相对“复钩”	0	0.00	0	0.00	0	0.00	0	0.00
合计	29	100.00	29	100.00	23	100.00	23	100.00

4.1.3 北京各产业经济增长与其能耗之间“脱钩”“复钩”测度

随着北京经济结构的调整，各产业能源消耗量也发生着变化。在分析经济增长与能耗总量和能源种类关系的基础上，分不同产业观察其能耗的变动。具体数据见表 4-5。

表 4-5　1981—2009 年北京三次产业增加值、各产业能耗及其能耗强度环比增速*

单位：%

年份	第一产业			第二产业			第三产业		
	ΔAV1	ΔEC1	Δ（EC1/AV1）	ΔAV2	ΔEC2	Δ（EC2/AV2）	ΔAV3	ΔEC3	Δ（EC3/AV3）
1981	9.10	–20.00	–26.67	–3.70	–1.34	2.45	6.00	–2.79	–8.29
1982	13.40	5.26	–7.18	5.80	0.04	–5.45	9.90	3.49	–5.83
1983	7.50	29.64	20.60	13.60	–0.26	–12.20	24.20	5.38	–15.15
1984	6.80	17.08	9.63	16.10	6.93	–7.90	21.80	9.86	–9.80
1985	6.30	6.71	0.38	11.00	0.92	–9.08	4.40	–4.88	–8.89
1986	0.10	5.51	5.41	4.80	8.41	3.45	15.70	15.41	–0.25
1987	13.40	–7.00	–17.99	5.60	2.17	–3.25	16.70	11.65	–4.33
1988	11.20	25.51	12.86	12.10	6.14	–5.32	14.10	–2.94	–14.94

年份	第一产业			第二产业			第三产业		
	ΔAV1	ΔEC1	Δ（EC1/AV1）	ΔAV2	ΔEC2	Δ（EC2/AV2）	ΔAV3	ΔEC3	Δ（EC3/AV3）
1989	1.10	2.42	1.30	8.90	−0.70	−8.82	−2.70	3.59	6.47
1990	3.30	−7.60	−10.56	1.10	−0.90	−1.98	13.30	20.68	6.51
1991	3.70	19.87	15.59	7.50	5.09	−2.24	14.50	5.18	−8.14
1992	3.10	13.34	9.93	12.20	4.45	−6.90	11.90	1.92	−8.92
1993	3.20	−6.96	−9.85	13.00	13.92	0.81	13.10	1.56	−10.21
1994	2.80	7.49	4.56	14.10	3.87	−8.97	15.00	2.46	−10.90
1995	−8.00	−16.16	−8.87	7.70	4.22	−3.23	20.50	10.07	−8.65
1996	−2.80	−7.97	−5.32	6.20	6.38	0.17	13.40	10.33	−2.71
1997	2.90	−13.63	−16.06	8.10	−4.33	−11.50	13.20	14.57	1.21
1998	1.10	0.52	−0.57	9.60	1.30	−7.57	10.10	7.07	−2.75
1999	2.80	−9.67	−12.13	12.00	−1.24	−11.82	10.60	13.47	2.60
2000	3.10	20.60	16.97	11.40	2.28	−8.19	12.90	11.23	−1.48
2001	3.70	0.57	−3.02	9.50	−2.40	−10.87	13.10	10.67	−2.15
2002	2.70	−2.28	−4.85	8.40	2.03	−5.88	13.30	11.56	−1.53
2003	−1.10	−3.01	−1.93	12.00	2.57	−8.42	11.16	4.23	−6.24
2004	−0.60	−14.31	−13.80	17.00	7.57	−8.06	13.10	17.76	4.12
2005	−1.90	0.82	2.77	10.10	1.44	−7.87	13.45	17.14	3.25
2006	0.60	6.95	6.31	10.50	2.61	−7.14	14.26	10.98	−2.87
2007	2.20	4.44	2.19	12.70	0.75	−10.61	15.41	12.22	−2.76
2008	1.10	1.97	0.86	0.80	−9.83	−10.55	12.50	9.12	−3.00
2009	4.60	0.71	−3.72	10.43	1.00	−8.54	10.18	5.86	−3.92

* AV1、AV2、AV3 分别代表第一产业、第二产业、第三产业增加值；EC1、EC2、EC3 分别代表第一产业、第二产业、第三产业能耗。

数据来源：历年《北京统计年鉴》整理得出。

将表 4-5 中的数据用图形显示，变动轨迹更加明显，见图 4-6、图 4-7 和图 4-8。

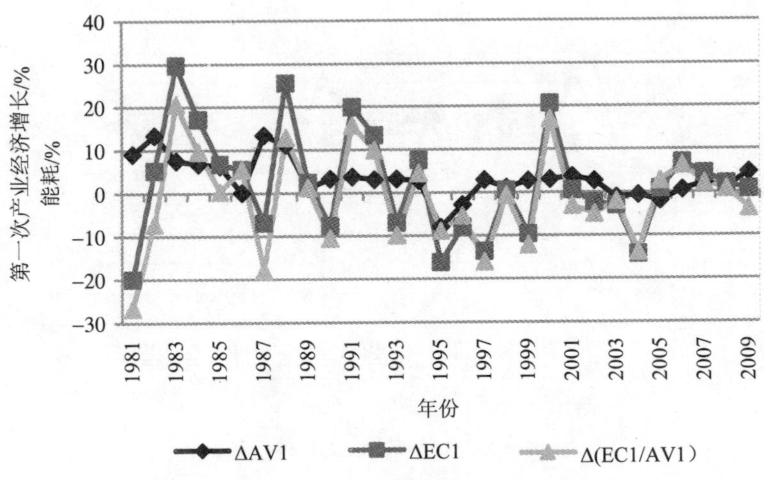

图 4-6　第一产业经济增长与其能耗关系

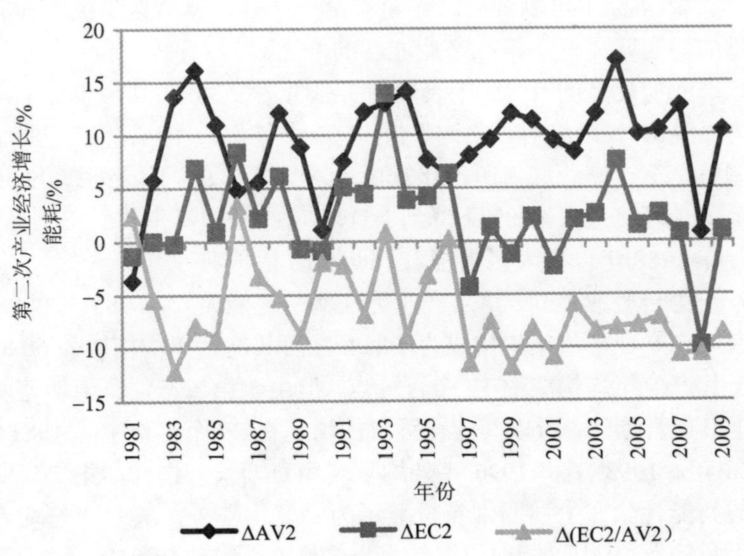

图 4-7　第二产业经济增长与其能耗关系

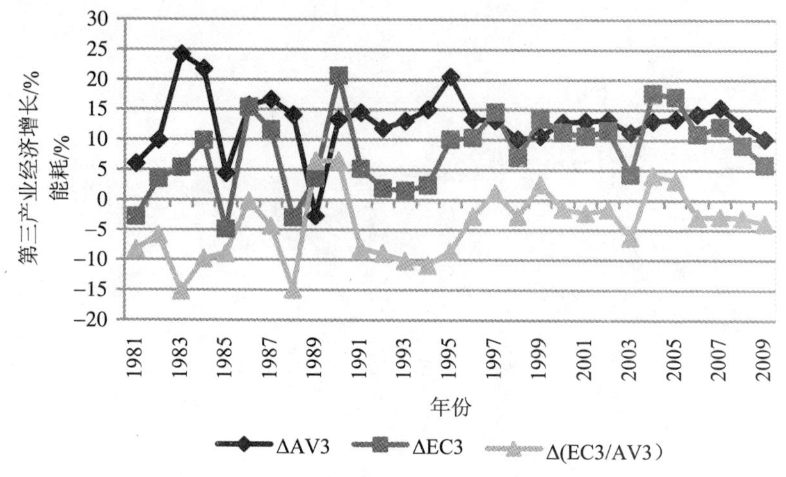

图 4-8　第三产业经济增长与其能耗关系

从表 4-5 中可以看出，伴随着第一产业产值增速趋缓，其能耗总量的增速明显低于第三产业能耗的增速。29 年中，第一产业产值与该产业能耗之间有 13 年表现为扩张性“复钩”，其余年份基本表现为“脱钩”，以绝对“脱钩”为主（7 个年份）。随着北京产业结构的调整，第一产业产值所占比重由 1988 年的 9%下降到 2009 年的 1%，其能耗比重由 4.28%下降到 1.51%，致使图 4-6 中的Δ（EC1/AV1）曲线在 1988 年以后大多围绕着 0 点横轴上下波动。

与第一产业不同，第二产业历来就是耗能大户。1980—2009 年，北京第二产业产值年均构成为 44.1%，而其能耗年均构成为 60.8%，高于其产值年均构成约 17 个百分点。但由于第二产业产值增速明显高于其能耗增速，所以其能耗强度的增速在 29 个年份中除 1981 年、1986 年、1993 年和 1996 年外均呈现为负增长，由此，第二产业产值与其能耗除在上述四个年份显示为“复钩”外，其余年份均表现为“脱钩”，其中以相对“脱钩”占多数，为 18 个年份。由于第二产业产值和其能耗在北京地区生产总值和能耗总量中均占有较大比重，因此，第二产业能耗相对“脱钩”的走势在一定程度上带动了北京能耗总体相对“脱钩”的形成。作为耗能大户的第二产业在能耗上显示出相对“脱钩”，表明北京在经济发展过程中对能源的依赖程度正在缓慢下降。

在北京经济结构的调整过程中，产值高、耗能少的第三产业的发展愈来愈受到重视，北京第三产业的产值比重由 1980 年的 26.7%上升到 2009 年的 75.5%，产值年均增速达 12.82%，第三产业已成为北京经济增长的主要贡献产业。在第三产业的能耗行业构成中，交通运输、仓储和邮电业的能耗占有较大比重，以 2006—2009 年为例，这 4 年中其能耗以年均 12.63%的速度递增，占第三产业能耗的比重平均为 36%。1981—2009 年，第三产业产值与该产业能耗之间有 5 个年份表现为扩张性“复钩”，23 个年份表现为“脱钩”，其中相对“脱钩”占 20 个年份。从整体来看，第三产业的产值与能耗之间基本呈相对“脱钩”走势。

同样将上述分析结果用表 4-6 列示。

表 4-6　1981—2009 年北京各产业增加值与其能耗“脱钩”“复钩”年数

名称	第一产业		第二产业		第三产业	
	年数/个	占比/%	年数/个	占比/%	年数/个	占比/%
衰退性“脱钩”	4	13.79	0	0.00	0	0.00
绝对“脱钩”	7	24.14	7	24.14	3	10.34
相对“脱钩”	3	10.34	18	62.07	20	68.97
扩张性“复钩”	14	48.28	3	10.34	5	17.24
绝对“复钩”	1	3.45	0	0.00	1	3.45
相对“复钩”	0	0.00	1	3.45	0	0.00
合计	29	100.00	29	100.00	29	100.00

4.1.4 北京经济增长与能耗“脱钩”指数测度

除了利用“脱钩”“复钩”模型测度现象之间的变动关系外，还可以利用“脱钩”指数进行计算分析，主要通过能源消耗总量、能源消耗种类、各产业能源消耗 3 个方面分别对北京经济增长与能源消耗量的“脱钩”情况进行测度。

4.1.4.1 经济增长与能源消耗总量的“脱钩”指数测度

本书采用1980—2009年北京生产总值和能源消耗总量的数据。根据“脱钩”指数（DI）的计算公式，需要计算北京地区生产总值环比指数和能源消耗总量环比指数。为真实反映这段时间北京地区生产总值与能源消耗总量之间的关系，需要剔除因价格上涨对经济总量产生的影响，本书采用按2005年不变价计算生产总值的环比指数。具体计算结果见表4-7。

表4-7 1981—2009年北京生产总值“脱钩”指数

年份	DI	年份	DI	年份	DI	年份	DI
1981	1.0023	1989	0.9727	1996	0.9697	2003	0.9431
1982	0.9398	1990	0.9708	1997	0.9045	2004	0.9691
1983	0.8878	1991	0.9644	1998	0.9351	2005	0.9582
1984	0.9202	1992	0.9346	1999	0.9250	2006	0.9463
1985	0.9488	1993	0.9731	2000	0.9488	2007	0.9298
1986	1.0049	1994	0.9122	2001	0.9137	2008	0.9226
1987	0.9412	1995	0.9317	2002	0.9407	2009	0.9423
1988	0.9355						

数据来源：《北京统计年鉴2010》。

将表4-7的结果用图形表示，见图4-9。

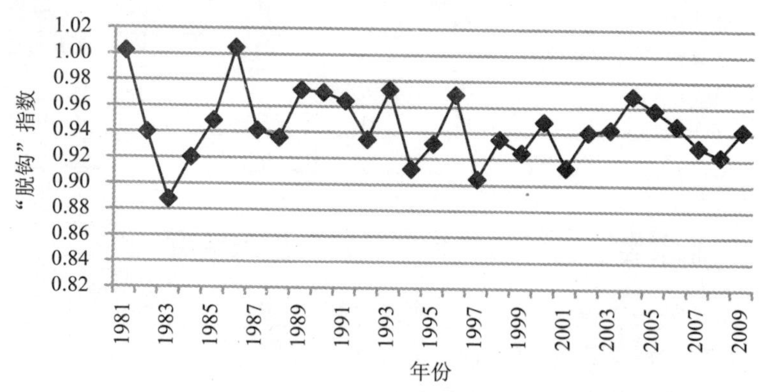

图4-9 1981—2009年北京生产总值增长与能源消耗总量“脱钩”指数

图 4-9 显示的是近 30 年北京经济增长与能源消耗总量“脱钩”指数的变化趋势。从总体上看，除了两个年份的“脱钩”指数大于 1 外，其余年份的“脱钩”指数均小于 1，说明总体处于“脱钩”状态。但“脱钩”程度不同，“脱钩”较为明显的年份是 1988 年，为 0.8878，总体平均“脱钩”指数为 0.9445。

4.1.4.2 经济增长与能源消耗种类的“脱钩”指数测度

北京能源消耗总量与经济总量的“脱钩”情况并不意味着不同能源种类也呈现同样的变动。现将能源消耗按照煤炭、石油、天然气①等不同能源种类，分别观察其与经济总量的“脱钩”情况。计算结果见表 4-8。

表 4-8　1981—2009 年北京生产总值增长与煤炭、石油、天然气消耗量“脱钩”指数

年份	煤炭 DI	石油 DI	天然气 DI	年份	煤炭 DI	石油 DI	天然气 DI
1981	0.9962	1.0362	—	1996	0.9409	1.1045	1.1664
1982	0.9543	0.9591	—	1997	0.9146	0.9486	1.2512
1983	0.9108	0.9226	—	1998	0.9441	0.9367	2.2910
1984	0.9257	0.9879	—	1999	0.9011	1.0602	1.8620
1985	0.9586	0.9710	—	2000	0.9554	0.9497	1.2966
1986	0.9976	1.0203	—	2001	0.9035	1.0028	1.5288
1987	0.9564	0.9497	1.0363	2002	0.8853	1.2093	1.0469
1988	0.9436	0.9751	1.0168	2003	0.9698	0.9081	1.0517
1989	0.9672	1.0058	4.0000	2004	0.9241	1.1477	1.0632
1990	0.9876	0.9467	1.0383	2005	0.9320	1.0688	1.0521
1991	0.9699	0.9771	1.0177	2006	0.9108	1.0785	1.1560
1992	0.9320	1.0099	0.9930	2007	0.9087	1.0505	1.0436
1993	0.9937	0.9310	1.0519	2008	0.8690	1.0928	1.2523
1994	0.9525	0.8442	1.1345	2009	0.9357	0.9817	1.1320
1995	0.9145	1.0745	0.9482				

数据来源：《北京统计年鉴 2010》。

① 由于近几年北京水利电力等消耗量没有记载，所以，在分析能源种类“脱钩”指数时只计算煤炭、石油、天然气消耗量的“脱钩”指数。

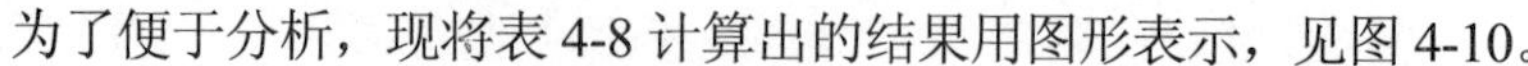
为了便于分析，现将表 4-8 计算出的结果用图形表示，见图 4-10。

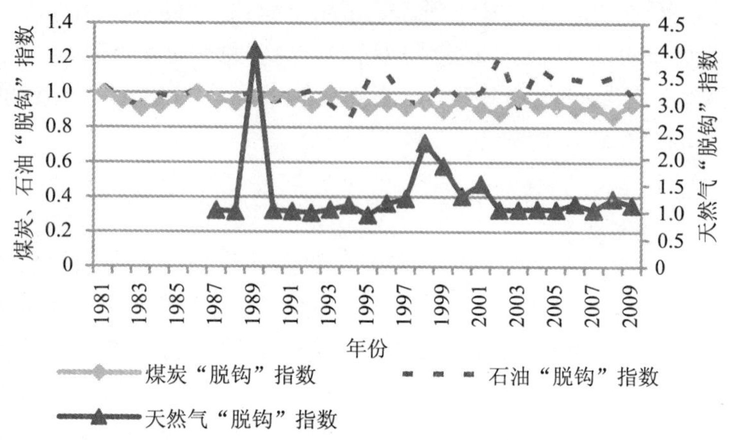

表 4-10　1981—2009 年北京生产总值增长与煤炭、石油、天然气消耗量“脱钩”指数

图 4-10 显示，在 1981—2009 年北京经济增长与煤炭消耗关系略低于 1，但是接近 1，说明北京经济发展与煤炭变动基本同步，主要原因是北京能源消耗构成中煤炭消耗占有举足轻重的地位。1981—2009 年，平均煤炭消耗量占能源消耗总量的 67.23%，虽然近些年煤炭消耗构成有所下降，2009 年为 56.3%，但仍占绝大比重。煤炭消耗量的增减变动极大程度影响着能耗总量的走向。所以，总体上煤炭消耗的“脱钩”指数在多数年份中也是在 0 到 1，呈现相对“脱钩”状态。

石油“脱钩”指数与煤炭“脱钩”指数不同，特别是近些年，石油“脱钩”指数大于 1 的年份较多，说明石油消耗量环比指数大于同期生产总值环比指数，表现较为典型的“复钩”。这与近些年北京石油消耗量绝对量有较大增长，在能耗总量中所占比重由 20 世纪 90 年代的 25%左右逐步上升到目前的 30%上下。

天然气“脱钩”指数是以图中次坐标表示，与煤炭和石油的“脱钩”不同，除了 2 个年份略小于 1 外，其余各年均大于 1，体现出与北京经济发展极高的“复钩”状态，而这种“复钩”正是我们所希望看到的。在制定北京市2015年能耗消费结构指标中，天然气所占比重将由2009年的12.9%提高到2015年的24.4%。因此，减少煤炭消耗量，适度减缓石油消耗量的增速，加大天然气和可再生能源消耗量，已成为北京“十二五”规划中的目标。

计算上述各种能源“脱钩”的平均指数，煤炭为0.9398，石油为1.0052，天然气为1.0493。

4.1.4.3 各产业产值增长与其能耗的“脱钩”指数测度

改革开放以来，随着北京经济结构的调整，各产业能源消耗量也发生着相应的变化。在分析北京经济增长与能源消耗总量和能源种类关系的基础上，进一步对北京不同产业增加值变动与各产业能源消耗的变动关系进行分析，计算相应的“脱钩”指数。具体计算结果见表4-9。

表4-9 1981—2009年北京三次产业产值和能源消耗的“脱钩”指数

年份	第一产业DI	第二产业DI	第三产业DI	年份	第一产业DI	第二产业DI	第三产业DI
1981	0.7333	1.0245	0.9171	1996	0.9468	1.0017	0.9729
1982	0.9282	0.9455	0.9417	1997	0.8394	0.8850	1.0121
1983	1.2060	0.8780	0.8485	1998	0.9943	0.9243	0.9725
1984	1.0963	0.9210	0.9020	1999	0.8787	0.8818	1.0260
1985	1.0038	0.9092	0.9111	2000	1.1697	0.9181	0.9852
1986	1.0541	1.0345	0.9975	2001	0.9698	0.8913	0.9785
1987	0.8201	0.9675	0.9567	2002	0.9515	0.9412	0.9847
1988	1.1286	0.9468	0.8506	2003	0.9807	0.9158	0.9376
1989	1.0130	0.9118	1.0647	2004	0.8620	0.9194	1.0412
1990	0.8944	0.9802	1.0651	2005	1.0277	0.9213	1.0325
1991	1.1559	0.9776	0.9186	2006	1.0631	0.9286	0.9713
1992	1.0993	0.9310	0.9108	2007	1.0219	0.8939	0.9724
1993	0.9015	1.0081	0.8979	2008	1.0086	0.8945	0.9700
1994	1.0456	0.9103	0.8910	2009	0.9628	0.9146	0.9608
1995	0.9113	0.9677	0.9135				

数据来源：《北京统计年鉴2010》。

为了更加明确分析三次产业产值与其能源消耗的变动轨迹，将表 4-9 中数据用图形表示，见组图 4-11。

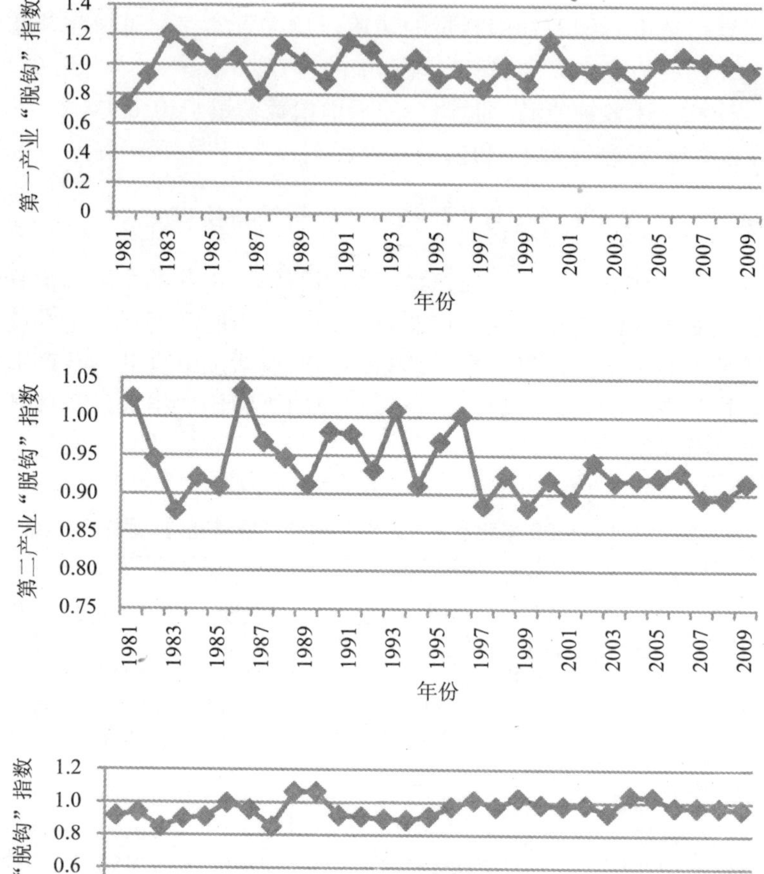

表 4-11　1981—2009 年北京三次产业产值和能源消耗的“脱钩”指数

如图 4-11 所示，第一产业“脱钩”指数在 29 个年份中有 15 个年份小于 1，表明北京第一产业产值变动与其能耗增速速率近似，交替进行。近几年“复钩”明显，说明北京第一产业产值能耗水平有待进一步降低，以提高第一产业的能源利用效率。北京第一产业产值与其能耗之间的平均“脱钩”指数为 0.9886。总体体现为相对“脱钩”状态。

与第一产业不同，第二产业一直是北京能源消耗的主力。30 年来，第二产业的能源消耗年均构成约 60%。从图 4-11 可知，自 1981 年，第二产业能源消耗量有 8 年出现绝对下降，致使这 8 年呈现为绝对“脱钩”的状态。其余年份大多呈现为相对“脱钩”，即第二产业能源消耗的增速慢于其产值的增速。近 30 年北京第二产业“脱钩”指数的评价水平为 0.9361。第二产业能耗的走势也表明了北京经济发展过程中对能耗的依赖程度慢慢下降的良好趋势，但是仍然不可掉以轻心。

1981—2009 年，第三产业产值的环比增长水平多数高于其能源消耗水平，所以，“脱钩”指数多数在 0 与 1 之间，第三产业产值与其能源消耗量的关系有 22 个年份呈现相对“脱钩”；此外，有 6 年出现了“复钩”状态，即第三产业能耗的增速快于其产值的增速，还有 1 年出现了扩张性“复钩”。近 30 年北京第三产业“脱钩”指数的平均水平为 0.9588。由于第三产业在经济结构中的重要贡献地位，因此，第三产业成为北京节能降耗的一个重点产业。

计算各产业“脱钩”指数的平均值，分别为 0.9886、0.9351、0.9588。

4.1.4.4 北京“脱钩”趋势综合分析

我国现在仍然处于经济增长的初级阶段，对能源的依赖程度还比较高，而随着科技进步使能源利用效率的提高，这种依赖程度会逐渐降低。实际上，真正意义的“脱钩”应该具有两个标志，①在经济增长的同时能耗绝对量的减少；②能耗减少应持续一段时间。如果按照这一标准判断经济增长与能耗的关系，我国到目前为止还没有出现严格意义的“脱钩”[44]。综合上述能源消耗总量、能源消耗种类、各产业能源消耗 3 个方面测度的结果，根据“脱钩”指数的含义，北京经济总量的增长对能源消耗的依赖程度逐渐减弱，“脱钩”迹象显现。综合对比结果如表 4-10 所示。

表 4-10　1981—2009 年北京能源消耗总量、能源消耗种类、各产业能源消耗“脱钩”“复钩”年数

名称	能耗消耗总量		能源消耗种类						不同产业					
			煤炭		石油		天然气*		第一产业		第二产业		第三产业	
	年数	%	年数	%	年数	%	年数	%	年数	%	年数	%	年数	%
衰退性“脱钩”	0	0.00	1	3.45	0	0.00	0	0.00	4	13.79	0	0.00	0	0.00
绝对“脱钩”	1	3.45	2	6.90	8	27.59	0	0.00	7	24.14	7	24.14	3	10.34
相对“脱钩”	26	89.66	26	89.66	7	24.14	2	8.70	4	13.79	18	62.07	20	68.97
扩张性“复钩”	1	3.45	0	0.00	13	44.83	21	91.30	14	48.28	3	10.34	5	17.24
绝对“复钩”	0	0.00	0	0.00	1	3.45	0	0.00	0	0.00	0	0.00	1	3.45
相对“复钩”	1	3.45	0	0.00	0	0.00	0	0.00	0	0.00	1	3.45	0	0.00

* 天然气数据只有 23 个年份，即 1987—2009 年。

利用“脱钩”指数分析“脱钩”“复钩”问题时，应根据研究对象具体分析。比如，对于煤炭的消耗量，若出现“复钩”，则意味着消耗量的剧增，与北京能源消耗结构的调整相悖；对于天然气和新能源的利用，若出现“复钩”，则意味着能源利用的有效调整的结果。所以，在利用此指数分析问题时，一定要结合具体分析的对象综合分析。

根据上述计算的各种平均“脱钩”指数，综合列示如表 4-11 所示。

表 4-11　1981—2009 年北京各项平均“脱钩”指数

项目	1981—2009 年平均 DI
煤炭	0.9398
石油	1.0052
天然气	1.0493
第一产业	0.9886
第二产业	0.9361
第三产业	0.9588
北京总体	0.9445

4.2 北京能源消耗与环境压力之间关系的研究

目前对于环境压力的反映指标尚没有形成统一观点，不同研究者会根据研究需要选择不同的环境压力指标。按照国内外现有“脱钩”“复钩”研究的指标选取情况，一般来说，环境压力指标不外乎消耗与排放两个方面。根据北京的资源、环境状况及数据的可获得性，可以从温室气体排放和污染物排放着手。在导致气候变化的各种温室气体中，CO_2占50%以上，因此以CO_2的排放量作为温室气体排放的代表；对于污染物排放，仅以工业污染物排放量为例，主要利用工业废气的排放量反映北京大气环境的压力状况，利用工业废水的排放量反映北京水环境的压力状况。通过分析能源消耗与温室气体和工业污染物排放的关系来探讨北京能源消耗与环境压力之间的关系。

4.2.1 北京能源消耗与 CO_2 排放量关系的研究

目前北京对CO_2排放量的统计刚刚起步，能够找到的相关数据很少且时间不连贯，考虑到人类活动排放的CO_2有70%来自化石燃料的燃烧，因此可以根据北京历年各种能源的消耗状况，结合各种能源的CO_2排放系数，计算北京历年的CO_2排放量。《中国能源统计年鉴》将最终能源消费种类划分为9类（煤炭、焦炭、原油、汽油、煤油、柴油、燃料油、天然气和电力），在计算各类能源的CO_2排放量时，利用各能源的消费总量乘以各自的排放系数[①]，本书中除电力以外的8种能源的排放系数均来自IPCC（2006）。电力的CO_2排放情况随能源消耗种类的变化而发生改变，因此不能直接获得，而是要根据北京能源平衡表中火力发电指标下列出的各种能源的投入量[②]，乘以各自的CO_2排放系数，加总求出电力的CO_2排放量。北

① 由于煤可分为无烟煤、亚烟煤、褐煤等，各自系数略有不同，文中将各种系数简单平均作为煤炭的排放系数计算。

② 电力行业排放的CO_2主要来自火力发电，水利发电不作考虑范围。

京的 CO_2 排放总量由 9 种能源排放的 CO_2 加总得到，计算结果如表 4-12 所示。

表 4-12　1995—2009 年北京 CO_2 排放量　　单位：万 t

年份	CO_2 排放量	年份	CO_2 排放量	年份	CO_2 排放量	年份	CO_2 排放量
1995	11829.10	1999	11969.27	2003	13400.81	2007	15679.72
1996	12250.82	2000	12935.30	2004	14298.55	2008	14553.14
1997	11756.66	2001	12342.10	2005	14772.47	2009	14514.94
1998	11849.99	2002	12274.63	2006	14857.59		

利用计算出的 CO_2 排放量数据，从能源消耗总量、能源消耗结构和能源消耗种类调整三个方面分别进行探讨。

4.2.1.1 北京能源消耗总量与 CO_2 排放总量关系的分析

2009 年哥本哈根联合国气候变化大会前夕，我国正式对外宣布，到 2020 年将使单位 GDP 的 CO_2 排放量较 2005 年下降 40%～45%，而在首都北京，政府和公民也正在为节能减排积极努力。由于绝大部分的 CO_2 排放来自于能源消耗，所以控制能源消耗总量是减排的重要途径。图 4-12 为 1995—2009 年北京能耗总量与 CO_2 排放量的走势图。

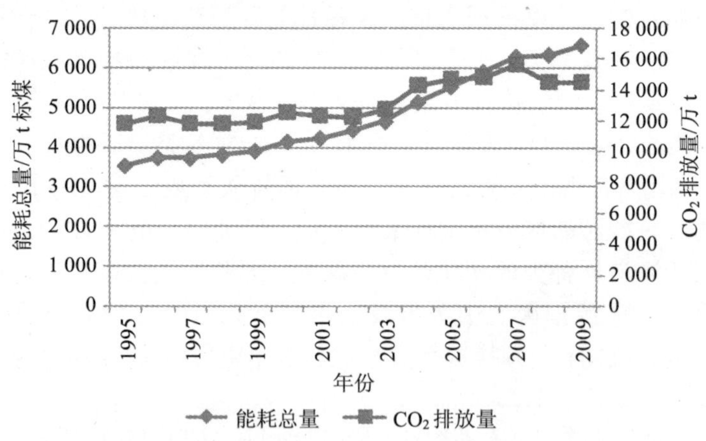

图 4-12　1995—2009 年北京能耗总量与 CO_2 排放量

图 4-12 显示，北京的 CO_2 排放量随着能耗总量的增长呈现出上升趋势，但就增长速度而言，能耗总量的增长快于 CO_2 排放量，这在 2005 年以后尤为明显。计算二者的相关系数得 0.94，几乎完全正相关，进一步说明了二者关系紧密。

从总量上观察，北京的能源消耗与 CO_2 排放均以较快的速度递增，但与同期的地区生产总值相比，由于 CO_2 排放量的年均增速为 1.47%，低于同期地区生产总值的年均增速（11.32%）约 10 个百分点，因此计算出来的 CO_2 排放强度呈现出大幅下降的态势。见图 4-13。

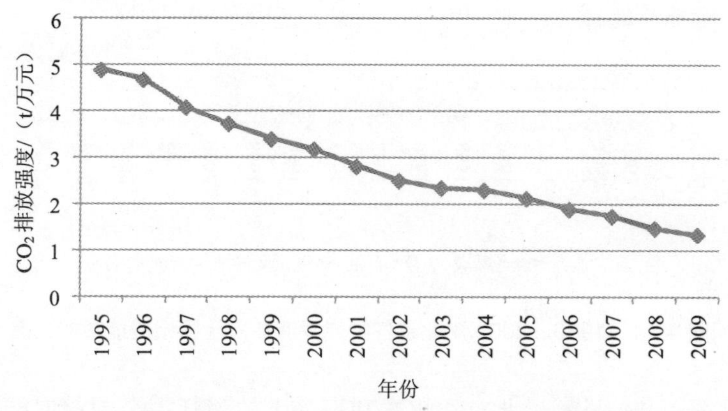

图 4-13　1995—2009 年北京 CO_2 排放强度

自 1995 年以来，北京单位 CO_2 排放一路下降，2009 年比 1995 年下降了 72.65%，年均下降速度达 8.84%。

4.2.1.2 北京能源消耗结构与 CO_2 排放量关系的分析

要实现北京的减排目标，一方面是在能耗结构不变的前提下，实现单位地区生产总值 CO_2 排放强度的降低；另一方面，就是要调整北京的能源结构。不同种类能源的 CO_2 排放系数是不同的。根据 IPCC 提供的各种燃料的 CO_2 排放系数显示，消耗煤炭和油品排放的

CO_2 较高，因此，能源结构不合理是导致 CO_2 排放量大的一个重要影响因素。

（1）北京各能耗种类在全国能耗相应中的构成。如图 4-14 所示为 1980—2009 年北京煤炭、石油、天然气和水电能耗占全国相应能耗的比重及其变动情况。

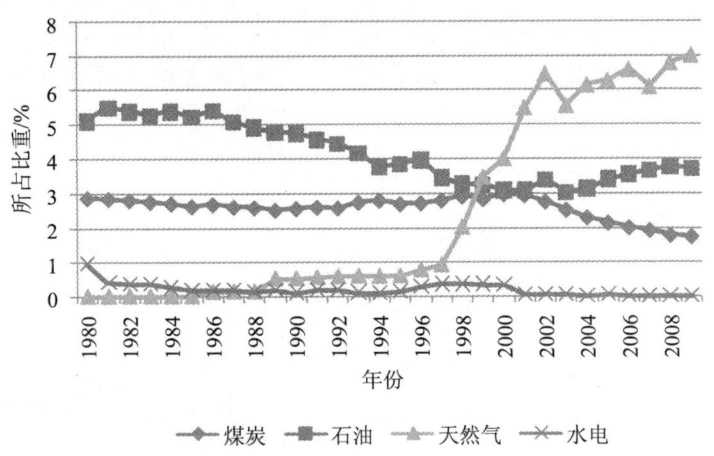

图 4-14　1980—2009 年北京各类能源消耗占全国相应能耗的比重

图 4-14 显示，北京在煤炭和石油上的消耗占全国相应能耗的比重都呈现出下降趋势，二者的变动均明显分为两个阶段：煤炭的比重在 1980—2000 年这 21 年中变动不大，自 2001 年开始大幅下降，年平均下降率为 6.5%；石油的比重在 1980—2003 年这 24 年中显著下降，下降幅度达 41%，2003 年以后石油消耗所占份额又开始上升，年均增速为 3.38%。与煤炭、石油和水电形成鲜明对比的是天然气消耗占全国比重的急剧上升趋势，以 1997—2002 年的上升趋势最为显著。具体来说，北京天然气消耗占全国的比重由 1986 年的 0.13%上升至 2009 年的 7.03%，年均增长率达 18.98%。煤炭消耗所占比重的降低和天然气消耗比重的上涨有利于减少北京 CO_2 的排放。

（2）北京各能耗种类在北京能耗总量中的构成。如图 4-15 所示为 1980—2009 年北京煤炭、石油、电力和天然气能耗占北京能源消耗总量的比重及其变动情况。

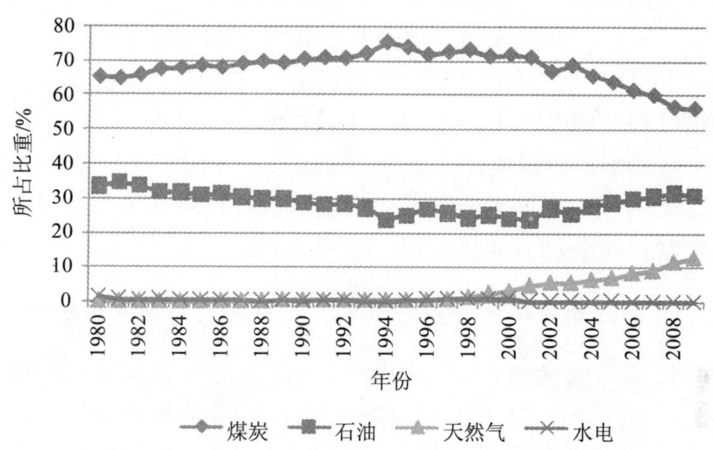

图 4-15　1980—2009 年北京各类能源消耗占能源消耗总量的比重

从图 4-15 中的曲线可以看出，4 种能源中，以煤炭和天然气的变动状况最为明显：煤炭占能耗总量的比重先是缓慢上升，1994 年以后开始有所下降，1994—2009 年的年均下降率为 1.95%；天然气所占比重由 1986 年的 0.1%上升至 2009 年的 12.8%，年均增长率达 23.49%。图 4-12 还显示出，石油和水电占能耗总量的比重在 30 年间基本保持稳定，总体来看，煤炭和石油这两种化石燃料能源仍是北京能源消耗中的主要种类，而天然气和水电等新能源已成为北京重点发展的能源对象，北京的能源结构正在逐步趋于优化，这也是近年来北京 CO_2 排放增长趋缓，CO_2 排放强度大大降低的一个重要原因。

（3）启示。我国在即将开展的“十二五”能源规划中提出，煤炭将由支柱能源逐渐转变为基础能源，在“以煤为纲”的能源结构模式开始弱化后，天然气、大型核电、大型水电、太阳能和风能等能源将成为大力发展的重点，而北京作为我国首都势必要在优化能源结构上起到带头和领先作用。通过从全国角度和北京角度分别分析近年来北京的能源结构状况，可以发现，北京整体的能源结构较往年相比已有很大程度的优化，目前的能源结构比较合理，但仍然存在诸多不足。具体来说，北京在弱化煤炭的支柱角色和积极发展天然气上已取得了一定成效，但在核电、太阳能、风能等可再生能源的推广和发展上仍十分薄弱，并且目前关于可再生能源的统计数据也十分缺乏。而煤炭作为 CO_2 排放的大户，进一步控制煤炭的消耗，以天然气和可再生能源等优质能源代替煤炭作为支柱能源，将有效抑制和减少 CO_2 的排放。

4.2.1.3 北京能源消耗种类调整与 CO_2 排放量变动关系的分析

CO_2 排放量的多少，一方面与能耗总量有关，另一方面与能源消耗种类有关。又由于不同能源的 CO_2 排放系数不同，在可能的条件下，减少化石燃料能源的消耗量，增加新能源和可再生能源的使用量，这样，即使能耗总量在增加，CO_2 排放量也可能呈现出下降的趋势。下面探讨能源消耗结构调整对 CO_2 排放量产生的影响。

近年来北京政府相继出台了一系列有关节能减排的方针政策，如《北京市“十一五”时期能源发展及节能规划》、新修订的《北京市实施〈中华人民共和国节约能源法〉办法》等。其中《北京城市总体规划（2004—2020 年）》明确提出要采取如下能源利用策略：大力引进电力、天然气等优质能源；控制煤炭使用；因地制宜地发展新能源和可再生能源。若假定在今后的发展过程中，天然气在北京能源结构中的比重按“十一五”前 4 年的平均速度稳步发展，石油和水电消耗的比重保持在 2009 年的水平不变，而煤炭消耗的比重逐步下降，预计 2010—2020 年，北京的能源结构将如表 4-13 所示。

表 4-13　2010—2020 年北京能源消耗结构　单位：%

时期	年份	煤炭	石油	天然气
	2010	54.37	30.90	14.73
“十二五”时期	2011	52.15	30.90	16.95
	2012	49.60	30.90	19.50
	2013	46.66	30.90	22.44
	2014	43.27	30.90	25.83
	2015	39.38	30.90	29.72
“十三五”时期	2016	34.90	30.90	34.20
	2017	29.74	30.90	39.36
	2018	23.81	30.90	45.29
	2019	16.98	30.90	52.12
	2020	9.13	30.90	59.97

另一个假定条件是，2010—2020 年能耗总量按“十一五”前 4 年的年均增速递增，则这 11 年的能源消耗状况将如表 4-14 所示。

表 4-14　2010—2020 年北京能源消耗状况　单位：万 t 标煤

时期	年份	能耗总量	煤炭	石油	天然气
	2010	6 808.67	3 701.91	2 103.88	1 002.88
“十二五”时期	2011	7 055.69	3 679.56	2 180.21	1 195.93
	2012	7 311.67	3 626.24	2 259.31	1 426.13
	2013	7 576.94	3 535.02	2 341.27	1 700.64
	2014	7 851.83	3 397.62	2 426.22	2 028.00
	2015	8 136.70	3 204.10	2 514.24	2 418.36
“十三五”时期	2016	8 431.90	2 942.57	2 605.46	2 883.87
	2017	8 737.81	2 598.84	2 699.98	3 438.98
	2018	9 054.82	2 155.93	2 797.94	4 100.95
	2019	9 383.33	1 593.54	2 899.45	4 890.34
	2020	9 723.76	887.45	3 004.64	5 831.67

表 4-14 是在 3 个约束条件下计算得到的：一是天然气所占比重按 15.07%的速度递增；二是石油和水电消耗的比重不变；三是能耗

总量按“十一五”前4年的年均增速3.63%稳步上升。由于2020年煤炭消耗比重比2010年减少了45.24个百分点，这45.24个百分点按2020年能耗总量计算，就等于煤炭消耗减少了4 399.03万t标煤，按照煤炭产生CO_2的排放系数计算，煤炭消耗下降能够减少CO_2排放13 056.05万t。由此看来，优化北京的能源结构，降低高排放的能耗比重，是可以有效促使北京减排目标实现的。

引起CO_2排放量逐期上升的因素很多，能耗增加是不可忽视的一个因素。有数据表明，根据所消耗物质资源的CO_2排放系数看，单位能耗所产生的CO_2较高，因此，采取措施提高能源——尤其是高排放能源——的利用效率，可以从总量上控制北京CO_2排放量的增速。

4.2.2 北京能源消耗与污染物排放量关系的研究

伴随着能源消耗的变动，工业污染物的排放量也在发生着变化，具体数据见表4-15。

表4-15 1991—2009年北京能源消耗和主要工业污染物排放量

年份	能源消耗量/万t标煤	工业污染物排放量			
		大气环境		水环境	
		工业废气/亿标准m^3	其中：燃料燃烧排放量所占比重/%	工业废水/万t	其中：排放达标量所占比重/%
1991	2 871.96	1 863	63.30	42 184	36.17
1992	2 987.45	2 281	58.79	41 495	45.08
1993①	3 264.63	2 594	57.10	40 371	53.95
1994	3 385.92	2 714	58.77	37 021	69.85
1995	3 533.33	2 910	57.42	36 997	65.78
1996	3 734.52	3 071	53.50	37 571	65.33
1997	3 719.22	3 342	58.83	36 478	68.85
1998	3 808.10	3 227	55.62	34 047	79.41
1999	3 906.61	3 083	57.64	28 085	83.65

① 1991—1993年的工业污染物排放量数据是根据各指标原有数据建模计算出的估计值。

年份	能源消耗量/万 t 标煤	工业污染物排放量			
		大气环境		水环境	
		工业废气/亿标准 m³	其中：燃料燃烧排放量所占比重/%	工业废水/万 t	其中：排放达标量所占比重/%
2000	4 144.00	3 227	57.76	23 164	92.63
2001	4 229.21	3 035	59.21	21 165	97.27
2002	4 436.13	2 966	61.23	18 044	98.34
2003	4 648.17	3 005	60.73	13 107	99.30
2004	5 139.56	3 198	60.26	12 617	98.61
2005	5 521.94	3 532	57.05	12 813	99.43
2006	5 904.10	4 641	59.73	10 170	99.29
2007	6 285.04	5 146	42.85	9 134	97.42
2008	6 343.70	4 316	40.22	8 367	98.26
2009	6 570.30	4 408	40.31	8 713	98.41

数据来源：历年《中国能源统计年鉴》整理而成。

表 4-15 显示，能源消耗与各污染物排放量变动增减不一，其中工业废气随着能耗的增加呈现增长趋势，而工业废水则随着能耗的增加呈现下降趋势。这种变动趋势通过图形显示更加明显，如图 4-16、图 4-17 所示。

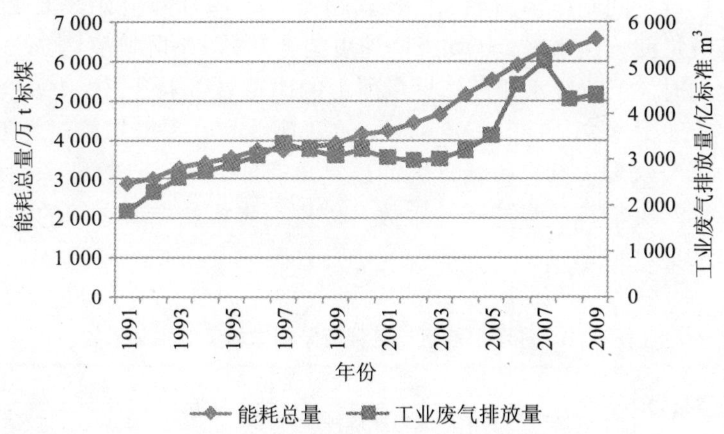

图 4-16　北京能耗与大气环境压力关系

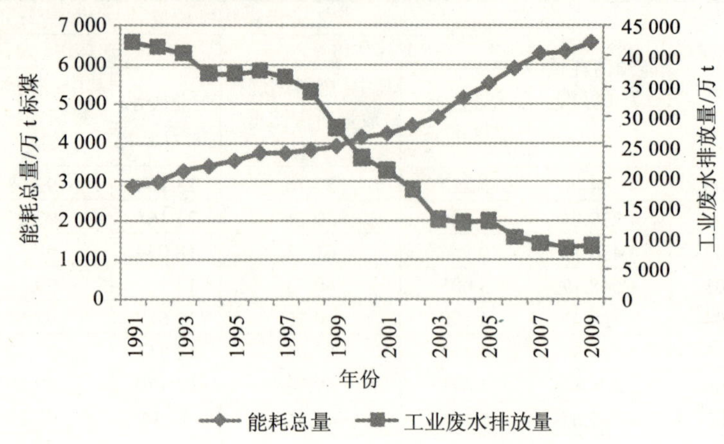

图 4-17 北京能耗与水环境压力关系

结合表 4-15 中的数据与上述两幅图可以看出：工业废气排放量随着北京能源消耗量的增长呈现出明显的大幅上升趋势，只在 2008 年有所下降，其中燃料燃烧排放的工业废气所占的比重在 18 年间大多数围绕着 60%上下波动，2007 年开始有一定程度的降低，说明燃料燃烧始终是工业废气产生的主要方式；工业废水排放量与北京能源消耗量之间则呈现出相反的变动趋势，自 1991 年开始，工业废水的排放量就一路下降，年均下降速度为 8.39%，下降幅度达 79.35%，与此同时，工业废水排放达标量所占的比重显著上升，由 1991 年的 36.17%上升至 2009 年的 98.41%，这说明北京在采取措施对“三废”中的“废水”进行有效治理方面还是卓有成效的。计算能源消耗量与各种污染物排放量的相关系数，以进一步检验二者之间的关系，所得结果见表 4-16。

表 4-16 能源消耗量与各种污染物排放量的相关系数

工业污染物	大气环境		水环境	
	工业废气	其中：燃料燃烧排放量	工业废水	其中：排放达标量
能耗	0.90	–0.69	–0.94	0.81

从表 4-16 中可以看出，能源消耗量与各种污染物排放量之间均存在较高程度的相关性，具体来说，能耗与工业废气之间表现为高度正相关，与工业废水之间表现为高度负相关，这与之前分析所得的结果相吻合，并从定量的角度说明了北京的能源消耗与各种污染物排放之间的密切关系，也即北京能源消耗与环境压力之间的紧密关系。

从总量上观察，一方面北京地区生产总值以较之于工业废气排放量更快的速度增长，另一方面北京工业废水排放量实现了绝对下降，因此由地区生产总值和污染物排放量计算出来的同期各种污染物的排放强度均呈现出逐期下降的态势，见图 4-18。

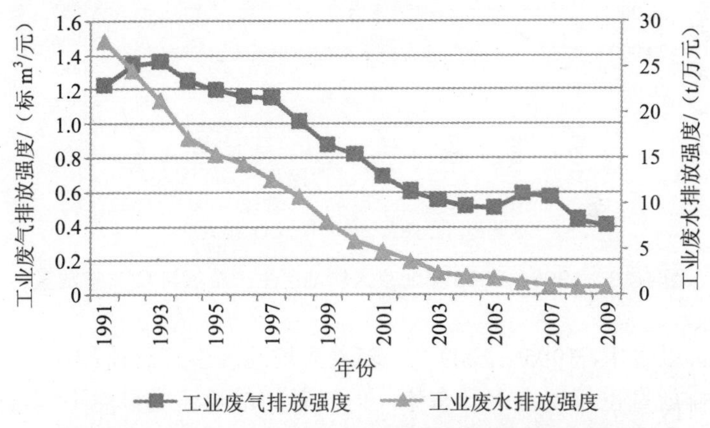

图 4-18 1991—2009 年北京各种污染物排放强度变动

4.3 北京经济增长与环境压力之间关系的研究

在分析此问题时，仅选取 CO_2 排放量作为环境压力的代表指标，以人均地区生产总值作为反映经济状况的指标，通过分析经济发展与 CO_2 排放的关系来探讨北京经济增长与环境压力之间的关系。

4.3.1 北京经济增长与 CO_2 排放之间关系的研究

以 CO_2 排放量为反映环境压力的指标，人均地区生产总值为反映经济发展状况的指标，通过从总量和结构两个角度观察地区生产总值与 CO_2 排放的变动情况，粗略探寻北京经济增长与 CO_2 排放之间的关系。图 4-19 显示了 1995—2009 年北京人均地区生产总值与 CO_2 排放量的走势图，其中人均地区生产总值为按 2005 年价格计算的可比价人均地区生产总值。

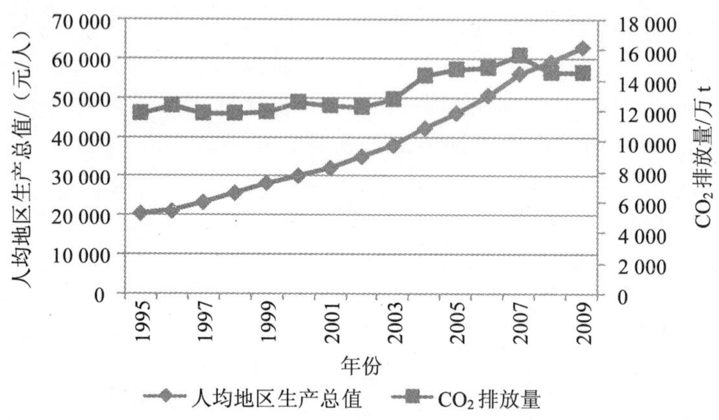

图 4-19　1995—2009 年北京人均地区生产总值与 CO_2 排放量

可以看出，1995—2009 年，随着人均地区生产总值的快速增长，CO_2 排放量也呈现出上升态势，但二者的增长速度显然不同，人均地区生产总值的增长快而平稳，年均增速为 8.39%，而 CO_2 排放量的增长则明显分为两个阶段：第一阶段（1995—2002 年）CO_2 排放量基本保持在 12000 万 t 的水平上下波动，增长不明显；第二阶段（2003—2009 年）CO_2 排放量开始显著增长，其中 2003—2007 年这五年间的平均增长速度为 5.26%，2008 年开始排放量有小幅回落。计算人均地区生产总值与 CO_2 排放量的相关系数得 0.91，高度正相关，说明从总量角度来看，北京的 CO_2 排放与经济发展之间呈同步变动，即北京的经济增长是除能耗总量与能源结构之外的又一导致 CO_2 排放量增长的重要原因。

再来看北京产业结构变动对 CO_2 排放的影响。不同产业所包含的行业不同，第一产业以农业为主，第二产业主要是高耗能、高污染的工业，第三产业则包括了从流通、生产生活服务，到文化教育、社会公共服务的各行各业，其中以交通运输、仓储和邮电业为主要耗能对象。因此，产业构成的变动通过影响各产业的能源消耗状况，势必也会对 CO_2 的排放造成影响。利用当年地区生产总值及各产业增加值数据，计算各产业增加值所占比重，得到 1980—2009 年北京产业构成的变动情况，如图 4-20 所示。

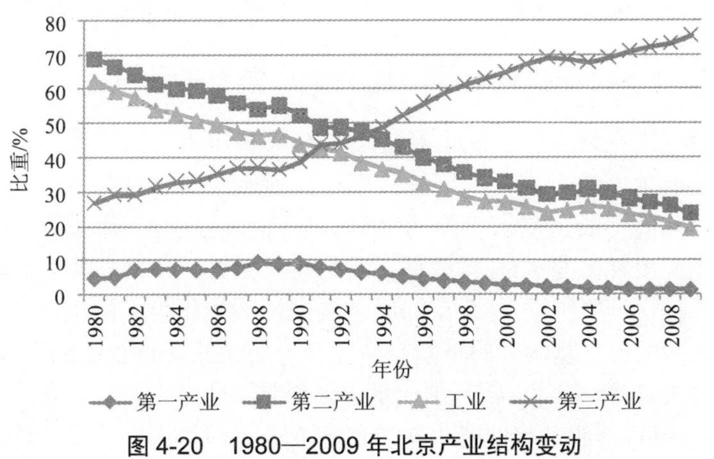

图 4-20　1980—2009 年北京产业结构变动

图 4-20 显示，三次产业中，第一产业和第二产业所占比重均呈下降走势，其中以第一产业比重下降速度较快，年均下降速度为 4.98%，30 年间的下降幅度达 77.27%，而第二产业比重的年均下降速度为 3.64%，低于第一产业 1.34 个百分点。由于工业一直在第二产业中占有绝大份额，工业增加值在第二产业增加值中的比重始终保持在 80%以上，因此工业增加值在地区生产总值中所占的比重随着第二产业比重的逐年下降而呈现出同比例变化的态势。与第一产业、第二产业和工业的下降趋势形成鲜明对比的是第三产业所占比重的显著上升，由 1980 年的 26.7%上升至 2009 年的 75.5%，年均增速为 3.65%，30 年间的上升幅度达 182.77%。由此可见，第三产业正在逐渐取代第二产业而成为北京经济发展的主力，虽然第二产业在产业结构中的份额正逐渐减小，但在未来很长一段时间内，第二

产业，特别是其中的工业，仍将是北京经济增长的重要贡献者之一，因此，第二产业和第三产业既是北京耗能和排放的重点对象，同时也是北京节能减排的关键产业。从产业结构角度来看，随着北京经济增长的支柱产业第三产业的大力发展，北京的经济规模将继续扩大，第二产业所占份额将进一步减小，但第二产业增加值实际处于缓慢上升状态，其中的工业增加值也同比例上升，因此化石燃料能源的消耗仍将在经济发展过程中发挥重要作用，排放的 CO_2 也会继续增加。

4.3.2 北京经济增长与环境压力响应关系的研究

前面定性地分析了北京经济增长与环境压力之间的关系，下面从定量的角度进一步刻画这种关系。如前所述，北京的经济增长同能源消耗间不断重复着“脱钩”与“复钩”的交替演进过程，而北京的能源消耗又与 CO_2 排放呈显著的正相关性，由此认为，凭借着能源消耗这一“桥梁”，北京的经济发展同环境压力之间也应该存在着“脱钩”与“复钩”的不断交替变换。为了论证该想法的正确性，应用 Eviews 程序，以 CO_2 排放量为因变量，地区生产总值作为自变量，对 CO_2 排放量和地区生产总值建立一元线性回归模型，作回归分析。各变量的具体数据见表 4-17。

表 4-17 1995—2009 年北京 CO_2 排放量和地区生产总值数据

年份	CO_2 排放量/万 t	地区生产总值*/亿元	年份	CO_2 排放量/万 t	地区生产总值*/亿元
1995	11 829.10	2 416.39	2003	13 400.81	5 447.66
1996	12 250.82	2 633.87	2004	14 298.55	6 215.79
1997	11 756.66	2 899.89	2005	14 772.47	6 969.50
1998	11 849.99	3 175.37	2006	14 857.59	7 875.12
1999	11 969.27	3 521.49	2007	15 679.72	9 016.31
2000	12 935.30	3 937.03	2008	14 553.14	9 837.59
2001	12 342.10	4 397.66	2009	14 514.94	10 841.03
2002	12 274.63	4 903.39			

* 地区生产总值为按 2005 年价格计算的可比价地区生产总值。

数据来源：历年《中国统计年鉴》和《北京统计年鉴》整理计算而成。

拟合方程结果如下：

$$CO_2 = 10\,724.904 + 0.446\text{GDP}$$
$$(7.186)$$

$R^2 = 0.799$　　Adjusted $R^2 = 0.783$　　F-statisitc = 51.634

可以看出，模型拟合效果较好。这个模型说明，1995—2009 年，地区生产总值每增加 1 亿元，CO_2 的排放就平均增加 4 660 t，即北京经济增长与环境压力呈正相关。

根据北京的地区生产总值、能源消耗量和 CO_2 排放量 3 方数据制图，可以更清晰地展示北京经济、能源和环境压力这 3 者之间的联系，见图 4-21。

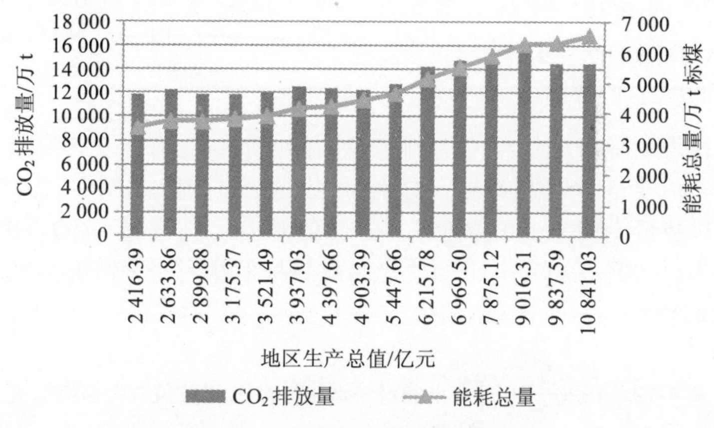

图 4-21　北京经济-能源-环境关联图

综上所述，以能源统计为桥梁得到经济与环境之间的变动关系是可取的，也就是说，在当代社会要想达到经济发展与环境污染程度的平衡，就要在经济发展的同时控制能源消耗，提高能源利用率，从而达到控制环境污染、减小环境压力的目的。

4.3.3 北京经济增长与 CO_2 排放之间的“脱钩”“复钩”测度

通过上述的验证可知，北京的经济增长与环境压力之间同样存在着相互影响的变动关系，为了进一步研究经济发展与环境压力的相应关系，对二者间的动态变动轨迹采用“脱钩”“复钩”的理论和方法进行诠释。在应用时，将经济-能源的“脱钩”“复钩”概念模型进行适当修改，以 CO_2 排放量为环境压力的代表指标，构造经济发展与环境压力间的“脱钩”与“复钩”概念模型，见表 4-18。

表 4-18　经济与环境之间的“脱钩”与“复钩”概念模型表

“脱钩”“复钩”状态	名称	条件
“脱钩” Δ（CO_2/GDP）＜0	紧缩性“脱钩”	ΔGDP＜0，ΔCO_2＜0
	绝对“脱钩”	ΔGDP＞0，ΔCO_2＜0
	相对“脱钩”	ΔGDP＞0，ΔCO_2＞0
“复钩” Δ（CO_2/GDP）＞0	扩张性“复钩”	ΔGDP＞0，ΔCO_2＞0
	绝对“复钩”	ΔGDP＜0，ΔCO_2＞0
	相对“复钩”	ΔGDP＜0，ΔCO_2＜0

在运用经济增长与 CO_2 排放量间的“脱钩”与“复钩”概念模型时，需要 3 个考核指标，分别为地区生产总值（GDP）变动率、CO_2 排放量变动率、单位地区生产总值的 CO_2 排放量（CO_2/GDP）变动率。1996—2009 年北京 3 个考核指标的相应变动情况见表 4-19 和图 4-22。

表 4-19　1996—2009 年北京经济增长与 CO_2 排放关系考核指标值

单位：%

年份	ΔGDP*	ΔCO_2	Δ（CO_2/GDP）	年份	ΔGDP*	ΔCO_2	Δ（CO_2/GDP）
1996	9.00	4.23	−4.38	2003	11.10	4.04	−6.36
1997	10.10	−4.07	−12.87	2004	14.10	12.01	−1.83
1998	9.50	0.15	−8.54	2005	12.13	3.27	−7.90
1999	10.90	0.94	−8.98	2006	12.99	0.57	−10.99
2000	11.80	4.64	−6.41	2007	14.49	5.53	−7.82
2001	11.70	−1.35	−11.68	2008	9.11	−7.18	−14.93
2002	11.50	−0.54	−10.80	2009	10.20	−0.26	−9.49

* GDP 为可比价（按 2005 年价格计算）地区生产总值。

数据来源：历年《北京统计年鉴》和《中国统计年鉴》整理得出。

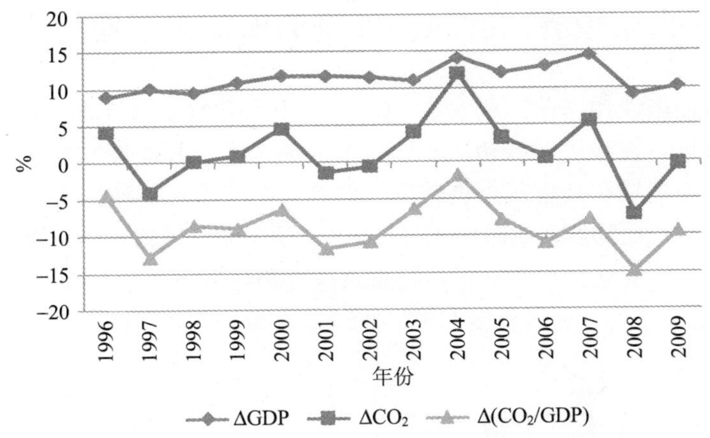

图 4-22 1996—2009 年北京经济增长与 CO_2 排放量关系

图 4-22 显示，由于ΔGDP 在 14 年间均大于零，导致 CO_2 排放强度的变动主要由 CO_2 排放量的变动决定，因此二者变动率的曲线基本保持了同比例变化。1995 年以来，由于 CO_2 排放量的年均增长速度为 1.47%，低于同期地区生产总值的年均增速（11.32%）约 10 个百分点，致使 14 年中Δ（CO_2/GDP）均小于零，所以北京的经济增长与环境压力呈现“脱钩”状态，即随着经济发展，环境压力向相反方向变动。若进一步分析可知，经济增长与环境压力的“脱钩”状态中，只在 1997 年、2001 年、2002 年、2008 年和 2009 这 5 个年份中表现为绝对“脱钩”，即保持经济增长的同时减少了 CO_2 排放量，其余 9 个年份均表现为相对“脱钩”，即 CO_2 排放量的增长速度不及经济发展的速度。由此可见，1996—2009 年，北京经济增长与环境压力之间的变动关系主要表现为相对“脱钩”，并且环境压力相对经济增长的这种反方向变动，不是因为经济放缓造成的紧缩性“脱钩”，而是在经济快速发展（ΔGDP＞10%）的情况下形成的。

4.4 北京经济、能源、环境的库兹涅茨曲线研究

依据能源库兹涅茨曲线（EyKC）和环境库兹涅茨曲线（EKC）的假设，在经济发展初期，一个国家或地区在其经济发展水平较低时能源消费和环境压力也较低，但其能源消费和环境压力程度随着经济增长而加剧，此时 EyKC 和 EKC 处于攀升阶段，当该国家或地区经济发展达到一定水平后，能源消费和环境压力基本持平，EyKC 和 EKC 达到并通过“倒 U”形曲线顶点后，能源消耗量和环境污染物排放量呈下降趋势。

4.4.1 数据来源及模型说明

这一部分主要针对北京经济发展与能源消耗和环境压力之间的库兹涅茨曲线进行研究，并通过拟合库兹涅茨曲线、观察曲线的变动规律来确定北京能源消耗以及环境压力下降的“拐点”。在经济与能源方面，主要从经济发展与能耗总量、经济发展与能耗品种，以及各产业产值与其能耗 3 方面入手；在经济与环境方面，主要从经济发展与各类环境污染物排放量入手。根据上述研究内容，可以确定在对北京的 EyKC 和 EKC 进行拟合时，需要利用北京历年的人均地区生产总值、各产业产值、能源消耗总量、各能源种类消耗量，以及各类环境污染物排放量等数据。其中，人均地区生产总值、各产业产值和能源消耗总量数据来源于《北京统计年鉴》，各能源种类消耗量和各类环境污染物排放量数据由《中国能源统计年鉴》整理计算得到，所用数据时间段为 1980—2009 年。

在对一个国家或地区的经济增长与能源消耗（或环境压力）之间的变动关系进行研究时，通常根据其变动轨迹的特点拟合不同形式的回归方程。对于大致呈现“U”形或“倒 U”形趋势的，大多采用二次方程进行曲线拟合，其中人均 GDP 为自变量，能源消耗（或环境污染物排放）为因变量，拟合的关系式如公式（4.1）：

$$Y=\alpha+\beta_1 X+\beta_2 X^2+\mu \qquad (4.1)$$

式中：Y——能源消耗量（或环境污染物排放量）；

X——人均 GDP；

α——常数项；

β_1和β_2——一次项和二次项的系数；

μ——回归残差。

当回归系数$\beta_1>0$且$\beta_2<0$时，存在经济增长与能源消费（或环境污染物排放）之间的 EyKC（或 EKC）变动关系，对应的拐点为$-\beta_1/2\beta_2$；当回归系数$\beta_1\neq 0$且$\beta_2=0$时，经济增长与能源消费（或环境污染物排放）之间呈线性关系，不存在拐点；当回归系数$\beta_1<0$且$\beta_2>0$时，经济增长与能源消费（或环境污染物排放）之间是“U”形关系。研究过程中，发现某些变动曲线呈“N”形，大体符合三次曲线的变动模式，因此，对这类变动曲线采用三次方程进行拟合，关系式见公式（4.2）：

$$Y=\alpha+\beta_1 X+\beta_2 X^2+\beta_3 X^3+\mu \qquad (4.2)$$

式中，β_3是三次项系数，其余各符号与公式（4.1）中所代表的含义相同。值得注意的是，三次曲线存在两个拐点，一个是$(-\beta_2+A)/2\beta_3$，另一个是$(-\beta_2-A)/2\beta_3$，其中$A=\sqrt{\beta_2^2-3\beta_1\beta_3}$，本书选取第一个拐点作为经济发展过程中能源消费（或环境压力）的转折点。

4.4.2 北京经济与能耗之间的库兹涅茨曲线结果分析

分别对北京人均地区生产总值与能耗总量、人均地区生产总值与各能源品种消耗量，以及北京各产业生产总值与其能耗之间的变动关系进行曲线拟合，结果如表 4-20 所示。

表 4-20　1980—2009 年北京 EyKC 的特征值

<table>
<tr><th colspan="2">项目</th><th>R^2 值</th><th>F 值</th><th>2009 年人均 GDP/（元/人）</th><th>拐点/（元/人）</th></tr>
<tr><td colspan="2">能耗总量</td><td>0.977</td><td>575.635</td><td>70452.35</td><td>92924.46</td></tr>
<tr><td rowspan="4">分能耗品种</td><td>煤炭</td><td>0.946</td><td>236.798</td><td rowspan="4">70452.35</td><td>55630.03</td></tr>
<tr><td>石油</td><td>0.978</td><td>601.817</td><td>无正解</td></tr>
<tr><td>天然气</td><td>0.989</td><td>1194.066</td><td>无正解</td></tr>
<tr><td>水电*</td><td>0.423</td><td>6.349</td><td>17200.76</td></tr>
<tr><td rowspan="3">分产业</td><td>第一产业*</td><td>0.747</td><td>25.556</td><td>118.30#</td><td>46.79</td></tr>
<tr><td>第二产业</td><td>0.928</td><td>174.981</td><td>2855.50#</td><td>1939.79</td></tr>
<tr><td>第三产业</td><td>0.996</td><td>3194.265</td><td>9179.20#</td><td>15638.68</td></tr>
</table>

注：* 这些项目的变动曲线采用三次方程拟合，拐点取第一个拐点值。

这些值分别为 2009 年各产业产值。

首先，对能耗总量进行分析。对比 2009 年北京人均地区生产总值与所测算的拐点，可以看出，北京在能耗总量上到达拐点仍有漫长的时间，二者之间的差额为 22472.11 元/人。在这 30 年的发展中，北京的经济与能源一直处于稳步上升态势，其中人均 GDP 的年均增长速度达 8.08%，能耗总量的年均增速为 4.36%，尽管近年来能源消耗的速度有所放缓并且同期的经济增长已明显快于能源消耗增长，但二者仍保持着较高的一致性，所以尚处于 EyKC 的上升通道中。因此，就北京目前的经济发展情况和对能源的需求来看，要想实现经济快速增长的同时能耗下降这种绝对“脱钩”局面，仍需要很长时间。

其次，对不同能耗品种进行分析。在曲线的走势上，煤炭的消耗随着经济增长大体呈现出“倒 U”形趋势，即符合 EyKC 的变动情况，但其下降通道仍不明显，这说明目前北京在煤炭消耗上还处于转折点附近，还没有真正实现煤炭消耗的大幅减少。根据所测算拐点来看，北京在 2007 年人均 GDP 首次超过 55000 元/人达到 61274.49 元/人，即到达了拐点，而同年的煤炭消耗量为 3783.59 万 t 标煤，是这 30 年中的最高值，2007 年以后，煤炭消耗开始有所下降，但下降幅度很小，这进一步印证了前面的观点。经济增长与石油消耗和天然气消耗的变动曲线在拟合过程中，二者拟合方程的二次项系数β_2均为正值，因而均无法求出具有实际意义的拐点值，不同的是，经济增长与石油消耗的变动曲线几乎呈直线走向，而经济增长与天然气消耗的变动曲线则呈“J”形，或者说是“U”形的上升通道。这说明，在今后的经济发展过程中，北京对石油和天然气的需求及消耗会长时间处于扩张状态，扩张性“复钩”可能会经常出现，同时也说明，石油和天然气未来将成为北京的支柱能源，煤炭消耗量减少所带来的能源缺口将主要由这两种能源进行弥补。与其他能源品种不同，水电的消耗随着经济增长没有表现出明显的、有序的变动规律，导致拟合曲线的R^2值很低。这 30 年中，北京对水电的利用波动十分剧烈，特别是近几年消耗量几乎均为零，但整体看来，水电与经济增长之间的变动关系大体上还是呈现出随着人均GDP的提高，消耗量先上升后减少的 EyKC 变动模式。

最后，对不同产业进行分析。第一产业的能源消耗伴随着其生产总值增速的放缓而表现出不规则变动，从而导致其R^2值与其他两个产业相比较低。按照所测算的拐点，第一产业在其产值达到 46.79 亿元时处于能源消耗的顶峰阶段，对比北京第一产业历年的实际产值可知，这一峰值出现在 1992 年，以 1992 年为界，第一产业的产值和能耗在该年前后发生了较大变化：1992 年以前，第一产业年均增速达 6.5%，同期能源消耗稳步攀升，年均增速也达到 6%的水平；1992 年以后，第一产业增速明显趋缓，年均增长速度不到 1%，同期能源消耗开始逐渐下降，到 2009 年能耗已由 1992 年的 143.63 万 t 标煤下降到 99 万 t 标煤，年均下降率为 1.86%，快于一产产值增长的速度，实现强“脱钩”状态。由此可见，目前北京在第一产业上的能源消耗已进入 EyKC 的下降通道。第二产业特别是其中的工业在 20 世纪 90 年代以前一直在北京的地区生产总值中保有 50%以上的份额，步入 90 年代以后，受工业比重逐年下降影响，二产产值份额明显减少，近几年已只占到 20%左右，但限于工业自身耗能高的特点，目前第二产业仍然是北京重点的耗能大户，2009 年其以

38.72%（其中工业为 36.41%）的能耗创造了北京 23.5%（其中工业为 19%）的产值。也正是由于这一原因，第二产业的能源消耗一直处于稳步上升态势，于 2008 年才初次显示出下降趋势，就目前的情况来看，第二产业能耗短期内仍将在 EyKC 的峰顶处波动。1995 年，第三产业产值比重首次突破了 50%，这也标志着第三产业已取代第二产业成为北京新的支柱产业，同时其在能源上的需求也随之不断增加，到 2009 年第三产业已实现了北京 75.5%的产值，其能耗占到北京的 42%，由此可见，第三产业消费与第二产业差不多相同份额的能源却创造了第二产业约 3 倍的产值，因此，在未来的经济发展过程中继续大力发展第三产业是走出能源困境的必然选择。由于北京的第三产业还处于发展初期，未来还有很大的增长空间，所以其能源消耗尚处于 EyKC 的上升通道，离所测算的转折点 15638.68 亿元还有很长一段距离。总体来看，北京各产业产值与能耗的变动关系与北京的产业结构调整和产业自身的能源需求是密切相关的。

4.4.3 北京经济与环境之间的库兹涅茨曲线结果分析

选取工业废气、工业废水和工业固体废物三种工业污染物作为环境压力的代表，分别对北京人均地区生产总值与工业废气排放量、人均地区生产总值与工业废水排放量，以及人均地区生产总值与工业固体废物产生量之间的变动关系进行曲线拟合，结果如表 4-21 所示。

表 4-21　1980—2009 年北京 EKC 的特征值

项目		R^2 值	F 值	2009 年人均 GDP/（元/人）	拐点/（元/人）
分污染物种类	工业废气	0.831	63.978	70452.35	无正解
	工业废水	0.958	295.083		74838.63
	工业固体废物	0.868	85.559		47169.66

分不同种类的环境污染物来看：经济增长与工业废气排放之间

的拟合 R^2 值虽然超过了 0.8，但由于拟合方程的二次项系数β_2不显著，所以二者之间更符合线性关系，从而也就无法求出具有实际意义的拐点值。这说明，在目前的经济发展状况下，工业废气的排放量还会在很长一段时间内持续增加，以现有数据尚不足以预测出未来的转折点在哪里。与工业废气的排放情况恰恰相反，工业废水的排放量随着经济的不断增长一直处于稳步减少的态势，这 30 年间的年平均下降速度为 5.19%，反映到曲线上则表现为“U”形的下降通道，而所测算的拐点 74 838.63 元/人则是工业废水排放达到谷底的时刻，这意味着当北京人均地区生产总值达到或超过 74 838.63 元/人时，工业废水的排放量很可能会随着经济的进一步增长出现回升的趋势。经济发展与工业固体废物排放之间的变动关系大体呈现出 EKC 的变动模式，即在 1980—2006 年这 27 年间，伴随着经济以年均 8.14% 的速度快速增长，工业固体废物的产生量也一直增加，年均增速为 2.85%，到 2006 年达到峰值 1 356 万 t，完成了 EKC 的上升通道；2006 年以后，工业固体废物的排放随着经济的继续增长开始缓慢进入 EKC 的下降通道，但目前仍位于下降通道的初期，这说明工业固体废物的排放量在未来还存在很大的下降潜力。由上述分析可知，除工业固体废物外，其他两种环境污染物与经济之间均未表现出典型的 EKC 模式，因此，对北京经济发展与环境压力之间的 EKC 走势仍需进一步观察。

值得关注的是，在对北京第一产业产值与能耗、第二产业产值与能耗，以及人均 GDP 与工业固体废物排放之间的变动关系采用三次方程进行曲线拟合时，三者的变动曲线均不同程度地表现出“N”形。这种变动特征表明，在经济发展过程中，EyKC 或 EKC 会重复出现，能源消耗及环境污染物的排放会随着经济的不断增长再次出现新一轮的“倒 U”形。

4.5 本章小结

本章首先利用“脱钩”“复钩”的理论与方法，对北京经济、能源与环境之间的变动关系进行了较为细致的量化分析与测度，所得结论主要包括三方面：其一，北京经济发展与能源消耗之间大多体现为“脱钩”状态，并且这种“脱钩”是在地区生产总值高速增长的前提下形成的，或者说，这种“脱钩”是一种相对性“脱钩”；其二，北京的能源消耗与环境压力方面，能源消耗与 CO_2 排放和工业废气排放之间高度正相关，即随着能耗总量的扩大，CO_2 排放和工业废气排放也日趋上升，而能源消耗与污染物排放中的工业废水排放呈反方向变动，即随着能耗总量增长，工业废水排放呈下降趋势；其三，北京经济发展与环境压力（CO_2 排放）之间主要表现为相对“脱钩”，即在保持地区生产总值快速增长的基础上，实现了 CO_2 排放强度的下降。在“脱钩”“复钩”分析的基础上，本章还依据能源库兹涅茨曲线和环境库兹涅茨曲线的相关理论对北京经济与能源、经济与环境之间的变动关系进行了曲线拟合，并对相应的拐点进行了测度。结果表明，北京的经济发展与能源消耗之间大体呈现出 EyKC 的变动模式，但又根据能源品种和产业特点的不同而处于 EyKC 的不同阶段；北京的经济发展与环境压力之间目前还未表现出典型的 EKC 变动模式，对于二者的关系尚需进一步观察。

产业篇

- 北京第一产业经济、能耗、环境之间关系研究
- 北京第二产业经济、能耗、环境之间关系研究
- 北京第三产业经济、能耗、环境之间关系研究

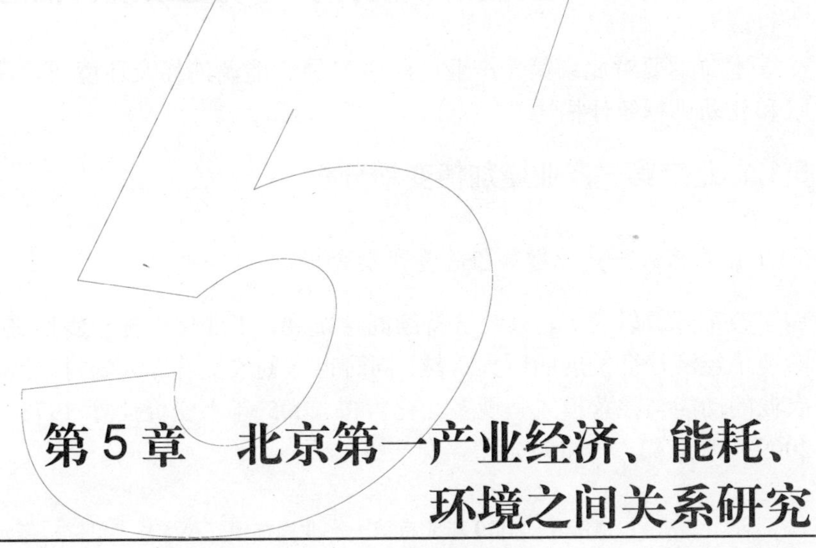

第 5 章　北京第一产业经济、能耗、环境之间关系研究

改革开放以来，我国大体经历了 5 次较大的农业结构调整[45]：初期以粮食生产为主，同时积极发展多种经营；1985 年实施大幅度调减粮食和棉花播种面积，并大力发展蔬菜、瓜果类等经济作物的政策；1992 年提出的发展高产优质高效的农业，使农业的专业化、商品化、现代化水平进一步提高；1998 年开始调整种植业内部结构及农牧结构，此后几年间畜牧业呈现较快增长；2004 年全面取消农业税，并对粮食种植实行直接补贴，使粮食生产连年下滑的局面得到逐步扭转。北京农业结构调整基本上经历了上述阶段，本章针对北京第一产业经济、能耗、环境之间的关系进行测度研究。

5.1 北京第一产业经济、能耗、环境变动统计描述

本节主要对北京第一产业的经济发展、能源消耗及环境质量现状和变动进行统计描述。

5.1.1 北京第一产业增加值变动分析

5.1.1.1 北京第一产业增加值总量变动分析

改革开放以来，北京经济持续高速发展，工业化进程稳步推进，实现了经济社会发展的巨大跨越，同时也深刻改变着广大农村地区，农业的功能与经营模式呈现多元化。按 2005 年不变价计算 1978—2009 年北京第一产业增加值，见表 5-1。

表 5-1 1978—2009 年北京第一产业增加值（AV1） 单位：亿元

年份	AV1	年份	AV1	年份	AV1	年份	AV1
1978	33.80	1986	58.64	1994	87.59	2002	91.98
1979	35.49	1987	66.49	1995	80.58	2003	90.96
1980	38.80	1988	73.94	1996	78.33	2004	90.42
1981	42.33	1989	74.75	1997	80.60	2005	88.70
1982	48.00	1990	77.22	1998	81.48	2006	89.23
1983	51.60	1991	80.08	1999	83.77	2007	91.20
1984	55.11	1992	82.56	2000	86.36	2008	92.20
1985	58.58	1993	85.20	2001	89.56	2009	96.44

资料来源：《北京统计年鉴 2010》。

表 5-1 显示，按照 2005 年不变价计算，2009 年北京第一产业增加值总量为 96.44 亿元。自 1978 年以来，除 1995 年第一产业增加值有明显下降外，其余年份均呈现上升趋势。1978—2009 年，北京第一产业增加值的变动趋势见图 5-1。

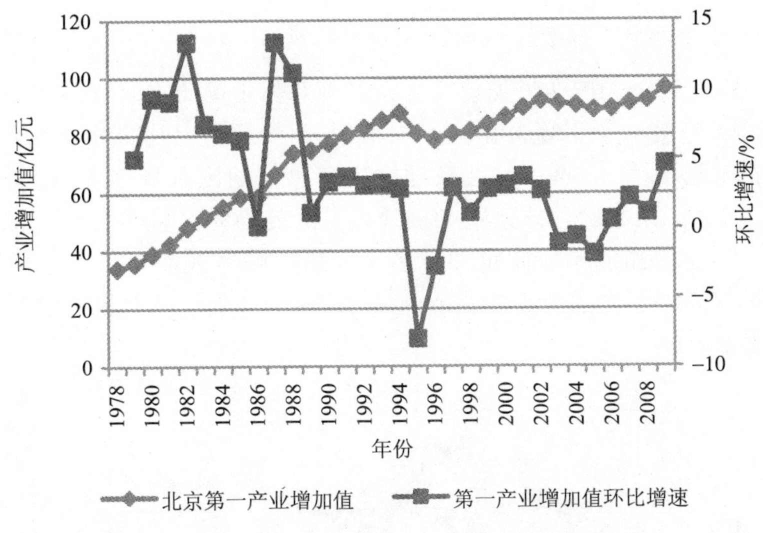

图 5-1　1978—2009 年北京第一产业增加值及其增速

结合北京经济发展背景分析，北京第一产业的发展，是通过不断深化改革、调整结构取得的。改革开放初期，北京农村经济结构是以农业为主的单一产业结构。1986 年，北京农产品价格全部放开，当年农产品收购价比 1985 年提高 8.1%，比 1978 年提高 70.2%。1986—1987 年，北京第一产业增加值变动 13.4%，增速达到最大值。农业得到了快速的发展，并且乡镇企业异军突起，成为带动农村经济增长最快的时期。1995—1998 年，全国经济处于通货膨胀、经济增速下滑阶段，北京工业结构性矛盾凸显，工业原材料紧缺、增速放缓。乡镇企业因外部环境发生变化而陷入困境。1995 年，第一产业增加值的增速为负，跌入谷底。市政府及时调整思路，提出以重组转制、上规模上水平为核心的二次创业。1998 年，北京第一产业逐步走出低谷，随后出现了较为稳定的持续增长。与其他产业增加值变动相比，北京第一产业增加值无论从增长的绝对量还是从增长的相对量看，均低于第二和第三产业的增长，这与北京整体规划与发展目标相关联。

5.1.1.2 北京第一产业增加值构成变动分析

就北京第一产业增加值在北京经济总体中的比重而言，1980—1988 年是第一产业增加值在全市国民经济中比重上升的阶段，第一产业年均增速 8.4%，占北京地区生产总值的比重从 4.4%提高到 9%。1988 年之后，该比重一直处于下降的趋势。总体而言，北京第一产业增加值构成比重 30 多年间虽然略有波动，但一直低于 10%，2002 年之后所占比重一直低于 2%，并处于相对稳定状态。见图 5-2。

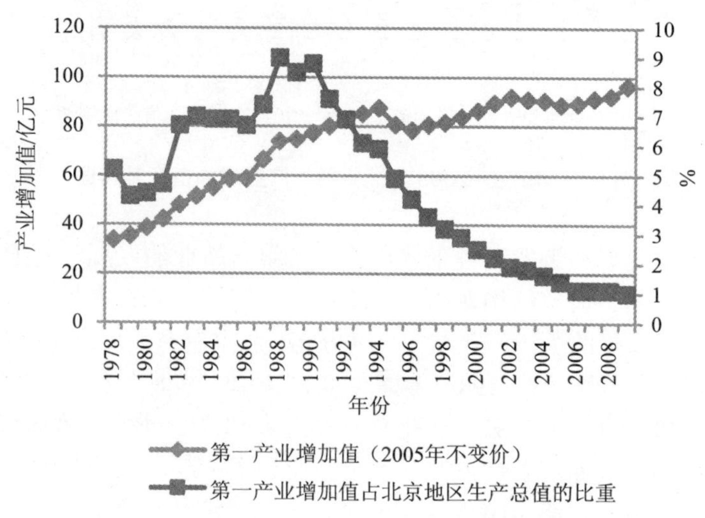

图 5-2　1978—2009 年北京第一产业增加值及其占北京地区生产总值的比重

5.1.1.3 北京第一产业增加值构成对比分析

将北京第一产业构成与其他 3 个直辖市第一产业构成相比，第一产业增加值在国民经济中的比重均呈现下降的趋势。见图 5-3。

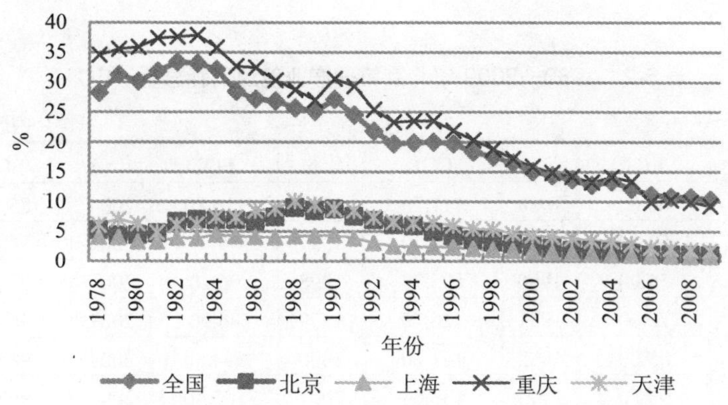

图 5-3　1978—2009 年北京第一产业增加值构成与全国、其他 3 个直辖市对比分析

图 5-3 显示，重庆市第一产业增加值构成比重高于全国以及其他 3 个直辖市，这与重庆所处的地理位置有关。重庆市地处长江上游，既是备受世界瞩目的三峡库区所在地，又是农村人口最多、贫困人口最多、农村面积最大的中央直辖市，所以其第一产业增加值在地区生产总值中占有很高的比重。近年来，随着国家产业结构的调整，北京、上海、天津的第一产业增加值构成下降趋势已经趋缓，而重庆市还有一定的下降空间。

5.1.2 北京第一产业能源消耗变动分析

改革开放以来，北京逐步优化能源结构，提高能源利用效率，以较低的能源消费增速支撑着较高的经济增长。本节主要就北京第一产业能源消耗现状、能源消耗总量、能源消耗构成以及能源消耗强度进行分析。

5.1.2.1 北京第一产业能源消费总量分析

改革开放以来，北京第一产业能耗占比呈现先升后降的趋势。

见表 5-2。

表 5-2　1980—2009 年北京第一产业能源消耗总量（EC1）

单位：万 t 标煤

年份	EC1	年份	EC1	年份	EC1	年份	EC1
1980	66.50	1988	111.70	1996	110.80	2004	85.60
1981	53.20	1989	114.40	1997	95.70	2005	86.30
1982	56.00	1990	105.70	1998	96.20	2006	92.30
1983	72.60	1991	126.70	1999	86.90	2007	96.40
1984	85.00	1992	143.60	2000	104.80	2008	98.30
1985	90.70	1993	133.60	2001	105.40	2009	99.00
1986	95.70	1994	143.60	2002	103.00		
1987	89.00	1995	120.40	2003	99.90		

资料来源：《中国能源统计年鉴 2010》。

表 5-2 显示，2009 年北京第一产业能源消耗总量为 99 万 t 标煤，为 1980 年的 148.87%，年均增长 1.38%，低于其他产业能耗的增长速度。1980—2009 年，北京第一产业能源消耗总量的趋势见图 5-4。

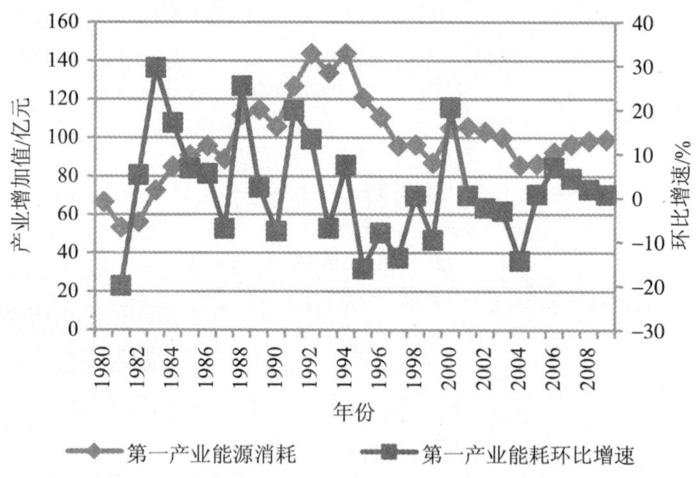

图 5-4　1980—2009 年北京第一产业能源消耗量及环比增速

图 5-4 显示，1980—1994 年，北京第一产业能源消费总量大体上是处于上升的趋势，并且 1983 年和 1988 年的能源消费增长幅度比较大。然而，1995 年以后，其消费量有较大幅度的下降，这与北京产业结构的调整是相适应的。

近几年来，北京加大对产业结构的调整力度，大力发展高技术产业和现代服务业，适度发展现代制造业，在经济继续保持快速发展的同时，产业结构得到了进一步改善，而产业结构的变化带动了北京能源消费结构的变化。第一产业和第二产业占全市能源消费总量的比重显著下降，第三产业的比重大幅上升。另外，在第一产业内部，产业结构从技术水平低下的粗放型农业逐渐转向技术水平较高的集约型农业，再向生物、环境、生化、生态等技术含量更高的绿色农业、生态农业发展；同时，种植型农业向畜牧型农业发展，野外型农业向工厂型农业发展，所以近几年第一产业能耗一直呈下降趋势。

5.1.2.2 北京第一产业能源消耗比重分析

30 年来，北京经济整体水平得到巨大提升，产业结构发生了较大变化，第一产业能源消费构成在北京其他产业的发展影响下，呈现一个“倒 U”形分布，即前 15 年第一产业能源消费构成波动上升，之后平稳下降，近几年趋缓。见图 5-5。

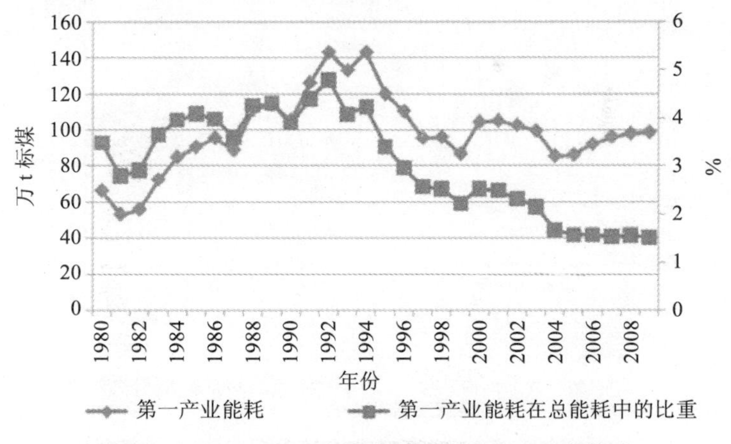

图 5-5　1980—2009 年北京第一产业能源消费构成

图 5-5 显示，北京第一产业能源消费所占全市能耗比重呈现由低到高，再到低的变动过程。在 20 世纪 80—90 年代初，北京第一产业能源消费构成在 3%以上，特别是 1992 年，构成达到最大值 4.8%。1992 年之后，能源消费构成逐年下降，截止到 2009 年，第一产业能源消费构成降为 1.5%，为近 30 年来的最低点，并随着北京第三产业的进一步发展，第一产业能源消费所占比重还将继续下降，但其下降空间不大。

5.1.2.3 北京第一产业能源消费强度分析

在此采用第一产业单位产值能耗和人均能耗作为其能源消费强度的代表指标，反映第一产能源消费效率的高低。

第一，北京第一产业产值能耗分析。

近年来，北京大力推进“资源节约型、环境友好型”城市建设，能源结构逐步优化，能源利用效率明显提高，经济增长方式逐步向集约型转变。产业结构的调整和产业内部能源利用效率的提高是推动北京单位 GDP 能耗下降的主要因素。对于第一产业而言，1980—2009 年，北京第一产业万元地区产值能耗及其增速变化趋势见图 5-6。

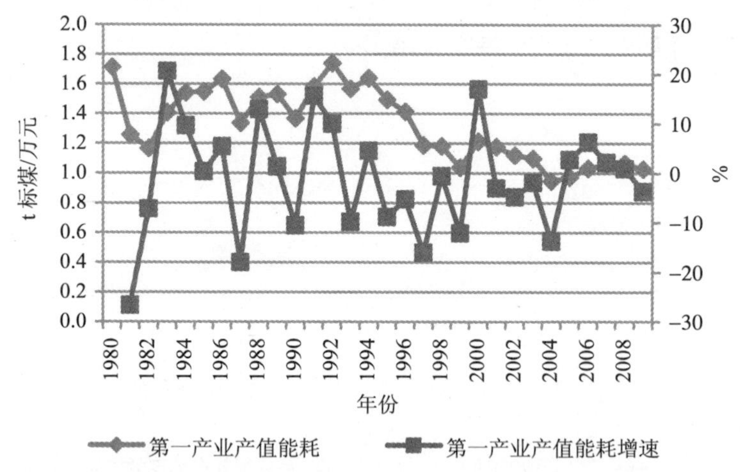

图 5-6 1980—2009 年北京第一产业万元产值能耗及其增速

图 5-6 显示，在 1980—2009 年，北京第一产业的万元 GDP 能耗大体上是处于下降的趋势。改革开放以来，特别是 20 世纪 90 年代以后，在不断提高经济发展水平的同时，北京加大产业结构的调整力度，采取多种措施节能降耗，努力实现经济增长方式由粗放型向集约型转变，万元地区生产总值能耗保持下降趋势。1980—2009 年，北京第一产业万元 GDP 能耗由 1.71 t 标煤下降至 1.03 t 标煤（按当年价格计算），年均下降速度为 1.75%，由于第一产业经济发展势头低于其他两个产业，所以，其产值能耗水平降低较为缓慢，高于北京整体的产值能耗水平，能源效率有待进一步提升。

第二，北京第一产业人均能耗分析。

人均指标体现出的能源消费强度也是能源消费现状评价的一个有效指标[46]。该指标中的平均人数为北京第一产业乡镇及行政村的平均人口。伴随着北京第一产业能耗及其构成的变动，第一产业人均能耗呈现大体相同的变动轨迹，见图 5-7。

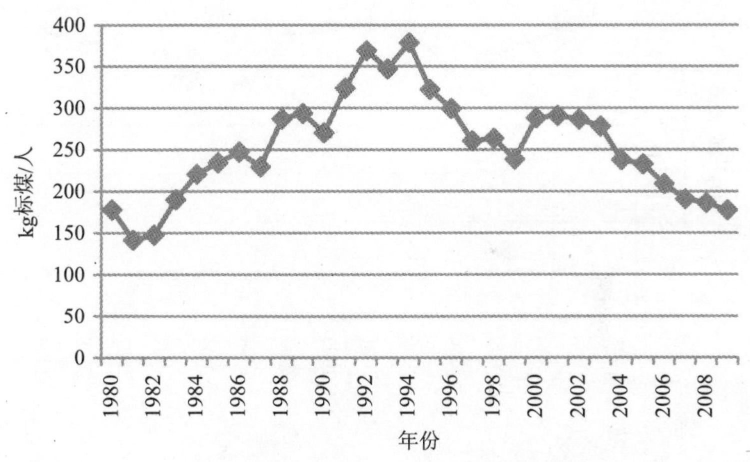

图 5-7　1980—2009 年北京第一产业人均能耗

图 5-7 显示，1980—2009 年，北京第一产业人均能源消费水平的变动趋势也大体呈现出先增后减的变动趋势，1980—1994 年，第

一产业人均能耗随着第一产业能耗的增长而在缓慢提高，人均能耗由 1980 年的 177.57 kg 标煤上升到 1994 年的 378.69 kg 标煤，此阶段的年均增幅为 5.56%，高于北京整体人均能耗 2.58 kg 标煤的水平，之后，随着第一产业能耗增速减缓，人均能耗水平也呈现下降的趋势，由 1994 年的峰值，下降到 2009 年的 176.8 kg 标煤。从人均能耗水平的变动大体反映第一产业能耗强度的减少。

5.1.3 北京第一产业环境质量变动分析

在此利用北京第一产业能耗所排放的 CO_2 分析由于第一产业的发展对环境的影响。根据历年《北京统计年鉴》和历年《中国能源统计年鉴》中北京能源平衡表中的数据，查找到 1995—2009 年北京第一产业能耗品种，依据不同能源品种 CO_2 排放系数，推算出北京第一产业各能源消耗所排放的 CO_2。见图 5-8。

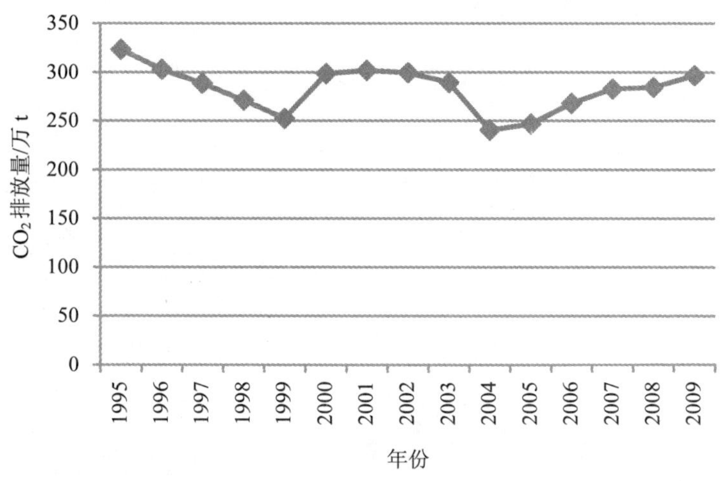

图 5-8　1995—2009 年北京第一产业 CO_2 排放量

从总量分析，北京第一产业 CO_2 排放量呈现不典型的“倒 U”形分布，由 1995 年的 323.15 万 t，降低到 1999 年的 252.33 万 t，随后出现由升到降的过程，2004 年后，稳步上升。这一变动趋势与第一产业能耗品种的变动有关，若要降低第一产业能耗产生的 CO_2 排放量，一是要减少能源消耗的绝对量，二是要改善能源消耗品种的结构，增加清洁能耗的消耗比重。

5.2 北京第一产业经济发展与能源消耗关系的分析

研究北京第一产业经济发展与能源消耗的关系，主要是通过采用“脱钩”“复钩”理论和方法，根据 1980—2009 年数据，测度这两者之间的变动关系，观察其是否存在“脱钩”现象，若存在，进一步研究“脱钩”的程度。下面利用“脱钩”“复钩”理论与方法，从北京第一产业增加值增长总量与能耗总量、经济增长与能耗品种两方面分别进行研究。

5.2.1 北京第一产业经济增长与能耗之间“脱钩”“复钩”测度

利用“脱钩”评价模式，对北京第一产业增加值总量与第一产业能耗总量之间进行“脱钩”“复钩”测度时，利用可比价（按 2005 年价格计算）北京第一产业增加值（AV1）数据、第一产业能源消费总量（EC1）数据以及第一产业产值能耗（EC1/AV1）数据，分别计算各自的环比增长速度（Δ），计算结果见表 5-3。

表 5-3 1981—2009 年北京 AV1、EC1 和 EC1/AV1 环比增长速度

单位：%

年份	ΔAV1	ΔEC1	Δ（EC1/AV1）	年份	ΔAV1	ΔEC1	Δ（EC1/AV1）
1981	9.1	−20.0000	−26.6728	1996	−2.8	−7.9734	−5.3225
1982	13.4	5.2632	−7.1753	1997	2.9	−13.6282	−16.0624
1983	7.5	29.6429	20.5980	1998	1.1	0.5225	−0.5713
1984	6.8	17.0799	9.6254	1999	2.8	−9.6674	−12.1278
1985	6.3	6.7059	0.3818	2000	3.1	20.5984	16.9722
1986	0.1	5.5127	5.4073	2001	3.7	0.5725	−3.0159
1987	13.4	−7.0010	−17.9903	2002	2.7	−2.2770	−4.8462

年份	ΔAV1	ΔEC1	Δ（EC1/AV1）	年份	ΔAV1	ΔEC1	Δ（EC1/AV1）
1988	11.2	25.5056	12.8648	2003	−1.1	−3.0097	−1.9309
1989	1.1	2.4172	1.3029	2004	−0.6	−14.3143	−13.7971
1990	3.3	−7.6049	−10.5565	2005	−1.9	0.8178	2.7704
1991	3.7	19.8675	15.5907	2006	0.6	6.9525	6.3146
1992	3.1	13.3386	9.9307	2007	2.2	4.4420	2.1938
1993	3.2	−6.9638	−9.8486	2008	1.1	1.9710	0.8615
1994	2.8	7.4850	4.5574	2009	4.6	0.7121	−3.7208
1995	−8.0	−16.1560	−8.8652				

数据来源：历年《北京统计年鉴》整理得出。

将表 5-3 中的数据用图形表示。见图 5-9。

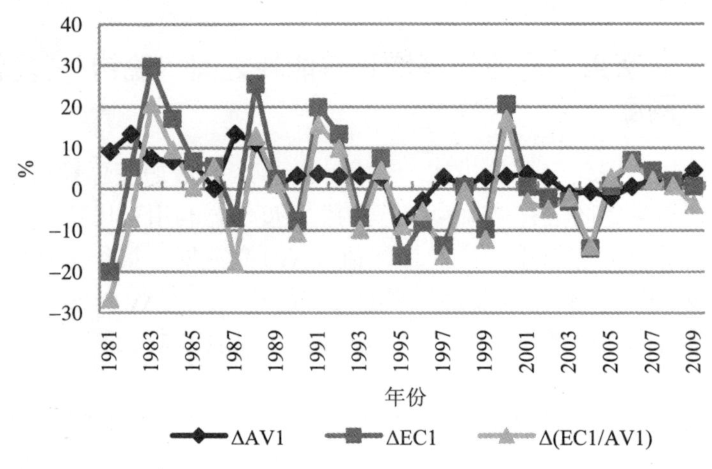

图 5-9　1981—2009 年北京 AV1、EC1 和 EC1/AV1 环比增长速度

由图 5-9 可知，1981—2009 年，北京ΔAV1 大多大于 0，仅在 1995 年、1996 年、2003 年、2004 年和 2005 年显示为负数，同期ΔEC1 有 11 个年份小于 0，其余 18 个年份均呈正值，Δ（EC1/AV1）有 15 个年份小于 0，其余 14 个年份均为正值。根据第 2 章中对“脱钩”“复钩”的测度标准，北京自 1981 年以来，第一产业增加值与能源消耗之间出现“脱钩”和“复钩”状态的次数基本持平，29 年中有 15 个年份呈现为“脱钩”。随着产业结构的调整，第一产业产值所占比重由 1988 年的 9%下降到 2009 年的 1%，其能耗比重由 4.28%下降到 1.51%，致使图 5-8 中的Δ（EC1/AV1）曲线在 1988 年以后大多围绕着 0 点横轴上下波动。

为量化这种“脱钩”程度，计算“脱钩”指数，见表 5-4。

表 5-4　1981—2009 年北京第一产业能耗“脱钩”指数

年份	DI	年份	DI	年份	DI
1981	0.7333	1991	1.1559	2001	0.9698
1982	0.9282	1992	1.0993	2002	0.9515
1983	1.2060	1993	0.9015	2003	0.9807
1984	1.0963	1994	1.0456	2004	0.8620
1985	1.0038	1995	0.9113	2005	1.0277
1986	1.0541	1996	0.9468	2006	1.0631
1987	0.8201	1997	0.8394	2007	1.0219
1988	1.1286	1998	0.9943	2008	1.0086
1989	1.0130	1999	0.8787	2009	0.9628
1990	0.8944	2000	1.1697		

北京第一产业增加值与其能耗总量平均“脱钩”指数为 0.9886。

5.2.2 北京第一产业经济增长与能耗种类之间“脱钩”“复钩”测度

进一步测度北京第一产业增加值与不同能源种类的“脱钩”与“复钩”走势，特别是对北京煤炭、电力和汽煤柴油等不同能源消耗种类分别进行“脱钩”“复钩”的测度，以分析北京第一产业对不同能源品种的依赖程度。对不同能源品种的分析采用的是实物量，表中 CC 为煤炭消耗量；ElC 为电力消耗量；GC 为汽煤柴油消耗量，Δ为环比增速。具体数据见表 5-5。

表 5-5 1996—2009 年北京第一产业能耗品种环比增速 单位：%

年份	ΔCC	Δ（CCAV1）	ΔElC	Δ（ElC/AV1）	ΔGC	Δ（GC/AV1）
1996	−22.0940	−19.8498	14.8670	18.1759	−20.3418	−18.0471
1997	8.3112	5.2587	−0.1362	−2.9507	−37.2057	−38.9754
1998	−18.7755	−19.6593	−3.5471	−4.5965	16.0833	14.8203
1999	−26.5075	−28.5093	5.5163	2.6423	−13.7832	−16.1315
2000	52.6154	48.0266	8.1769	4.9243	7.9933	4.7462
2001	7.5941	3.7552	−5.5762	−8.9452	14.9576	10.8559
2002	−6.6833	−9.1366	4.8556	2.0990	−8.3836	−10.7922
2003	−0.2454	0.8641	−6.6333	−5.5948	3.0015	4.1471
2004	1.2749	1.8862	−30.1609	−29.7393	−5.6148	−5.0451
2005	−4.7924	−2.9484	9.6929	11.8174	−0.5271	1.3995
2006	8.0028	7.3586	7.2616	6.6219	7.5700	6.9285
2007	9.3478	6.9890	8.9723	6.6265	−6.5447	−8.5565
2008	−2.0035	−3.0698	1.8713	0.7629	2.4849	1.3699
2009	−4.1090	−8.3297	15.5845	10.4970	−14.2196	−17.9952

数据来源：历年《中国能源统计年鉴》整理得出。

根据所选择的 3 种能源，从各自能耗环比增速分析，煤炭消耗量出现环比增速为负的年数为 8 年，电力为 5 个年份，汽煤柴油为 8 个年份。不同能耗表现出不同的变动特征，见组图 5-10。

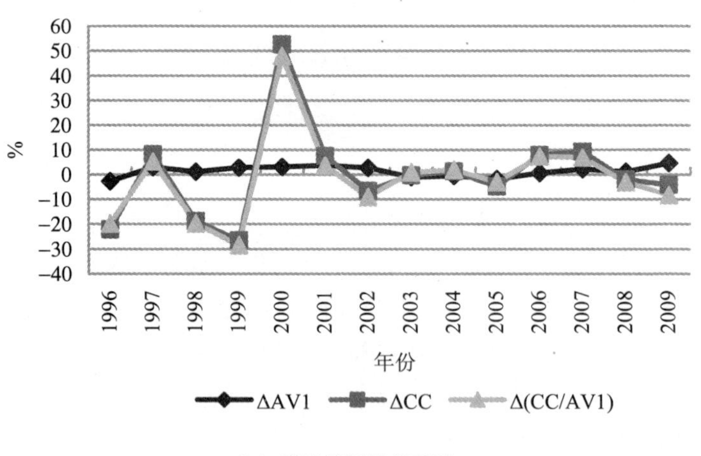

（1）煤炭消耗量关系图

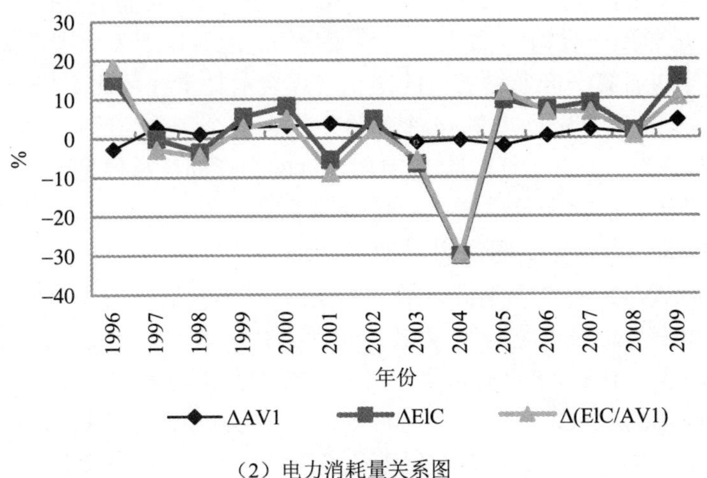

（2）电力消耗量关系图

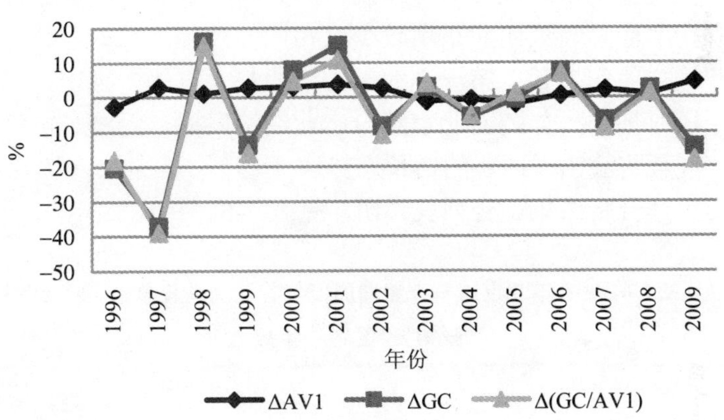

（3）汽煤柴油消耗量关系图

图 5-10　1996—2009 年北京第一产业增加值与煤炭、电力、汽煤柴油消耗量关系图

观察组图 5-10 中各个分图，分图（1）是对第一产业增加值与煤炭消耗量“脱钩”的测度。在这 14 个年份中，有 5 个年份为扩张性“复钩”。在 7 个“脱钩”年份中，为绝对“脱钩”的年份有 5 个，即Δ（CC/AV1）＜0，ΔAV1＞0，ΔCC＜0；两个年份为萎缩性“脱钩”，历年的“脱钩”“复钩”交替变化中，近两年连着出现“脱钩”，说明伴随着第一产业增加值的增长，煤炭消耗量在环比下降。

分图（2）显示，在 14 个年份中，有 3 个年份为绝对“脱钩”，7 个年份为扩张性“复钩”。北京对电力的消耗同样总体呈现“复钩”，说明经济、能耗和单位产值能耗同时增长。

分图（3）显示的汽煤柴油变动曲线与煤炭和电力有所不同，Δ（GC/AV1）有 7 个年份显示为“复钩”，为发展中的不可取状态；两个年份为相对“脱钩”，为较理想状态；其余 5 个年份为绝对“脱钩”状态。1987 年，北京第一产业汽煤柴油消耗降幅达到 37.2%，致使同年的Δ（GC/AV1）为–38.98%，呈现典型的“脱钩”，在以后历年中，“复钩”“脱钩”交错变化。

通过对以上不同能源品种“脱钩”分析，煤炭和汽煤柴油消耗量“脱钩”明显，说明北京用较少或相同的消耗量承载着较高的第一产业增加值的增长；第一产业电力消耗量“复钩”突出，说明在今后一段时期内，伴随着北京第一产业经济发展，经济、能耗和单位产值能耗将会出现同步的增长态势。

将上述分析结果综合列表说明，见表 5-6。

表 5-6 1981—2009 年北京第一产业增加值与其能源消耗总量、能源消耗种类“脱钩”“复钩”年数

名称	能耗消耗总量		能源消耗种类					
			煤炭		电力		汽煤柴油	
	年数	占比/%	年数	占比/%	年数	占比/%	年数	占比/%
衰退性“脱钩”	4	13.79	2	14.29	2	14.29	2	14.29
绝对“脱钩”	6	20.69	5	35.71	3	21.43	5	35.71
相对“脱钩”	4	13.79	0	0.00	0	0.00	0	0.00
扩张性“复钩”	14	48.28	5	35.71	7	50.00	5	35.71
绝对“复钩”	1	3.45	1	7.14	2	14.29	2	14.29
相对“复钩”	0	0.00	1	7.14	0	0.00	0	0.00
合计	29	100.00	14	100.00	14	100.00	14	100.00

表 5-6 显示，北京第一产业增加值与其能耗关系以扩张性“复钩”状态为主，共有 14 个年份出现此状态，占全部年份的 48.28%。从能源消耗品种看，出现扩张性“复钩”年份较多，其次为绝对“脱钩”状态。正是由于第一产业能耗的起伏不定，形成了不同的“脱钩”状态，特别值得一提的是，煤炭消耗量比较稳定，在近 3 年呈现略有下降的趋势，电力消耗有所上升。是否处于理想状态，不能单看“脱钩”“复钩”状态，一定要结合分析对象的内容，比如，传统不可再生能源的消耗若出现“脱钩”，则意味着利用该种能源强度的下降，是处于理想状态；若可再生能源出现“脱钩”状态，则并非理想。

同样，为量化这种“脱钩”程度，计算“脱钩”指数，见表 5-7。

表 5-7 1996—2009 年北京第一产业增加值与其能耗品种“脱钩”指数

年份	煤炭 DI	石油 DI	电力 DI	年份	煤炭 DI	石油 DI	电力 DI
1996	0.801 5	0.819 5	1.181 8	2003	1.008 6	1.041 5	0.944 1
1997	1.052 6	0.610 2	0.970 5	2004	1.018 9	0.949 5	0.702 6
1998	0.803 4	1.148 2	0.954 0	2005	0.970 5	1.014 0	1.118 2
1999	0.714 9	0.838 7	1.026 4	2006	1.073 6	1.069 3	1.066 2
2000	1.480 3	1.047 5	1.049 2	2007	1.069 9	0.914 4	1.066 3
2001	1.037 6	1.108 6	0.910 5	2008	0.969 3	1.013 7	1.007 6
2002	0.908 6	0.892 1	1.021 0	2009	0.916 7	0.820 0	1.105 0

北京第一产业增加值与其能耗品种平均“脱钩”指数煤炭为 0.987 6、石油为 0.949 1、电力为 1.008 8。

5.2.3 北京第一产业能耗变动影响因素分析

第一产业能耗变动受两个因素的影响，一个因素是第一产业的产值能耗，另一个因素是第一产业增加值。现根据第一产业能耗、第一产业能耗强度和第一产业产值 3 个指标之间的关系，构建关系式如下，相对关系式见公式（5.1），绝对关系式见公式（5.2）。

$$\frac{EC1_1}{EC1_0}=\frac{\dfrac{EC1_1}{AV1_1}}{\dfrac{EC1_0}{AV1_0}}\times\frac{AV1_1}{AV1_0} \quad (5.1)$$

$$EC1_1-EC1_0=\left(\frac{EC1_1}{AV1_1}-\frac{EC1_0}{AV1_0}\right)\times AV1_1+(AV1_1-AV1_0)\times\frac{EC1_0}{AV1_0} \quad (5.2)$$

式中：EC1——第一产业能耗；

AV1——第一产业增加值；

$\frac{EC1}{AV1}$——第一产业产值能耗；

下标 1——报告期；

下标 0——基期。

根据历年北京第一产增加值、能耗和产值能耗指标，对第一产业能耗的变动进行因素分析。分析结果见表 5-8。

表 5-8 1981—2009 年北京第一产业能耗影响因素的测度

年份	EC1 指数	EC1/AV1 指数	AV1 指数	年份	EC1 指数	EC1/AV1 指数	AV1 指数
1981	0.8000	0.7333	1.0910	1996	0.9203	0.9468	0.9720
1982	1.0526	0.9282	1.1340	1997	0.8637	0.8394	1.0290
1983	1.2964	1.2060	1.0750	1998	1.0052	0.9943	1.0110
1984	1.1708	1.0963	1.0680	1999	0.9033	0.8787	1.0280
1985	1.0671	1.0038	1.0630	2000	1.2060	1.1697	1.0310
1986	1.0551	1.0541	1.0010	2001	1.0057	0.9698	1.0370
1987	0.9300	0.8201	1.1340	2002	0.9772	0.9515	1.0270
1988	1.2551	1.1286	1.1120	2003	0.9699	0.9807	0.9890
1989	1.0242	1.0130	1.0110	2004	0.8569	0.8620	0.9940
1990	0.9240	0.8944	1.0330	2005	1.0082	1.0277	0.9810
1991	1.1987	1.1559	1.0370	2006	1.0695	1.0631	1.0060
1992	1.1334	1.0993	1.0310	2007	1.0444	1.0219	1.0220
1993	0.9304	0.9015	1.0320	2008	1.0197	1.0086	1.0110
1994	1.0749	1.0456	1.0280	2009	1.0071	0.9628	1.0460
1995	0.8384	0.9113	0.9200				

数据来源：根据《北京统计年鉴 2010》数据计算得出。

如上所述，能耗总量的变动主要受产值能耗和增加值的影响，根据表 5-8 测算结果，北京第一产业能耗在这 29 个年份中有 11 个年份减少，其余年份为增加。能耗的变动受产值能耗和增加值的影响。其中，能源利用效率提高抑制能耗总量增长，年均节约 45.53 万 t 标煤；第一产业增加值扩大促进能耗总量增长，年均增加 78.03 万 t 标煤。两个因素共同作用促使北京第一产业能源消耗总量年均增加 32.50 万 t 标煤。效率因素和规模因素对北京第一产业能耗总量影响的绝对量变动趋势如图 5-11 所示。

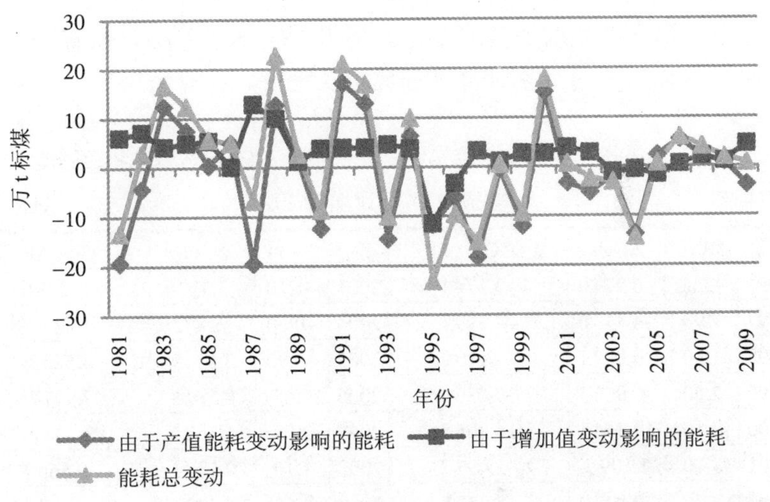

图 5-11　1981—2009 年北京第一产业能耗总量变动影响因素绝对量测度

如图 5-11 所示，1981—2009 年，北京第一产业效率因素影响和规模因素影响作用相反，由于能源利用效率的提高，使得第一产业能耗减少，由于增加值的增长，使得第一产业能耗增加，二者共同作用的结果，使得第一产业能耗年均增加 32.50 万 t 标煤，针对第一产业而言，在提高能源利用效率的同时，尽可能控制能耗总量，这是实现北京“十二五”节能降耗目标的根本措施之一。

5.3 北京第一产业经济发展与 CO_2 排放量关系的分析

北京第一产业增加值的变动一方面会引起能源消耗量的变动，另一方面，对 CO_2 排放量也会产生直接或间接的影响。

5.3.1 北京第一产业经济发展与 CO_2 排放量之间“脱钩”“复钩”测度

根据第一产业增加值的变化，利用 CO_2 排放系数，折算出第一产业 CO_2 排放量，分别计算其环比增长速度。计算结果见表 5-9。

表 5-9 1996—2009 年北京 AV1、第一产业 CO_2 排放量和排放强度（CO_2/AV1）环比增长速度

单位：%

年份	ΔAV1	ΔCO_2	Δ（CO_2/AV1）	年份	ΔAV1	ΔCO_2	Δ（CO_2/AV1）
1996	−2.80	−6.2740	−3.5741	2003	−1.10	−3.3579	−2.2830
1997	2.90	−4.7136	−7.3991	2004	−0.60	−16.8720	−16.3703
1998	1.10	−6.0891	−7.1109	2005	−1.90	2.5349	4.5208
1999	2.80	−6.9005	−9.4363	2006	0.60	8.5848	7.9372
2000	3.10	18.3645	14.8055	2007	2.20	5.5687	3.2962
2001	3.70	1.1099	−2.4977	2008	1.10	0.5281	−0.5657
2002	2.70	−0.8470	−3.4538	2009	4.60	4.2924	−0.2980

将表 5-9 中的数据用图示显示。见图 5-12。

图 5-12 显示，1996—2009 年，由于北京第一产业增加值变动比较平稳，CO_2 排放量与排放强度走势基本相同。2000 年，第一产业 CO_2 的原因主要是该年煤炭消耗量有较大的增长，为 52.62%，煤炭排放系数较高，致使该年 CO_2 的突增；2004 年则是由于当年第一产业增加值的减少，能耗的下降，特别是煤炭消耗量的降低，致使整体出现萎缩。分析具体“脱钩”状态见表 5-10。

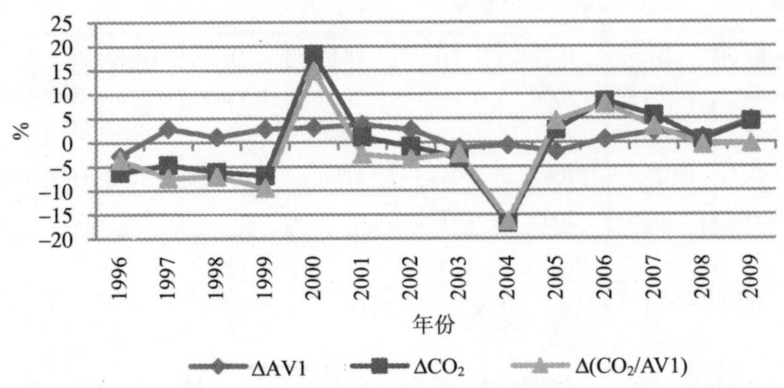

图 5-12 1996—2009 年北京 AV1、第一产业 CO_2 排放量和排放强度（CO_2/AV1）环比增长速度

表 5-10 1996—2009 年北京第一产业增加值与 CO_2 排放量“脱钩”“复钩”年数

名称	年数/个	占比/%
衰退性“脱钩”	3	21.43
绝对“脱钩”	4	28.57
相对“脱钩”	3	21.43
扩张性“复钩”	3	21.43
绝对“复钩”	1	7.14
相对“复钩”	0	0.00
合计	14	100.00

表 5-10 显示，在 1996—2009 年的 14 个年份中，北京第一产业增加值与其 CO_2 排放量出现“脱钩”的年份为 10 年，占总年数的 71.43%，其中，衰退性“脱钩”2 年，绝对“脱钩”4 年，相对“脱钩”3 年；扩张性“复钩”3 年，绝对“复钩”1 年。

5.3.2 北京第一产业经济发展与 CO_2 排放量“脱钩”指数的计算

为量化其“脱钩”程度计算“脱钩”指数。见表 5-11。

表 5-11 1996—2009 年北京第一产业增加值与 CO_2 排放量“脱钩”指数

年份	DI	年份	DI	年份	DI	年份	DI
1996	0.9643	2000	1.1481	2004	0.8363	2007	1.0330
1997	0.9260	2001	0.9750	2005	1.0452	2008	0.9943
1998	0.9289	2002	0.9655	2006	1.0794	2009	0.9970
1999	0.9056	2003	0.9772				

该期平均“脱钩”指数为 0.9840。

5.4 北京第一产业能源消耗与 CO_2 排放量关系的分析

5.4.1 北京第一产业能耗与 CO_2 排放量之间“脱钩”“复钩”测度

根据第一产业消耗的不同品种的能源，利用 CO_2 排放系数，折算出第一产业由于能耗而产生的 CO_2 排放量，在此基础上，分别计算其环比增长速度。计算结果见表 5-12。

表 5-12 1996—2009 年北京 EC1、第一产业 CO_2 排放量和排放强度（CO_2/EC1）环比增长速度

单位：%

年份	ΔEC1	ΔCO_2	Δ（CO_2/EC1）	年份	ΔEC1	ΔCO_2	Δ（CO_2/EC1）
1996	−7.9734	−6.2740	1.8467	2003	−3.0097	−3.3579	−0.3590
1997	−13.6282	−4.7136	10.3211	2004	−14.3143	−16.8720	−2.9850
1998	0.5225	−6.0891	−6.5772	2005	0.8178	2.5349	1.7032
1999	−9.6674	−6.9005	3.0629	2006	6.9525	8.5848	1.5262
2000	20.5984	18.3645	−1.8524	2007	4.4420	5.5687	1.0787
2001	0.5725	1.1099	0.5343	2008	1.9710	0.5281	−1.4150
2002	−2.2770	−0.8470	1.4633	2009	0.7121	4.2924	3.5550

将表 5-12 中的数据用图 5-13 显示。

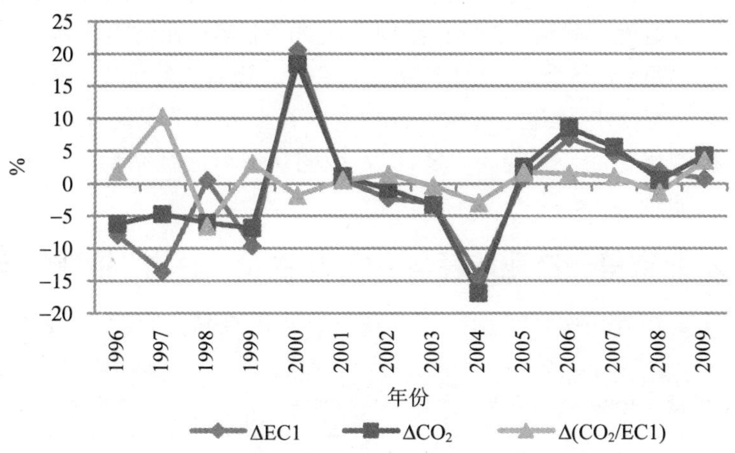

图 5-13 1996—2009 年北京 EC1、第一产业 CO_2 排放量和排放强度（CO_2/EC1）环比增长速度

图 5-13 显示，第一产业 CO_2 排放量轨迹与其能耗变动吻合程度较高，说明第一产业能源结构没有实质性的改善，分析具体“脱钩”状态见表 5-13。

表 5-13 1996—2009 年北京第一产业能耗与 CO_2 排放量“脱钩”“复钩”年数

名称	年数/个	占比/%
衰退性“脱钩”	2	14.29
绝对“脱钩”	1	7.14
相对“脱钩”	2	14.29
扩张性“复钩”	5	35.71
绝对“复钩”	3	21.43
相对“复钩”	1	7.14
合计	14	100.00

表 5-10 显示，在 1996—2009 年的 14 个年份中，北京第一产业

能耗与其CO_2排放量出现“脱钩”的年份为5年，占总年数的35.71%，其中，衰退性“脱钩”2年，绝对“脱钩”1年，相对“脱钩”2年；扩张性“复钩”5年，绝对“复钩”3年，相对“复钩”1年。对于能耗与其CO_2排放量“脱钩”分析看，若表现为“脱钩”，意味着能耗结构的优化，若表现为“复钩”，说明在原有能耗结构条件下能耗量的增加。

5.4.2 北京第一产业能耗与CO_2排放量“脱钩”指数的计算

为量化其“脱钩”程度，计算“脱钩”指数。见表5-14。

表5-14 1996—2009年北京第一产业能耗与CO_2排放量“脱钩”指数

年份	DI	年份	DI	年份	DI	年份	DI
1996	1.0185	2000	0.9815	2004	0.9702	2007	1.0108
1997	1.1032	2001	1.0053	2005	1.0170	2008	0.9858
1998	0.9342	2002	1.0146	2006	1.0153	2009	1.0356
1999	1.0306	2003	0.9964				

该期平均“脱钩”指数为1.0085。

5.5 本章小结

本章在对北京第一产业增加值变动及其构成进行分析的基础上，进一步研究了北京第一产业能耗的现状、构成及强度的变动，分析了北京第一产业经济增长与能耗之间、经济增长与CO_2排放量之间、第一产业能耗变动与CO_2排放量之间的“脱钩”测度，分析变动轨迹反映的问题。北京自1981年以来，第一产业增加值与能源消耗之间主要表现为“扩张性复钩”状态。就不同能源品种来说，煤炭和汽煤柴油消耗量“脱钩”较为明显，电力消耗量“复钩”突出；第一产业能耗与CO_2排放量以“复钩”为主要状态，第一产业能耗品种结构有待改善。

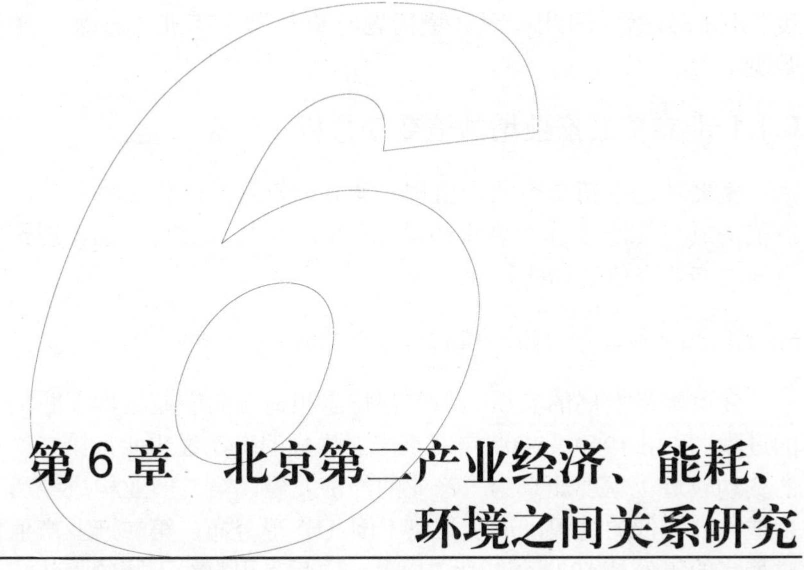

第 6 章　北京第二产业经济、能耗、环境之间关系研究

在北京“十二五”规划中提出了深度推进产业升级的规划，坚持高端、高效、高辐射的产业发展方向，以提升产业素质为核心，着力打造“北京服务”、“北京创造”品牌，显著增强首都经济的竞争力和影响力。坚持优化“一产”、做强“二产”、做大“三产”，推动产业融合发展，构建首都现代产业体系。虽然服务业的发展在北京经济发展方面起到了不可忽视的作用，但从长远发展来看，做强二产是结构调整中的重中之重。只有做强二产，形成较强的产业经济辐射力、影响力和竞争力，才能聚集国内外高端企业总部和高端人才，充分发挥北京的科技、智力、人才优势。

6.1 北京第二产业经济、能耗变动统计描述

对于此部分内容，主要对北京第二产业产值变动和能耗变动进

行描述统计分析。由于难以获取北京第二产业生产活动造成的“三废”排放数据，因此，对环境问题分析借助于工业“三废”排放数据。

6.1.1 北京第二产业增加值变动分析

主要从北京第二产业产值构成变动分析入手，将北京第二产业产值构成与其他 3 个直辖市的第二产业产值构成进行对比，观察北京第二产业产值变动的程度。

6.1.1.1 北京第二产业增加值构成变动分析

北京经济发展的实质是与首都特点相适应的产业结构不断演进的过程。利用 1949—2009 年北京产业构成的变动说明北京第二产业的变动轨迹。纵观北京第二产业的经济发展，第二产业构成经历了由低→高→低的过程，形状类似“倒 U”形分布，第二产业产值构成最高的年份是 1970 年，为 71.8%，之后呈现直线下降的趋势。见图 6-1。

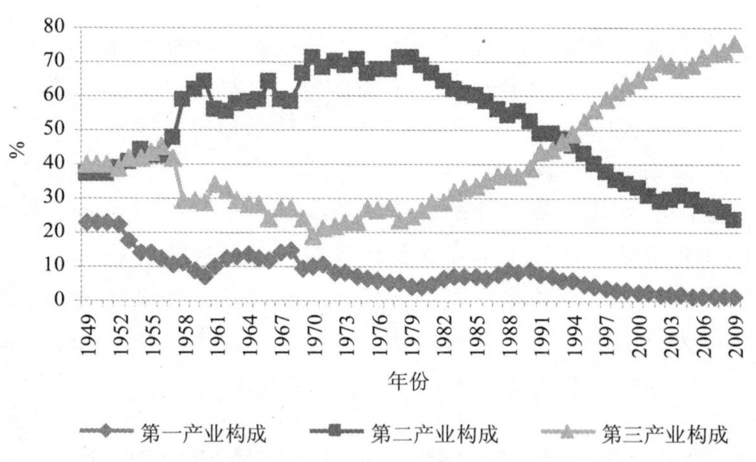

图 6-1 1949—2009 年北京三次产业构成

图 6-1 显示，从北京经济发展和产业结构演进的总体状况看，北京产业结构的发展大致经历了以下几个阶段：从新中国成立初期到 1978 年是第一阶段，从增加值结构看，由于新中国成立以后较长时期内北京经济建设始终以发展大工业为指导思想，因此第二产业的比重较高，第一、第三产业比重则比较小。1978—1994 年是第二阶段，这一时期由于改革开放的推动，北京第二、第三产业的就业人口比重迅速提高，三次产业的增加值结构虽然继续保持着“二、三、一”的格局，第三产业有了较大发展，远远超过第一产业。北京产业结构摆脱了最初的那种“农业基础薄弱、工业畸重发展、服务业水平较低”的局面，国民经济总量增长从主要由第一、第二产业带动转为主要由第二、第三产业带动。1994 年至今是第三个阶段，北京产业结构进入了新的发展时期。此时期北京第三产业产值构成一改低于第二产业产值构成的局面，成为北京生产总值的主导产业，出现了“三、二、一”的产业格局，同时第二产业内部也由量的扩张转变为质的改善，以现代制造业的发展来促进“首都经济”，产业结构得到了合理调整，北京开始从一个工业基地转变为服务业领先发展的经济中心城市。

6.1.1.2 北京第二产业增加值构成对比分析

将 1949—2009 年我国 4 个直辖市的第二产业产值构成进行对比分析，从总体来看，除重庆外，其他 3 个直辖市的第二产业均呈现“倒U”形分布，北京最为明显，说明这 3 个直辖市的第二产业构成逐渐降低；重庆则相反，第二产业构成经过平稳变动后，又出现上述的增长趋势，特别是 2009 年，重庆第二产业构成上升到 52.81%，为 4 个直辖市之首。见图 6-2。

从整体上看，各直辖市第二产业产值构成均呈现不同程度的下降，这是经济发展与产业结构调整的必然。由于第二产业是能耗大户，所以有必要进一步观察第二产业能耗的变动，分析产业产值构成与其能耗构成变动的差异性。

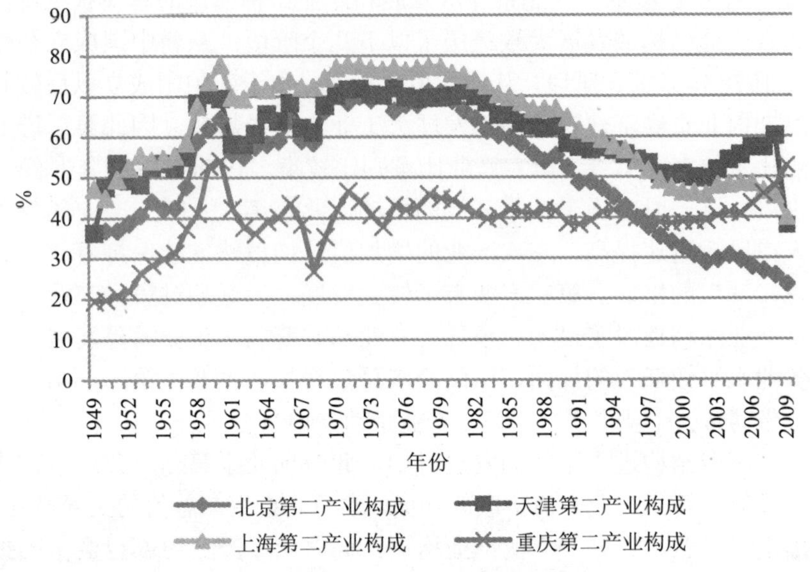

图 6-2 1949—2009 年 4 个直辖市的第二产业构成

6.1.2 北京第二产业能耗变动分析

从整体上看，各直辖市第二产业产值构成均呈现不同程度的下降，这是经济发展与产业结构调整的必然。由于第二产业是能耗大户，因此，有必要进一步观察第二产业能耗的变动，分析产业产值构成与其能耗构成变动的差异性。

6.1.2.1 北京第二产业能耗总量变动

长期以来，北京第二产业能耗一直居于首位，直到 2008 年，这种情况出现逆转，北京第三产业能耗位居首位，这与北京第三产业产值快速增加有紧密关系。北京第二产业能耗和能耗构成情况如图 6-3 所示。

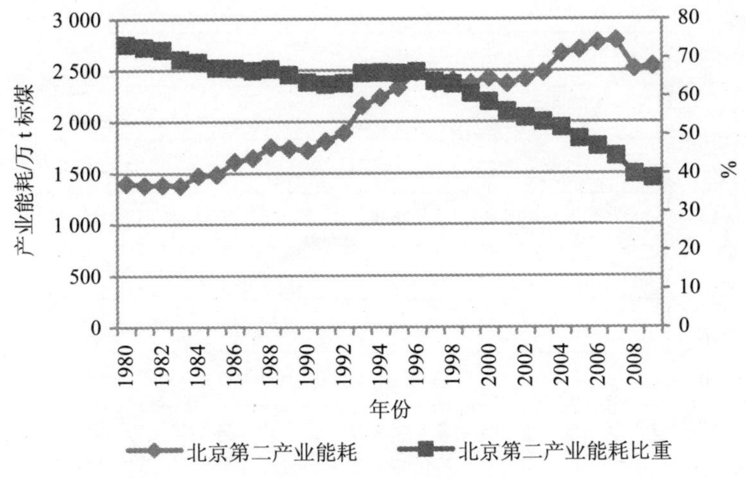

图 6-3　1980—2009 年北京第二产业能耗及能耗构成

图 6-3 显示，北京第二产业能耗总量缓慢上升，并且升中有降。具体分析，北京第二产业能耗由 1980 年的 1399.6 万 t 标煤，增加到 2009 年的 2544.2 万 t 标煤，年均速度为 2.08%。有数据显示，同期北京能耗总量以高于第二产业能耗增速 2.28 个百分点增长，致使北京第二产业能耗构成自 21 世纪以来逐年下降，由 1980 年的 73.37% 下降到 2009 年的 38.72%，而 2009 年北京第三产业能耗构成占首位，为 42.01%。

6.1.2.2 北京第二产业产值能耗变动

正是由于北京第二产业产值增速与其能耗增速的不同，使得其产值能耗以 6.49%的递减，成为北京单位生产总值能耗下降的主要贡献因素。具体下降走势见图 6-4。

图 6-4 显示，北京第二产业产值能耗伴随着产值的快速增长，呈现直线下降的变动态势，为北京整体节能降耗作出了极大贡献。

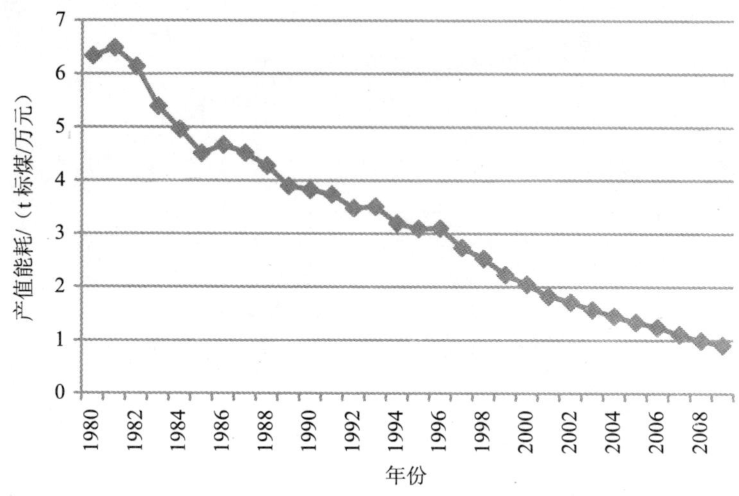

图 6-4　1980—2009 年北京第二产业产值能耗

6.2 北京第二产业增加值与能耗变动关系分析

利用“脱钩”“复钩”理论方法、“脱钩”指数计算法和因素分析法对北京第二产业增加值与其能耗变动关系进行分析。

6.2.1 北京第二产业增加值与其能耗“脱钩”“复钩”测度

利用“脱钩”评价模式，对北京第二产业增加值增长与其能耗之间“脱钩”“复钩”分析时，按可比价（按 2005 年价格计算）第二产业增加值（AV2）数据、第二产业能耗（EC2）数据及第二产业能耗强度（EC2/AV2）数据分别计算其环比增长速度（Δ）。计算结果见表 6-1。

表 6-1　1980—2009 年北京第二产业 AV2、EC2 和能耗强度（EC2/AV2）环比增长速度*

单位：%

年份	ΔAV2	ΔEC2	Δ（EC2/AV2）	年份	ΔAV2	ΔEC2	Δ（EC2/AV2）
1981	–3.70	–1.34	2.45	1996	6.20	6.38	0.17
1982	5.80	0.04	–5.45	1997	8.10	–4.34	–11.50
1983	13.60	–0.26	–12.20	1998	9.60	1.30	–7.57
1984	16.10	6.93	–7.90	1999	12.00	–1.24	–11.82
1985	11.00	0.92	–9.08	2000	11.40	2.28	–8.18
1986	4.80	8.41	3.45	2001	9.50	–2.40	–10.87
1987	5.60	2.17	–3.25	2002	8.40	2.03	–5.88
1988	12.10	6.14	–5.32	2003	12.00	2.57	–8.42
1989	8.90	–0.70	–8.82	2004	17.00	7.57	–8.06
1990	1.10	–0.90	–1.98	2005	10.10	1.44	–7.87
1991	7.50	5.09	–2.24	2006	10.50	2.61	–7.14
1992	12.20	4.45	–6.90	2007	12.70	0.75	–10.61
1993	13.00	13.92	0.81	2008	0.80	–9.83	–10.55
1994	14.10	3.87	–8.97	2009	10.43	1.00	–8.54
1995	7.70	4.22	–3.23				

*表中北京第二产业产值数据按 2005 年不变价计算。

资料来源：历年《北京统计年鉴》整理得出。

将表 6-1 中的数据用图形表示，观察其变动走势。见图 6-5。

图 6-5 显示，1981—2009 年，北京第二产业ΔAV2 大多年份表现为大于 0，仅在 1981 年显示为负数。北京第二产业ΔEC2 有 8 个年份为负值，特别是 2008 年，北京第二产业能耗下降幅度最大，为–9.83%，这与北京举办奥运有关，其余年份能耗变动均大于 0。这从一个侧面反映了北京第二产业能耗与其产值增长的不同步状况。同期，Δ（EC2/AV2）大多为负值，说明北京第二产业能源利用效率的提高。根据“脱钩”“复钩”方法测度标准，对北京第二产业产值变动与能耗变动的“脱钩”“复钩”关系进行测度。从总体趋势看，北京第二产业增加值与其能耗已出现“脱钩”，具体“脱钩”状态见表 6-2。

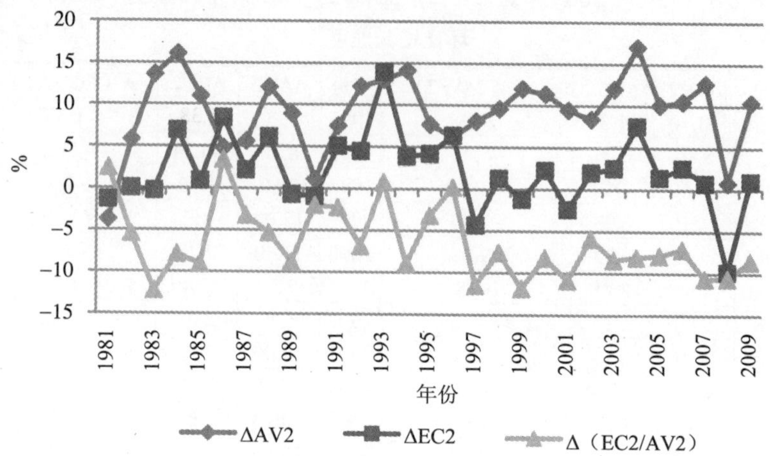

图 6-5 1980—2009 年北京 AV2、EC2 和能耗强度（EC2/AV2）环比增长速度

表 6-2 1981—2009 年北京第二产业增加值与能耗“脱钩”“复钩”年数

名称	年数/个	占比/%
衰退性“脱钩”	0	0.00
绝对“脱钩”	7	24.14
相对“脱钩”	19	65.52
扩张性“复钩”	2	6.90
绝对“复钩”	0	0.00
相对“复钩”	1	3.45
合计	29	100.00

表 6-2 说明，在 1981—2009 年的 29 个年份中，北京第二产业增加值与其能耗出现相对“脱钩”的年份为 19 年，占总年数的 66%，其次为绝对“脱钩”，为 7 年，二者之和为 26 年，占总年数的 90%，说明北京近 30 年中，通过对北京经济结构的调整，能源消耗利用效率明显提高。北京第二产业一直是能耗大户，出现“脱钩”现象意味着将对北京整体能耗利用状况的改善起到积极的促进作用。

6.2.2 北京第二产业增加值与其能耗“脱钩”指数分析

上述是利用“脱钩”“复钩”模型进行判断，除此以外，还可以通过计算“脱钩”指数，更加明确增加值与其能耗的变动关系。通过以上的初步分析看出，北京第二产业的经济增长与能源消耗存在较为明显的“脱钩”关系，这种“脱钩”关系的程度如何，需要借助“脱钩”指数计算分析。

根据“脱钩”指数计算公式，将 1981—2009 年北京第二产业增加值与其能耗的“脱钩”指数计算如表 6-3 所示。

表 6-3　1981—2009 年北京第二产业增加值与其能耗“脱钩”指数

年份	DI	年份	DI	年份	DI
1981	1.0245	1991	0.9776	2001	0.8913
1982	0.9455	1992	0.9310	2002	0.9412
1983	0.8780	1993	1.0081	2003	0.9158
1984	0.9210	1994	0.9103	2004	0.9194
1985	0.9092	1995	0.9677	2005	0.9213
1986	1.0345	1996	1.0017	2006	0.9286
1987	0.9675	1997	0.8850	2007	0.8939
1988	0.9468	1998	0.9243	2008	0.8945
1989	0.9118	1999	0.8818	2009	0.9146
1990	0.9802	2000	0.9182		

表 6-3 显示，除了 1981 年、1986 年、1993 年和 1996 年外，北京第二产业“脱钩”指数均小于 1，说明北京第二产业能耗速度慢于其增加值增速，总体表现为“脱钩”，这与上述分析结果一致。利用“脱钩”指数，还可以初步判断各年份所处的状态，近 30 年，北京第二产业增加值与其能耗变动均处于较理想状态和可允许状态。同期平均“脱钩”指数为 0.9361。

6.2.3 北京第二产业能耗变动影响因素分析

与第一产业因素分析相同，第二产业能耗变动也受两个因素的影响，一个因素是第二产业的产值能耗，另一个因素是第二产业增加值。现根据第二产业能耗、第二产业能耗强度和第二产业产值 3 个指标之间的关系，构建相对关系式见公式（6.1），绝对关系式见公式（6.2）。

$$\frac{EC2_1}{EC2_0}=\frac{\dfrac{EC2_1}{AV2_1}}{\dfrac{EC2_0}{AV2_0}}\times\frac{AV2_1}{AV2_0} \tag{6.1}$$

$$EC2_1-EC2_0=\left(\frac{EC2_1}{AV2_1}-\frac{EC2_0}{AV2_0}\right)\times AV2_1+(AV2_1-AV2_0)\times\frac{EC2_0}{AV2_0} \tag{6.2}$$

式中：EC2——第二产业能耗；

AV2——第二产业增加值；

$\frac{EC2}{AV2}$——第二产业产值能耗；

下标 1——报告期；

下标 0——基期。

根据历年北京第二产增加值、能耗和产值能耗指标，对第二产业能耗的变动进行因素分析。分析结果见表 6-4。

如上所述，能耗总量的变动主要受产值能耗和增加值的影响，根据表 6-4 测算结果，北京第二产业能耗在这 29 个年份中有 8 年减少，其余年份为增加。能耗的变动受产值能耗和增加值的影响。其中，能源利用效率提高抑制能耗总量增长，年均节约 155.93 万 t 标煤；第二产业增加值扩大促进能耗总量增长，年均增加 195.40 万 t 标煤。两个因素共同作用促使北京第二产业能源消耗总量年均增加 39.47 万 t 标煤。效率因素和规模因素对北京第二产业能耗总量影响的绝对量变动趋势如图 6-6 所示。

表 6-4　1981—2009 年北京第二产业能耗影响因素的测度

年份	EC2 指数	EC2/AV2 指数	AV2 指数	年份	EC2 指数	EC2/AV2 指数	AV2 指数
1981	0.9866	1.0245	0.9630	1996	1.0638	1.0017	1.0620
1982	1.0004	0.9455	1.0580	1997	0.9566	0.8850	1.0810
1983	0.9974	0.8780	1.1360	1998	1.0130	0.9243	1.0960
1984	1.0693	0.9210	1.1610	1999	0.9876	0.8818	1.1200
1985	1.0092	0.9092	1.1100	2000	1.0228	0.9182	1.1140
1986	1.0841	1.0345	1.0480	2001	0.9760	0.8913	1.0950
1987	1.0217	0.9675	1.0560	2002	1.0203	0.9412	1.0840
1988	1.0614	0.9468	1.1210	2003	1.0257	0.9158	1.1200
1989	0.9930	0.9118	1.0890	2004	1.0757	0.9194	1.1700
1990	0.9910	0.9802	1.0110	2005	1.0144	0.9213	1.1010
1991	1.0509	0.9776	1.0750	2006	1.0261	0.9286	1.1050
1992	1.0445	0.9310	1.1220	2007	1.0075	0.8939	1.1270
1993	1.1392	1.0081	1.1300	2008	0.9017	0.8945	1.0080
1994	1.0387	0.9103	1.1410	2009	1.0100	0.9146	1.1043
1995	1.0422	0.9677	1.0770				

数据来源：根据《北京统计年鉴 2010》数据计算得出。

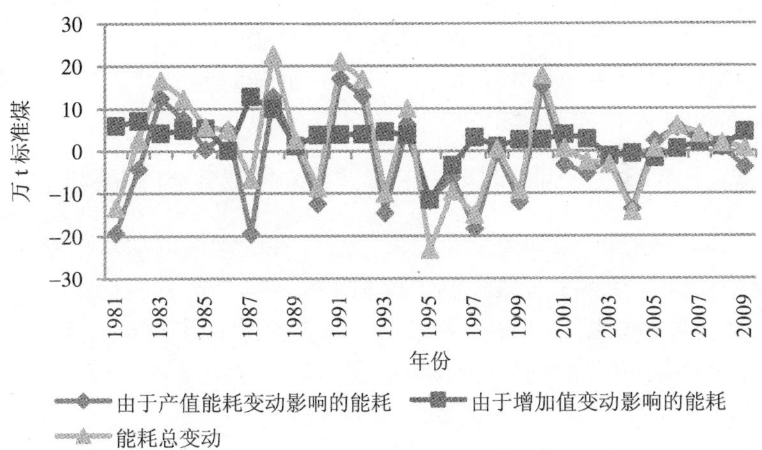

图 6-6　1981—2009 年北京第二产业能耗总量变动影响因素绝对量测度

图 6-6 显示，1981—2009 年，由于能源利用效率的提高，使得第二产业能耗减少，由于增加值的增长，使得第二产业能耗增加，二者共同作用的结果，使得第二产业能耗年均增加 39.47 万 t 标煤，针对第二产业而言，在结构节能空间变小的情况下，应重视内涵节能，进一步提高能源利用效率，尽量以较小的能耗支撑其产业的发展。

6.3 北京第二产业能耗与环境变动关系分析

近几年，北京围绕“调结构、转方式”的大局，采取调整产业结构、建设治污工程、严格环境监管等措施，推进污染减排。根据《2010 年北京环境状况公报》数据显示，2010 年，北京全市二氧化硫排放量为 12.51 万 t，比上年削减 0.37 万 t，同比下降 3.07%，2010 年全市化学需氧量排放量为 9.20 万 t，比上年削减 0.68 万 t，同比下降 6.88%。全市工业废水排放达标率为 98.8%，城镇污水处理厂排放达标率为 92.9%。2010 年全市工业固体废弃物产生量为 1268.92 万 t，比上年增加 2.1%。工业固体废弃物综合利用量 835.19 万 t，处置量 780.25 万 t（含处置往年量），储存量 39.89 万 t，排放量 0.06 万 t；工业固体废弃物处置利用率为 97.59%。由于数据来源限制，对本问题主要从二者依存关系和“脱钩”指数两方面进行分析。

6.3.1 北京第二产业能耗与环境“脱钩”“复钩”分析

从动态分析看，随着北京第二产业能耗的缓慢增加，北京各种废弃物排放量得到了有效控制，现利用北京第二产业能耗量与工业废气排放量（EG）、废水排放量（EW）和工业固体废弃物产生量（ES）数据，分别测度“脱钩”“复钩”状况。测算结果见表 6-5。

表 6-5　1982—2009 年北京第二产业 EC2 与 EG、EW 和 ES 以及相应的能耗排放强度环比增速

单位：%

年份	ΔEC2	ΔEG	Δ（EG/EC2）	ΔEW	Δ（EW/EC2）	ΔES	Δ（ES/EC2）
1982	0.04	–1.42	–1.45	7.98	7.94	–6.74	–6.77
1983	–0.26	6.78	7.06	–1.61	–1.35	11.00	11.29
1984	6.93	8.16	1.15	–1.26	–7.66	6.36	–0.53
1985	0.92	3.34	2.40	–8.95	–9.78	0.83	–0.09
1986	8.41	5.06	–3.09	16.86	7.79	8.14	–0.25
1987	2.17	5.21	2.98	–2.95	–5.01	–18.75	–20.48
1988	6.14	–1.01	–6.74	–11.79	–16.89	5.81	–0.31
1989	–0.7	2.46	3.19	2.34	3.06	2.67	3.40
1990	–0.9	2.44	3.38	1.83	2.76	–10.84	–10.02
1991	5.09	–10.40	–14.74	–2.88	–7.58	13.61	8.11
1992	4.45	–0.60	–4.84	0.54	–3.75	18.83	13.76
1993	13.92	5.23	–7.63	–1.28	–13.34	4.20	–8.53
1994	3.87	4.59	0.69	–5.49	–9.01	30.01	25.17
1995	4.22	7.22	2.88	–0.06	–4.11	–5.36	–9.19
1996	6.38	5.53	–0.80	1.55	–4.54	4.49	–1.77
1997	–4.34	8.82	13.76	–2.91	1.49	1.16	5.75
1998	1.3	–3.44	–4.68	–6.66	–7.87	9.30	7.89
1999	–1.24	–4.46	–3.26	–17.51	–16.47	–5.92	–4.73
2000	2.28	4.67	2.34	–17.52	–19.36	–1.89	–4.08
2001	–2.4	–5.95	–3.64	–8.63	–6.38	–0.26	2.19
2002	2.03	–2.27	–4.22	–14.75	–16.44	–7.31	–9.15
2003	2.57	1.31	–1.23	–27.36	–29.18	12.63	9.81
2004	7.57	6.42	–1.07	–3.74	–10.51	9.87	2.13
2005	1.44	10.44	8.88	1.55	0.11	–4.99	–6.33
2006	2.61	31.40	28.05	–20.63	–22.65	9.53	6.74
2007	0.75	10.88	10.06	–10.18	–10.85	–5.98	–6.68
2008	–9.83	–16.13	–6.98	–8.40	1.59	–9.27	0.63
2009	1.00	2.13	1.12	4.13	3.10	7.41	6.35

资料来源：历年《北京统计年鉴》整理得出。

同样，将表 6-5 中结果分别用图形显示。北京第二产业能耗与工业废气排放量变动关系见图 6-7。

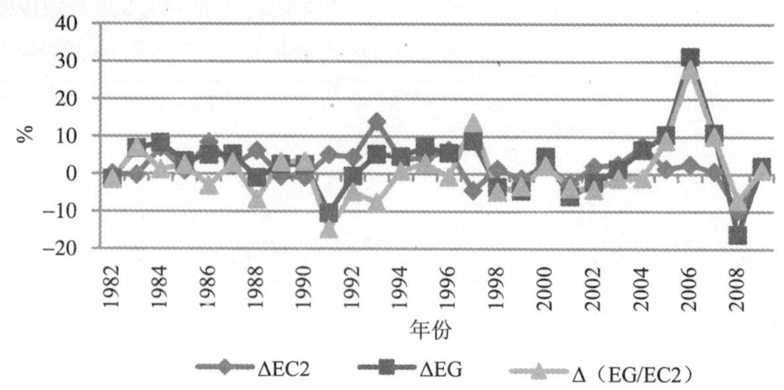

图 6-7 1982—2009 年北京第二产业能耗与工业废气排放量（EG）变动关系

图 6-7 中，由于第二产业能耗和工业废气排放量大多处于增长态势，环比指数大于 0，并且工业废气排放量年均增速快于第二产业能耗的增速，使得出现“脱钩”的年数与“复钩”的年数相当，能耗与排污量出现“脱钩”则意味着排污治理能力的提高。经测算，在 1982—2009 年，共出现衰退性“脱钩”3 年，绝对“脱钩”6 年，相对“脱钩”5 年；出现扩张性“复钩”10 年，绝对“复钩”3 年，相对“复钩”1 年。

北京第二产业能耗与工业废水排放量（EW）关系见图 6-8。

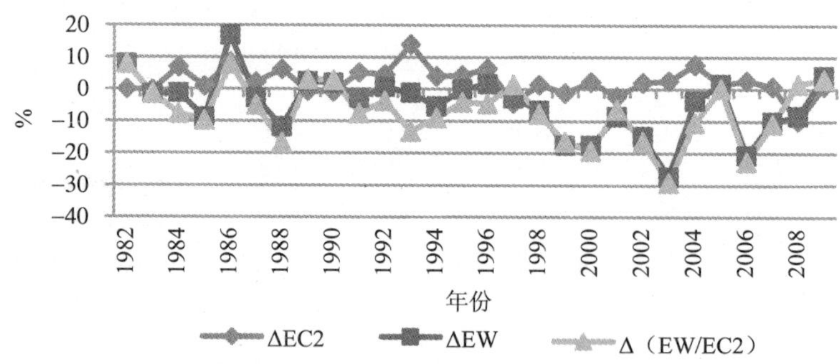

图 6-8 1982—2009 年北京第二产业能耗与工业废水排放量（EW）变动关系

图 6-8 显示，1982—2009 年，由于工业废水排放量以年均 5.83% 的速度递减，其环比增速大多为负数，由此计算的废水排放强度的环比增速同样负值居多。依据“脱钩”测度标准，北京第二产业能耗与环境压力主体表现为“脱钩”状态，有近一半的年份表现为衰退性“脱钩”。针对不同的“脱钩”分析对象，其结果的解释不尽相同。若分析经济与能耗之间的变动关系，表现为衰退性“脱钩”，说明经济发展的萎缩。若分析能耗与废弃物排放量之间呈现衰退性“脱钩”，表明在能耗降低的同时，遏制了环境的恶化趋势，是一种良好的变动态势。北京近 30 年的变动情况正是说明了这个问题。由于废水排放量的持续减少，使得北京第二产业能耗与其关系主要体现为“脱钩”状态。衰退性“脱钩”3 年，绝对“脱钩”13 年，相对“脱钩”2 年；扩张性“复钩”4 年，绝对“复钩”3 年，相对“复钩”2 年。

与工业废水排放量不同的是，工业固体废弃物排放量呈现逐年递增的趋势，增速与第二产业能耗增速十分接近，所以，有近 1/3 的年份工业固体废弃物排放强度环比增速接近于 0。同样，将表 6-6 中结果用图形表示，说明北京第二产业能耗与工业固体废弃物产生量（ES）关系，见图 6-9。

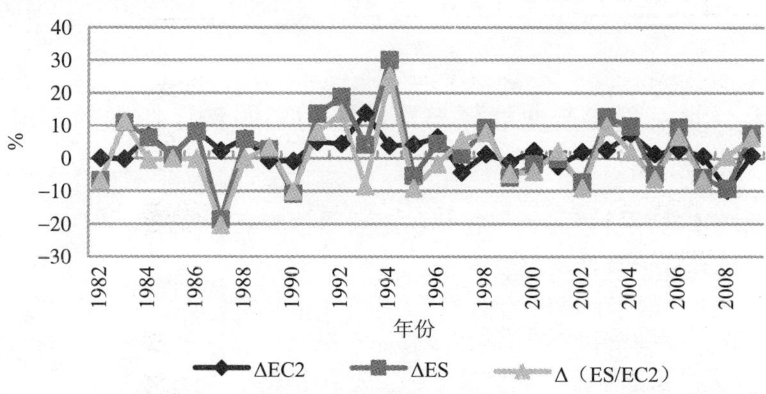

图 6-9　1982—2009 年北京第二产业能耗与工业固体废弃物产生量（ES）变动关系

图 6-9 中的 3 条曲线与图 6-8 中的 3 条曲线相比，更靠近 0 点的横坐标，各年环比增速变动幅度略比图 6-9 中的集中。曲线ΔES 和曲线Δ（ES/EC2）相似性较强。伴随着工业固体废弃物产生量的波动起伏，“脱钩”“复钩”状态交替出现，较为稳定的趋势并没有形成，总体呈现“脱钩”。其中，衰退性“脱钩”2 年，绝对“脱钩”7 年，相对“脱钩”6 年；扩张性“复钩”8 年，绝对“复钩”3 年，相对“复钩”2 年。

将上述“脱钩”“复钩”年数归纳如表 6-6 所示。

表 6-6　1982—2009 年北京第二产业能耗与 EG、EW、ES “脱钩”“复钩”年数

名称	工业废气排放量		工业废水排放量		工业固体废弃物产生量	
	年数/个	占比/%	年数/个	占比/%	年数/个	占比/%
衰退性“脱钩”	3	10.71	3	10.71	2	7.14
绝对“脱钩”	6	21.43	15	53.57	7	25.00
相对“脱钩”	5	17.86	2	7.14	6	21.43
扩张性“复钩”	10	35.71	4	14.29	8	28.57
绝对“复钩”	3	10.71	2	7.14	3	10.71
相对“复钩”	1	3.57	2	7.14	2	7.14
合计	28	100.00	28	100.00	28	100.00

6.3.2 北京第二产业能耗与环境压力“脱钩”指数的测度

计算“脱钩”指数，同样是分为工业废气排放量“脱钩”指数、工业废水排放量“脱钩”指数和工业固体废弃物产生量“脱钩”指数的计算。计算结果见表 6-7。

表 6-7 显示，通过计算 3 个“脱钩”指数，发现 EG 与 ES 的“脱钩”状态基本近似，“脱钩”比较明显的是工业废水排放量，现将上述 28 个年份的“脱钩”指数计算一个平均指数，结果分别为 1.0084、0.9304、1.0051。

表 6-7　1982—2009 年北京第二产业能耗与 EG、EW、ES“脱钩”指数

年份	EG“脱钩”指数	EW“脱钩”指数	ES“脱钩”指数	年份	EG“脱钩”指数	EW“脱钩”指数	ES“脱钩”指数
1982	0.9855	1.0794	0.9323	1996	0.9920	0.9546	0.9823
1983	1.0706	0.9865	1.1129	1997	1.1376	1.0149	1.0575
1984	1.0115	0.9234	0.9947	1998	0.9532	0.9213	1.0789
1985	1.0240	0.9022	0.9991	1999	0.9674	0.8353	0.9527
1986	0.9691	1.0779	0.9975	2000	1.0234	0.8064	0.9592
1987	1.0298	0.9499	0.7952	2001	0.9636	0.9362	1.0219
1988	0.9326	0.8311	0.9969	2002	0.9578	0.8356	0.9085
1989	1.0319	1.0306	1.0340	2003	0.9877	0.7082	1.0981
1990	1.0338	1.0276	0.8998	2004	0.9893	0.8949	1.0213
1991	0.8526	0.9242	1.0811	2005	1.0888	1.0011	0.9367
1992	0.9516	0.9625	1.1376	2006	1.2805	0.7735	1.0674
1993	0.9237	0.8666	0.9147	2007	1.1006	0.8915	0.9332
1994	1.0069	0.9099	1.2517	2008	0.9302	1.0159	1.0063
1995	1.0288	0.9589	0.9081	2009	1.0112	1.0310	1.0635

6.3.3 北京第二产业能耗与 CO_2 排放量“脱钩”状态分析测度

根据“脱钩”模型，对北京第二产业能耗与其 CO_2 排放量之间“脱钩”状态进行测度，计算北京第二产业能耗（EC2）、第二产业 CO_2 排放量、第二产业能耗排放强度（CO_2/EC2）数据，并分别计算其环比增长速度（Δ）。计算结果见表 6-8。

表 6-8　2001—2009 年北京 EC2、CO_2 和排放强度（CO_2/EC2）环比增长速度

单位：%

年份	ΔEC2	ΔCO_2	Δ（CO_2/EC2）	年份	ΔEC2	ΔCO_2	Δ（CO_2/EC2）
2001	−2.4002	28.7418	31.9079	2006	2.6124	−3.3438	−5.8046
2002	2.0282	114.1956	109.9376	2007	0.7465	0.2762	−0.4667
2003	2.5719	3.5672	0.9703	2008	−9.8325	−8.4993	1.4786
2004	7.5706	4.8525	−2.5268	2009	0.9964	−2.6164	−3.5771
2005	1.4376	−34.8745	−35.7974				

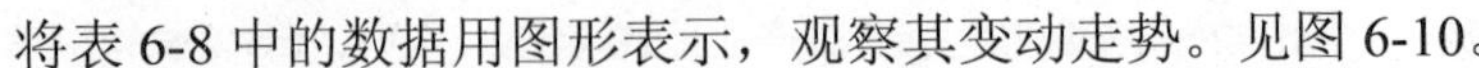

将表 6-8 中的数据用图形表示，观察其变动走势。见图 6-10。

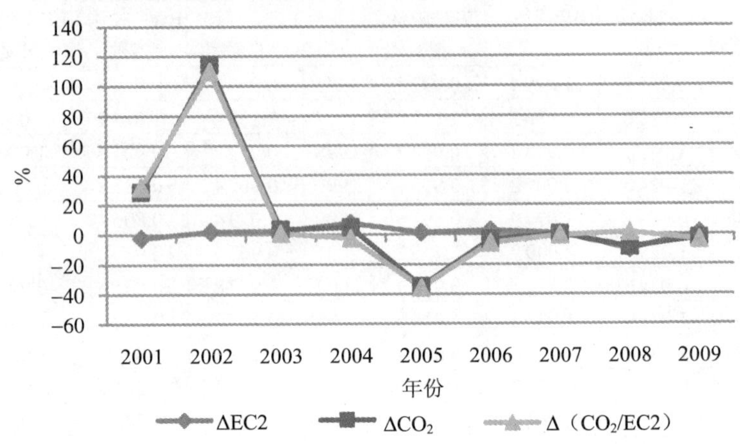

图 6-10　2001—2009 年北京 EC2、CO_2 和排放强度（CO_2/EC2）环比增长速度

图 6-10 显示，由于第二产业能耗增速近似一条水平线，因此，排放强度几乎完全受 CO_2 排放量变动的影响，“脱钩”状态测度结果见表 6-9。

表 6-9　2001—2009 年北京 EC2 与 CO_2 排放量“脱钩”“复钩”测算表

名称	年数/个	占比/%
衰退性“脱钩”	0	0.00
绝对“脱钩”	3	33.33
相对“脱钩”	2	22.22
扩张性“复钩”	2	22.22
绝对“复钩”	1	11.11
相对“复钩”	1	11.11
合计	9	100.00

表 6-9 说明，在 2001—2009 年的 9 个年份中，北京第二产业能耗与其 CO_2 排放量出现“脱钩”的年份为 5 年，其中绝对“脱钩”3

年，“复钩”年数为 4 年，其中扩张性“复钩”2 年，其余各 1 年。由图形走势看出，CO_2 排放量与能耗高度契合，说明北京第二产业的能耗结构没有发生本质的变动，降低 CO_2 排放量的途径主要有两个：①降低能耗；②调整能源结构。

6.3.4 北京第二产业能耗与其 CO_2 排放量“脱钩”指数分析

根据“脱钩”指数计算公式，将北京第二产业能耗与 CO_2 排放量 2001—2009 年的“脱钩”指数计算如表 6-10 所示。

表 6-10 2001—2009 年北京第二产业能耗与 CO_2 排放量“脱钩”指数

年份	DI	年份	DI	年份	DI
2001	1.3191	2004	0.9747	2007	0.9953
2002	2.0994	2005	0.6420	2008	1.0148
2003	1.0097	2006	0.9420	2009	0.9642

表 6-10 显示，2002 年“脱钩”指数位于较高水平，说明 CO_2 排放量增速远远高于其能耗增速，其主要原因为第二产业特别是工业高耗能行业的能耗构成变化所致。同期平均“脱钩”指数为 1.1068。

6.4 北京第二产业经济增长与环境压力关系的研究

分析北京第二产业经济增长与环境压力的关系，采取的环境指标为 CO_2 排放量。在北京“十二五”规划中，单位产值 CO_2 排放强度降低率成为约束性指标，纳入北京“十二五”时期经济社会发展的主要指标中。

在近 10 余年间，北京 CO_2 排放增长的拉动作用中 76.09%来自于经济的快速增长，且对 CO_2 排放增长的拉动作用逐年增加，经济增长对北京 CO_2 排放增长的拉动作用中第二产业的快速增长贡献率为 64.33%，第三产业的贡献率为 35.67%。能耗强度下降是北京抑制 CO_2 排放过快增长的决定性因素（贡献率为 71.68%），同样能耗强度效应也有逐年增加的趋势，且能耗强度下降的抑制作用的机理主要体现在第二产业能耗强度下降上。产业结构变化对减缓北京 CO_2 排放的增长起到了促进作用，但时间序列分析表明产业结构调整对减缓 CO_2 排放增长的贡献在逐渐降低。

6.4.1 北京第二产业经济发展与 CO_2 排放“脱钩”“复钩”测度

由于北京第二产业消耗的能源较多，从能源构成分析，煤炭占有绝大比重，而煤炭所产生的 CO_2 系数较高，因此，从 CO_2 排放角度分析，第二产业变动状况依然不可忽视。笔者根据不同能源 CO_2 排放系数，结合历年北京工业行业消耗能源种类，测算 2001—2009 年北京工业主要行业能耗所产生的 CO_2 排放量。利用测算出的数据，分析北京第二产业经济变动与 CO_2 排放量之间的“脱钩”“复钩”关系。计算结果见表 6-11。

表 6-11 2001—2009 年北京 AV2、CO_2 排放量和 CO_2 排放强度（CO_2/AV2）环比增长速度

单位：%

年份	ΔAV2	ΔCO_2	Δ（CO_2/AV2）	年份	ΔAV2	ΔCO_2	Δ（CO_2/AV2）
2001	9.50	28.74	17.57	2006	10.50	–3.34	–12.53
2002	8.40	114.20	97.60	2007	12.70	0.28	–11.02
2003	12.00	3.57	–7.53	2008	0.80	–8.50	–9.23
2004	17.00	4.85	–10.38	2009	10.43	–2.62	–11.81
2005	10.10	–34.87	–40.85				

资料来源：历年《北京统计年鉴》数据计算整理得出。

表 6-11 显示，由于北京不断完善产业结构以及能源利用结构，虽然北京第二产业产值逐年递增，但因其能耗而排放的 CO_2 在近几年呈现下降趋势，因此，计算出的北京第二产业 CO_2 排放强度的环比增速由上升变为递减，出现了较为明显的“脱钩”状态。具体走势见图 6-11。

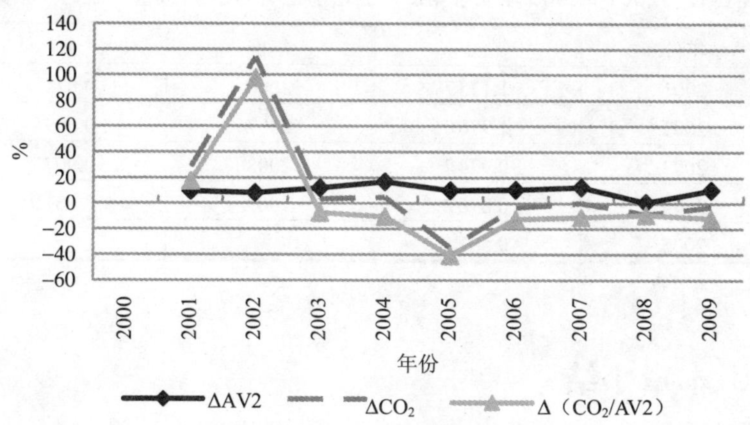

图 6-11　2001—2009 年北京 AV2、CO_2 排放量和 CO_2 排放强度（CO_2/AV2）环比增长速度

由于北京第二产业增加值环比变动比较平稳，所以，CO_2 排放强度环比变动主要取决于 CO_2 的变动情况，图 6-11 清晰显示后两条曲线变动极为相似。按照“脱钩”“复钩”测定标准，在这 9 个年份中，出现“脱钩”年份为 7 个年份，其中，绝对“脱钩”4 个年份，相对“脱钩”3 个年份；出现“复钩”年份为 2 个年份，均为扩张性“复钩”。以北京第二产业产值与 CO_2 排放量的背离为主要态势，体现了北京经济结构调整与能源利用结构调整的效果。

6.4.2 北京第二产业经济发展与 CO_2 排放“脱钩”指数的计算

按照“脱钩”指数的计算公式，计算并分析北京第二产业增加值与 CO_2 排放量“脱钩”程度。计算结果见表 6-12。

表 6-12 显示，北京第二产业增加值与 CO_2 排放量之间以“脱钩”为主，“脱钩”程度高低不等，如 2005 年，“脱钩”指数为 0.591 5，说明第二产业增加值增速快于 CO_2 排放量的增速，二者差异较大。计算其平均“脱钩”指数，为 1.013 1，高于北京第二产业增加值与其能耗的平均“脱钩”指数。

表 6-12 2001—2009 年北京第二产业增加值与 CO_2 排放量“脱钩”指数

年份	DI	年份	DI
2001	1.1757	2006	0.8747
2002	1.9760	2007	0.8898
2003	0.9247	2008	0.9077
2004	0.8962	2009	0.8819
2005	0.5915		

6.5 本章小结

通过本章分析发现，北京第二产业增加值增速渐缓，但两个构成离差依然存在，一个是北京第二产业产值构成与北京第三产业产值构成的离差；另一个是北京第二产业产值构成与其能耗构成的离差。通过对北京第二产业增加值与能耗之间、第二产业能耗与废弃物排放量之间、第二产业增加值与 CO_2 排放量之间“脱钩”“复钩”的测度，得出这 3 方面均出现以“脱钩”态势为主的变动趋势。通过计算“脱钩”指数，既可以从动态方面反映现象之间的变动轨迹，又可以计算动态平均指数，说明“脱钩”的平均程度。根据本章的分析显示，北京第二产业产值构成下降空间不大，单纯通过结构调整节能降耗的潜力有限，进一步探寻内涵挖潜，提高第二产业能源的利用效率势在必行。

第 7 章　北京第三产业经济、能耗、环境之间关系研究

北京在产业调整中，第三产业所占比重逐步增大，2009 年北京第三产业增加值占北京地区生产总值的比重为 75.8%，成为北京经济增长的主要贡献产业；与第一产业和第二产业相比，第三产业产值能耗水平较低，同样是北京降低总体产值能耗的关键部门。因此，第三产业的发展对北京整体的经济结构优化、实现产值能耗降低目标有积极的促进作用。特别是在北京通过结构节能潜力日渐缩小的情况下，如何将节能减排关注点转向第三产业，挖掘第三产业的节能潜力与降耗空间，关系到能否顺利完成北京“十二五”节能减排目标的大问题。本章在对北京第三产业增加值和能耗变动统计描述分析的基础上，研究北京第三产业增加值变动与其能耗变动关系，进一步研究影响北京第三产业能耗变动的因素，测度北京第三产业增加值变动与其能耗变动、CO_2 排放量变动之间的“脱钩”“复

钩”关系。

7.1 北京第三产业增加值、能耗及 CO_2 排放的统计描述

改革开放以来，北京第三产业迅速崛起。特别是近年来，产业规模不断扩大，内部结构逐步优化，新兴产业迅速壮大，第三产业在繁荣首都经济、扩大国际交往、完善城市功能等方面日益发挥着积极的作用。然而北京本地能源资源有限，能源对外依赖度较高，能源瓶颈制约愈加突出。

由于北京的产业结构调整相对较为成熟，产业结构已经接近发达国家水平，结构节能在北京的空间日趋减少，如何降低第三产业能源消耗量，提高能源利用效率，延缓能源消费量的增加已经成为人们关注的焦点。因此近几年北京大力提倡发展新兴产业，如文化创意产业和现代服务业等低能耗产业，对于高能耗产业也提出要重视新能源产品的开发和推广，如新能源汽车、低碳住房等。因此，对北京第三产业的发展及其能耗变动进行研究，主要致力于探究北京第三产业发展及其能耗变动之间的关系，并通过分析其变动关系的相关影响因素，进而发掘北京第三产业的节能空间。

7.1.1 北京第三产业发展变动分析

主要从北京第三产业规模、第三产业产值构成、第三产业行业构成和第三产业从业人员数等几方面进行分析。

7.1.1.1 北京第三产业产值规模分析

北京作为全国的政治、文化、国际交流的中心，发展第三产业领域多、空间大，在北京“十二五”规划中提到，增强北京的服务功能，把不断完善和提升首都服务功能作为发展的主要着力点，走增强服务功能与发展服务产业有机融合之路，在服务区域和国家发展的过程中，实现自身的新发展和服务的新提升，并制定了北京到

“十二五”末，将第三产业占比提高到78%以上的目标。

在通常情况下，当经济发展到一定阶段，地区经济可能有一个高速增长时期，在这一发展时期，第三产业的发展水平必须与经济发展阶段和人均收入水平相适应，如果第三产业发展过于滞后，就会制约经济的发展和经济结构的调整，进而影响经济增长质量的提高。纵观改革开放以来北京第三产业增加值的变动，大体经历了三次重要飞跃：第一次飞跃是1995年，北京第三产业产值占比突破50%，北京初步跨入“服务经济”时代；第二次飞跃是2003年，北京第三产业占比超过我国境内所有城市，成为境内最大的服务业中心；第三次飞跃是2006年，北京第三产业占比增加到71%，达到高收入国家和地区平均水平。第三产业作为北京经济结构中的主导产业，推动着首都经济结构的优化和质量效益的提高。具体数据见表7-1。

表7-1　1978—2009年北京第三产业产值和增长率* 　单位：亿元

年份	第三产业产值	增长率/%	年份	第三产业产值	增长率/%	年份	第三产业产值	增长率/%
1978	178.79	–2.3	1989	661.45	–2.7	2000	2655.86	12.9
1979	202.40	13.2	1990	749.42	13.3	2001	3003.77	13.1
1980	239.84	18.5	1991	858.09	14.5	2002	3403.28	13.3
1981	254.23	6.0	1992	960.20	11.9	2003	3783.25	11.2
1982	279.40	9.9	1993	1085.98	13.1	2004	4278.85	13.1
1983	347.01	24.2	1994	1248.88	15	2005	4854.30	13.4
1984	422.66	21.8	1995	1504.90	20.5	2006	5546.38	14.3
1985	441.26	4.4	1996	1706.56	13.4	2007	6400.96	15.4
1986	510.54	15.7	1997	1931.83	13.2	2008	7201.33	12.5
1987	595.80	16.7	1998	2126.94	10.1	2009	7934.48	10.2
1988	679.80	14.1	1999	2352.40	10.6			

* 第三产业产值按2005年不变价计算，增长率按可比价计算。

数据来源：《北京统计年鉴2010》。

表7-1显示，1978—2009年，北京第三产业增加值增长明显，仅1989年略有小幅下降。而第三产业增长率早期略有波动，但近些

年一直维持在 13%左右稳步增长。为了更直观地展现北京第三产业产值和增长率的情况，见图 7-1。

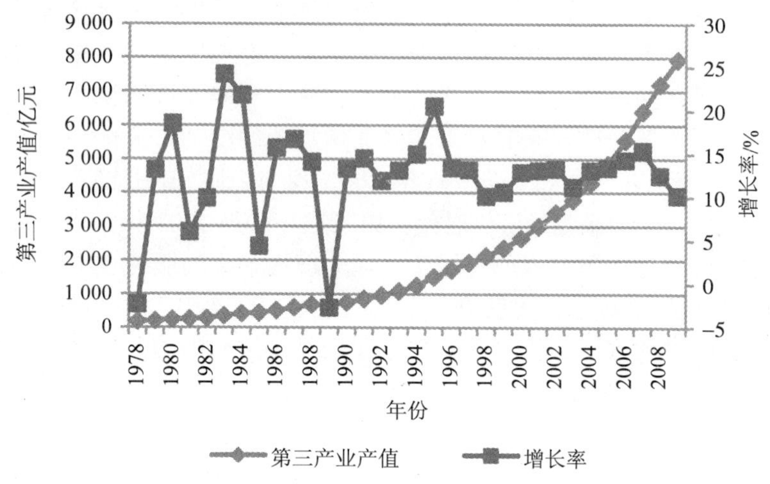

图 7-1 1978—2009 年北京第三产业产值和增长率

图 7-1 显示，北京第三产业增加值呈指数增长态势，年均增速为 13.01%，远高于北京第一产业和第二产业增加值的年均增速，1978—1990 年增长略显平缓，随后开始稳步增长，增长率一直维持在 10%以上。在第三产业中，增速较为显著的是交通运输业、科研技术服务业和金融业。1994 年，北京第三产业增加值超过第二产值的增加值，成为北京经济构成中的第一大产业，近 10 年，北京经济增长中第三产业的平均贡献率为 75%，使得北京逐渐接近发达国家的产业构成状况。

7.1.1.2 北京第三产业产值构成分析

第三产业的兴起是社会生产力发展以及人类物质活动进行到较高阶段的必然结果。目前，第三产业的发展水平已经成为衡量现代社会经济发达程度的重要标志。国际上通常将第三产业产值占 GDP 的比重作为衡量一个国家或地区现代化程度发展的标志，当第三产业产值占 GDP 的比重达到 65%时，该国家被认为基本实现现代化；当这个指标达到 70%时，则认为该国家或地区实现了现代化。从全球发展的角度看，第三产业在整体经济中的比重与经济发展水平密切相关，并随人均 GDP 水平的提高而上升。仅以世界银行提供的 2008 年数据①为例，该年世界第三产业产值平均构成为 70%，其中，高收入国家的第三产业产值平均构成为 73%，中等收入国家的第三产业产值平均构成为 54%，低收入国家的第三产业产值平均构成为 50%。

改革开放后，北京第三产业发展迅速，第三产业产值构成由 1978 年的 23.7%提高到 2009 年的 75.5%，增长了 52 个百分点，年均增速为 3.81%，现代化程度居全国前列。北京第三产业产值构成变动情况见表 7-2。

表 7-2 1978—2009 年北京第三产业产值构成 单位：%

年份	第三产业产值构成	年份	第三产业产值构成	年份	第三产业产值构成	年份	第三产业产值构成
1978	23.7	1986	35.1	1994	48.9	2002	69.2
1979	24.8	1987	36.7	1995	52.3	2003	68.6
1980	26.7	1988	37.0	1996	55.9	2004	67.8
1981	28.8	1989	36.2	1997	58.7	2005	69.1
1982	28.9	1990	38.8	1998	61.4	2006	71.0
1983	31.5	1991	43.7	1999	63.2	2007	72.1
1984	32.8	1992	44.3	2000	64.8	2008	73.2
1985	33.3	1993	46.6	2001	67.0	2009	75.5

数据来源：《北京统计年鉴 2010》。

表 7-2 显示，自改革开放以来，北京第三产业产值构成经历了 5 个跨越，第一个跨越经历 5 年，第三产业产值构成上升到 30%以上；第二个跨越经历 8 年，第三产业产值构成上升到 40%以上；第三个跨越经历 4 年，上升到 50%以上；第四个跨越经历 3 年，上升到 60%

① http://www.worldbank.org/

以上；第五个跨越经历 8 年，上升到 70%以上，现已达到发达国家的水平。若与其他 3 个直辖市第三产业产值构成相比，差异较为明显。见图 7-2。

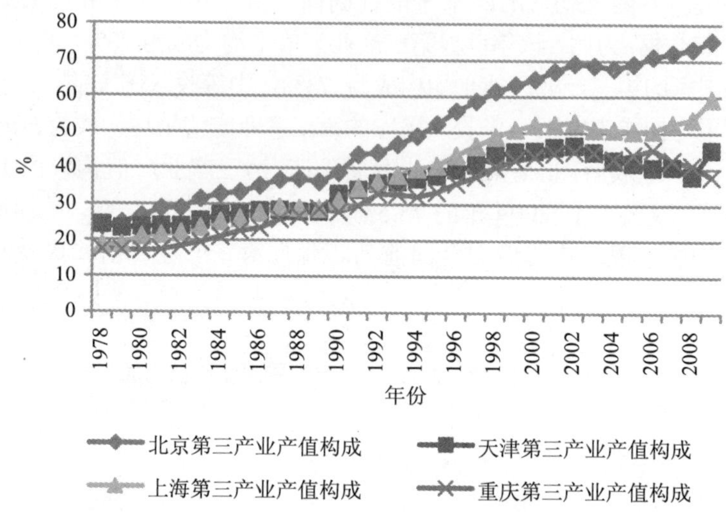

图 7-2　1978—2009 年 4 个直辖市第三产业产值构成

图 7-2 显示，1978—2009 年，4 个直辖市第三产业所占比重呈上升趋势，其中，1989—2002 年增幅明显，但 2002 年后 4 个直辖市第三产业所占地区生产总值比重增速先放缓有所回落后再次上升。在 4 个直辖市的比较中，北京第三产业构成一直保持最高水平，近年依然呈现一定上升趋势；而其他 3 个直辖市在 20 世纪 90 年代前，其第三产业所占地区生产总值的比重较为相似，上海 1993 年后略显优势；重庆近年在第三产业构成不断调整后，近三年呈明显下降趋势，目前为最低；天津虽然在 2003 年后一段时期第三产业构成有所降低，但 2009 年发生转折，呈现显著上升态势。

7.1.1.3 北京第三产业行业构成分析

为了便于后续章节对能耗的分析，现对北京第三产业主要行业构成进行简要剖析。按照国家2002年版国民经济行业分类标准核算，在第三产业中，交通运输、仓储和邮电业从增加值总量看，呈现逐年上升的趋势，但其上升速度低于第三产业的上升水平，致使其在第三产业增加值的构成缓慢下降。见表7-3。

表7-3　1978—2009年北京交通运输、仓储和邮电业占第三产业增加值构成

单位：%

年份	构成	年份	构成	年份	构成	年份	构成
1978	6.4	1986	5.3	1994	6.2	2002	6.5
1979	5.5	1987	5.4	1995	6.9	2003	6.2
1980	5.0	1988	4.6	1996	8.2	2004	5.9
1981	5.5	1989	4.1	1997	8.8	2005	5.9
1982	5.3	1990	4.2	1998	9.2	2006	5.8
1983	4.9	1991	4.9	1999	9.3	2007	5.4
1984	4.8	1992	5.0	2000	9.4	2008	4.8
1985	5.0	1993	4.6	2001	6.9	2009	3.6

数据来源:《北京统计年鉴2010》。

很明显，交通运输、仓储和邮电业的增加值总量在增加，但在第三产业中的构成在减少。其变动轨迹见图7-3。

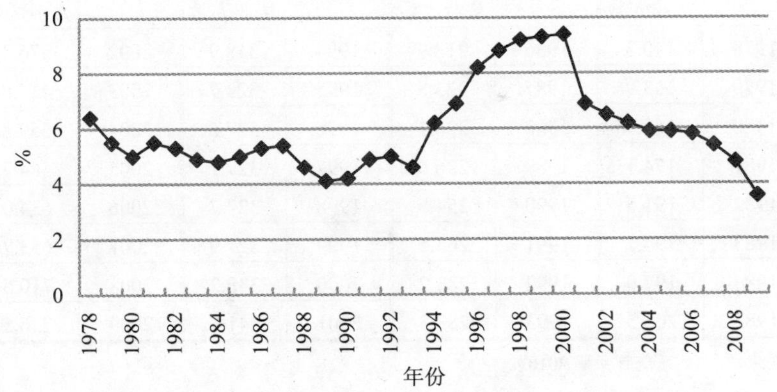

图7-3　1978—2009年北京交通运输、仓储和邮电业增加值占第三产业增加值比重

北京交通运输、仓储和邮电业增加值的构成下降，与北京新兴服务业的大力发展有直接的关系。有数据显示，近 10 年，随着信息传输、计算机服务和软件业和金融业的发展，这两大行业增加值在北京第三产业增加值中所占比重近 1/3，交通运输、仓储和邮电业却呈现相反的变动，在第三产业中所占比重由 2000 年的 9.4%逐步下降到 2009 年的 3.6%。在第三产业中，交通运输、仓储和邮电业是耗能大户，因此，不但要关注其增加值的变动，还要跟踪观察其能耗的情况。

7.1.1.4 北京第三产业从业人员分析

第三产业的发展是人类的物质活动进行到较高阶段的必然结果，第三产业行业众多，有较大的就业容纳能力。随着第三产业规模的扩大、领域的拓宽，第三产业吸纳社会劳动力的能力也在不断增强，1992 年，北京第三产业的就业人数首次超过第二产业的就业人数，第三产业成为城乡居民新增就业的主要渠道。见表 7-4。

表 7-4　1978—2009 年北京第三产业从业人数　单位：万人

年份	第三产业从业人数	年份	第三产业从业人数	年份	第三产业从业人数	年份	第三产业从业人数
1978	140.3	1986	213.9	1994	318.9	2002	376.3
1979	153.9	1987	223.8	1995	323.7	2003	414.8
1980	158.9	1988	228.1	1996	327.6	2004	559.8
1981	174.1	1989	236.6	1997	327.2	2005	584.7
1982	191.5	1990	254.8	1998	324.7	2006	634.0
1983	194.7	1991	263.5	1999	327.9	2007	653.7
1984	197.0	1992	283.2	2000	338.2	2008	710.5
1985	205.5	1993	283.3	2001	341.8	2009	736.5

数据来源：《北京统计年鉴 2010》。

表 7-3 显示，北京第三产业从业人数 1978—2009 年总体呈持续增长态势，仅 1997 年与 1998 年从业人数规模较上年略有小幅下降，

其他年份都有所扩大，2004 年更是较上年从业人数增长了 35%，凸显了北京第三产业对劳动力的吸纳能力。

7.1.2 北京第三产业能耗变动分析

1980 年以来，北京能源消费的产业构成随着产业结构调整发生着变化。其中，第一产业能源消费量比重最低，第三产业次之，第二产业能源消费量比重最高，但第一产业和第二产业能耗比重均呈逐年下降趋势。第三产业能耗增长最快，占总能耗的比重逐年提高。2008 年，北京第三产业能耗构成首次超过第二产业能耗，成为北京能耗最多的产业。

7.1.2.1 北京第三产业能耗总量分析

鉴于北京第三产业能耗渐成主导趋势，其对北京能耗水平产生重要影响，因此，对北京第三产业能耗绝对量与其占北京能源消耗总量的构成进行分析。见表 7-5。

表 7-5　1980—2009 年北京第三产业能耗及构成　单位：万 t 标煤

年份	第三产业能耗	构成/%	年份	第三产业能耗	构成/%	年份	第三产业能耗	构成/%
1980	297.5	15.59	1990	515.3	19.02	2000	1 080.9	26.08
1981	289.2	15.20	1991	542.0	18.87	2001	1 196.2	28.28
1982	299.3	15.59	1992	552.4	18.49	2002	1 334.5	30.08
1983	315.4	15.89	1993	561.0	17.18	2003	1 391.0	29.93
1984	346.5	16.16	1994	574.8	16.98	2004	1 638.0	31.87
1985	329.6	14.90	1995	632.7	17.91	2005	1 918.7	34.75
1986	380.4	15.85	1996	698.1	18.69	2006	2 129.3	36.06
1987	424.7	17.15	1997	799.8	21.50	2007	2 389.5	38.02
1988	412.2	15.78	1998	856.4	22.49	2008	2 610.5	41.26
1989	427.0	16.09	1999	971.8	24.88	2009	2 760.3	42.01

数据来源：《北京统计年鉴 2010》。

表 7-5 显示，2009 年北京第三产业能耗为 2760.3 万 t 标煤，是 1980 年的 9.28 倍，在这 30 年间年均增速为 7.98%，而第三产业能耗构成也由 1980 年的 15.59%增长到 2009 年的 42.01%，提高了 26.42 个百分点，为了更直观地反映二者的变动趋势，作图 7-4 进行分析。

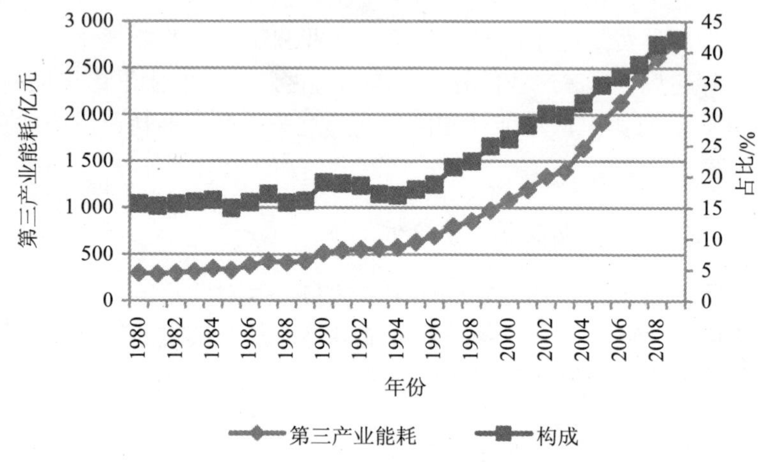

图 7-4　1978—2009 年北京第三产业能耗和构成

图 7-4 显示，伴随着北京第三产业能耗量的增加，其在能耗总量中的比重也在同步增长，数据显示，从产值构成看，1991 年，北京第三产业产值构成超过北京第二产业产值构成；从能耗构成看，2008 年，北京第三产业能耗构成超过北京第二产业能耗构成。这说明第三产业的能源利用效率高于第二产业，发展第三产业是一个国家或地区降低能耗强度的有效措施与方向。

7.1.2.2 北京第三产业产值能耗构成差分析

为进一步分析北京第三产业能源消耗与产值的关系，对第三产业能耗与产值比重以及其差值进行分析，了解这两种构成不同的变动轨迹。二者的构成差见表 7-6。

表 7-6 1980—2009 年北京第三产业产值、能耗构成差 单位：%

年份	第三产业产值构成	第三产业能耗构成	第三产业产值能耗构成差	年份	第三产业产值构成	第三产业能耗构成	第三产业产值能耗构成差
1980	26.74	15.59	11.15	1995	52.29	17.91	34.38
1981	28.81	15.20	13.61	1996	55.86	18.69	37.17
1982	28.92	15.59	13.34	1997	58.68	21.50	37.18
1983	31.46	15.89	15.57	1998	61.39	22.49	38.90
1984	32.83	16.16	16.66	1999	63.24	24.88	38.36
1985	33.29	14.90	18.39	2000	64.82	26.08	38.74
1986	35.10	15.85	19.25	2001	67.03	28.28	38.75
1987	36.69	17.15	19.54	2002	69.19	30.08	39.11
1988	37.01	15.78	21.23	2003	68.61	29.93	38.68
1989	36.25	16.09	20.16	2004	67.84	31.87	35.97
1990	38.84	19.02	19.82	2005	69.15	34.75	34.40
1991	43.68	18.87	24.81	2006	70.99	36.06	34.93
1992	44.30	18.49	25.81	2007	72.09	38.02	34.07
1993	46.59	17.18	29.41	2008	73.25	41.26	31.99
1994	48.91	16.98	31.94	2009	75.53	42.01	33.52

数据来源：《北京统计年鉴 2010》。

表 7-6 显示，1980—2009 年，北京第三产业产值构成与第三产业能耗构成分别增长，但二者的增长速率有所不同，产值年均增速为 13.01%，同期能耗年均增速为 7.98%。不同的增长速率，使得二者构成差呈现逐年扩大的趋势。不断增长的产值构成和能耗构成，说明北京第三产业在产值与能源消耗两方面都占有举足轻重的地位，与北京第一、二产业相比，北京第三产业以较小的能耗构成支撑了较大的产值构成。但是，在 2003 年后，这种绝对优势有所减弱，北京第三产业产值能耗构成差有所降低，由 2002 年的 39.11 个百分点一度降至 2008 年的 31.99 个百分点，体现了近年第三产业相较第一、二次产业需消耗更多能耗才能维持原产值构成。其变动趋势见图 7-5。

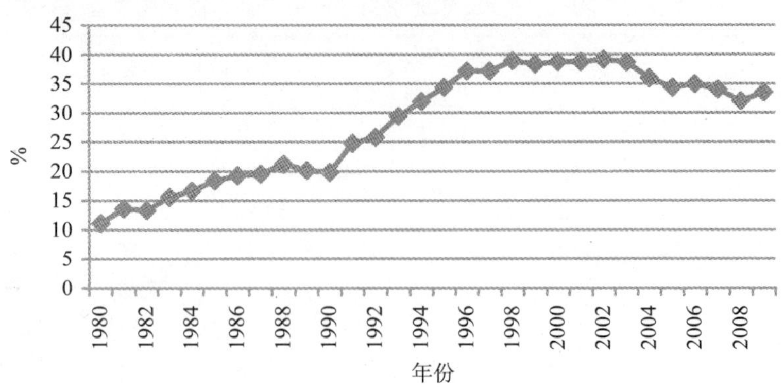

图 7-5　1980—2009 年北京第三产业产值能耗构成差

图 7-5 显示，构成差呈现不典型的“倒 U”形走势，这种走势意味着北京第三产业能源利用水平的降低，是不容乐观的。

7.1.2.3 北京第三产业能耗品种构成分析

北京第三产业能耗品种数据是通过历年北京能源平衡表，根据消耗的各种能源的实物量，利用折算成标煤系数，将消耗的各品种的能源折算成标准量。具体数据如表 7-7 所示。

表 7-7　1995—2009 年北京第三产业能耗品种构成　单位：%

年份	煤炭	石油	天然气	热力	电力	年份	煤炭	石油	天然气	热力	电力
1995	38.23	37.19	0.75	9.94	13.90	2003	17.58	40.00	17.25	6.41	18.77
1996	33.78	40.30	0.86	10.56	14.49	2004	17.89	40.46	16.97	9.20	15.48
1997	10.96	52.66	1.68	14.20	20.50	2005	18.89	38.07	17.67	8.65	16.73
1998	10.93	52.95	3.03	12.02	21.06	2006	17.37	42.93	15.16	7.79	16.76
1999	27.33	43.59	2.93	8.49	17.65	2007	13.61	44.86	14.80	9.80	16.93
2000	22.40	44.70	4.50	9.19	19.21	2008	10.82	45.25	15.11	11.68	17.14
2001	14.91	46.84	12.04	7.70	18.51	2009	10.54	43.96	15.39	12.22	17.89
2002	14.75	43.88	16.42	6.84	18.11						

数据来源：通过《北京统计年鉴 2010》、历年《中国能源统计年鉴》的数据折算。

与其他产业消耗的能源品种结构不同，在第三产业能耗品种结构中，石油一直居于领先地位，其消耗量几乎与其他品种能耗量相同。并且这种居高趋势十几年稳定不变。若将这种变动趋势用图形显示，各种品种构成差异显示得更加直观。见图 7-6。

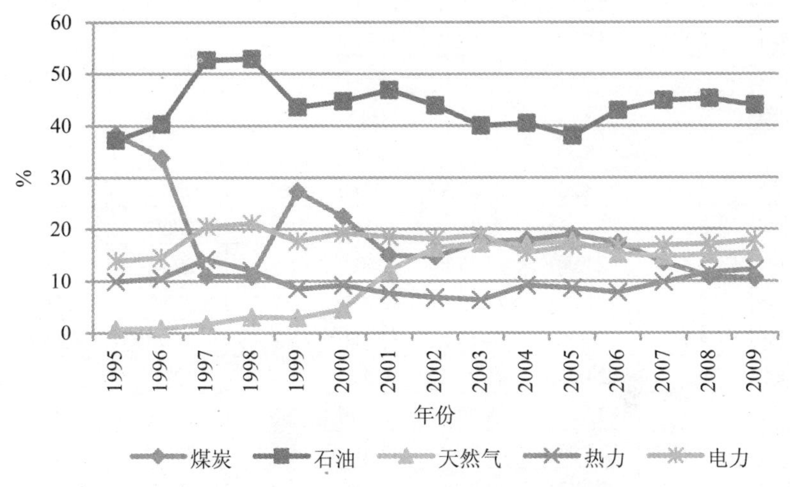

图 7-6　1995—2009 年北京第三产业能耗品种构成

图 7-6 显示，1995 年，北京第三产业能源品种构成处于煤炭和石油双足鼎立的局面，随后，石油消耗构成一路领先，煤炭构成则呈现下降趋势。煤炭消耗量构成的下降，说明北京第三产业能耗品种优化的结果，同时，对北京减少碳排放同样起到积极的促进作用。

7.1.2.4 北京第三产业交通运输、仓储和邮电业能耗分析

数据显示，交通运输、仓储和邮电业能耗是北京第三产业能耗的大户，纵观 1980—2009 年的数据，其能耗比重由 1980 年的 13.88% 上升到 2009 年的 37.14%，而其产值构成如上述分析，呈现逐年下降趋势，二者构成的背离变动，使得产值构成与其能耗构成差逐渐拉大。具体数据见表 7-8 和图 7-7。

表 7-8　1980—2009 年北京交通运输、仓储和邮电业产值能耗构成差

单位：%

年份	产值构成	能耗构成	产值能耗构成差	年份	产值构成	能耗构成	产值能耗构成差
1980	5.0	13.88	–8.88	1995	6.9	27.25	–20.35
1981	5.5	17.57	–12.07	1996	8.2	29.15	–20.95
1982	5.3	17.81	–12.51	1997	8.8	26.73	–17.93
1983	4.9	15.12	–10.22	1998	9.2	27.27	–18.07
1984	4.8	15.53	–10.73	1999	9.3	29.12	–19.82
1985	5.0	18.33	–13.33	2000	9.4	28.97	–19.57
1986	5.3	22.27	–16.97	2001	6.9	28.27	–21.37
1987	5.4	23.00	–17.60	2002	6.5	29.91	–23.41
1988	4.6	19.77	–15.17	2003	6.2	27.87	–21.67
1989	4.1	18.31	–14.21	2004	5.9	31.76	–25.86
1990	4.2	24.49	–20.29	2005	5.9	29.51	–23.61
1991	4.9	25.24	–20.34	2006	5.8	33.91	–28.11
1992	5.0	26.99	–21.99	2007	5.4	35.19	–29.79
1993	4.6	27.42	–22.82	2008	4.8	38.08	–33.28
1994	6.2	26.84	–20.64	2009	3.6	37.14	–33.59

数据来源：《北京统计年鉴 2010》、《北京六十年，1949—2009》。

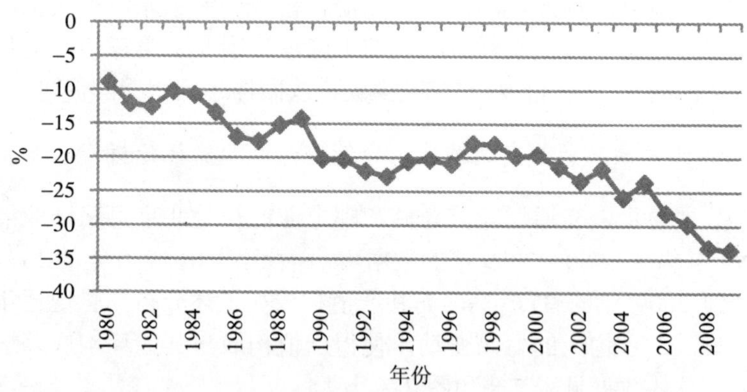

图 7-7　1980—2009 年北京交通运输、仓储和邮电业产值能耗构成差

与第三产业的产值能耗构成差不同，交通运输、仓储和邮电业产值能耗构成差全部为负值，说明其能耗构成大于其产值构成；并且产值能耗构成差的差值逐年扩大，由 1980 年的 8.88%扩大到 2009 年的 33.59%，说明交通运输、仓储和邮电业的能源利用效率有待提高。在后续分析中，将进一步对第三产业能耗影响因素分析，寻找降低第三产业能耗的突破口。

由于交通运输、仓储和邮电业能耗在第三产业中所占比重较大，现进一步分析其能耗品种构成，以观察其变动特征。见图 7-8。

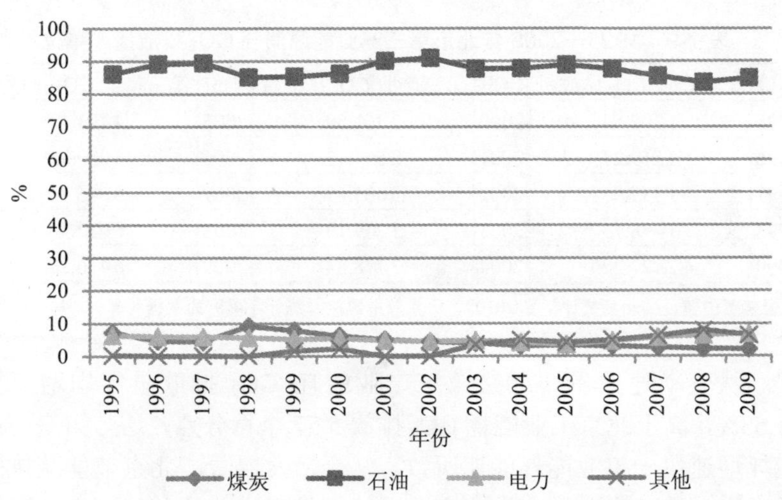

图 7-8　1995—2009 年北京交通运输、仓储和邮电业能耗品种构成

很明显，在北京交通运输、仓储和邮电业能耗品种构成中，石油占有绝大比重，这与交通运输业完成的客货运周转量以及机动车拥有量存在密切关联。近几年，北京客货周转量和机动车拥有量呈现几何级数的变动，增加了对石油消耗的依赖，这是经济发展过程的必然结果。

7.1.3 北京第三产业 CO_2 排放量分析

7.1.3.1 北京第三产业能耗 CO_2 排放量分析

根据北京第三产业消耗的不同能源品种，通过 CO_2 排放系数，折算出北京第三产业由于消耗能耗而产生的 CO_2 排放量。由于只能查找到 1995—2009 年的第三产业能源平衡表，因此，由此折算的 CO_2 排放量的数据同样是这 15 年的数据。具体见表 7-9。

表 7-9 1995—2009 年北京第三产业能源消耗 CO_2 排放量 单位：万 t

年份	第三产业 CO_2 排放量	年份	第三产业 CO_2 排放量	年份	第三产业 CO_2 排放量
1995	1392.54	2000	2361.59	2005	4473.12
1996	1519.27	2001	2654.13	2006	5059.95
1997	1337.91	2002	3003.69	2007	5646.74
1998	1498.73	2003	3249.13	2008	6032.46
1999	2177.22	2004	3778.34	2009	6416.27

数据来源：通过《北京统计年鉴 2010》、历年《中国能源统计年鉴》的数据折算。

从变动速率看，北京第三产业能耗 CO_2 排放量年均增速为 11.53%，高于北京工业能耗 CO_2 排放 5.57 个百分点，这与第三产业能耗增速快于工业能耗能速所致。从今后发展看，北京节能减排的重点应从第二产业转向第三产业，挖掘第三产业的节能潜力，可以进一步改善北京环境质量。

7.1.3.2 北京交通运输、仓储和邮电业能耗 CO_2 排放量分析

鉴于交通运输、仓储和邮电业能耗占第三产业比重较高，其能耗的变动轨迹对第三产业总体能耗起到权衡轻重的作用，因此，在分析北京第三产业能耗 CO_2 排放量的基础上，进一步分析交通运输、仓储和邮电业能耗 CO_2 排放量。见表 7-10。

表 7-10　1995—2009 年北京交通运输、仓储和邮电业能耗 CO_2 排放量

单位：万 t

年份	交通运输、仓储和邮电业能耗 CO_2 排放量	占比/%	年份	交通运输、仓储和邮电业能耗 CO_2 排放量	占比/%
1995	103.15	7.41	2003	238.87	7.35
1996	120.71	7.95	2004	302.12	8.00
1997	125.20	9.36	2005	308.29	6.89
1998	135.68	9.05	2006	403.97	7.98
1999	159.41	7.32	2007	493.05	8.73
2000	176.31	7.47	2008	577.21	9.57
2001	209.69	7.90	2009	606.92	9.46
2002	225.56	7.51			

数据来源：通过《北京统计年鉴 2010》、历年《中国能源统计年鉴》的数据折算。

北京交通运输、仓储和邮电业能耗 CO_2 排放量年均增速为 13.49%，高于北京第三产业年均增速 1.96 个百分点，CO_2 排放量的变动与其能耗量和能耗品种有关。由于北京人口增长，机动车拥有量的快速增加，交通运输营业收入的递增，使得其能耗上升，CO_2 排放量也随之变化，形成了经济、能耗、环境之间的连锁反应。

7.2 北京第三产业经济增长与能源消耗关系的研究

利用“脱钩”“复钩”理论，分别测度北京第三产业经济增长与能耗总量、第三产业经济发展与其能耗品种、第三产业行业增加值变动与其能耗的“脱钩”“复钩”的数量关系。

7.2.1 北京第三产业经济增长与能耗“脱钩”“复钩”测度

利用上文构建的评价模式，对于北京第三产业经济增长与能耗总量之间“脱钩”“复钩”问题分析时，利用可比价格（按 2005 年价格）计算第三产业产值数据（AV3）、第三产业能源消耗（EC3）数据和能耗强度（EC3/AV3）数据，分别计算其环比增长速度（Δ）。计算结果见表 7-11。

表 7-11 1981—2009 年北京 AV3、EC3 和能耗强度（EC3/AV3）环比增长速度

单位：%

年份	ΔAV3	ΔEC3	Δ（EC3/AV3）	年份	ΔAV3	ΔEC3	Δ（EC3/AV3）
1981	6.0	–2.8	–8.29	1996	13.4	10.3	–2.70
1982	9.9	3.5	–5.83	1997	13.2	14.6	1.21
1983	24.2	5.4	–15.15	1998	10.1	7.1	–2.75
1984	21.8	9.9	–9.80	1999	10.6	13.5	2.60
1985	4.4	–4.9	–8.89	2000	12.9	11.2	–1.48
1986	15.7	15.4	–0.25	2001	13.1	10.7	–2.15
1987	16.7	11.6	–4.33	2002	13.3	11.6	–1.53
1988	14.1	–2.9	–14.94	2003	10.8	4.2	–5.93
1989	–2.7	3.6	6.47	2004	13.1	17.8	4.12
1990	13.3	20.7	6.51	2005	13.0	17.1	3.66
1991	14.5	5.2	–8.14	2006	14.1	11.0	–2.74
1992	11.9	1.9	–8.92	2007	13.8	12.2	–1.39
1993	13.1	1.6	–10.21	2008	11.7	9.2	–2.19
1994	15.0	2.5	–10.90	2009	10.2	5.7	–4.03
1995	20.5	10.1	–8.65				

数据来源：国家统计数据库；历年《北京统计年鉴》整理得出。

将表 7-11 中的数据用图形表示。见图 7-9。

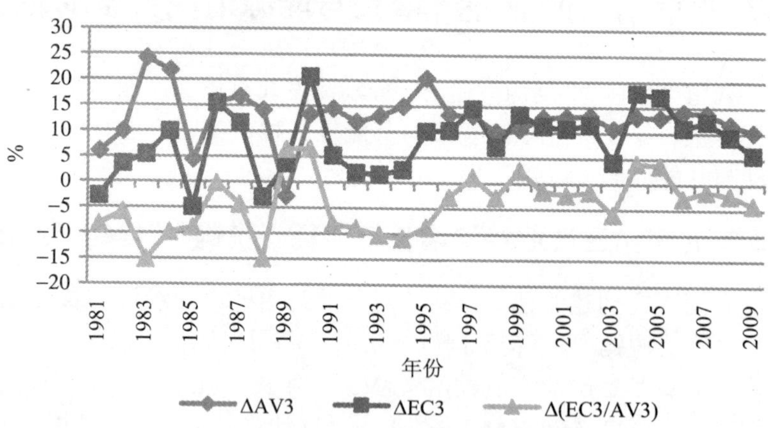

图 7-9 1981—2009 年北京 AV3、EC3 和能耗强度环比增长速度

图 7-9 显示，1981—2009 年，北京第三产业增加值变化率（ΔAV3）及其能耗变化率（ΔEC3）大体呈同向变动趋势，多数年份表现为正值。仅在 1981 年、1985 年和 1988 年伴随着增加值增速的减缓，ΔEC3 为负，说明这几年能源消耗量下降。随后历年ΔEC3 虽有一定波动，但均为正，其数值围绕ΔAV3 数值上下略有浮动。而能耗强度（ΔEC3/AV3）以负值为主，只是个别年份大于 0。具体“脱钩”程度见表 7-12。

表 7-12　1981—2009 年北京第三产业产值与能耗“脱钩”“复钩”年数

名称	年数/个	占比/%
衰退性“脱钩”	0	0.00
绝对“脱钩”	3	10.34
相对“脱钩”	20	68.97
扩张性“复钩”	4	13.79
绝对“复钩”	1	3.45
相对“复钩”	1	3.45
合计	29	100.00

表 7-12 说明，在 1981—2009 年的 29 个年份中，北京第三产业产值与其能耗出现相对“脱钩”的年份为 20 年，占总年数的 68.97%，其次为绝对“脱钩”，为 3 年，二者之和为 23 年，占总年数的 79.31%，这种“脱钩”的形成主要是第三产业增加值的增速快于其能耗增速所致，还不是真正意义的“脱钩”。

在分析“脱钩”状态的基础上，具体量化“脱钩”程度。“脱钩”指数的计算结果见表 7-13。

表 7-13 显示，在 29 个年份中，有 6 个年份“脱钩”指数＞1，体现为“复钩”，其余 23 个年份指数＜0，说明能耗增速慢于第三产业增加值增速，表现为“脱钩”状态，平均“脱钩”指数为 0.9588。

表 7-13 1981—2009 年北京第三产业增加值与其能耗“脱钩”指数

年份	DI	年份	DI	年份	DI	年份	DI
1981	0.9171	1989	1.0647	1997	1.0121	2005	1.0325
1982	0.9417	1990	1.0651	1998	0.9725	2006	0.9713
1983	0.8485	1991	0.9186	1999	1.0260	2007	0.9724
1984	0.9020	1992	0.9108	2000	0.9852	2008	0.9711
1985	0.9111	1993	0.8979	2001	0.9785	2009	0.9597
1986	0.9975	1994	0.8910	2002	0.9847		
1987	0.9567	1995	0.9135	2003	0.9377		
1988	0.8506	1996	0.9730	2004	1.0412		

7.2.2 北京第三产业经济增长与能耗种类“脱钩”“复钩”测度

为了测度北京第三产业增加值与其能耗品种“脱钩”“复钩”关系，分别计算煤炭（C）、石油（P）、天然气（N）、热力（HC）和电力（E）消耗量的环比增速（Δ）。见表 7-14。

表 7-14 1996—2009 年北京第三产业煤炭、石油、天然气、热力和电力消耗及消耗强度的环比增速　单位：%

年份	ΔC	Δ(C/AV3)	ΔP	Δ(P/AV3)	ΔNC	Δ(N/AV3)	ΔH	Δ(HC/AV3)	ΔE	Δ(E/AV3)
1996	−3.66	−15.04	18.17	4.21	25.93	11.05	15.93	2.23	13.69	0.25
1997	−72.97	−76.12	8.90	−3.80	61.76	42.90	12.03	−1.03	17.87	4.13
1998	8.31	−1.63	9.12	−0.89	96.36	78.35	−8.15	−16.58	11.52	1.29
1999	262.10	227.40	19.25	7.82	39.81	26.41	2.36	−7.45	21.39	9.75
2000	−12.67	−22.65	9.27	−3.22	63.58	44.89	15.30	2.13	15.98	2.73
2001	−23.11	−32.02	21.01	6.99	209.31	173.49	−3.22	−14.43	11.26	−1.63
2002	12.28	−0.90	6.34	−6.14	54.71	36.55	0.75	−11.08	11.04	−1.99
2003	26.35	13.66	−3.33	−13.04	11.42	0.23	−0.60	−10.59	9.91	−1.13
2004	28.96	14.03	28.15	13.31	24.68	10.24	81.98	60.90	4.53	−7.58
2005	21.09	6.73	7.94	−4.86	19.43	5.27	7.77	−5.00	23.92	9.23
2006	2.82	−10.01	26.09	10.35	−4.08	−16.05	0.74	−11.83	12.02	−1.96
2007	−10.84	−22.75	18.88	3.01	11.06	−3.77	43.18	24.06	14.92	−0.42
2008	−13.84	−23.41	9.29	−2.86	10.63	−1.67	29.07	14.72	9.74	−2.46
2009	2.40	−7.06	2.15	−7.29	7.11	−2.78	10.02	−0.14	9.72	−0.42

根据表 7-13 的计算结果，按照“脱钩”“复钩”的测定标准，分析得出各能源品种“脱钩”“复钩”状态，结果见表 7-15。

表 7-15　1996—2009 年北京第三产业增加值与煤炭、石油、天然气、热力和电力消耗的“脱钩”“复钩”年数

名称	煤炭消耗		石油消耗		天然气消耗		热力消耗		电力消耗	
	年数/个	占比/%	年数/个	占比/%	年数/个	占比/%	年数/个	占比/%	年数/个	占比/%
衰退性“脱钩”	0	0.00	0	0.00	0	0.00	0	0.00	0	0.00
绝对“脱钩”	6	42.86	1	7.14	1	7.14	2	14.29	0	0.00
相对“脱钩”	4	28.57	7	50.00	3	21.43	7	50.00	8	57.14
扩张性“复钩”	4	28.57	6	42.86	10	71.43	5	35.71	6	42.86
绝对“复钩”	0	0.00	0	0.00	0	0.00	0	0.00	0	0.00
相对“复钩”	0	0.00	0	0.00	0	0.00	0	0.00	0	0.00
合计	14	100.00	14	100.00	14	100.00	14	100.00	14	100.00

表 7-15 显示，从能源品种测度结果分析，煤炭呈现较为明显的“脱钩”，其中，有 6 个年份呈绝对“脱钩”状态，说明北京第三产业的煤炭消耗量逐渐退出主要地位，取而代之的是石油的消耗量。天然气以扩张性“复钩”为主，天然气属于清洁能源，增加天然气消耗量对于促进优化北京能源结构，热力与电力消耗的“脱钩”状态类似，由于热力和电力消耗量逐年递增，因此，以相对“脱钩”为主，并伴随着出现较多年份的扩张性“复钩”。

同样，为量化“脱钩”程度，分别就能耗总量、各能耗品种计算“脱钩”指数。见表 7-16。

表 7-16　1996—2009 年北京第三产业增加值与其能耗品种“脱钩”指数

年份	煤炭	石油	天然气	热力	电力	年份	煤炭	石油	天然气	热力	电力
1996	0.8496	1.0421	1.1105	1.0223	1.0025	2003	1.1403	1.1331	1.1024	1.6090	0.9242
1997	0.2388	0.9620	1.4290	0.9897	1.0413	2004	1.0673	0.9514	1.0527	0.9500	1.0923
1998	0.9837	0.9911	1.7835	0.8342	1.0129	2005	0.8999	1.1035	0.8395	0.8817	0.9804
1999	3.2740	1.0782	1.2641	0.9255	1.0975	2006	0.7725	1.0301	0.9623	1.2406	0.9958
2000	0.7735	0.9678	1.4489	1.0213	1.0273	2007	0.7659	0.9714	0.9833	1.1472	0.9754
2001	0.6798	1.0699	2.7349	0.8557	0.9837	2008	0.9294	0.9271	0.9722	0.9986	0.9958
2002	0.9910	0.9386	1.3655	0.8892	0.9801	2009	31.7101	8.4364	29.5539	30.4326	20.8593

上述各能源平均“脱钩”指数分别为：1.0359、1.0026、1.2894、1.0185 和 1.0070。

7.2.3 北京交通运输、仓储和邮电业增加值与能耗“脱钩”“复钩”测度

在此利用上文构建的评价模式，对北京第三产业中的交通运输、仓储和邮电业经济增长与能源消耗之间“脱钩”“复钩”的问题进行分析。利用可比价格（按 2005 年价格）计算交通运输、仓储和邮电业增加值（AVT）数据、交通运输、仓储和邮电业能源消耗（ECT）数据和能耗强度（ECT/AVT）数据，并分别计算其环比增长速度（Δ）。计算结果见表 7-17。

表 7-17 1981—2009 年北京 AVT、ECT 和能耗强度（ECT/AVT）环比增长速度

单位：%

年份	ΔAVT	ΔECT	Δ（ECT/AVT）	年份	ΔAVT	ΔECT	Δ（ECT/AVT）
1981	16.60	23.00	5.49	1996	34.77	18.04	–12.41
1982	5.90	4.92	–0.93	1997	21.48	5.06	–13.52
1983	14.83	–10.51	–22.06	1998	15.10	9.21	–5.12
1984	19.31	12.79	–5.47	1999	11.80	21.20	8.40
1985	8.75	12.27	3.23	2000	14.11	10.64	–3.05
1986	22.64	40.23	14.34	2001	–16.98	8.02	30.11
1987	18.90	15.35	–2.99	2002	6.73	18.04	10.59
1988	–2.80	–16.58	–14.18	2003	6.03	–2.88	–8.41
1989	–13.28	–4.05	10.64	2004	7.63	34.20	24.69
1990	16.06	61.38	39.05	2005	13.45	8.84	–4.06
1991	33.58	8.40	–18.85	2006	12.32	27.51	13.53
1992	14.18	8.99	–4.55	2007	7.45	16.44	8.37
1993	4.05	3.15	–0.86	2008	0.00	18.22	18.22
1994	55.00	0.33	–35.27	2009	–18.45	3.14	26.48
1995	34.10	11.73	–16.68				

将表 7-17 中的数据用图示显示。见图 7-10。

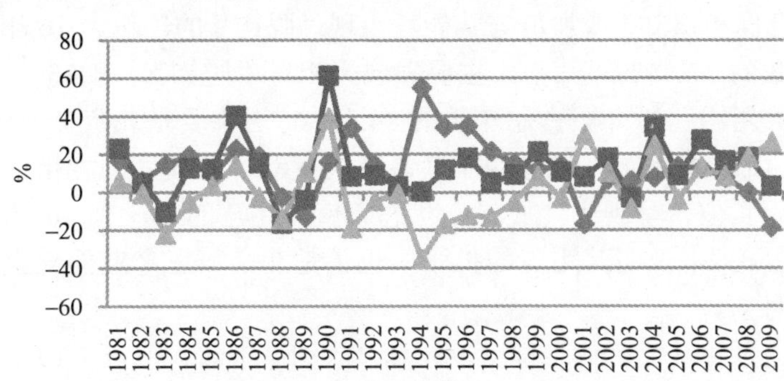

图 7-10　1981—2009 年北京 AVT、ECT 和能耗强度（ECT/AVT）环比增长速度

图 7-10 显示，1981—2009 年，北京交通运输、仓储和邮电业能耗强度波动较大，17 个年份（占 58.62%）为正值，能源消耗与增加值历年以不同幅度的增长为主，因增加值变动总体较平稳，而能耗历年波动明显，故能耗强度变化主要伴随能源消耗的变动趋势。以目前的现状来看，能耗强度的降低已经很难依靠增加值的高速增长来维持了，应将解决的重点放在维持或降低能源消耗量上，这样才能维持可持续的发展。具体“脱钩”程度见表 7-18。

表 7-18　1981—2009 年北京 AVT 与 ECT“脱钩”“复钩”年数

名称	年数/个	占比/%
衰退性“脱钩”	1	3.45
绝对“脱钩”	2	6.90
相对“脱钩”	13	44.83
扩张性“复钩”	10	34.48
绝对“复钩”	2	6.90
相对“复钩”	1	3.45
合计	29	100.00

表 7-17 显示，在 1981—2009 年的 29 个年份中，北京交通运输、仓储和邮电业增加值与其能耗出现“脱钩”的年份为 16 年，占总年数的 55.17%，其中，主要表现为相对“脱钩”，为 13 年；扩张性“复钩”10 年，占总年数的 34.48%。这主要是北京交通运输、仓储和邮电业增加值增速快于其能耗的变动，致使其强度指标大多体现为负值，呈现为“脱钩”状态。值得注意的是，有 10 个年份为“复钩”，说明其用能的扩张，也正是北京第三产业能耗主要的控制对象。

为量化其“脱钩”程度，计算“脱钩”指数。见表 7-19。

表 7-19　1981—2009 年北京 AVT 与 ECT“脱钩”指数

年份	DI	年份	DI	年份	DI	年份	DI
1981	1.0549	1989	0.8582	1997	0.8648	2005	0.9594
1982	0.9907	1990	1.1064	1998	0.9488	2006	1.1353
1983	0.7794	1991	1.3905	1999	1.0840	2007	1.0837
1984	0.9453	1992	0.8115	2000	0.9695	2008	1.1822
1985	1.0323	1993	0.9545	2001	1.3011	2009	1.2648
1986	1.1434	1994	0.9914	2002	1.1059		
1987	0.9701	1995	0.6473	2003	0.9159		
1998	0.8582	1996	0.8759	2004	1.2469		

各年份“脱钩”指数变动起伏较大，最高是 1991 年，为 1.39，最低是 1995 年，为 0.65，这几年的平均“脱钩”指数为 1.0154。

7.3 北京第三产业经济发展与 CO_2 排放量关系的研究

第三产业发展对环境的影响主要从产生的 CO_2 排放量角度进行分析。又由于交通运输、仓储和邮电业是第三产业的能耗大户，因此，对环境压力的分析同样从第三产业和交通运输、仓储和邮电业这两个层面进行分析。

7.3.1 北京第三产业增加值与 CO_2 排放量关系的分析

根据第三产业消耗的不同品种的能源，利用 CO_2 排放系数，折算出第三产业 CO_2 排放量，在此基础上，分别计算第三产业增加值（AV3）、CO_2 排放量、排放强度（CO_2/AV3）的环比增长速度（Δ）。计算结果见表 7-20。

表 7-20 1996—2009 年北京 AV3、第三产业 CO_2 排放量和排放强度（CO_2/AV3）环比增长速度

单位：%

年份	ΔAV3	ΔCO_2	Δ（CO_2/AV3）	年份	ΔAV3	ΔCO_2	Δ（CO_2/AV3）
1996	13.4000	9.1010	−3.7910	2003	11.1649	8.1712	−2.6930
1997	13.2000	−11.9376	−22.2064	2004	13.1000	16.2879	2.8186
1998	10.1000	12.0204	1.7442	2005	13.4486	18.3884	4.3542
1999	10.6000	45.2713	31.3484	2006	14.2570	13.1190	−0.9960
2000	12.9000	8.4681	−3.9255	2007	15.4080	11.5967	−3.3024
2001	13.1000	12.3872	−0.6302	2008	12.5038	6.8310	−5.0424
2002	13.3000	13.1705	−0.1143	2009	10.1808	6.3624	−3.4656

将表 7-20 中的数据用图示显示。见图 7-11。

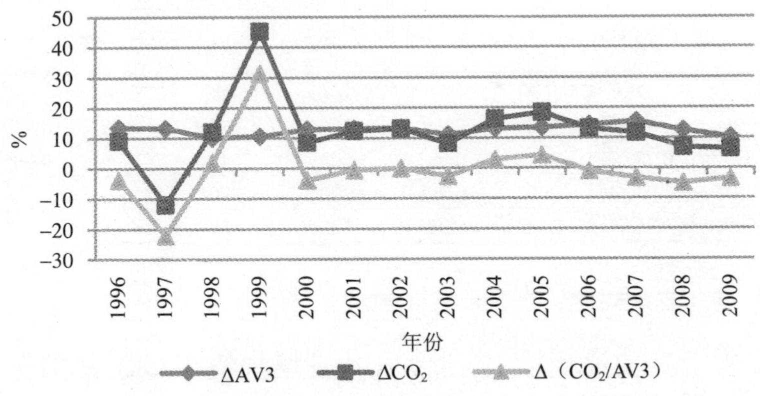

图 7-11 1996—2009 年北京 AV3、第三产业 CO_2 排放量和排放强度（CO_2/AV3）环比增长速度

图 7-11 显示，1996—2009 年，由于北京第三产业增加值增速平稳，所以，其排放强度变动与其 CO_2 排放量走势基本吻合，但是 CO_2 排放量变动速率均高于排放强度，其主要原因是第三产业能耗增速较快所致。计算具体“脱钩”程度见表 7-21。

表 7-21 1996—2009 年北京 AV3 与 CO_2 排放量“脱钩”“复钩”年数

名称	年数/个	占比/%
衰退性“脱钩”	0	0.00
绝对“脱钩”	1	7.14
相对“脱钩”	9	64.29
扩张性“复钩”	4	28.57
绝对“复钩”	0	0.00
相对“复钩”	0	0.00
合计	14	100.00

表 7-21 显示，在 1996—2009 年的 14 个年份中，北京第三产业增加值与其 CO_2 排放量出现“脱钩”的年份为 10 年，占总年数的 71.43%，其中，主要表现为相对“脱钩”，为 9 年；扩张性“复钩” 4 年。为量化其“脱钩”程度，计算“脱钩”指数。见表 7-22。

表 7-22 1996—2009 年北京 AV3 与 CO_2 排放量“脱钩”指数

年份	DI	年份	DI	年份	DI	年份	DI
1996	0.962 1	2000	0.960 7	2004	1.028 2	2008	0.949 6
1997	0.777 9	2001	0.993 7	2005	1.043 5	2009	0.965 3
1998	1.017 4	2002	0.998 9	2006	0.990 0		
1999	1.313 5	2003	0.973 1	2007	0.967 0		

各年平均“脱钩”指数为 0.995 8。

7.3.2 北京交通运输、仓储和邮电业增加值与 CO_2 排放量关系的分析

根据北京交通运输、仓储和邮电业增加值的变动，利用 CO_2 排放

系数，分别计算交通运输、仓储和邮电业增加值（AVT）、ECT 排放的 CO_2、排放强度（CO_2/AVT）环比增长速度（Δ）。计算结果见表 7-23。

表 7-23　1996—2009 年北京 AVT、ECT 排放的 CO_2 和排放强度（CO_2/AVT）环比增长速度

单位：%

年份	ΔECT	$ΔCO_2$	Δ（CO_2/ECT）	年份	ΔECT	$ΔCO_2$	Δ（CO_2/ECT）
1996	34.7652	17.0236	−13.1649	2003	6.0342	5.8995	−0.1270
1997	21.4829	3.7127	−14.6278	2004	7.6274	26.4787	17.5153
1998	15.1045	8.3737	−5.8476	2005	13.4486	2.0440	−10.0527
1999	11.8022	17.4893	5.0868	2006	12.3204	31.0345	16.6614
2000	14.1140	10.6016	−3.0779	2007	7.4488	22.0505	13.5895
2001	−16.9798	18.9360	43.2615	2008	0.0034	17.0699	17.0660
2002	6.7319	7.5666	0.7821	2009	−18.4524	5.1481	28.9408

将表 7-23 中的数据用图示显示。见图 7-12。

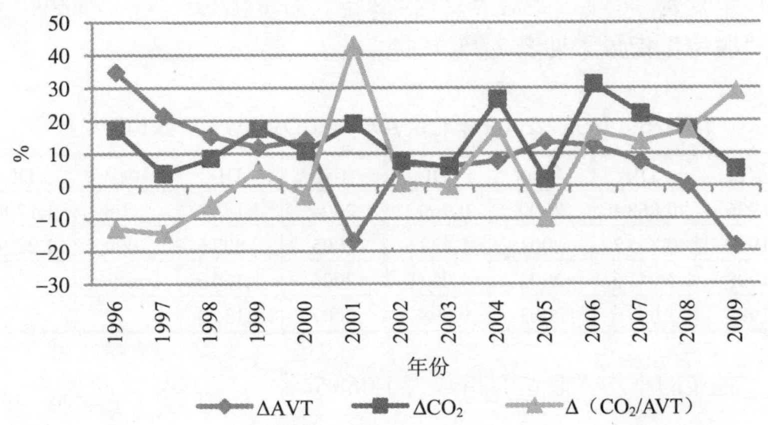

图 7-12　1996—2009 年北京 AVT、ECT 排放的 CO_2 和排放强度（CO_2/AVT）环比增长速度

图 7-12 显示，北京 AVT 增速持续渐缓，相应 CO_2 排放高位运行，出现较为强劲的“复钩”态势，究其原因，北京交通运输、仓

储和邮电业能耗同期呈现指数增长，导致其产值能耗一路上扬，能源利用效率明显下降。具体状态见表 7-24。

表 7-24 1996—2009 年北京 AVT 与其 CO_2 排放量“脱钩”“复钩”年数

名称	年数/个	占比/%
衰退性“脱钩”	0	0.00
绝对“脱钩”	0	0.00
相对“脱钩”	6	42.86
扩张性“复钩”	6	42.86
绝对“复钩”	2	14.29
相对“复钩”	0	0.00
合计	14	100.00

表 7-24 显示，在 1996—2009 年的 14 个年份中，北京 AVT 与其 CO_2 排放量出现“脱钩”的年份为 6 年，全部为相对“脱钩”；扩张性“复钩”6 年，绝对“复钩”2 年。为量化其“脱钩”程度，计算“脱钩”指数。见表 7-25。

表 7-25 1996—2009 年北京 AVT 与 CO_2 排放量“脱钩”指数

年份	DI	年份	DI	年份	DI	年份	DI
1996	0.8684	2000	0.9692	2004	1.1752	2008	1.1707
1997	0.8537	2001	1.4326	2005	0.8995	2009	1.2894
1998	0.9415	2002	1.0078	2006	1.1666		
1999	1.0509	2003	0.9987	2007	1.1359		

各年的平均“脱钩”指数为 1.0686。

7.4 北京第三产业能源消耗与 CO_2 排放量关系的研究

第三产业发展对环境的影响主要从产生的 CO_2 排放量角度进行分析。又由于交通运输、仓储和邮电业是第三产业的能耗大户，因此，对环境压力的分析同样从第三产业和交通运输、仓储和邮电业两个层面分析。

7.4.1 北京第三产业能源消耗与 CO_2 排放量关系的分析

根据第三产业消耗的不同品种的能源，利用 CO_2 排放系数，折算出第三产业由于能耗而产生的 CO_2 排放量，在此基础上，分别计算其环比增长速度。计算结果见表 7-26。

表 7-26 1996—2009 年北京 EC3、第三产业 CO_2 排放量和排放强度（CO_2/EC3）环比增长速度

单位：%

年份	ΔEC3	ΔCO_2	Δ（CO_2/EC3）	年份	ΔEC3	ΔCO_2	Δ（CO_2/EC3）
1996	10.34	9.10	–1.12	2003	4.23	8.17	3.78
1997	14.57	–11.94	–23.14	2004	17.76	16.29	–1.25
1998	7.08	12.02	4.62	2005	17.14	18.39	1.07
1999	13.48	45.27	28.02	2006	10.98	13.12	1.93
2000	11.23	8.47	–2.48	2007	12.22	11.60	–0.56
2001	10.67	12.39	1.55	2008	9.25	6.83	–2.21
2002	11.56	13.17	1.44	2009	5.74	6.36	0.59

将表 7-26 中的数据用图示显示。见图 7-13。

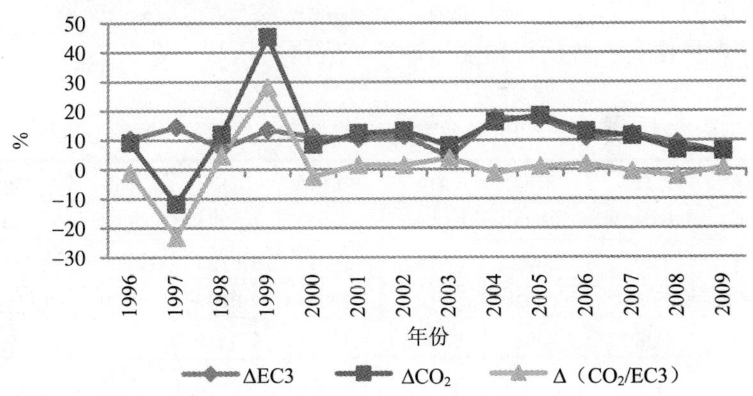

图 7-13 1996—2009 年北京 EC3、第三产业 CO_2 排放量和排放强度（CO_2/EC3）环比增长速度

图 7-13 显示，1996—2009 年，由于北京第三产业能耗增速平稳，所以，其排放强度变动与其 CO_2 排放量走势基本吻合，并大多在 0 值附近波动，提示在一定能耗构成条件下，CO_2 排放量与其能耗保持一致的变动趋势。计算具体“脱钩”程度见表 7-27。

表 7-27　1996—2009 年北京 EC3 与其 CO_2 排放量“脱钩”“复钩”年数

名称	年数/个	占比/%
衰退性“脱钩”	0	0.00
绝对“脱钩”	1	7.14
相对“脱钩”	5	35.71
扩张性“复钩”	8	57.14
绝对“复钩”	0	0.00
相对“复钩”	0	0.00
合计	14	100.00

表 7-27 显示，在 1996—2009 年的 14 个年份中，北京第三产业能耗与其 CO_2 排放量出现“脱钩”的年份为 6 年，占总年数的 42.85%，其中，主要表现为相对“脱钩”，为 5 年；扩张性“复钩”8 年，占总年数的 57.14%。这与北京第三产业能耗结构有直接的关系。

为量化其“脱钩”程度，计算“脱钩”指数。见表 7-28。

表 7-28　1996—2009 年北京 EC3 与其 CO_2 排放量“脱钩”指数

年份	DI	年份	DI	年份	DI	年份	DI
1996	0.9888	2000	0.9752	2004	0.9875	2007	0.9944
1997	0.7686	2001	1.0155	2005	1.0107	2008	0.9779
1998	1.0462	2002	1.0144	2006	1.0193	2009	1.0059
1999	1.2802	2003	1.0378				

各年份“脱钩”指数平稳，这几年的平均“脱钩”指数为 1.0087。

7.4.2 北京交通运输、仓储和邮电业能源消耗与 CO_2 排放量关系的分析

根据北京交通运输、仓储和邮电业消耗的不同品种的能源，利用 CO_2 排放系数，折算出其由于能耗而产生的 CO_2 排放量，在此基础上，分别计算其环比增长速度。计算结果见表 7-29。

表 7-29　1996—2009 年北京 ECT、交通运输、仓储和邮电业 CO_2 排放量和排放强度（CO_2/ECT）环比增长速度　单位：%

年份	ΔECT	ΔCO_2	Δ（CO_2/ECT）	年份	ΔECT	ΔCO_2	Δ（CO_2/ECT）
1996	1.1804	1.1702	0.9914	2003	0.9712	1.0590	1.0904
1997	1.0506	1.0371	0.9872	2004	1.3420	1.2648	0.9425
1998	1.0921	1.0837	0.9923	2005	1.0884	1.0204	0.9376
1999	1.2120	1.1749	0.9694	2006	1.2751	1.3103	1.0276
2000	1.1064	1.1060	0.9997	2007	1.1644	1.2205	1.0482
2001	1.0802	1.1894	1.1011	2008	1.1822	1.1707	0.9903
2002	1.1804	1.0757	0.9113	2009	1.0314	1.0515	1.0194

将表 7-29 中的数据用图示显示。见图 7-14。

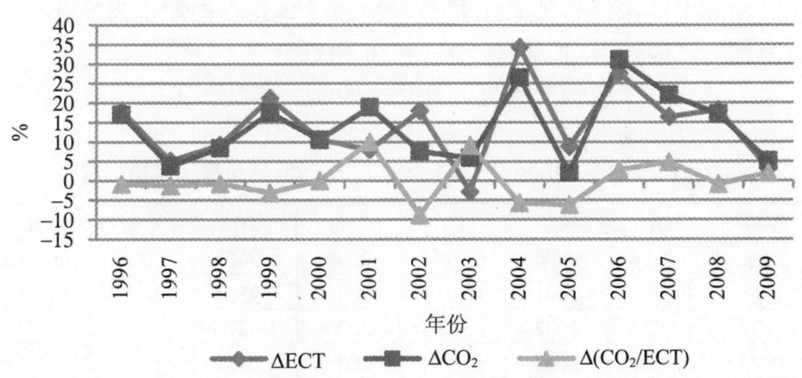

图 7-14　1996—2009 年北京 ECT、ECT 排放的 CO_2 和排放强度（CO_2/ECT）环比增长速度

图 7-14 显示，1996—2009 年，由于北京交通运输、仓储和邮电业能耗除了 2003 年为递减外，其余各年份均为增长，并且有的年份增速迅猛，如 2004 年，增速为 34.20%，各年 CO_2 排放量的变动受能耗总量及能源结构的影响。由于能耗与 CO_2 排放量各年增速主要为正数，因此“脱钩”“复钩”状态主要取决于二者的增速高低，若能耗增速大于 CO_2 排放量增速，表现为相对“脱钩”，反之，扩张性“复钩”。具体状态见表 7-30。

表 7-30 1996—2009 年北京 ECT 与其 CO_2 排放量“脱钩”“复钩”年数

名称	年数/个	占比/%
衰退性“脱钩”	0	0.00
绝对“脱钩”	0	0.00
相对“脱钩”	9	64.29
扩张性“复钩”	4	28.57
绝对“复钩”	1	7.14
相对“复钩”	0	0.00
合计	14	100.00

表 7-30 显示，在 1996—2009 年的 14 个年份中，北京交通运输、仓储和邮电业能耗与其 CO_2 排放量出现“脱钩”的年份为 9 年，全部为相对“脱钩”；扩张性“复钩”4 年。

为量化其“脱钩”程度，计算“脱钩”指数。见表 7-31。

表 7-31 1996—2009 年北京 ECT 与其 CO_2 排放量“脱钩”指数

年份	DI	年份	DI	年份	DI	年份	DI
1996	0.9914	2000	0.9997	2004	0.9425	2008	0.9903
1997	0.9872	2001	1.1011	2005	0.9376	2009	1.0194
1998	0.9923	2002	0.9113	2006	1.0276		
1999	0.9694	2003	1.0904	2007	1.0482		

各年份“脱钩”指数平稳中略有起伏，这几年的平均“脱钩”指数为 1.0006。

7.5 北京第三产业能耗变动影响因素分析

为进一步对第三产业能耗变动影响因素进行分析，本节从第三产业能耗和交通运输、仓储和邮电业能耗两个层面进行分析。

7.5.1 北京第三产业能耗变动因素分析

首先构建影响第三产业能耗变动因素关系式。第三产业能耗变动受两个因素的影响，一个因素是第三产业的产值能耗，另一个因素是第三产业增加值。现根据第三产业能耗、第三产业能耗强度和第三产业产值三个指标之间的关系，构建关系式如下，相对关系式见式（7.1），绝对关系式见式（7.2）。

$$\frac{EC3_1}{EC3_0}=\frac{\dfrac{EC3_1}{AV3_1}}{\dfrac{EC3_0}{AV3_0}}\times\frac{AV3_1}{AV3_0} \tag{7.1}$$

$$EC3_1-EC3_0=\left(\frac{EC3_1}{AV3_1}-\frac{EC3_0}{AV3_0}\right)\times AV3_1+(AV3_1-AV3_0)\times\frac{EC3_0}{AV3_0} \tag{7.2}$$

式中：EC3——第三产业能耗；

AV3——第三产业增加值；

$\frac{EC3}{AV3}$——第三产业产值能耗；

下标 1——报告期；

下标 0——基期。

根据历年北京第三产增加值、能耗和产值能耗指标，对第三产业能耗的变动进行因素分析。分析结果见表 7-32。

表 7-32　1981—2009 年北京第三产业能耗影响因素的测度

年份	EC3 指数	EC3/AV3 指数	AV3 指数	年份	EC3 指数	EC3/AV3 指数	AV3 指数
1981	0.9721	0.9171	1.0600	1996	1.1034	0.9730	1.1340
1982	1.0349	0.9417	1.0990	1997	1.1457	1.0121	1.1320
1983	1.0538	0.8485	1.2420	1998	1.0708	0.9725	1.1010
1984	1.0986	0.9020	1.2180	1999	1.1348	1.0260	1.1060
1985	0.9512	0.9111	1.0440	2000	1.1123	0.9852	1.1290
1986	1.1541	0.9975	1.1570	2001	1.1067	0.9785	1.1310
1987	1.1165	0.9567	1.1670	2002	1.1156	0.9847	1.1330
1988	0.9706	0.8506	1.1410	2003	1.0423	0.9377	1.1116
1989	1.0359	1.0647	0.9730	2004	1.1776	1.0412	1.1310
1990	1.2068	1.0651	1.1330	2005	1.1714	1.0325	1.1345
1991	1.0518	0.9186	1.1450	2006	1.1098	0.9713	1.1426
1992	1.0192	0.9108	1.1190	2007	1.1222	0.9724	1.1541
1993	1.0156	0.8979	1.1310	2008	1.0925	0.9711	1.1250
1994	1.0246	0.8910	1.1500	2009	1.0574	0.9597	1.1018
1995	1.1007	0.9135	1.2050				

数据来源：根据《北京统计年鉴 2010》数据计算得出。

如上所述，能耗总量的变动主要受产值能耗和增加值的影响，根据表 7-32 测算结果，除 1981 年、1985 年和 1988 年外，北京第三产业能源消耗总量减少，其余各年均表现为效率因素和规模因素共同作用导致北京第三产业能源消耗总量增长。其中，能源利用效率提高抑制能耗总量增长，年均节约 29.89 万 t 标煤；第三产业增加值扩大促进能耗总量增长，年均增加 114.81 万 t 标煤。两个因素共同作用促使北京第三产业能源消耗总量年均增加 84.92 万 t 标煤。效率因素和规模因素各年对北京第三产业能耗总量影响的绝对量变动趋势如图 7-15 所示。

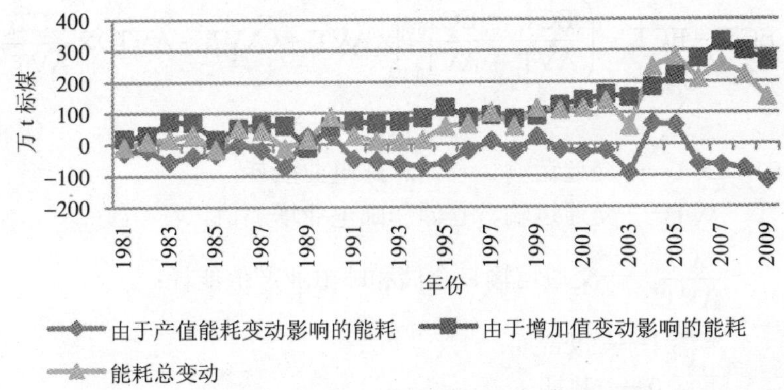

图 7-15　1981—2009 年北京第三产业能耗总量变动影响因素绝对量测度

如图 7-15 所示，1981—2009 年，北京第三产业效率因素影响和规模因素影响作用相反，由于能源利用效率的提高，使得第三产业能耗减少，由于增加值的增长，使得第三产业能耗增加，二者共同作用的结果，使得第三产业能耗年均增加 84.92 万 t 标煤，从近几年的增长趋势看，能耗增量逐年扩大。因此，单纯通过控制经济增速而降低能耗并不现实，提高能源利用效率是切实可行的手段。

7.5.2 北京交通运输、仓储和邮电业能耗变动因素分析

交通运输、仓储和邮电业能耗变动同样受两个因素的影响，一个因素是交通运输、仓储和邮电业产值能耗，另一个因素是交通运输、仓储和邮电业增加值。根据交通运输、仓储和邮电业能耗、交通运输、仓储和邮电业能耗强度和交通运输、仓储和邮电业增加值 3 个指标之间的关系，构建关系式如下，相对关系式见式（7.3），绝对关系式见式（7.4）。

$$\frac{\mathrm{ECT_1}}{\mathrm{ECT_0}}=\frac{\dfrac{\mathrm{ECT_1}}{\mathrm{AVT_1}}}{\dfrac{\mathrm{ECT_0}}{\mathrm{AVT_0}}}\times\frac{\mathrm{AVT_1}}{\mathrm{AVT_0}} \tag{7.3}$$

$$ECT_1 - ECT_0 = \left(\frac{ECT_1}{AVT_1} - \frac{ECT_0}{AVT_0}\right) \times AVT_1 + (AVT_1 - AVT_0) \times \frac{ECT_0}{AVT_0} \tag{7.4}$$

式中：ECT——交通运输、仓储和邮电业能耗；

AVT——交通运输、仓储和邮电业增加值；

$\frac{ECT}{AVT}$——交通运输、仓储和邮电业产值能耗；

下标 1——报告期；

下标 0——基期。

根据历年北京交通运输、仓储和邮电业增加值、能耗和产值能耗指标，对交通运输、仓储和邮电业能耗的变动进行因素分析。分析结果见表 7-33。

表 7-33　1981—2009 年北京交通运输、仓储和邮电业能耗影响因素的测度

年份	ECT 指数	ECT/AVT 指数	AVT 指数	年份	ECT 指数	ECT/AVT 指数	AVT 指数
1981	1.2300	1.0549	1.1660	1996	1.1804	0.8759	1.3477
1982	1.0492	0.9907	1.0590	1997	1.0506	0.8648	1.2148
1983	0.8949	0.7794	1.1483	1998	1.0921	0.9488	1.1510
1984	1.1279	0.9453	1.1931	1999	1.2120	1.0840	1.1180
1985	1.1227	1.0323	1.0875	2000	1.1064	0.9695	1.1411
1986	1.4023	1.1434	1.2264	2001	1.0802	1.3011	0.8302
1987	1.1535	0.9701	1.1890	2002	1.1804	1.1059	1.0673
1988	0.8342	0.8582	0.9720	2003	0.9712	0.9159	1.0603
1989	0.9595	1.1064	0.8672	2004	1.3420	1.2469	1.0763
1990	1.6138	1.3905	1.1606	2005	1.0884	0.9594	1.1345
1991	1.0840	0.8115	1.3358	2006	1.2751	1.1353	1.1232
1992	1.0899	0.9545	1.1418	2007	1.1644	1.0837	1.0745
1993	1.0315	0.9914	1.0405	2008	1.1822	1.1822	1.0000
1994	1.0033	0.6473	1.5500	2009	1.0314	1.2648	0.8155
1995	1.1173	0.8332	1.3410				

数据来源：根据《北京统计年鉴 2010》数据计算得出。

表 7-33 显示，AVT 指数，除了 4 个年份减少外，其余各年均为上升；能源利用效率状况不容乐观，有近一半的年份出现上升，说明利用效率的降低，而且近几年上升趋势强劲，增加了能源消耗量。计算结果表明，由于产值能耗水平的降低而增加的能耗为每年 16.61 万 t 标煤，由于 AV3 的增加而多消耗的能源为年均 17.32 万 t 标煤，二者共同作用的结果，使得 ECT 年均增加 33.93 万 t 标煤。效率因素和规模因素对北京交通运输、仓储和邮电业能耗总量影响的绝对量变动趋势如图 7-16 所示。

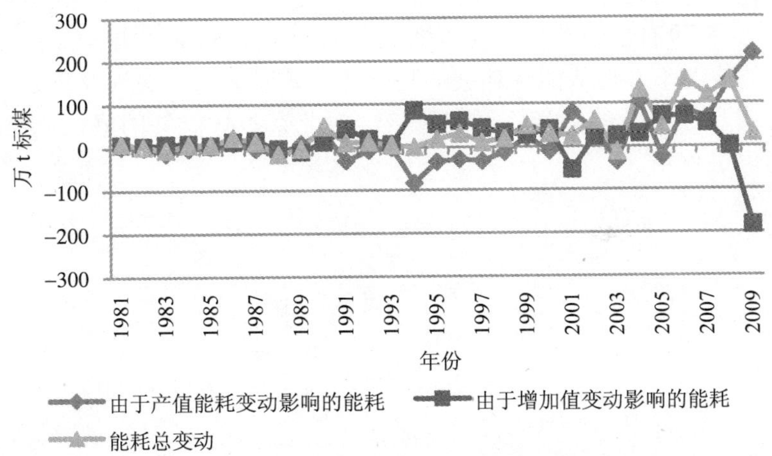

图 7-16　1981—2009 年北京交通运输、仓储和邮电业能耗总量变动影响因素绝对量测度

图 7-16 所示，1981—2009 年，北京交通运输、仓储和邮电业效率因素影响和规模因素影响作用相同，由于能源利用效率的降低和 AVT 的增加，均使得 ECT 增加。由此看出，减缓北京第三产业的能耗增速，关键是控制交通运输、仓储和邮电业的能耗量，提高其能源利用效率，这是北京节能降耗新的突破口。

7.6 本章小结

伴随北京产业结构调整，北京第三产业增加值和所占比重逐年上升，同期能耗绝对量增长迅猛，占北京能耗总量的构成已超过第二产业，成为北京新的能耗主要产业部门。第三产业中的主要耗能行业是交通运输、仓储和邮电业，其能源利用效率较低，成为第三产业能耗增长的主要因素，交通运输、仓储和邮电业增加值与其能耗体现为较为明显的“复钩”状态，即使为“脱钩”，也是相对“脱钩”，而没有出现理想状态的绝对“脱钩”。在北京结构节能空间减小的情况下，将节能降耗突破口向第三产业转移，关注交通运输、仓储和邮电业的能耗降低问题将会对北京整体能耗的降低产生新的促进作用。

行业部门篇

- 北京工业经济、能耗、环境之间关系的研究
- 北京建筑业增加值、能耗、环境之间关系的研究
- 北京居民生活水平、生活能耗、环境之间关系的研究
- 综合分析

第 8 章　北京工业经济、能耗、环境之间关系的研究

在第 3 章的分析中看出，1978—2009 年以来，北京工业增加值的增速在更多的时间段中低于全国和东部地区工业增加值的增速，并且北京能耗总量在东部地区所占比重高于其生产总值所占比重。1981—2009 年，在能源消耗量中，北京工业能耗在能源消耗总量中所占比重平均为 56.80%，而同期工业增加值在北京生产总值所占比重为 26.19%，其能耗比重高于产值比重 30.61 个百分点，说明北京工业能耗效率有待提高。本章在对北京工业发展分析的基础上，主要从北京工业增加值、工业能耗现状分析入手[①]，进一步研究北京工业增加值与其能耗、环境质量的变动关系，量化由于北京产业结构的变动，特别是工业增加值构成的变动所节约的能源，探讨北京今

① 在第 3 章中已分析了工业废弃物排放量变动，在本章中不再赘述。

后节能减排的重点。

8.1 北京工业经济发展变动分析

新中国成立以来，北京已由一个经济落后的消费成市，逐步发展建设向世界城市迈进。在经济总量发生巨大变动的同时，各产业结构也在产生不同程度的变化，现仅分析北京工业产值的变动过程与变化特征。

8.1.1 北京工业增加值总体变动分析

根据《北京 60 年，1949—2009》中的数据，1952—2009 年以来，北京工业增加值以近乎呈现几何级数的发展态势，年均增速为 11.10%，高于同期的北京生产总值增速和其他产业增速。综合分析，可将北京工业增加值发展轨迹分为以下两个变动阶段：

8.1.1.1 新中国成立后 30 年（1949—1979 年）

新中国成立后 30 年，北京从消费型城市转变成生产性城市，工业发展速度每年递增 13.26%（按 2005 年不变价计算），覆盖冶金、矿山、化工、印刷、医药、机电、制造、建材等行业，初步建立了门类齐全、实力雄厚、相当规模的工业体系。这段时期，北京的经济建设始终是以发展大工业为指导思想的。在这种思想指导下，北京迅速成为我国重要的新兴工业基地，实现了从“消费城市”向“生产城市”的转变。这种转变的效应是双向的，一方面，为促进经济和社会发展作出了重要贡献，但同时也带来经济结构不合理、资源消耗过度、生态环境恶化等一系列问题，影响了首都功能的发挥。

例如，在 1958 年“大跃进”时期建设的 3000 多个街道工厂，许多位于城市居民区中，对城市居住环境造成了极大的影响。到改革开放前夕，由于首钢、重型机械厂、锅炉厂等大规模扩建，工业污染进一步加重。此时期北京工业增加值的比重上升到 66%，成为北京经济发展的龙头产业。

8.1.1.2 改革开放后 30 年（1979—2009 年）

随着改革开放的推进，北京的产业结构发生了较大的变化，从各产业之间的变化看，北京工业产值构成由 1979 年的 64.42%下降到 2009 年的 19%，与此同时，第三产业构成逐年上升，截止到 2009 年，第三产业构成为 75.5%，接近发达国家的第三产业的构成比例。若进一步分析工业内部结构的变化，在 20 世纪 80～90 年代初期，起带动作用的是以电视机、电冰箱、洗衣机等为代表的新兴家电业；90 年代以来，包括住宅、城市基础设施建设、IT 等产业成为新的增长行业。目前，北京工业产业结构变动进入了新的调整阶段，2009 年，现代制造业和高技术制造业实现的工业增加值在北京整个工业的增加值中占到 70%，成为当前新的主要高增长产业。这与城市政府发展“首都经济”意识的提升有关。

现将北京工业增加值总体变动通过图 8-1 显示。

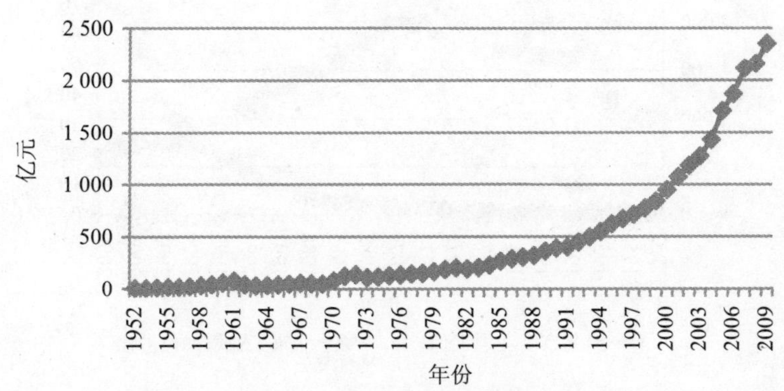

数据来源：北京市统计局、国家统计局北京调查总队编.《北京六十年，1949—2009》. 北京：中国统计出版社，2009。

图 8-1　1952—2009 年北京工业增加值

通过对 1952—2009 年北京工业增加值数据拟合趋势方程，其变动轨迹接近指数变动曲线，方程为 $y = 13.10\mathrm{e}^{0.088x}$， $R^2 = 0.967$ 。当然，此方程描述的是北京工业增加值已发生的变动轨迹，随着北京产业结构进一步调整，这一轨迹将会出现较为平缓的变动趋势。

8.1.2 北京工业增加值构成变动分析

北京工业发展起点水平较低，由此计算的近 60 年的工业增加值增速水平则较高，高于同期北京生产总值和北京第一产业和第三产业增加值增速，但若具体分析工业增加值的构成，情况并非如此。

8.1.2.1 北京工业增加值占北京地区生产总值比重分析

60 年来，北京经济整体水平的提升，产业结构发生了较大变化，工业产值构成在北京其他产业的发展影响下，呈现一个不典型的“倒U”形分布，即前 30 年工业产值构成波动上升，后 30 年平稳下降。见图 8-2。

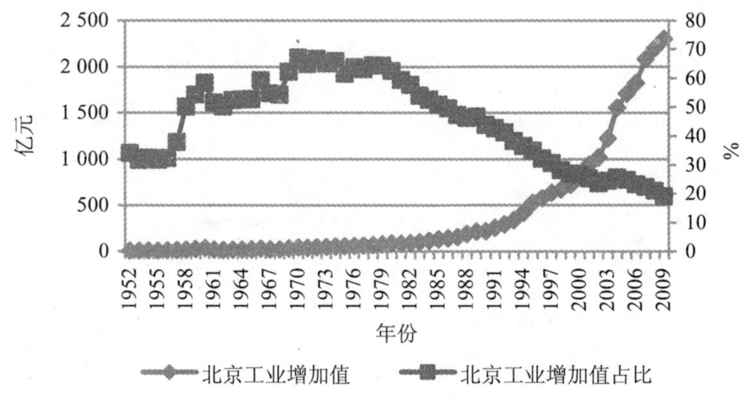

图 8-2 1952—2009 年北京工业增加值

图 8-2 显示，在北京工业增加值稳步上升的同时，工业增加值所占北京地区生产总值比重呈现由高到低的变动过程。在 20 世纪 50～80 年代，北京工业产值构成在 50%以上，特别是 1970 年，构成高达 70%。20 世纪 80 年代后，工业产值构成逐年下降，截止到 2009 年，工业产值构成降为 19.0%，为近 60 年的最低点，并随着北

京第三产业的进一步发展，工业产值所占比重还将继续下降，但其下降空间不大。

8.1.2.2 北京高能耗工业增加值占工业增加值比重分析

在北京工业部门中，有 5 个工业行业被认为是高能耗行业，它们每年的能耗量占整个工业部门能耗量的大部分，这 5 个高能耗工业行业分别是：石油加工、炼焦及核燃料加工业；化学原料及化学制品制造业；非金属矿物制造业；黑色金属冶炼及压延加工业；电力、热力的生产和供应业。根据北京历年统计年鉴，计算这 5 个高能耗工业行业工业增加值之和及其占整个工业部门增加值比重的变化，其变动趋势如图 8-3 所示。

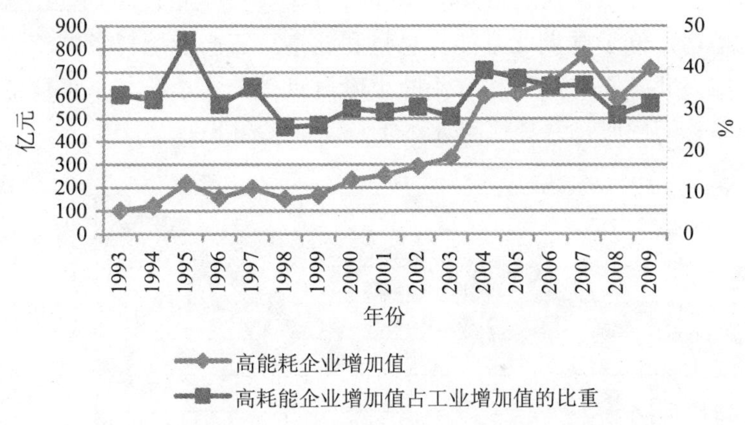

数据来源：《北京统计年鉴 2010》。

图 8-3　1993—2009 年北京 5 个高能耗企业增加值占工业增加值的比重

图 8-3 显示，5 个高能耗工业行业的增加值之和在 20 世纪 90 年代各年总量变动不大，21 世纪初为缓慢增长，2004 年增长的绝对量较为明显，之后在一个较高的增加值水平上，2008 年有所降低。同期高耗能企业的能耗占工业能耗总量的比重呈现为波动变化，在 1995 年，比重曾高达 46.59%，之后一直在 30%上下变化，2009 年，

比重相比 2008 年又有所回升，为 31.31%。高能耗企业产值的降低，将会直接影响到北京工业能耗，以至于影响到北京能耗总量的变化。

8.2 北京工业能源消耗变动分析

伴随北京产业结构的调整，工业产值构成的下降，工业能耗也在不断减少，在北京能源消耗总量中，工业能耗由 1981 年的 71.85%降低到 2009 年的 36.41%，年均递减 2.4%。现从北京工业能耗总量、工业能耗强度、工业能耗品种等方面对北京工业能源消耗变动进行分析。

8.2.1 北京工业能源消耗总量变动分析

从总量计算，1981—2009 年北京工业能耗总量以年均 2.02%的速度递增，低于同期北京能耗总量和北京第三产业能耗量的年均增速。这与北京工业产值构成不断下降有直接关系。在北京工业能耗缓慢增长的同时，其环比增速水平较低。见图 8-4。

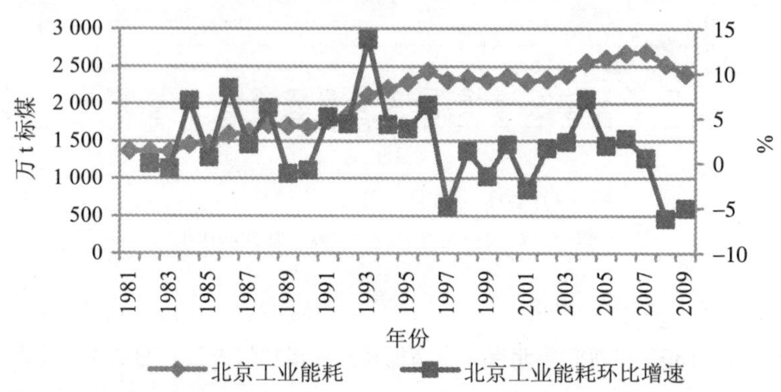

数据来源：《北京统计年鉴 2010》。

图 8-4　1981—2009 年北京工业能耗及其环比增速

图 8-4 显示，北京工业能耗总量曲线平缓上升，工业能耗环比增速稳中有降，特别是近 10 余年，北京工业能耗有 5 个年份出现绝

对量的减少，2009 年，北京工业能耗总量比上一年减少了 126.7 万 t 标煤，其环比增速为–5.03%，为北京完成“十一五”产值能耗降低目标作出了贡献。

8.2.2 北京工业能源消耗结构变动分析

从全国和东部地区的情况看，工业能耗一直占有绝大比重，北京的情况也不例外，其比重随同工业产值的降低也在减少，但是，二者降低的速率不同。工业产值构成年均递减 3.87%，能耗构成年均递减 2.40%。有数据表明，1980—2009 年，北京工业产值构成和工业能耗构成都呈现由高到低的变动过程，但二者之间存在一定的离差，即两个构成指标并非协调，能耗构成一直高于其产值构成，在 1998 年，构成差达到最大值，为 34.95 个百分点。为反映工业产值构成与其能耗构成的均衡性，计算工业产值与能耗偏离度。

$$\text{偏离度}E_i = \frac{\text{产值构成}}{\text{能耗构成}} - 1$$

若偏离度为正值表明产值构成大于能耗构成，其绝对值越小产业结构和能耗结构发展越平衡，为零时两者均衡。若大于 0，说明产值构成大于其能耗构成，能源利用效率高；若小于 0，说明能耗构成大于其产值构成，能源利用效率低。经过计算，北京工业产值构成和能耗构成偏离度如图 8-5 所示。

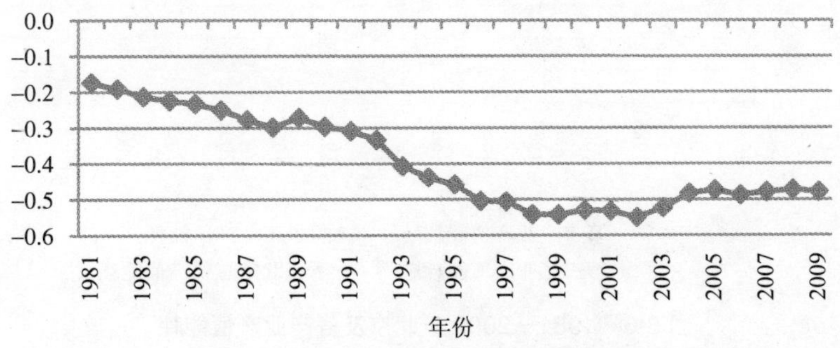

图 8-5 1980—2009 年北京产值和能耗偏离度

图 8-5 中，产值对能耗的偏离度始终小于 0，说明北京产值比重小于其能耗比重，二者并非协调，但从曲线变动趋势看，这种协调度有望趋于好转。

8.2.3 北京工业能源利用效率对比分析

北京工业产值能耗利用效率在前面的分析中已有涉及，在本节中主要将产值能耗和能耗弹性系数进行对比分析，包括北京工业能源利用效率与北京其他产业能源利用效率的对比、北京工业能源利用效率与其他 3 个直辖市工业能源利用效率的对比。

8.2.3.1 工业产值能耗水平的比较

从产值能耗[①]角度分析，北京工业产值能耗与其他各产业产值能耗相比，一直处于较高的水平，这与工业生产特点及生产技术有关。1981 年，北京工业产值能耗为 16.53t 标煤/万元，到 2009 年，下降到 1.03t 标煤/万元，绝对减少 15.49t 标煤/万元，年均下降 9.41%，但低于同期第三产业产值能耗。具体走势见图 8-6。

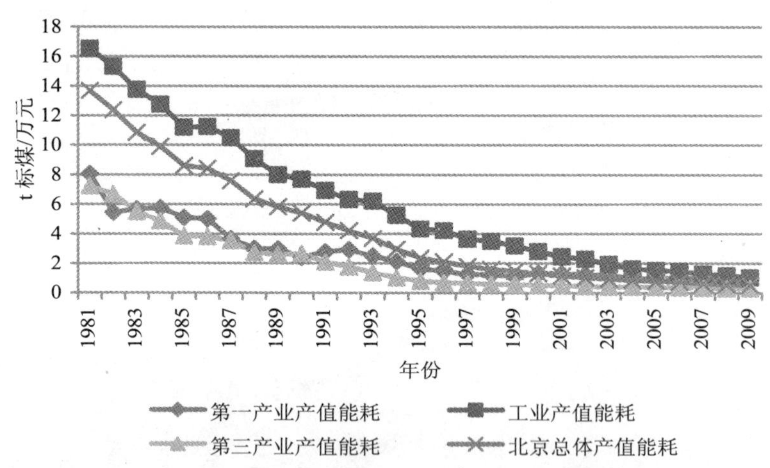

图 8-6 1981—2009 年北京及各产业产值能耗

① 产值能耗中的产值按 2005 年不变价计算。

很明显，与其他产业产值能耗相比，北京工业产值能耗一直较高，尽管近几年工业产值能耗与其他产业产值能耗差在缩小，但进一步降低的空间有限。对于北京而言，降耗的途径之一是进一步调整产业结构，增大第三产业结构，并在此基础上，做好节能的内功，即由结构降耗向内涵降耗转变。

若将对比的范围扩大，将北京与其他省市自治区进行比较，可以看出北京工业产值能耗在全国各省市自治区的位次。根据《中国能源统计年鉴》的数据，1985 年，北京工业产值能耗 11.78t 标煤/万元，在全国各省市自治区中的位次为第 11 位，低于上海、浙江、广东、江苏、天津、福建等地；2009 年，北京工业产值能耗位次上升到第 2 位，仅低于广东，为 0.909t 标煤/万元，说明北京工业能耗效率在提高。1985—2009 年中几个时间点的北京、上海、天津和重庆 4 个直辖市的工业产值能耗水平如图 8-7 所示。

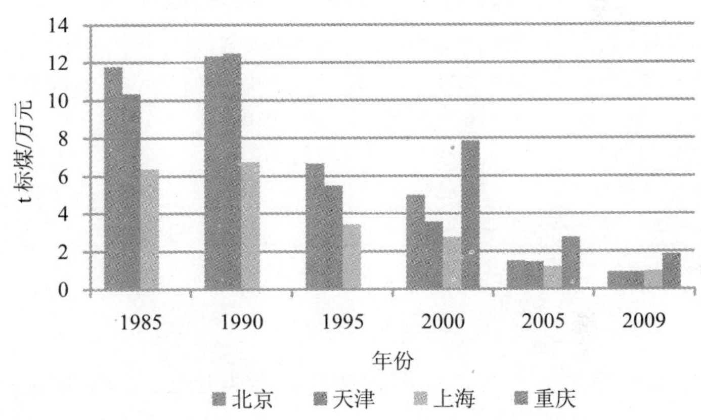

注：2000 年后有重庆数据。

数据来源：历年《中国统计年鉴》。

图 8-7　1985—2009 年 4 个直辖市工业增加值能耗

与其他 3 个直辖市相比，在 2000 年之前，北京工业产值能耗水平基本位于领先，天津与北京水平接近，上海则显示较低的工业产值能耗；2000 年之后，重庆工业产值能耗明显高于其他 3 个城市的水平，但其下降幅度同样显著，如 2000 年，重庆高于北京 2.87t 标煤/万元，到 2008 年，这一差距缩小为 0.4t 标煤/万元。从 2009 年数据看，这 4 个直辖市的工业能耗水平相当。若要进一步分析其原因，需要结合当地的自然条件和经济发展水平。

8.2.3.2 工业能耗弹性系数的比较

第一，静态横向比较。能源消耗弹性系数是衡量某一变量的变化引起另一相关变量的相对变化的指标。通常表示为在某一变量变化 1%时，另一变量变化的相对程度。由于各产业在生产过程中科技水平的差异，导致各产业单位增加值的能耗水平也不尽相同。观察各产业能源消耗弹性系数，以明确各产业的降耗空间。见表 8-1。

表 8-1　2009 年北京各产业能耗弹性系数

产业	能耗增长率%	增加值增长率*%	能耗弹性系数
第一产业	0.71	4.6	0.1543
第二产业	0.99	10.4	0.0952
其中：工业	–5.03	8.8	–0.5716
第三产业	5.86	10.2	0.5745
北京平均水平	3.84	10.2	0.3765

* 增加值增长率按可比价格计算。

资料来源：《北京统计年鉴 2010》。

表 8-1 显示，北京工业能耗弹性系数为负数，说明在工业能源绝对量减少的条件下，工业产值却在增长，出现了真正意义的经济发展与能耗的“脱钩”状态，这是北京多年进行产业结构调整的结果。与此同时，北京第三产业的能耗弹性系数大于其他各产业的弹性系数，为 0.5627，尽管没有达到 1 或者超过 1 的水平，但相比较而言，北京第三产业能源利用效率较低，在北京工业节能潜力空间不大的情况下，应将节能的关注点转向第三产业，使其成为北京新的节能降耗的产业。

若与其他 3 个直辖市的工业能耗弹性系数进行比较，以分析北京工业能源利用效率水平。见表 8-2。

表 8-2 2009 年 4 个直辖市工业能耗弹性系数

直辖市	工业能耗增长率%	工业增加值增长率%	工业能耗弹性系数
北京	–5.03	8.8	–0.5716
天津	7.91	18.3	0.4322
上海	4.50	2.85	1.5789
重庆	24.07	17.4	1.3833
全国平均水平	4.99	8.7	0.5736

资料来源：《北京统计年鉴 2010》，《中国统计年鉴 2010》。

从各直辖市能耗弹性系数看，重庆能耗增长率为增加值增长率的 1.38 倍，弹性系数较高，说明能源利用效率较低；北京在 4 个直辖市中能耗弹性系数最低，为–0.5716，说明北京用较少的能源消耗支撑较高的经济增长。

第二，进行动态分析。根据历年《北京统计年鉴》的数据，计算出 1982—2009 年北京工业能耗弹性系数。见图 8-8。

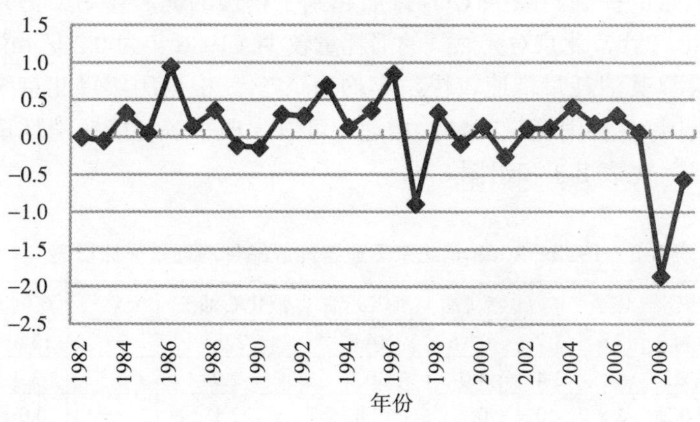

数据来源：根据历年《北京统计年鉴》，按现价计算。

图 8-8 1982—2009 年北京工业能耗弹性系数

弹性系数可以反映能耗与经济增长的协调关系，也反映了能源的利用效率。尽管图 8-8 中的能耗弹性系数小于 1，说明能耗增速慢于经济增速，但是，能耗总量在扩大，能耗弹性系数究竟处于什么水平才是一种比较安全的水平引起学者的关注。目前，人们倡导“四倍数革命”，即资源使用减半，人民福祉加倍，根据现有的发展状况，北京正努力实现“1 倍数革命”，即资源消耗量不变，经济实现翻番。这需要不同方面做出切实可行的工作才有可能实现。

8.2.4 北京工业能源消耗品种变动分析

对于北京工业能耗品种变动分析可以从实物量和标准实物量两个方面进行分析。

8.2.4.1 北京工业能耗品种总量分析

北京工业能耗品种包括煤炭、焦炭、电力、燃料油、汽油、煤油、柴油等。从各自消耗量动态变化看，北京燃料油消耗量以年均 8.26%的速度下降，其他品种为上升趋势。煤炭增速最为缓慢，2009 年北京工业煤炭的消费量连续 3 年出现了绝对量的减少，这对北京环境质量的提高、减少 CO_2 排放起到了积极的促进作用。另外，20 世纪 80 年代，北京对天然气的消耗量较少（1986 年为 0.2 亿 m^3），因此，计算其消耗量增速较快，年均为 17%。根据历年《北京统计年鉴》，计算各种消耗量的环比增速，可以大概了解各能源消耗量的变动特征，见表 8-3 和组图 8-9。

表 8-3　1982—2009 年北京工业各能源品种消耗量环比增速　单位：%

年份	煤炭	焦炭	电力	燃料油	汽煤柴油	液化石油气	天然气	煤气	热力
1982	–4.3	7.6	3.7	–11.6	14.8	2.9	—	13.6	6.0
1983	2.2	–2.5	3.4	4.0	30.1	–2.9	—	–3.4	–4.4
1984	9.2	3.8	4.0	0.1	7.4	22.1	—	0.0	5.5
1985	2.9	3.4	4.9	–2.4	14.6	–37.3	—	–2.7	1.0
1986	1.9	–0.4	3.8	6.4	–21.5	13.5	—	–0.9	14.1

年份	煤炭	焦炭	电力	燃料油	汽煤柴油	液化石油气	天然气	煤气	热力
1987	3.9	5.8	6.3	2.4	54.7	–27.1	—	7.3	2.7
1988	1.5	3.3	5.9	3.4	14.9	–53.5	50.0	–2.6	–6.1
1989	0.6	4.7	–0.6	–2.2	19.7	–5.0	33.3	–9.6	195.0
1990	–7.3	9.4	8.5	3.5	2.8	5.3	–25.0	6.8	7.0
1991	7.0	6.4	2.2	11.5	–14.5	75.0	0.0	26.4	–0.9
1992	3.6	4.3	9.7	–1.3	4.1	–60.0	–33.3	12.9	0.7
1993	–2.4	48.6	6.9	–49.1	3.1	242.9	0.0	7.0	128.6
1994	–2.9	28.5	2.5	–13.9	6.4	2.1	0.0	–26.2	27.6
1995	–7.6	1.6	8.4	4.0	8.0	–26.5	0.0	–5.6	–4.5
1996	17.5	–0.2	4.3	57.9	–18.1	97.2	0.0	3.4	–4.2
1997	–3.9	–4.7	1.9	–20.8	–4.5	7.0	50.0	0.8	–15.0
1998	11.5	0.3	1.2	–36.0	9.5	–5.3	0.0	4.1	0.3
1999	3.8	–8.6	–1.5	–21.2	20.0	–4.3	36.7	–3.5	–5.2
2000	–6.9	2.7	4.2	–29.4	–3.3	–14.1	26.8	–7.6	5.5
2001	6.7	–3.7	–4.7	–26.3	7.6	15.7	171.2	816.8	1.0
2002	–16.1	–11.9	6.9	–7.0	5.7	–36.8	–29.1	–4.6	1.5
2003	–5.2	14.3	3.3	–36.1	6.6	–29.3	57.0	2.9	14.8
2004	1.8	–28.5	15.3	70.3	46.5	55.6	8.3	–1.0	–14.8
2005	6.4	–16.0	7.0	–1.8	–6.7	21.4	47.6	–4.4	11.0
2006	9.7	–12.9	8.4	–2.4	7.6	29.2	42.2	–17.4	2.3
2007	–1.4	5.8	2.9	1.4	6.8	17.8	50.1	0.4	–7.7
2008	–20.3	–32.9	–1.7	75.1	6.5	72.7	26.1	3.5	–6.7
2009	–0.6	–12.1	–1.0	–69.3	11.6	–85.6	–0.4	–38.0	–2.3

资料来源：《北京统计年鉴 2010》。

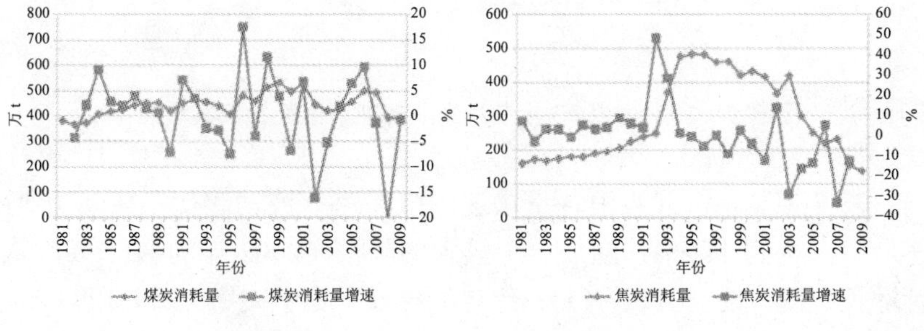

（1）　　（2）

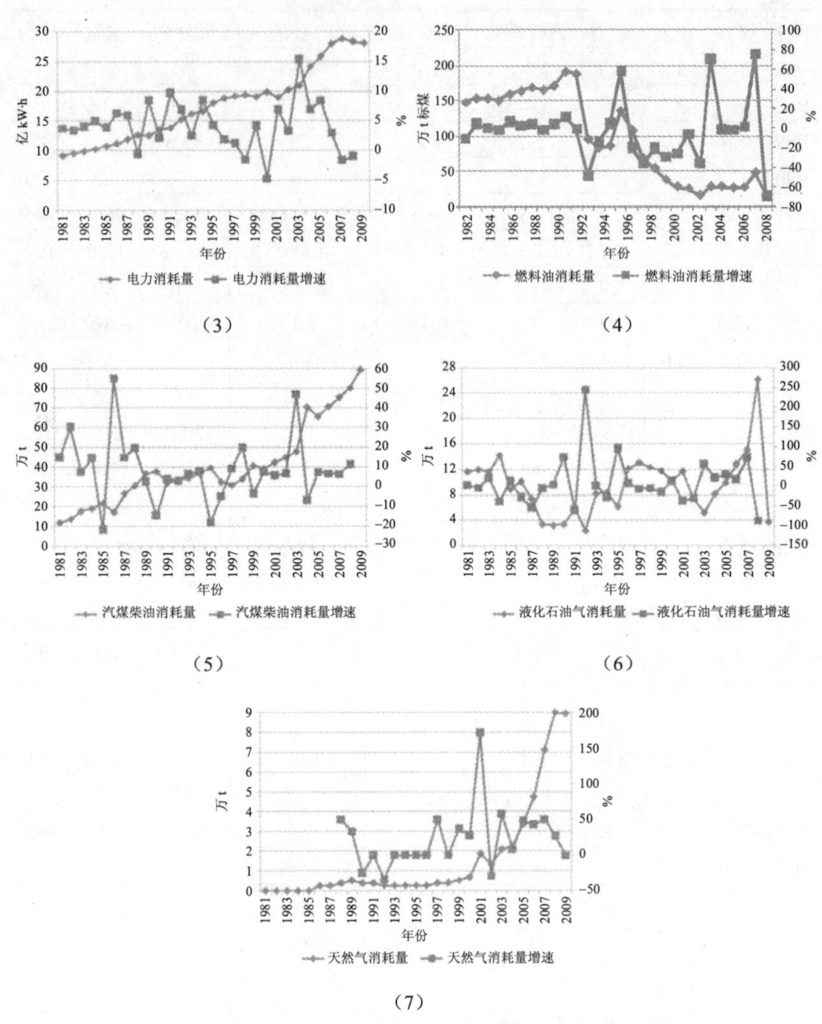

图 8-9　1981—2009 年北京工业各能源消耗量及其增速

表 8-3 显示，煤炭消耗量增速围绕增速 0 波动起伏，1998 年增速最高，达到 11.5%，随后一个较大的降幅，2002 年为–16.1%，总量增长缓慢，见组图 8-9（1）；焦炭消耗量平稳中突增突减，1993 年，增速高达 48.6%，之后 10 余年以降低为主，2004 年，降速为 28.5%，

见组图 8-9（2）；电力消耗量一路上扬，年均增速为 4.49%，近几年增速势头迅猛，2004 年为 15.3%，2010 年北京电力消耗量几次刷新历史纪录，见组图 8-9（3）；燃料油是用于燃烧提供热能的石油产品，其消耗量是几种能源消耗中唯一绝对量减少的能源，1981 年燃料油消耗量为 116.8 万 t，2009 年降至 14.91 万 t，这极大优化了北京能源的消耗结构，在一定程度上缓解了北京石油产品短缺的用能紧张现状，见组图 8-9（4）；汽煤柴油基数较低，到 2009 年，其消耗量比 1981 年翻了 2 番多，致使其年均增速高达 7.45%，见组图 8-9（5）；液化石油气的消耗量 2008 年达到较高水平，为 26.06 万 t，2009 年，急剧下降到 3.75 万 t，由于其消耗量不大，所以一个微小的变化就会带来一个较大的变动幅度，1992 年历史消耗的低点 1.4 万 t，1993 年有 3.4 万 t 增加的消耗量，就形成了 2.43 倍的增长，见组图 8-9（6）；天然气消耗量并不高，1986—1999 年，天然气消耗量一直在 0.2 亿～0.5 亿 m^3 变化，进入 21 世纪后，消耗量增长明显，截止到 2009 年，达到 5.4 亿 m^3，由于基数原因，致使北京天然气消耗量在近几年增速较快，均为 40%左右，见组图 8-9（7）。

由于在 2001 年后，北京煤气消耗量中含高炉煤气，1989 年及以后将蒸汽消费量折算后计入热力中，致使北京煤气和蒸汽消耗量在不同年份包含的内容不尽相同，因此，在此暂不分析其变动情况。

从上述能源消耗品种实物量分析看出，除了燃料油消耗量呈现总量降低的趋势外，其他几种能源消耗量均为不同程度的增长，煤炭增长缓慢，焦炭消耗量增中有降，电力和汽煤柴油消耗量直线上升，天然气近几年陡增。

8.2.4.2 北京工业能耗品种结构分析

能源品种实物量分析只能从各自的消耗变动进行动态分析，从整体结构上分析北京工业能耗品种变动情况，还需要进行标准量的测算。由于所掌握的能源品种类别划分较粗，所以只能大概估算各能耗的标准量。根据各自标准消耗量计算能耗品种结构，见表 8-4。

表 8-4　1981—2009 年北京工业各能耗品种结构　　单位：%

年份	煤炭	焦炭	电力	燃料油	汽煤柴油	液化石油气	天然气	煤气	热力
1981	49.67	20.84	1.20	21.73	1.55	1.52	0.00	0.82	2.67
1982	48.75	22.98	1.27	19.71	1.83	1.60	0.00	0.96	2.90
1983	48.99	22.05	1.29	20.16	2.34	1.53	0.00	0.91	2.73
1984	50.44	21.58	1.27	19.02	2.37	1.76	0.00	0.86	2.71
1985	51.13	21.99	1.31	18.29	2.68	1.09	0.00	0.82	2.70
1986	51.03	21.46	1.33	19.06	2.06	1.21	0.03	0.80	3.02
1987	50.63	21.68	1.35	18.64	3.04	0.84	0.03	0.82	2.96
1988	50.39	21.96	1.41	18.89	3.42	0.38	0.04	0.78	2.72
1989	47.45	21.52	1.31	17.30	3.84	0.34	0.06	0.66	7.51
1990	44.02	23.55	1.42	17.92	3.95	0.36	0.04	0.71	8.04
1991	44.24	23.52	1.36	18.76	3.17	0.59	0.04	0.84	7.48
1992	44.75	23.94	1.46	18.09	3.22	0.23	0.03	0.93	7.36
1993	39.00	31.78	1.39	8.22	2.97	0.71	0.02	0.89	15.02
1994	34.14	36.80	1.29	6.39	2.84	0.65	0.02	0.59	17.28
1995	32.34	38.29	1.43	6.80	3.15	0.49	0.02	0.57	16.91
1996	34.93	35.11	1.37	9.87	2.37	0.89	0.02	0.54	14.90
1997	36.21	36.10	1.51	8.44	2.44	1.02	0.03	0.59	13.66
1998	39.78	35.68	1.50	5.32	2.63	0.96	0.03	0.60	13.50
1999	42.53	33.61	1.52	4.32	3.25	0.94	0.04	0.60	13.18
2000	40.74	35.50	1.63	3.14	3.23	0.83	0.06	0.57	14.30
2001	41.08	32.32	1.47	2.19	3.29	0.91	0.15	4.94	13.65
2002	38.61	31.89	1.76	2.28	3.90	0.64	0.12	5.28	15.52
2003	35.06	34.93	1.74	1.39	3.98	0.44	0.17	5.21	17.07
2004	39.01	27.32	2.19	2.60	6.37	0.74	0.21	5.64	15.91
2005	41.69	23.04	2.36	2.56	5.97	0.91	0.31	5.42	17.75
2006	45.04	19.78	2.52	2.46	6.33	1.15	0.43	4.41	17.88
2007	44.37	20.90	2.59	2.49	6.75	1.36	0.64	4.42	16.48
2008	40.83	16.20	2.94	5.05	8.31	2.71	0.93	5.28	17.76
2009	44.84	15.74	3.22	1.71	10.24	0.43	1.03	3.62	19.17

资料来源：《北京统计年鉴 2010》。

表 8-4 显示，尽管北京煤炭消耗量增长幅度不大，但其消耗量在北京能耗总量中所占比重一直比较高，加上焦炭的消耗量，二者占总体消耗量的比重约为 70%。与此相对应，北京清洁能源消耗量少之又少，面临北京能源匮乏、能源供需矛盾加剧的现状，优化能源消耗结构，是北京亟待解决的重要问题。

北京能耗品种结构与全国平均水平相比，虽然煤炭消耗比重略低于全国的水平，但清洁能源比重相差较大，2008 年，全国清洁能源消耗比重为 8.9%。根据“绿色北京”行动规划中的目标，北京可再生能源利用量占能源消费总量的比重到 2012 年上升为 5%，煤炭占能源消费总量的比重降为 25%。从目前情况看，北京需要做的工作还有相当的难度。

8.2.5 北京工业结构节能及潜力的分析

在《“绿色北京”行动计划（2010—2012 年）》中明确指出，北京产业结构调整由注重“关停并转”向“创新驱动、内涵挖潜”转变，能源结构进一步优化、清洁能源占能源消费总量比重稳步提升，节能潜力深入挖掘，节能技术推广应用和重点领域节能改造工程实施取得突破；推动大型资源综合利用循环经济园区建设，固体废弃物资源化利用和无害化处置水平显著提高。

正如上述分析结果，不同的产业产值能耗水平是不同的，北京工业产值能耗相比较其他产业而言，处于较高水平。在产值能耗不变的前提下，若单纯改变产业构成，同样会使得能耗总量的变化。比如，降低工业产值构成，在各产业产值能耗不变的条件下，会使北京能耗总量降低。现通过 1981—2008 年北京生产总值、北京工业产值、北京工业能耗等数据，计算各年由于北京工业产值构成的变动对工业能耗量影响的绝对量。计算公式如下：

工业能耗量指数＝北京生产总值指数×工业产值构成指数×工业产值能耗指数

即：

$$\frac{ECI_1}{ECI_0}=\frac{GDP_1}{GDP_0}\times\frac{\dfrac{AVI_1}{GDP_1}}{\dfrac{AVI_0}{GDP_0}}\times\frac{\dfrac{ECI_1}{AVI_1}}{\dfrac{ECI_0}{AVI_0}} \tag{8.1}$$

式中：ECI——工业能耗；

GDP——北京生产总值；

AVI——工业增加值；

下标“1”——报告期；

下标“0”——基期。

将 1981—2008 年北京地区生产总值、北京工业产值构成和北京工业产值能耗指标代入公式（8.1），计算各年由于上述 3 个指标的变动影响的工业能耗量。计算结果见表 8-5。

表 8-5　1982—2009 年由于工业产值构成的变动影响的工业能耗量

单位：万 t 标煤

年份	影响工业能耗量	年份	影响工业能耗量	年份	影响工业能耗量	年份	影响工业能耗量
1982	–406.79	1989	78.03	1996	–276.36	2003	42.36
1983	–774.03	1990	–393.80	1997	–153.81	2004	60.15
1984	–242.98	1991	–142.65	1998	–210.21	2005	–37.65
1985	–333.81	1992	–172.32	1999	–98.27	2006	–63.32
1986	–196.68	1993	–351.03	2000	–22.08	2007	–35.22
1987	–409.99	1994	–235.56	2001	–92.11	2008	–45.00
1988	–186.80	1995	–173.43	2002	–94.77	2009	–57.73

很明显，1982—2009 年，由于工业产值构成的变化所引起工业能耗量减少合计为 5025.9 万 t，这的确是个可观的数字。换句话说，如果北京工业产值构成保持不变，或者维持上一年的构成水平，在 28 年间，北京将多消耗 5000 万 t 标煤。由此看出，北京产业构成的优化，对北京能耗的减少起到了决定性的作用。

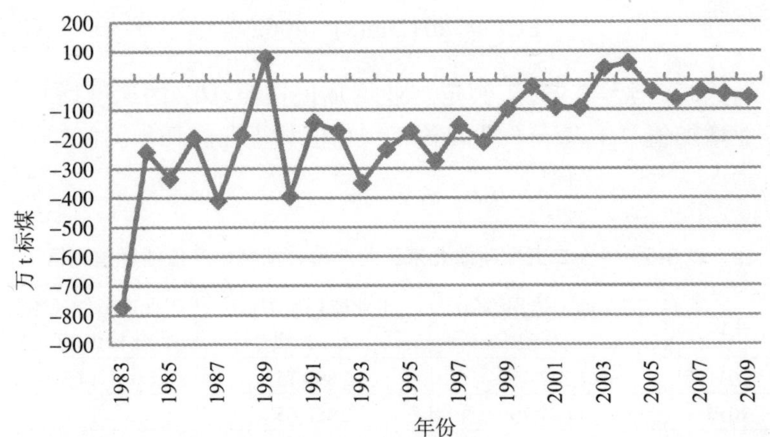

图 8-10　1982—2009 年北京工业产值构成变化对工业能耗量影响的绝对量

同样可以看出，图中曲线随着北京工业产值构成降低幅度的缩小，对北京工业能耗量影响的绝对数额也在变小，并且趋近于 0，说明北京仅通过降低工业产值构成而达到减少能耗的空间越来越小，或者说，产业构成节能的潜力不大。

8.2.6 北京工业能源需求发展趋势预测

工业部门的能源需求在全市能源需求占有很大的比例，工业部门能源需求的走势对北京未来能源需求有着深刻的影响。能源需求的预测方法有很多种，一般是利用历史数据建立相关分析模型，并结合将来的发展因素，预测出可能的未来需求发展状况。本书将北京工业增加值的变化作为引起北京工业能源需求的主要因素，通过工业增加值的变化预测“十二五”期间北京工业部门能源需求量的发展趋势，同时考虑相关因素的变化，对北京工业部门的能源需求的预测做出部分修正。

设工业能源消费为 ECI，工业增加值为 AVI。利用 SPSS 拟合方程：

$$\mathrm{ECI} = 401.3\ln(x) - 406.5 \quad (8.2)$$

此时，R^2=0.932。假定工业增加值按照 10%的速度增长，则工业增加值“十二五”期间各年预测值和工业能耗预测值如表 8-6 所示。

表 8-6 “十二五”期间北京工业产值、能耗、产值能耗预测值

年份	工业增加值预测值/亿元	工业能耗预测值/万 t 标煤	工业产值能耗预测值/（t 标煤/万元）
2011	1 777.46	2 899.15	1.63
2012	1 841.26	2 950.65	1.60
2013	1 905.06	3 002.14	1.58
2014	1 968.86	3 053.64	1.55
2015	2 032.66	3 105.13	1.53

伴随着北京经济的发展，工业生产还会以较高的速度在增长，工业能耗在短时间达到设定目标还有一定的难度，因为能耗的降低受到经济增长、产业结构变动、生活水平的提高等诸多因素的影响。能耗的降低是全社会的问题，只有全民全社会的共同努力，在科技水平支撑的条件下，能耗的降低才有可能实现。

8.3 北京工业经济发展、能源消耗、废弃物排放量关系的研究

研究北京工业经济发展、工业能耗、工业废弃物排放关系，主要是通过采用“脱钩”“复钩”理论和方法，根据 1981—2009 年数据，测度这三者之间的变动关系，观察是否存在“两两脱钩”现象和“复钩”的迹象。

8.3.1 北京工业经济增长与能源消耗“脱钩”关系研究

利用“脱钩”“复钩”理论与方法，从北京工业增加值增长总量

与能耗总量、经济增长与能耗品种两方面分别进行研究。

8.3.1.1 北京工业经济增长与工业能耗之间“脱钩”“复钩”测度

对北京工业增加值总量与工业能耗总量之间进行“脱钩”“复钩”测度时，利用可比价（按2005年价格计算）北京工业增加值（AVI）数据、工业能源消费总量（ECI）数据以及工业产值能耗（ECI/AVI）数据，分别计算各自的环比增长速度（Δ），计算结果见表8-7。

表8-7 1982—2009年北京AVI、ECI和ECI/AVI环比增长速度

单位：%

年份	ΔAVI	ΔECI	Δ(ECI/AVI)	年份	ΔAVI	ΔECI	Δ(ECI/AVI)
1982	–4.7	–0.0219	4.9088	1996	7.7	6.4975	–1.1165
1983	5.8	–0.5765	–6.0270	1997	6.1	–4.8702	–10.3395
1984	11.5	6.9967	–4.0388	1998	8.7	1.3320	–6.7783
1985	15.7	0.6602	–12.9989	1999	8.7	–1.4758	–9.3614
1986	9.1	8.3971	–0.6443	2000	12.8	2.0740	–9.5088
1987	5.0	2.0990	–2.7629	2001	13.2	–2.9176	–14.2381
1988	5.5	6.1674	0.6326	2002	10.2	1.6488	–7.7597
1989	13.0	–1.1514	–12.5233	2003	7.8	2.3562	–5.0499
1990	8.4	–0.7942	–8.4817	2004	12.2	7.1432	–4.5070
1991	1.9	5.1767	3.2156	2005	19.3	1.9174	–14.5705
1992	12.6	4.3919	–7.2896	2006	9.5	2.7318	–6.1810
1993	10.3	13.7881	3.1624	2007	13.1	0.5595	–11.0879
1994	10.5	4.3286	–5.5849	2008	2.2	–6.1802	–8.1998
1995	13.5	3.8351	–8.5153	2009	8.8	–5.0296	–12.7189

数据来源：历年《北京统计年鉴》整理得出。

将表8-7中的数据用图形表示。见图8-11。

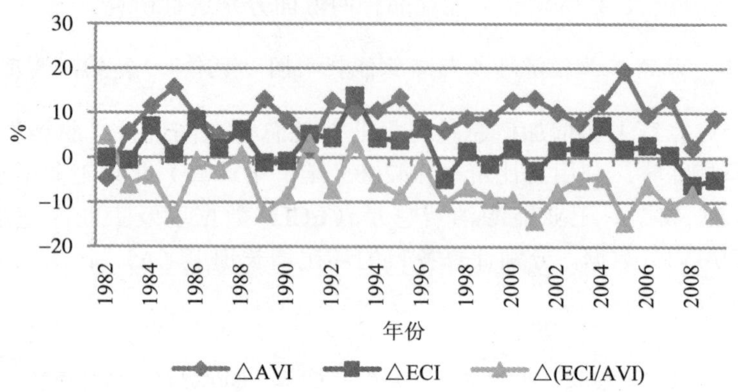

图 8-11　1982—2009 年北京 AVI、ECI 和 ECI/AVI 环比增长速度

图 8-11 显示，1982—2009 年，北京ΔAVI 全部大于 0，ΔECI 有 9 个年份小于 0，其余 19 个年份也呈现正值，Δ（ECI/AVI）除了 3 个年份，其余全部小于 0。根据第 2 章中对“脱钩”“复钩”的测度标准，北京自 1982 年以来，工业增加值与工业能耗之间主要呈现为“脱钩”状态，其中，8 个年份为“绝对脱钩”，16 个年份呈现为“相对脱钩”。有 3 个年份为扩张性“复钩”，1 个年份为相对“复钩”。从目前发展态势分析，在短时间还没有“复钩”的迹象。所以，从北京工业经济增长总量与其能耗总量之间关系变动看，北京已实现了“脱钩”。

8.3.1.2 北京工业经济增长与工业能耗品种之间“脱钩”“复钩”测度

从能耗总量“脱钩”测度看，北京工业经济发展是在其能耗量不断降低的条件下实现的，即呈现绝对“脱钩”状态。在此基础上，有必要进一步测度不同能源种类的“脱钩”与“复钩”走势，特别是利用北京煤炭、石油、天然气、热力和电力等不同能源消耗种类分别进行“脱钩”“复钩”的测度的结果，分析北京对不同能源品种的依赖程度。对不同能源品种的分析采用的是实物量，表中 CC 为煤炭消耗量；PC 为石油消耗量；NC 为天然气消耗量；HC 为热力消耗量；ECI 为电力消耗量。Δ为环比增速。具体数据见表 8-8。

表 8-8　1982—2009 年北京工业能耗品种环比增速　单位：%

年份	ΔCC	Δ(CC/AVI)	ΔPC	Δ(PC/AVI)	ΔNC	Δ(NC/AVI)	ΔHC	Δ(HC/AVI)	ΔECI	Δ(ECI/AVI)
1982	–0.60	4.30	–9.02	–4.53	—	—	6.02	11.25	3.74	8.86
1983	0.61	–4.90	5.56	–0.23	—	—	–4.40	–9.64	3.35	–2.32
1984	7.46	–3.63	2.21	–8.33	—	—	5.53	–5.36	3.99	–6.74
1985	2.95	–11.02	–3.33	–16.45	—	—	0.95	–12.75	4.92	–9.32
1986	1.17	–7.26	3.36	–5.27	—	—	14.14	4.62	3.77	–4.88
1987	4.49	–0.49	5.64	0.61	—	—	2.66	–2.22	6.28	1.22
1988	2.02	–3.30	2.84	–2.52	50.00	42.18	–6.10	–11.00	5.91	0.39
1989	1.71	–9.99	1.06	–10.57	33.33	17.99	194.96	161.03	–0.59	–12.02
1990	–1.97	–9.57	3.44	–4.57	–25.00	–30.81	6.98	–1.31	8.46	0.06
1991	7.00	5.01	7.94	5.93	0.00	–1.86	–0.88	–2.73	2.18	0.27
1992	3.94	–7.69	–2.05	–13.01	–33.33	–40.79	0.73	–10.54	9.68	–2.59
1993	15.26	4.50	–38.16	–43.94	0.00	–9.34	128.56	107.22	6.88	–3.10
1994	10.73	0.21	–7.87	–16.62	0.00	–9.50	27.62	15.49	2.50	–7.24
1995	–2.85	–14.41	3.13	–9.14	0.00	–11.89	–4.49	–15.85	8.43	–4.47
1996	7.86	0.15	36.81	27.03	0.00	–7.15	–4.18	–11.03	4.29	–3.16
1997	–4.28	–9.78	–15.95	–20.79	50.00	41.38	–15.00	–19.88	1.90	–3.96
1998	5.91	–2.56	–24.06	–30.14	0.00	–8.00	0.30	–7.73	1.15	–6.94
1999	–2.09	–9.93	–7.19	–14.62	36.67	25.73	–5.23	–12.81	–1.52	–9.40
2000	–2.68	–13.72	–17.72	–27.05	26.83	12.44	5.49	–6.48	4.15	–7.67
2001	7.91	–4.67	–6.22	–17.15	171.15	139.54	1.00	–10.78	–4.66	–15.78
2002	–13.65	–21.65	–4.71	–13.53	–29.08	–35.64	1.45	–7.94	6.87	–3.02
2003	3.57	–3.92	–11.07	–17.50	57.00	45.64	14.85	6.54	3.25	–4.22
2004	–12.46	–21.98	52.89	36.27	8.28	–3.49	–14.76	–24.03	15.28	2.75
2005	–2.98	–18.67	–3.24	–18.89	47.65	23.76	11.02	–6.94	7.00	–10.31
2006	0.18	–8.51	6.97	–2.31	42.23	29.89	2.31	–6.57	8.38	–1.03
2007	0.80	–10.87	6.71	–5.65	50.14	32.75	–7.71	–18.40	2.90	–9.02
2008	–22.59	–24.25	31.14	28.31	26.12	23.40	–6.74	–8.75	–1.67	–3.78
2009	–6.75	–14.30	–30.21	–35.86	–0.44	–8.50	–2.29	–10.20	–0.95	–8.97

数据来源：历年《北京统计年鉴》整理得出。

本问题根据北京工业消耗的 5 种能源，从各自能耗环比增速分析，煤炭消耗量出现环比增速为负的年数为 12 年，消耗石油制品环比增速出现负值为14个年份，天然气、热力和电力出现负值的年份分别为4年、11年和5年。从“脱钩”理论分析，经济发展与能源消耗出现“脱钩”，说明二者发展过程中出现背离，由于同期北京工业增加值逐年递增，使得同期工业增加值（AVI）环比增速除1982年外均为正值，所以在计算分品种增加值能耗Δ（能耗/工业增加值）大多为负值。这一结果与上述对工业能耗总量分析结果基本一致。但不同能耗仍然表现出不同的变动特征。见组图8-12。

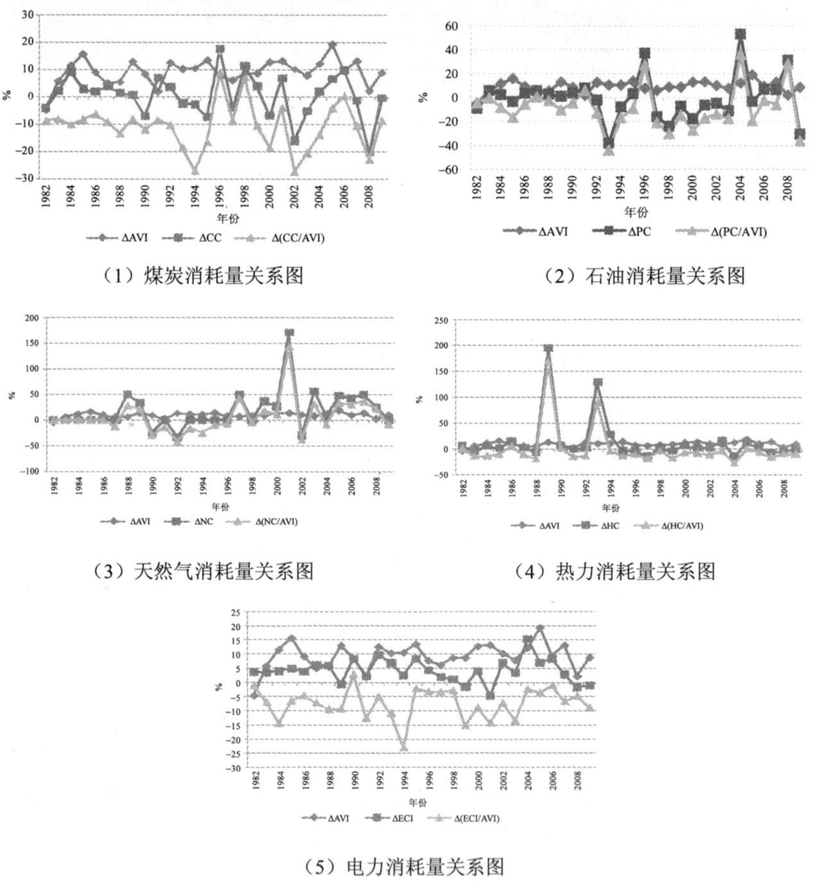

（1）煤炭消耗量关系图

（2）石油消耗量关系图

（3）天然气消耗量关系图

（4）热力消耗量关系图

（5）电力消耗量关系图

图8-12　1982—2009年北京工业增加值与煤炭、石油、天然气、热力、电力消耗量关系

观察组图 8-12 中各个分图，分图（1）是对工业增加值与煤炭消耗量“脱钩”的测度，在这 28 个年份中，主体发展趋势为“脱钩”态势，并有 11 个年份出现绝对“脱钩”，说明，伴随着工业增加值的增长，煤炭消耗量呈现递减迹象。从图形上看，这种“脱钩”势头强劲。说明北京对于煤炭的消耗处于较理想状态。

分图（2）显示北京对石油制品等消耗基本与煤炭走势类似，出现绝对“脱钩”的年份为 14 年，同时还有 9 年呈现相对“脱钩”，其余 5 个年份为“复钩”。石油消耗变动轨迹有 3 次较为明显的突增，分别是 1996 年、2004 年和 2008 年。这需要结合当时的发展背景分析。

分图（3）中的数据资料为 22 年，从 20 世纪末，北京天然气消耗量进入了高速增长期，2001 年，增幅达 171.15%，致使同期Δ（NC/AVI）为 1.4385，“复钩”程度大，之后几年一直延续这种“复钩”模式。出现“复钩”趋势并非绝对不好，要明确能源的类别。从广义上说，天然气属于清洁能源，但由于北京天然气需求巨大，未来北京新增的热电厂将全部采用天然气作为原料，用清洁的天然气作为原料供应热电厂，将有效降低首都的碳排放，显著提高空气质量，但也由此带来了 140 亿 m^3 天然气缺口，这就需要北京天然气有稳定的气源。

分图（4）中 3 条曲线的走势大体反映了北京热力消耗的基本情况。28 年来，北京热力消耗量有两个年份增量显著，1989 年ΔHC 为 194.96%，同期Δ（HC/AVI）为 169.06%，1993 年又出现了同样的高峰，随后热力的消耗量的增速低于同期工业增加值的增速，呈现“脱钩”走势。

北京对电力的消耗同样呈现良好态势。分图（5）显示，在 28 个年份中，有 5 个年份为绝对“脱钩”，1 个年份为扩张性“复钩”，其他 22 个年份均为相对“脱钩”。根据北京统计局提供的 1962—2008 年工业用电量变动数据，近似拟合多项式回归模型，二者的变动进入一个相对稳定通道，即伴随着工业经济发展，其用电量趋于平稳，并略有下降。

通过对以上不同能源品种“脱钩”分析，这几种能源消耗量“脱钩”明显，说明北京用较少或相同的消耗量承载着较高的工业增加值的增长，具体分布状态见表8-9。

表8-9 1982—2009年北京工业增加值与其能源消耗总量、能源消耗种类“脱钩”“复钩”年数

名称	能耗消耗总量		能源消耗种类									
			煤炭		石油制品等		天然气		热力		电力	
	年数	占比/%	年数	占比/%	年数	占比/%	年数	占比/%	年数	占比/%	年数	占比/%
衰退性“脱钩”	0	0.00	1	3.57	1	3.57	0	0.00	0	0.00	0	0.00
绝对“脱钩”	21	75.00	11	39.29	13	46.43	4	18.18	11	39.29	5	17.86
相对“脱钩”	7	25.00	13	46.43	9	32.14	7	31.82	11	39.29	17	60.71
扩张性“复钩”	0	0.00	3	10.71	5	17.86	11	50.00	5	17.86	5	17.86
绝对“复钩”	0	0.00	0	0.00	0	0.00	0	0.00	1	3.57	1	3.57
相对“复钩”	0	0.00	0	0.00	0	0.00	0	0.00	0	0.00	0	0.00
合计	28	100.00	28	100.00	28	100.00	22	100.00	28	100.00	28	100.00

8.3.1.3 北京工业经济增长与工业能耗品种之间“脱钩”指数的计算

为了更加明确北京工业增加值变动与各能源品种的“脱钩”关系，现计算“脱钩”指数，以量化“脱钩”程度。计算结果见表8-10。

表8-10显示，北京工业增加值与天然气消耗量出现了明显的“复钩”特征，而天然气消耗量的增加，对于优化北京能源结构，有助于实现北京“十二五”节能降耗总体目标，各能源平均“脱钩”指数分别是：煤炭0.9204、石油0.9141、天然气1.1143、热力1.0297、电力0.9549。

表 8-10　1982—2009 年北京工业增加值与能耗品种“脱钩”指数

年份	煤炭	石油	天然气	热力	电力	年份	煤炭	石油	天然气	热力	电力
1982	1.0430	0.9547	—	1.1125	1.0886	1996	1.0015	1.2703	0.9285	0.8897	0.9684
1983	0.9510	0.9977	—	0.9036	0.9768	1997	0.9022	0.7921	1.4138	0.8012	0.9604
1984	0.9637	0.9167	—	0.9464	0.9326	1998	0.9744	0.6986	0.9200	0.9227	0.9306
1985	0.8898	0.8355	—	0.8725	0.9068	1999	0.9007	0.8538	1.2573	0.8719	0.9060
1986	0.9274	0.9473	—	1.0462	0.9512	2000	0.8628	0.7295	1.1244	0.9352	0.9233
1987	0.9951	1.0061	0.9524	0.9778	1.0122	2001	0.9533	0.8285	2.3954	0.8922	0.8422
1988	0.9670	0.9748	1.4218	0.8900	1.0039	2002	0.7835	0.8647	0.6436	0.9206	0.9698
1989	0.9001	0.8943	1.1799	2.6103	0.8798	2003	0.9608	0.8250	1.4564	1.0654	0.9578
1990	0.9043	0.9543	0.6919	0.9869	1.0006	2004	0.7802	1.3627	0.9651	0.7597	1.0275
1991	1.0501	1.0593	0.9814	0.9727	1.0027	2005	0.8133	0.8111	1.2376	0.9306	0.8969
1992	0.9231	0.8699	0.5921	0.8946	0.9741	2006	0.9149	0.9769	1.2989	0.9343	0.9897
1993	1.0450	0.5606	0.9066	2.0722	0.9690	2007	0.8913	0.9435	1.3275	0.8160	0.9098
1994	1.0021	0.8338	0.9050	1.1549	0.9276	2008	0.7575	1.2831	1.2340	0.9125	0.9622
1995	0.8559	0.9086	0.8811	0.8415	0.9553	2009	0.8570	0.6414	0.9150	0.8980	0.9103

8.3.2 北京工业经济增长与环境质量“脱钩”关系研究

本部分内容主要分析北京工业增加值与北京环境质量的关系，由于数据资料的局限，北京环境质量主要用北京工业废气排放量、北京工业废水排放量、北京工业固体废弃物排放量和工业 CO_2 排放量。前 3 个排放量数据是 1981—2009 年，CO_2 排放量数据是 2000—2009 年。

8.3.2.1 北京工业经济增长与环境质量依存关系分析

若一个地区工业生产规模大、耗能较高，势必对该地区环境造成直接的影响。反之亦然。根据北京历年数据，勾画北京工业增加值（按 2005 年不变价计算）与各废弃物排放量的散点图，以观察两两变动关系。见组图 8-13。

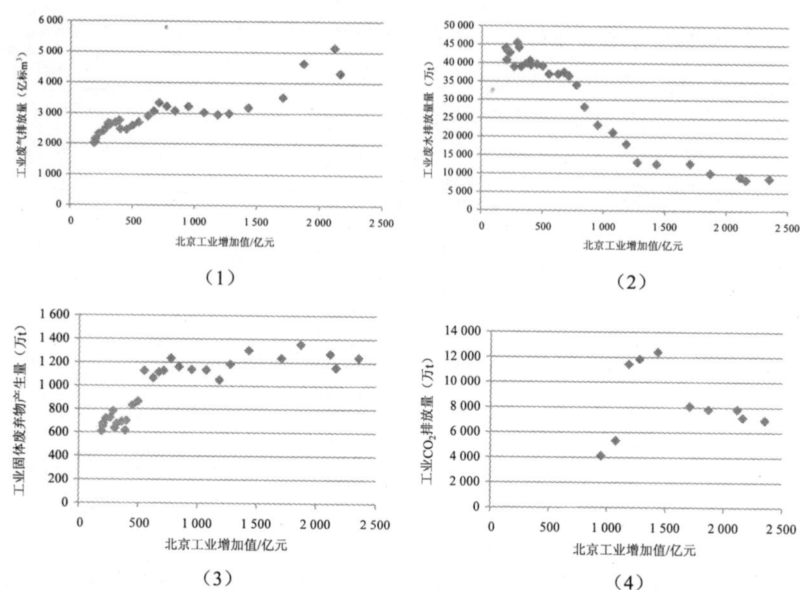

注：北京工业废气排放量数据为 1981—2008 年；北京工业废水排放量和工业固体废弃物产生量数据为 1981—2009 年；工业 CO_2 排放量数据为 2000—2009 年。

数据来源：历年《北京统计年鉴》整理得出。

图 8-13　1981—2009 年北京工业增加值与各种废弃物排放量或产生量散点图

组图 8-13 显示出 3 种不同的变动关系模式。图中（1）和（3），即北京工业增加值与工业废气排放量、北京工业增加值和工业固体废弃物产生量这两个图形走势大体呈现正相关的变动关系，即随着北京工业增加值的提高，废弃物也有不同程度的增长，相比较，工业废气排放量更为明显，而工业固体废弃物产生量在北京工业增加值在较低水平时（800 亿元以下），表现为明显的正相关，但 800 亿元以上时，这种同步上升的迹象减弱，即工业固体废弃物产生量基本维持在一个较为平稳的状态；图中（2）表现为较为显著的负相关变动关系，即随着北京工业增加值的上升，工业废水排放量持续下降；图中（4）由于数据资料有限，仅从图形走势上看，北京工业增加值与工业 CO_2 排放量之间变动轨迹显示出一个“倒 U”形趋势，即随着工业增加值的增加，最初是同增，随后则是减少，这种变动关系还有待继续观察。

将北京工业增加值与这几种废弃物排放量或产生量之间的变动关系用相关关系加以描述。相关分析结果见表 8-11。

表 8-11 1981—2009 年北京工业增加值与各种废弃物排放量或产生量相关系数

项目	相关系数
北京工业废气排放量	0.9093
北京工业废水排放量	−0.9596
北京工业固体废弃物产生量	0.8087
北京工业 CO_2 排放量	−0.0726

表 8-11 中计算的各项相关系数，验证了上述的图形分析，对两两变动关系进行量化界定。北京工业增加值与工业废气排放量的相关系数为 0.9093，为高度正相关；与工业废水排放量之间为高度负相关，为−0.9596；工业固体废弃物产生量的相关程度略小一些，为 0.8087；与工业 CO_2 排放量从图形上看为“倒 U”形，若计算二者的相关系数，则表现为无线性相关。

8.3.2.2 北京工业经济增长与环境质量之间“脱钩”“复钩”测度

这里进行的“脱钩”“复钩”的测度，依然是按照第 2 章中“脱钩”“复钩”模型进行。测度过程与结果见表 8-12。

表 8-12 1982—2009 年北京 AVI 与工业废弃物排放量或产生量* “脱钩”“复钩”环比增速

单位：%

年份	ΔEG	Δ(EG/AVI)	ΔEW	Δ(EW/AVI)	ΔES	Δ(ES/AVI)	ΔCO_2	$\Delta(CO_2/AVI)$
1982	−1.4153	3.4467	7.9773	13.3025	−6.7381	−2.1386	—	—
1983	6.7822	0.9283	−1.6087	−7.0026	11.0016	4.9165	—	—
1984	8.1595	−2.9960	−1.2638	−11.4473	6.3609	−4.6090	—	—
1985	3.3433	−10.6799	−8.9501	−21.3052	0.8345	−12.8483	—	—

年份	ΔEG	Δ(EG/AVI)	ΔEW	Δ(EW/AVI)	ΔES	Δ(ES/AVI)	ΔCO_2	$\Delta(CO_2/AVI)$
1986	5.0601	−3.7029	16.8612	7.1138	8.1379	−0.8818	—	—
1987	5.2112	0.2012	−2.9458	−7.5675	−18.7500	−22.6190	—	—
1988	−1.0131	−6.1736	−11.7904	−16.3890	5.8085	0.2924	—	—
1989	2.4640	−9.3239	2.3358	−9.4373	2.6706	−9.1410	—	—
1990	2.4417	−5.4966	1.8265	−6.0641	−10.8382	−17.7474	—	—
1991	−10.4009	−12.0715	−2.8838	−4.6946	13.6143	11.4958	—	—
1992	−0.6046	−11.7270	0.5397	−10.7108	18.8302	5.5331	—	—
1993	5.2311	−4.5955	−1.2827	−10.5011	4.2017	−5.5288	—	—
1994	4.5857	−5.3523	−5.4949	−14.4750	30.0115	17.6575	—	—
1995	7.2218	−5.5314	−0.0635	−11.9502	−5.3611	−16.6177	—	—
1996	5.5326	−2.0124	1.5515	−5.7089	4.4944	−2.9764	—	—
1997	8.8245	2.5678	−2.9092	−8.4912	1.1649	−4.6514	—	—
1998	−3.4411	−11.1693	−6.6643	−14.1346	9.3003	0.5522	—	—
1999	−4.4623	−12.1089	−17.5111	−24.1132	−5.9157	−13.4459	—	—
2000	4.6708	−7.2068	−17.5218	−26.8810	−1.8949	−13.0274	—	—
2001	−5.9498	−16.9168	−8.6298	−19.2842	−0.2634	−11.8935	28.7418	13.7295
2002	−2.2735	−11.3189	−14.7460	−22.6371	−7.3063	−15.8860	114.1956	94.3699
2003	1.3149	−6.0159	−27.3609	−32.6168	12.6306	4.4811	3.5672	−3.9266
2004	6.4226	−5.1492	−3.7385	−14.2054	9.8651	−2.0810	4.8525	−6.5486
2005	10.4440	−7.4233	1.5535	−14.8756	−4.9885	−20.3592	−34.8745	−45.4103
2006	31.3986	19.9988	−20.6275	−27.5137	9.5315	0.0288	−3.3438	−11.7295
2007	10.8814	−1.9616	−10.1844	−20.5874	−5.9849	−16.8744	0.2762	−11.3384
2008	−16.1291	−17.9346	−8.3997	−10.3715	−9.2438	−11.1975	−8.4993	−10.4690
2009	2.1316	−6.1375	4.1894	−4.2463	7.3777	−1.3162	−2.6164	−10.5011

* 表中Δ代表环比增速、AVI 代表工业增加值、EG 代表工业废气排放量、EW 代表工业废水排放量、ES 代表工业固体废弃物产生量、CO_2 为二氧化碳排放量。

数据来源：历年《北京统计年鉴》整理得出。

由于ΔAVI 除了在 1982 年出现负数外，其余年份均为正值。所以，按照前述“脱钩”“复钩”的测度标准，根据表 8-10 中数据，测度 1982—2009 年北京工业增加值与各项排放内容的“脱钩”“复钩”状态。见表 8-13。

表 8-13　1982—2009 年北京工业增加值与工业废弃物排放量或产生量*
"脱钩""复钩"年数

名称	工业废气排放量		工业废水排放量		工业固体废弃物产生量		工业二氧化碳排放量		合计	
	年数/个	占比/%	年数/个	占比/%	年数/个	占比/%	年数/个	占比/%	年数/个	占比/%
衰退性"脱钩"	0	0.00	0	0.00	1	3.57	0	0.00	1	1.09
绝对"脱钩"	8	28.57	20	71.43	10	35.71	4	44.44	42	45.65
相对"脱钩"	15	53.57	6	21.43	9	32.14	3	33.33	32	34.78
扩张性"复钩"	4	14.29	1	3.57	8	28.57	2	22.22	15	16.30
绝对"复钩"	0	0.00	1	3.57	0	0.00	0	0.00	1	1.09
相对"复钩"	1	3.57	0	0.00	0	0.00	0	0.00	1	1.09
合计	28	100.00	28	100.00	28	100.00	9	100.00	92	100.00

通过上述分析看出，北京工业增加值与工业废气量之间以相对"脱钩"为主，在计算的 28 年中有 15 年为相对"脱钩"，占总年数 55.57%，还有绝对"脱钩" 8 年，占 28.57%，两者之和为 23 年，占 82.14%；与工业废水排放量之间的关系更为明显，有 26 个年份为"脱钩"，占总年数 92.86%；与工业固体废弃物排放量的情况略有变化，出现了 8 个年份的扩张性"复钩"，说明工业增加值增速、工业固体废弃物产量增速以及单位工业增加值工业固体废弃物产生量增速均为正数；CO_2 排放量由于增减波动大，时间年份较少，但依然以"脱钩"为主，占比为 80.43%。

从总体来看，北京工业增加值与各种废弃物排放量或产生量之间的变动以绝对"脱钩"态势为主，占总年数的比重为 46.65%，其次表现为相对"脱钩"，占比为 34.78%，二者合计为 84.43%。但不容忽视的是共出现扩张性"复钩" 15 个年份，占比为 16.30%，这主要是由工业固体废弃物产生量造成的。所以，从分析结果看，工业废水排放量现已得到了较好的控制与管理，工业固体废弃物产生量和工业 CO_2 的排放量均要密切关注，以防出现大的波动。

8.3.2.3 北京工业经济增长与环境质量之间“脱钩”指数的计算

与上述“脱钩”“复钩”测度相类似，现利用“脱钩”指数量化之间的协调关系。测算结果见表 8-14。

表 8-14 1982—2009 年北京工业增加值与各种废弃物排放量或产生量“脱钩”指数

年份	工业废气排放量 DI	工业废水排放量 DI	工业固废产生量 DI	工业 CO_2 排放量 DI	年份	工业废气排放量 DI	工业废水排放量 DI	工业固废产生量 DI	工业 CO_2 排放量 DI
1982	1.0345	1.1330	0.9786	—	1996	0.9799	0.9429	0.9702	—
1983	1.0093	0.9300	1.0492	—	1997	1.0257	0.9151	0.9535	—
1984	0.9700	0.8855	0.9539	—	1998	0.8883	0.8587	1.0055	—
1985	0.8932	0.7869	0.8715	—	1999	0.8789	0.7589	0.8655	—
1986	0.9630	1.0711	0.9912	—	2000	0.9279	0.7312	0.8697	—
1987	1.0020	0.9243	0.7738	—	2001	0.8308	0.8072	0.8811	1.1373
1988	0.9383	0.8361	1.0029	—	2002	0.8868	0.7736	0.8411	1.9437
1989	0.9068	0.9056	0.9086	—	2003	0.9398	0.6738	1.0448	0.9607
1990	0.9450	0.9394	0.8225	—	2004	0.9485	0.8579	0.9792	0.9345
1991	0.8793	0.9531	1.1150	—	2005	0.9258	0.8512	0.7964	0.5459
1992	0.8827	0.8929	1.0553	—	2006	1.2000	0.7249	1.0003	0.8827
1993	0.9540	0.8950	0.9447	—	2007	0.9804	0.7941	0.8313	0.8866
1994	0.9465	0.8553	1.1766	—	2008	0.8207	0.8963	0.8880	0.8953
1995	0.9447	0.8805	0.8338	—	2009	0.9386	0.9575	0.9868	0.8950

整体来看，“脱钩”指数大于 1 的年份不多，即大体表现为“脱钩”状态。与上述问题分析的类似，现不赘述。但是，可以利用“脱钩”指数计算一个平均“脱钩”数据，以进一步量化“脱钩”程度的一般水平。计算结果如表 8-15 所示。

表 8-15 1982—2009 年北京工业增加值与各种废弃物排放量或产生量平均“脱钩”指数

名称	工业废气排放量	工业废水排放量	工业固废产生量	工业 CO_2 排放量
平均 DI	0.9443	0.8726	0.9425	1.0091

8.3.3 北京工业能耗与环境质量“脱钩”关系研究

8.3.3.1 北京工业能耗与环境质量依存关系分析

上述分析结果说明，产期以来，北京工业能耗占有北京能耗总量的半壁江山，直到 2008 年，这种格局发生变化，工业能耗领先地位被第三产业能耗所替代。有研究表明，能源消耗是各种污染物排放的主要来源，与所在地区的环境质量有直接关系，本部分内容所采用的数据有 4 种废弃物排放量或产生量和北京工业能耗数据。

若一个地区的能源消耗与该地区的环境质量关系密切，改善环境的手段之一就是要控制能耗。现根据北京历年数据，利用北京工业能耗与各废弃物排放量的散点图，观察两两变动关系。见组图 8-14。

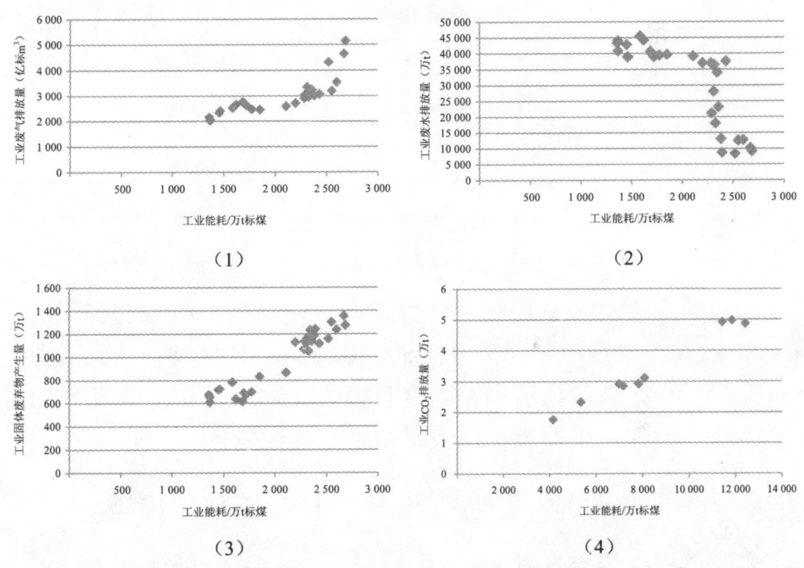

注：北京工业废气排放量数据为 1981—2008 年；北京工业废水排放量和工业固体废弃物产生量数据为 1981—2009 年；工业 CO_2 排放量数据为 2000—2009 年。

数据来源：历年《北京统计年鉴》整理得出。

图 8-14　1981—2009 年北京工业能耗与各种废弃物排放量或产生量散点图

组图 8-14 显示出两种不同的变动关系模式。图中（1）、（3）和（4），即北京工业能耗与工业废气排放量、北京工业能耗和工业固体废弃物产生量、北京工业能耗与工业 CO_2 排放量这 3 个图形走势大体呈现正相关的变动关系，即随着北京工业能耗的提高，废弃物也有不同程度的增长；图中（2）表现为较为有阶段变化的负相关变动关系，即随着北京工业能耗的上升，工业废水排放量下降，在此下降过程中有个断点，即在北京工业能耗为 2200 万 t 标煤左右，图中显示有较明显的降低，这应结合其他相关资料分析。

将北京工业能耗与这几种废弃物排放量或产生量之间的变动关系用相关关系加以描述。相关分析结果见表 8-16。

表 8-16　1981—2009 年北京工业能耗与各种废弃物排放量或产生量相关系数表

项目	相关系数
北京工业废气排放量	0.8162
北京工业废水排放量	–0.8192
北京工业固体废弃物产生量	0.9536
北京工业 CO_2 排放量	0.9858

表 8-16 中计算的各项相关系数，基本与上述分析的方向与结果吻合，对两两变动关系进行量化界定。呈现高度正相关的有废气、固废和 CO_2 排放量，分别是 0.8162、0.9536、0.9858。北京工业能耗与工业废水排放量依然存在高度负相关，为–0.8192，说明伴随着工业能耗的增加，工业废水排放量得到有效控制。

8.3.3.2 北京工业能耗与环境质量之间“脱钩”“复钩”测度

测度过程与结果见表 8-17。

与ΔAVI 不同，ΔECI 在 9 个年份中出现小于 0 的情况，所以，按照前述“脱钩”“复钩”的测度标准，根据表 8-15 中数据，测度 1982—2009 年北京工业能耗与各项排放内容的“脱钩”“复钩”状态。现将各种状态用表 8-18 列示说明。

表 8-17　1982—2009 年北京工业能耗与工业废弃物排放量或产生量*
"脱钩""复钩"环比增速

单位：%

年份	ΔEG	Δ(EG/ECI)	ΔEW	Δ(EW/ECI)	ΔES	Δ(ES/ECI)	ΔCO_2	$\Delta(CO_2/ECI)$
1982	−1.415 3	−1.393 7	7.977 3	8.001 0	−6.738 1	−6.717 7	—	—
1983	6.782 2	7.401 4	−1.608 7	−1.038 2	11.001 6	11.645 3	—	—
1984	8.159 5	1.086 7	−1.263 8	−7.720 3	6.360 9	−0.594 2	—	—
1985	3.343 3	2.665 5	−8.950 1	−9.547 3	0.834 5	0.173 1	—	—
1986	5.060 1	−3.078 5	16.861 2	7.808 4	8.137 9	−0.239 1	—	—
1987	5.211 2	3.048 3	−2.945 8	−4.941 1	−18.750 0	−20.420 3	—	—
1988	−1.013 1	−6.763 4	−11.790 4	−16.914 6	5.808 5	−0.338 1	—	—
1989	2.464 0	3.657 5	2.335 8	3.527 8	2.670 6	3.866 5	—	—
1990	2.441 7	3.261 8	1.826 5	2.641 7	−10.838 2	−10.124 4	—	—
1991	−10.400 9	−14.810 9	−2.883 8	−7.663 8	13.614 3	8.022 3	—	—
1992	−0.604 6	−4.786 3	0.539 7	−3.690 2	18.830 2	13.830 8	—	—
1993	5.231 1	−7.520 1	−1.282 7	−13.244 6	4.201 7	−8.424 8	—	—
1994	4.585 7	0.246 4	−5.494 9	−9.415 9	30.011 5	24.617 3	—	—
1995	7.221 8	3.261 6	−0.063 5	−3.754 6	−5.361 1	−8.856 6	—	—
1996	5.532 6	−0.906 0	1.551 5	−4.644 3	4.494 4	−1.880 9	—	—
1997	8.824 5	14.395 8	−2.909 2	2.061 4	1.164 9	6.344 0	—	—
1998	−3.441 1	−4.710 3	−6.664 3	−7.891 2	9.300 3	7.863 5	—	—
1999	−4.462 3	−3.031 3	−17.511 1	−16.275 5	−5.915 7	−4.506 4	—	—
2000	4.670 8	2.544 0	−17.521 8	−19.197 7	−1.894 9	−3.888 3	—	—
2001	−5.949 8	−3.123 4	−8.629 8	−5.883 9	−0.263 4	2.733 9	28.741 8	32.610 8
2002	−2.273 5	−3.858 7	−14.746 0	−16.128 9	−7.306 3	−8.809 9	114.195 6	110.721 1
2003	1.314 9	−1.017 3	−27.360 9	−29.033 0	12.630 6	10.037 9	3.567 2	1.183 1
2004	6.422 6	−0.672 5	−3.738 5	−10.156 1	9.865 1	2.540 5	4.852 5	−2.137 9
2005	10.444 0	8.366 2	1.553 5	−0.357 1	−4.988 5	−6.776 0	−34.874 5	−36.099 7
2006	31.398 6	27.904 6	−20.627 5	−22.738 1	9.531 5	6.618 9	−3.343 8	−5.914 0
2007	10.881 4	10.264 4	−10.184 4	−10.684 1	−5.984 9	−6.508 0	0.276 2	−0.281 7
2008	−16.129 1	−10.604 3	−8.399 7	−2.365 8	−9.243 8	−3.265 5	−8.499 3	−2.471 9
2009	2.131 6	7.540 4	4.189 4	9.707 2	7.377 7	13.064 4	−2.616 4	2.541 0

* 表中Δ代表环比增速、ECI 代表工业能耗、EG 代表工业废气排放量、EW 代表工业废水排放量、ES 代表工业固体废弃物产生量、CO_2 为二氧化碳排放量。

数据来源：历年《北京统计年鉴》整理得出。

表 8-18　1982—2009 年北京工业能耗与工业废弃物排放量或产生量“脱钩”“复钩”年数

名称	工业废气排放量		工业废水排放量		工业固体废弃物产生量		工业 CO_2 排放量		合计	
	年数/个	占比/%	年数/个	占比/%	年数/个	占比/%	年数/个	占比/%	年数/个	占比/%
衰退性“脱钩”	4	14.29	4	14.29	3	10.71	1	11.11	12	12.90
绝对“脱钩”	5	17.86	15	53.57	6	21.43	2	22.22	28	30.11
相对“脱钩”	5	17.86	3	10.71	5	17.86	2	22.22	15	16.13
扩张性“复钩”	10	35.71	1	3.57	9	32.14	2	22.22	21	23.66
绝对“复钩”	4	14.29	4	14.29	4	14.29	1	11.11	13	13.98
相对“复钩”	0	0.00	1	3.57	1	3.57	1	11.11	3	3.23
合计	28	100.00	28	100.00	28	100.00	9	100.00	93	100.00

通过上述分析看出，北京工业能耗与工业废气排放量之间以扩张性“复钩”为主，在计算的 28 年中有 10 年为扩张性“复钩”，占总年数 35.71%，还有绝对“脱钩”和相对“脱钩”各 5 个年份，占 35.714%，三者之和为 20 年，占 71.43%；与工业废水排放量之间的关系更为明显，有 22 个年份为“脱钩”，占总年数 78.57%，特别是绝对“脱钩”，出现的年份为 15 个，占 53.57%；北京工业能耗与工业固体废弃物排放量之间各种形态都有，主要表现为扩张性“复钩”，占总年数的 32.14%，说明工业能耗增速、工业固体废弃物产量增速以及单位工业能耗工业固体废弃物产生量增速均为正数；CO_2 排放量各种情况分布较为均衡，主体变动趋势不明显。

从总体来看，北京工业能耗与各种废弃物排放量或产生量之间的变动以绝对“脱钩”态势为主，占总年数的比重为 30.11%，其次表现为扩张性“复钩”，占比为 23.66%，二者合计为 53.77%。与工业增加值变动不同，北京工业能耗增速较低，并且有 7 个年份出现下降，环比增速为负值，因此，“脱钩”分析的态势比较分散，这与分析的对象特征有关，能耗的变动与各种废弃物排放量关系紧密，因此，要想改善环境质量，降低能耗是不可或缺的手段之一。

8.3.3.3 北京工业能耗与环境质量之间“脱钩”指数的计算

与上述“脱钩”“复钩”测度相类似，现利用“脱钩”指数量化工业能耗与各种废弃物排放量之间的协调关系。测算结果见表 8-19。

表 8-19　1982—2009 年北京工业能耗与各种废弃物排放量或产生量“脱钩”指数

年份	工业废气排放量 DI	工业废水排放量 DI	工业固废产生量 DI	工业 CO_2 排放量 DI	年份	工业废气排放量 DI	工业废水排放量 DI	工业固废产生量 DI	工业 CO_2 排放量 DI
1982	0.9861	1.0800	0.9328	—	1996	0.9909	0.9536	0.9812	—
1983	1.0740	0.9896	1.1165	—	1997	1.1440	1.0206	1.0634	—
1984	1.0109	0.9228	0.9941	—	1998	0.9529	0.9211	1.0786	—
1985	1.0267	0.9045	1.0017	—	1999	0.9697	0.8372	0.9549	—
1986	0.9692	1.0781	0.9976	—	2000	1.0254	0.8080	0.9611	—
1987	1.0305	0.9506	0.7958	—	2001	0.9688	0.9412	1.0273	1.3261
1988	0.9324	0.8309	0.9966	—	2002	0.9614	0.8387	0.9119	2.1072
1989	1.0366	1.0353	1.0387	—	2003	0.9898	0.7097	1.1004	1.0118
1990	1.0326	1.0264	0.8988	—	2004	0.9933	0.8984	1.0254	0.9786
1991	0.8519	0.9234	1.0802	—	2005	1.0837	0.9964	0.9322	0.6390
1992	0.9521	0.9631	1.1383	—	2006	1.2790	0.7726	1.0662	0.9409
1993	0.9248	0.8676	0.9158	—	2007	1.1026	0.8932	0.9349	0.9972
1994	1.0025	0.9058	1.2462	—	2008	0.8940	0.9763	0.9673	0.9753
1995	1.0326	0.9625	0.9114	—	2009	1.0754	1.0971	1.1306	1.0254

整体来看，在测度 4 种工业废弃物排放量或产生量“脱钩”指数的 93 个总年份中，“脱钩”指数小于 1 的为 56 个年份，即大体表现为“脱钩”状态，即在能源消耗增加的情况下，各废弃物排放量有不同程度的减少。现计算平均“脱钩”指数。见表 8-20。

表 8-20 1982—2009 年北京工业能耗与各种废弃物排放量或产生量“脱钩”平均指数

名称	工业废气排放量	工业废水排放量	工业固废产生量	工业 CO_2 排放量
平均 DI	1.0105	0.9323	1.0071	1.1113

8.4 本章小结

通过本章的分析看出，结合北京工业经济缓慢增长的现状，虽然工业能耗总量波动起伏，但其占能耗总量的比重仍然比较高，工业产值构成与其能耗构成比有较大的离差，说明二者变动的不同步性，单纯从调整结构以降低北京整体能耗空间变小，今后的主要降耗应走内涵式节能的办法。在北京能耗持续缓慢增长的同时，工业各种废弃物排放量与产生量增减不一，使得北京工业增加值与环境压力的关系趋于缓解，以“脱钩”状态为主；北京工业能耗与环境压力之间的关系“脱钩”“复钩”交替出现。这主要是因为工业引致的污染物排放量基本上维持在一个相对比较稳定的水平，甚至污染物排放量还在下滑。工业增加值及其环境之间出现的这种“脱钩”现象是我们所希望看到的，是一种理想的状况。北京工业能源消耗量及环境之间，主要是固体废弃物的排放增幅与其能源使用增幅维持在一个稳定水平，但是总体上还是处于相对“脱钩”状态。造成这一现象的一个主要原因是，工业综合能源使用量及工业固体废弃物的排放量都基本上在绝对水平上维持着相对的稳定。今后这种“脱钩”态势还将维持一段时间。

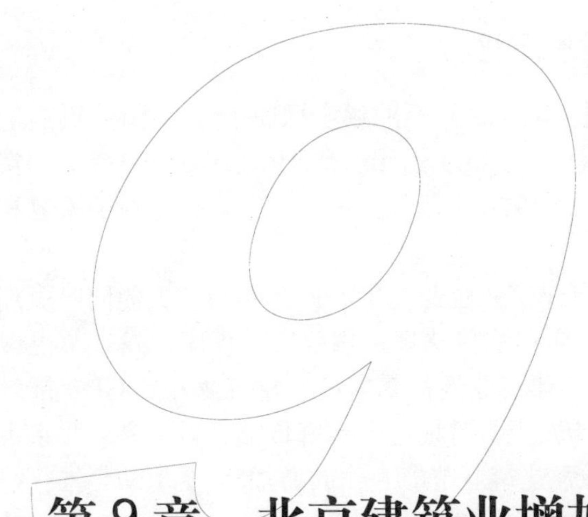

第9章 北京建筑业增加值、能耗、环境之间关系的研究

建筑业是国民经济的重要物质生产部门，它与整个国家经济的发展、人民生活的改善有着密切的关系。近年来，北京建筑业发展迅速，奥运会更是为北京建筑业带来了难得的发展机遇，在促进建筑业做大做强的同时，也推动了北京建筑业税收的高速增长。本章以北京建筑业发展状况和建筑业能耗变动分析为基础，进一步分析和测度建筑业增加值与其能耗之间的变动关系。

9.1 北京建筑业发展概况

自改革开放以来，经济快速发展与城市建设给北京建筑业带来了前所未有的发展机遇。同时，建筑业的不断壮大也为拉动首都经济增长，打造“新北京”的城市形象和提高人民生活水平作出了贡献。

9.1.1 北京建筑业发展历程

改革开放之初的几年，北京建筑业逐步摆脱了停滞不前的困境。1985 年全市完成建筑总产值 43.9 亿元，比 1978 年增长 3.2 倍；实现利润总额 3.9 亿元，比 1978 年增长 4.6 倍，建筑业得到了恢复和加强。

进入 21 世纪，北京建筑业企业在生产规模不断扩大的同时更加注重行业的全面发展，完善法律法规，规范市场秩序，发展节能绿色建筑。为实现 2010 年建筑业能耗零增量、建筑业万元 GDP 能耗降低 4%的目标，为“十二五”时期进一步降低能耗做准备，北京市下发了《关于进一步加强建筑业节能工作的通知》，要求从“推行绿色施工、加强施工过程节能管理，机关率先垂范、加强办公场所节能管理，加强监督检查、落实全市节能降耗目标”三个方面着手，进一步加强建筑业节能工作，确保完成 2010 年和“十二五”时期的节能降耗目标。

9.1.2 北京建筑业行业发展

经过改革开放 30 多年的建设与发展，北京建筑业生产规模迅速扩大。“九五”时期累计完成建筑业总产值 3 292.8 亿元，增长 1.7 倍，年均增长 14.4%。“十五”期间，累计完成建筑业总产值 7 187.6 亿元，比“九五”时期净增 3 894.8 亿元，年均增长 15.5%。进入“十一五”时期后，北京建筑业生产规模进一步扩大，2009 年，全市完成建筑业总产值 4 059.7 亿元，实现建筑业增加值 552.4 亿元，占全市生产总值的 4.5%。与 1978 年相比，建筑业总产值增长了 300 多倍。

随着改革的深入，北京建筑业企业的所有制结构发生了较大变化，股份制及三资企业从无到有，民营企业不断壮大，多种所有制并存。2009 年，北京建筑业国有和集体企业 305 家，占全部企业的 8.6%，其他类型企业 3 251 家，占 91.4%。其中股份合作企业 3 055

家，私营企业 78 家，此外，还有港、澳、台商投资企业 54 家，外商投资企业 60 家。从产值构成看，国有企业和集体企业完成产值所占比重由 1980 年的 99%下降到 2009 年的 11%，而其他类型的企业由 1%上升到 89%。见图 9-1。

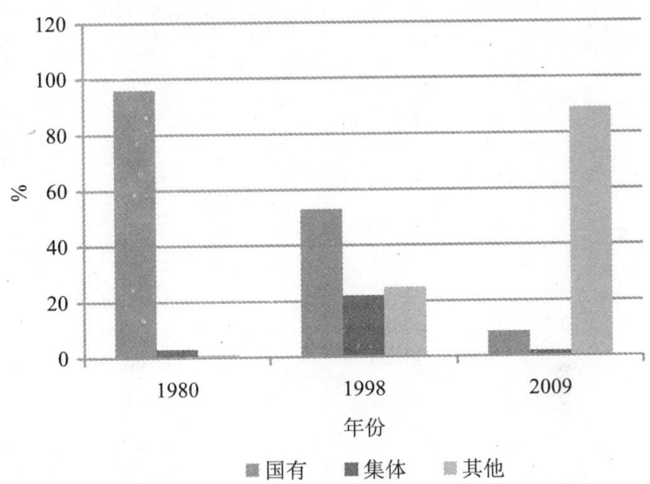

数据来源：《北京统计年鉴 2010》。

图 9-1　北京建筑业总产值构成

在投资规模扩大、企业组织优化、市场环境改善等综合因素作用下，北京建筑业企业的实力不断壮大，经济效益不断得到提升。2009 年，全市建筑业企业资产规模达到 7930.15 亿元，其中流动资产 5429.19 亿元，固定资产 371.65 亿元，企业户均资产达到 22301 万元，实现利润 217.37 亿元，1978 年以来年均增长 20.33%。2009 年，全市按建筑业总产值计算的劳动生产率为 24.91 万元/人，年均增长 13.91%。具体数据见表 9-1。

将表 9-1 用图形表示，见图 9-2。

表 9-1 1978—2009 年北京建筑施工企业劳动生产率及利润总额

年份	劳动生产率/（元/人）	利润总额/万元	年份	劳动生产率/（元/人）	利润总额/万元
1978	4 397	7 017	1994	41 099	94 385
1979	4 680	9 256	1995	44 852	77 857
1980	5 249	14 543	1996	56 750	88 896
1981	5 264	15 778	1997	64 633	104 320
1982	5 404	17 169	1998	73 644	123 744
1983	6 128	25 489	1999	82 465	135 595
1984	6 345	32 342	2000	88 132	163 561
1985	7 197	39 277	2001	105 924	187 424
1986	8 702	33 084	2002	117 482	246 565
1987	10 832	41 202	2003	130 075	314 555
1988	12 992	38 679	2004	147 996	400 491
1989	14 539	38 189	2005	158 082	673 034
1990	16 340	33 762	2006	164 379	1 127 874
1991	17 031	27 690	2007	191 356	1 156 689
1992	19 786	30 984	2008	220 425	844 592
1993	27 739	61 432	2009	249 137	2 173 660

数据来源：《北京统计年鉴 2010》。

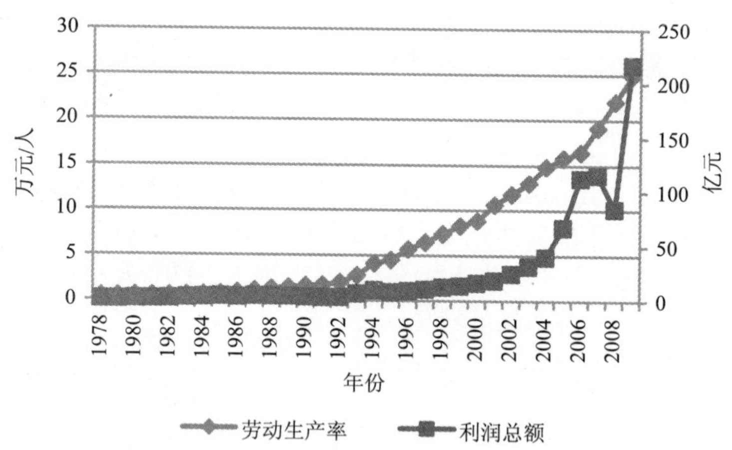

图 9-2 1978—2009 年北京建筑施工企业劳动生产率及利润总额

建筑施工企业劳动生产率是考核建筑企业生产效率的提高和劳动节约情况的重要指标。由图 9-2 可以看出，1978—1992 年，劳动生产率呈缓慢上升趋势，说明建筑企业生产率有所提高，但并不明显。1992—2009 年，劳动生产率呈快速增长趋势，说明建筑企业生产率快速提高，这与我国经济保持高速增长，建筑业取得突飞猛进的发展有密切的关系。

随着劳动生产率的增加，建筑业的利润总额也逐年上升。建筑业产业规模不断扩大，运行质量、效益稳步提高，总体实力不断增强。

9.2 北京建筑业增加值与其能耗变动统计描述

本部分内容主要从北京建筑业增加值总量变动、构成变动与对比以及北京建筑业能耗变动等几方面进行分析。

9.2.1 北京建筑业增加值分析

9.2.1.1 北京建筑业增加值总量变动分析

改革开放以来，北京建筑业增加值由 1978 年的 7.2 亿元增加到 2009 年的 552.4 亿元，按 2005 年可比价计算，年均增速为 11.13%，高于同期工业和北京地区生产总值的年均增速。具体变动趋势见图 9-3。

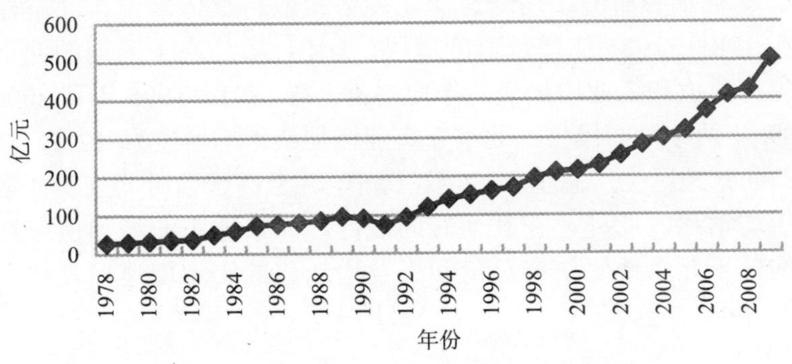

图 9-3　1978—2009 年北京建筑业增加值

由图 9-3 可知，1978—2009 年北京建筑业增加值整体稳步上升。通过对 1979—2009 年北京建筑业产值数据拟合趋势方程，其变动轨迹接近指数变动曲线。建筑业是基础性产业，能够促进国民经济的发展与社会进步，提高人民的物质和文化生活水平。从总体看，北京建筑业增加值逐年快速增加，市民的居住条件得以较大改善。

若按 5 年分组，这种增长的趋势则更为明显。见表 9-2。

表 9-2 1978—2009 年北京生产总值和工业、建筑业增加值年均增长速度

单位：%

时间段/年	北京地区生产总值年均增速	北京工业增加值年均增速	北京建筑业增加值年均增速
1979—1980	11	10	9
1981—1985	10	7	18
1986—1990	8	7	5
1991—1995	12	11	12
1996—2000	10	10	7
2001—2005	12	12	8
2006—2009	12	8	12

资料来源：《北京统计年鉴 2010》。

由表 9-2 看出，在这几个时间段中，北京地区生产总值与工业、建筑业增加值年均增速变化趋势相似，整体来说，北京建筑业在 1981—1985 年增长速度最快，为 18%，均高于同期的北京地区生产总值和工业增加值的年均增速。在 1991—1995 年和 2006—2009 年两个时间段内，北京建筑业增加值年均增速为 12%，与同期的北京地区生产总值年均增速持平，并且高于当时北京工业增加值年均增速。此外，在其他时间段内，北京建筑业增加值年均增速均低于北京地区生产总值和工业增加值的年均增速。具体走势见图 9-4。

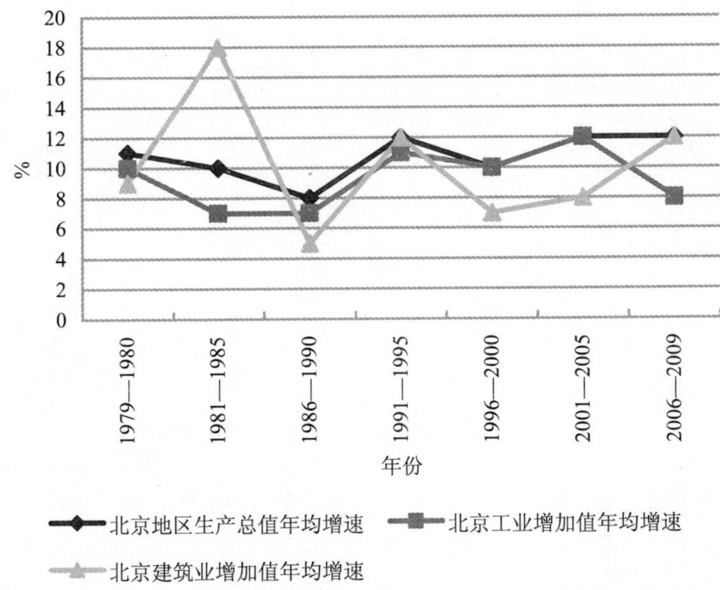

图 9-4　1979—2009 年北京地区生产总值和工业、建筑业增加值不同时期年均增速

由图 9-4 可知，北京建筑业增加值年均增速比北京地区生产总值和北京工业增加值年均增速波动较为明显，从 1981—1985 年快速增长后，呈波动增长趋势，低于北京地区生产总值的增速，建筑业从之前的快速拉动北京地区生产总值增长趋势转变为与其伴随增长趋势。

9.2.1.2 北京建筑业增加值构成变动分析

与其他产业相比，北京建筑业增加值所占比重并非很高，2009 年，建筑业增加值只占北京地区生产总值比重的 4.5%。纵观其增加值构成变动，大体经历了由增到减的过程。见图 9-5。

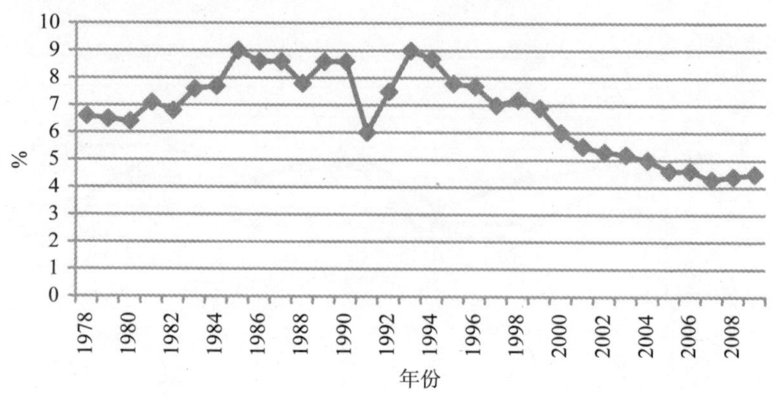

图 9-5　1978—2009 年北京建筑增加值构成

1978—1994 年，北京建筑增加值占北京地区生产总值的比重基本呈逐年上升趋势，由 1978 年的 6.6%增至 1993 年的 9.0%，其中 1991 年比重最低为 6.0%。说明在这段时间，北京建筑业对北京经济增长的贡献逐渐增加。从 1993 年开始，建筑业增加值所占比重逐年降低，建筑业对北京经济的拉动作用逐渐减小。

9.2.1.3 北京建筑业增加值构成对比分析

若将北京建筑业增加值构成与其他 3 个直辖市和全国对比，看出各直辖市及全国建筑业构成均处于较低的构成水平。见组图 9-6。

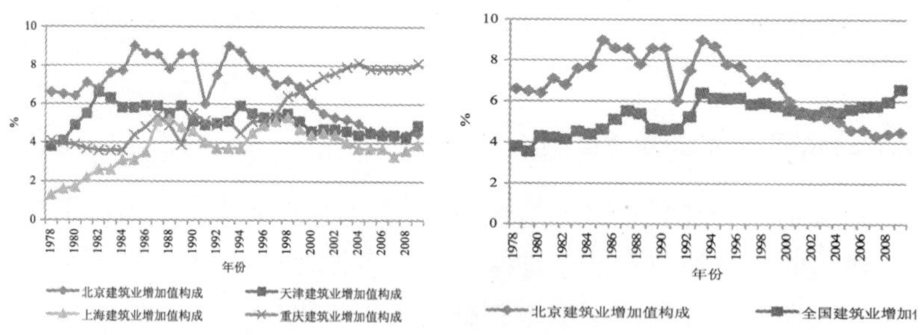

图 9-6　1978—2009 年 4 个直辖市建筑业增加值构成对比

由图 9-6 可知，1978—1998 年，相对于天津、上海、重庆的建筑业增加值构成，北京建筑业的增加值构成要明显较高，直至 1998 年底，北京、天津、上海、重庆的建筑业构成分别为 7.2%、5.5%、5.3%、6.4%，说明相对于其他 3 个直辖市，北京的建筑业对北京的经济发展的拉动作用较大。从 1999 年起，北京、天津、上海的建筑业增加值构成明显呈下降趋势，而重庆建筑业则有上升趋势，且明显高于其他 3 个城市，直至 2009 年底，北京、天津、上海、重庆的建筑业构成分别为 4.5%、4.9%、3.9%、8.1%，说明 1999 年起重庆市的建筑业快速发展，逐渐成为拉动当地经济的发展重要产业。

1978—2001 年，北京建筑业增加值年均构成为 7.5%，高于全国建筑业增加值的年均构成为 5.3%，说明从全国来看，北京的建筑业处于领先发展地位，在全国建筑业发展中起到促进作用。2002—2009 年，北京建筑业增加值年均构成为 4.7%，低于全国建筑业增加值的年均构成为 4.5%，北京建筑业对北京经济的拉动作用逐年降低。

9.2.2 北京建筑业能耗分析

随着我国工业化进程的推进，经济社会的可持续发展也面临着前所未有的挑战。传统工业的模式是高投入、高消耗、低效率和重污染，这种模式使我们不堪重负。在城市化进程推进过程中，建筑业能耗在社会总能耗中的比重越来越大。

9.2.2.1 北京建筑业能耗总量分析

从能源消耗总量看，北京建筑业能耗量由 1980 年的 15.2 万 t 标煤增加到 2009 年的 151.88 万 t 标煤，年均增速为 8.26%，分别高于同期北京能耗总量的年均增速和工业能耗量年均增速。北京建筑业能耗量变动轨迹如图 9-7 所示。

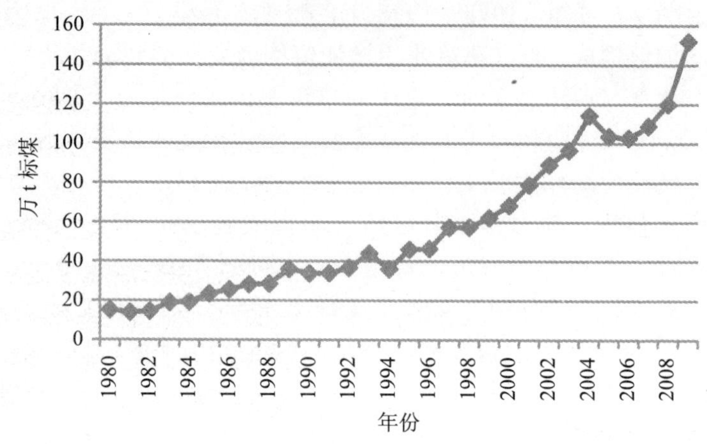

图 9-7 1980—2009 年北京建筑业能耗量

由图 9-7 可知，1980—2009 年，北京建筑业能耗逐年攀升，通过对此期间北京建筑业能耗数据来拟合趋势方程，其变动轨迹接近指数变动曲线，方程为 $y = 13.56e^{0.078x}$，$R^2 = 0.982$。建筑能耗已经成为社会终端能源消费的主要方式之一，并且上升势头迅猛，如果不加以节制，按照目前的发展，到 2020 年建筑能耗将达到难以承受的程度。

9.2.2.2 北京建筑业能耗构成分析

随着产业结构的不断调整优化，建设领域在北京市节能降耗工作中承担了更重要的任务。在进一步降低新建和改造的民用建筑使用能耗的同时，也要采取有力措施降低建筑业的生产能耗，包括施工能耗和建筑业各企事业单位的办公能耗。1980—2009 年，在北京能源消耗总量中，建筑业能耗所占比重也有不同程度的提高，由 1980 年的 0.80%上升到 2009 年的 2.31%，虽然建筑业所占比重是逐年增长的，但是与其他产业能耗相比，比重仍较小。见图 9-8。

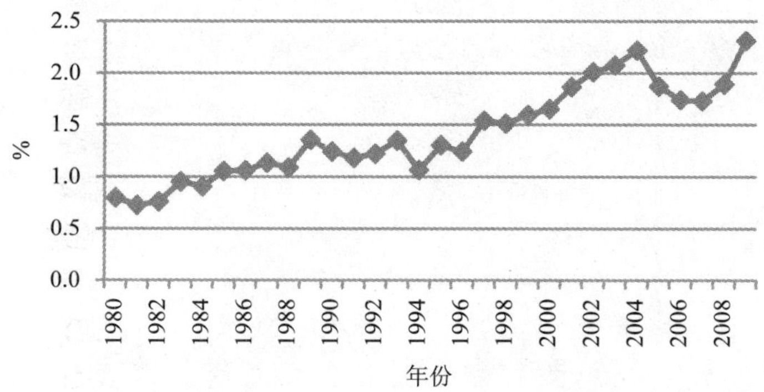

图 9-8　1980—2009 年北京建筑业能耗构成

图 9-8 显示，1980—2009 年，北京建筑业能耗构成随能耗的增加而增加，其变动轨迹接近指数变动曲线，方程为 $y = 0.007e^{0.034x}$，$R^2 = 0.888$，年均增长率为 1.41%。

9.2.2.3 北京建筑业增加值、能耗构成差分析

1980—2009 年，北京建筑业产值构成和其能耗构成之间存在一定的离差，能耗构成一直低于其产值构成，为反映建筑业产值构成与其能耗构成的均衡性，计算建筑业产值与能耗偏离度。

$$\text{偏离度}E_i = \frac{\text{产值构成}}{\text{能耗构成}} - 1$$

若偏离度为正值表明产值比重大于能耗比重，其绝对值越小产业结构和能耗结构发展越平衡，为零时两者均衡。经过计算，北京建筑业产值构成和能耗构成偏离度如图 9-9 所示。

图 9-9 显示，北京建筑业产值对能耗的偏离度始终大于 1，说明北京产值比重大于其能耗比重，但是，两个构成差却越来越小，单纯从指标结果看，说明二者越来越接近，但是，这种趋于一致的构成并不能表明二者协调，相反，说明了北京建筑业能源利用效率的降低。

图 9-9　1980—2009 年北京建筑业产值和能耗构成偏离度

9.2.2.4 北京建筑业能源消耗品种变动分析

北京建筑业能耗品种包括煤炭、汽油、柴油、液化气、天然气、热力、电力等。从各自消耗量动态变化看，2005—2009 年①，北京汽油消耗量波动起伏，略有下降，其他品种为上升趋势。煤炭为北京能耗消费的主要品种，增速最为缓慢，年均增速为 2.34%，这对北京环境质量的提高、减少 CO_2 排放起到积极的促进作用。

如表 9-3 所示，2005—2009 年，北京全市能源消费总量年均增长 10.53%，除了煤炭以外，北京建筑业的热力和电力年均增速均低于能源消费总量，分别为 9.27%和 8.43%；柴油、液化、天然气的年均增速高于能源消费总量，分别为 25.24%、15.66%、24.60%。由此不难看出，在北京建筑业的能耗品种中，柴油、液化气、天然气的消耗量是主要的能耗增加品种。因此，如果想减少北京建筑业能耗，可以从减少这 3 个品种的消耗量入手。

① 根据《北京统计年鉴》提供的数据。

表 9-3 2005—2009 年北京建筑业能耗品种

年份	能源消费总量/（万 t 标煤）	煤炭/万 t	汽油/万 t	柴油/万 t	液化气/万 t	天然气/亿 m^3	热力/（万百万 kJ）	电力/（亿 kW·h）
2005	103.44	19.29	8.67	15.75	0.49	0.22	99.09	14.66
2006	102.72	14.45	9.20	17.10	0.90	0.31	82.45	14.70
2007	108.80	15.97	8.71	18.68	0.65	0.35	125.23	15.52
2008	119.75	17.68	7.92	21.25	0.66	0.57	115.22	16.91
2009	151.88	20.02	8.51	0.04	0.69	0.47	126.72	20.10

数据来源：2006—2010 年《北京统计年鉴》。

表 9-3 显示，在 2005—2009 年，北京建筑业能耗总量逐年增加。2005—2006 年，汽油和液化气消耗量明显增长，而煤炭和热力消耗量明显减少，柴油、天然气消耗量平稳上升；2006—2007 年，热力消耗量明显增长，而汽油和液化消耗量明显减少，煤炭、柴油和天然气消耗量平稳上升；2007—2008 年，天然气消耗量明显增长，而汽油消耗量明显减少，煤炭、柴油、液化气和电力消耗量平稳上升，同时热力消耗量缓慢下降；2008—2009 年，汽油和柴油消耗量明显增长，而天然气消耗量明显减少，煤炭、液化、热力、电力消耗量平稳上升。

9.3 北京建筑业发展与能耗关系的分析

9.3.1 北京建筑业产值增加值与能耗“脱钩”“复钩”分析

根据 1980—2009 年北京建筑业增加值和能耗的变动数据，其年均增速分别为 16.04%和 8.92%。因此，在不断提高建筑业增加值的同时，同样要注重如何减缓建筑业能耗的增加速度。在对北京建筑业经济增长与其能耗之间“脱钩”“复钩”关系分析时，利用可比价（按 2005 年价格计算）北京建筑业增加值（AVC）数据、建筑业能源消费总量（ECC）数据及建筑业产值能耗（EEC/AVC）数据，分别计算其环比增长速度（Δ）。计算结果见表 9-4。

表 9-4 1981—2009 年北京 AVC、ECC、ECC/AVC 环比增长速度

单位：%

年份	ΔAVC	ΔECC	Δ(ECC/AVC)	年份	ΔAVC	ΔECC	Δ(ECC/AVC)
1981	7.45	−9.21	−15.50	1996	7.32	0.65	−6.21
1982	6.16	5.80	−0.35	1997	7.29	23.76	15.35
1983	33.80	29.32	−3.35	1998	13.88	0.35	−11.88
1984	31.21	2.44	−21.93	1999	9.24	8.17	−0.98
1985	28.62	20.48	−6.33	2000	3.01	9.97	6.75
1986	11.43	9.31	−1.90	2001	8.02	15.35	6.79
1987	12.95	10.13	−2.50	2002	15.02	13.05	−1.71
1988	17.61	1.25	−13.91	2003	18.49	8.18	−8.70
1989	28.39	26.37	−1.57	2004	6.89	18.24	10.61
1990	−2.41	−6.16	−3.84	2005	6.30	−9.29	−14.67
1991	−4.34	0.56	5.13	2006	16.00	−0.77	−14.46
1992	48.67	7.74	−27.54	2007	10.59	5.94	−4.21
1993	36.19	20.58	−11.46	2008	7.93	10.02	1.94
1994	28.69	−18.18	−36.42	2009	18.50	26.82	7.02
1995	18.03	27.78	8.26				

数据来源：根据历年《中国统计年鉴》整理得出。

将表 9-4 中的数据用图形表示。见图 9-10。

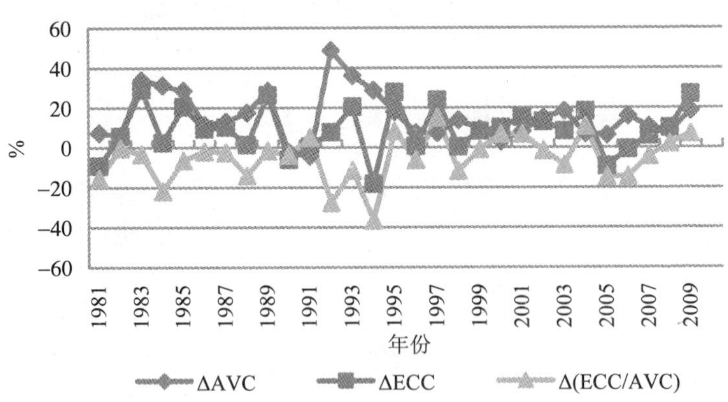

图 9-10 1981—2009 年北京 AVC、ECC 和 ECC/AVC 环比增长速度

由图 9-10 可知，在 1980—2009 年，Δ（ECC/AVC）大多年份表现为小于 0，北京建筑业的经济增长与能源消耗之间大多表现出相对“脱钩”的状态。说明伴随着北京建筑业增加值的增长，其能源消耗量在环比下降。1991 年，北京能耗增幅达到 0.56%，致使同年的Δ（ECC/AVC）为 5.13%，呈现绝对“复钩”，在以后历年的“脱钩”“复钩”交替变化中，近几年扩张性“复钩”频繁出现，已成为主导趋势。这与近几年房地产行业迅速崛起有直接的关系。具体出现的各种态势见表 9-5。

表 9-5　1981—2009 年北京建筑业产值与能耗“脱钩”“复钩”年数

名称	出现年数/个	占比/%
衰退性“脱钩”	1	3.45
绝对“脱钩”	4	13.79
相对“脱钩”	16	55.17
扩张性“复钩”	7	24.14
绝对“复钩”	1	3.45
相对“复钩”	0	0.00
合计	29	100.00

整体来看，在这 29 年中，有 8 个年份表现为“复钩”，其中有 7 个年份为扩张性“复钩”，1 个年份表现为绝对“复钩”；表现为“脱钩”的 21 个年份中，衰退性“脱钩”1 个年份，相对“脱钩”16 个年份，绝对“脱钩”4 个年份。

9.3.2 北京建筑业产值与其能耗“脱钩”指数分析

上述是利用“脱钩”“复钩”模型进行判断，除此以外，还可以通过计算“脱钩”指数，更加明确产值与其能耗的变动关系。通过以上的初步分析可以发现，北京建筑业的经济增长与能源消耗存在着较为明显的“脱钩”关系，根据“脱钩”指数计算公式，将北京建筑业 1981—2009 年各年的“脱钩”指数计算如表 9-6 所示。

表 9-6 1981—2009 年北京建筑业增加值与其能耗"脱钩"指数

年份	DI	年份	DI	年份	DI
1981	0.8450	1991	1.0513	2001	1.0679
1982	0.9965	1992	0.7246	2002	0.9829
1983	0.9665	1993	0.8854	2003	0.9130
1984	0.7807	1994	0.6358	2004	1.1061
1985	0.9367	1995	1.0826	2005	0.8533
1986	0.9810	1996	0.9379	2006	0.8554
1987	0.9750	1997	1.1535	2007	0.9579
1988	0.8609	1998	0.8812	2008	1.0194
1989	0.9843	1999	0.9902	2009	1.0702
1990	0.9616	2000	1.0675		

表 9-6 显示，除了 1991 年、1995 年、1997 年、2000 年、2001 年、2004 年、2008 年、2009 年外，北京第二产业"脱钩"指数均小于 1，说明北京建筑业能耗速度慢于其产值增速，总体表现为"脱钩"，这与上述分析结果一致。利用"脱钩"指数，还可以初步判断各年份所处的状态，近 30 年，北京建筑业产值与其能耗变动均处于较理想状态和可允许状态。平均"脱钩"指数为 0.9418。

9.4 北京建筑业发展与环境质量关系的分析

近年来建筑业发展迅猛，对建材的需求量愈来愈大，使建筑工程与环境保护之间的矛盾更为突出。现实中，建筑业的发展已经对环境造成一定的影响，建筑工程对环境的影响有：大气污染、废水污染、建筑垃圾、噪声污染、放射性污染、可耕土地大量减少、光污染及光化学污染；同时恶劣的环境也反作用于建筑物。由于建筑业能耗按品种分类的数据较少，导致由此折算出建筑业能耗排放的 CO_2 数据年数少；另外，由于建筑业竣工面积的增加，改善了北京人均居住面积与居住条件，生活能耗随之变动。因此，本部分利用北京建筑业竣工面积和北京生活能耗产生的 CO_2 的数据反映北京建

筑业发展与 CO_2 排放量之间的关系。

9.4.1 北京建筑业竣工面积与 CO_2 排放量统计描述

对北京建筑业发展与环境关系分析时，笔者选择竣工面积和生活 CO_2 排放量指标进行分析。1978—2009 年，北京竣工面积的变动经历了由缓慢增长→快速增加→波动起伏的过程。1978—2000 年，年均增加竣工面积为 88.7 万 m^2，2000—2005 年，年均增加竣工面积为 464.2 万 m^2，为前一阶段的 4 倍多，随后出现降中有升。具体变动轨迹见图 9-11。

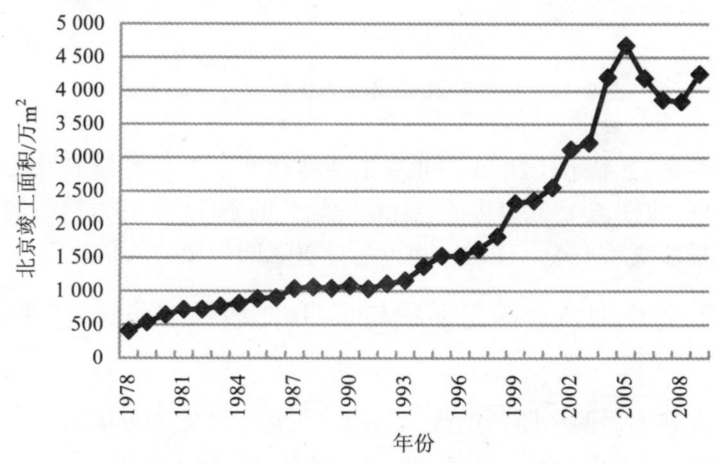

图 9-11　1978—2009 年北京竣工面积

竣工面积的增加，使得人均居住面积改善成为可能。北京城镇居民人均住宅使用面积由 1978 年的 6.7 m^2 增加到 2009 年的 21.61 m^2，年均增加 0.48 m^2。随着人均住宅面积的增加和人民生活水平的提高，生活能源消耗量同比增长，由此产生的温室气体也随之变动。由于数据来源限制，现通过北京生活能源消耗的不同能源品种，利用各品种的排放系数，可以大略计算出 1997—2009 年北京生活能耗所排放的 CO_2，其变动走势见图 9-12。

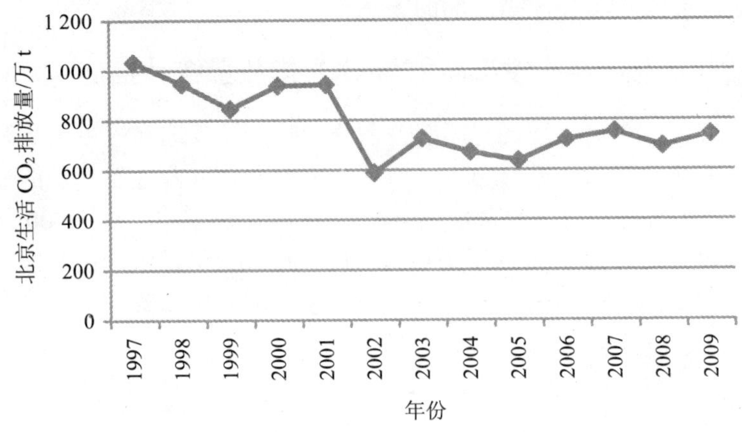

图 9-12　1997—2009 年北京生活能耗 CO_2 排放量

图 9-12 显示，2000 年北京生活能耗产生的 CO_2 排放量处于较高水平，近几年在北京生活能耗快速增长的条件下，由此产生的 CO_2 排放量却变动平缓。需进一步分析二者之间的变动关系。

9.4.2 北京建筑业竣工面积与 CO_2 排放量“脱钩”“复钩”分析

观察上面两个图形走势，利用“脱钩”理论和方法对二者之间的变动关系进行分析。根据北京竣工面积（CRA）数据、北京生活能耗 CO_2 排放量（HCO_2）数据、竣工面积 CO_2 排放强度（HCO_2/CRA）数据，分别计算相应的环比增长指数（Δ），计算结果见表 9-7。

表 9-7　1998—2009 年北京竣工面积与生活能耗 CO_2 排放量环比指数

年份	ΔCRA	ΔHCO_2	ΔHCO_2/CRA
1998	12.0440	−8.4447	−18.2863
1999	27.4444	−10.5972	−29.8495
2000	1.5853	11.0069	9.2747
2001	8.3284	0.2917	−7.4189

年份	ΔCRA	ΔHCO_2	$\Delta HCO_2/CRA$
2002	22.2031	−37.4231	−48.7927
2003	3.2353	23.4122	19.5446
2004	30.4208	−7.6962	−29.2261
2005	11.3247	−5.1226	−14.7742
2006	−10.4334	13.4478	26.6631
2007	−7.7452	4.2266	12.9768
2008	−0.6647	−7.7146	−7.0971
2009	10.7246	6.8658	−3.4851

生活能耗直接影响其 CO_2 排放量，而影响生活能耗的因素受人口变动、人均居住面积的改善、民用机动车数量的提高以及政策导向等因素的影响。特别是人均居住面积与生活能耗关系密切。住宅建筑面积不仅是城市规模的重要组成部分，也间接反映生活能源消费。因此，观察北京竣工面积与生活能耗排放 CO_2 排放量可以从建筑业生产角度分析建筑业发展与环境质量关系。表 9-7 是测算出的各种环比增长指数，其走势见图 9-13。

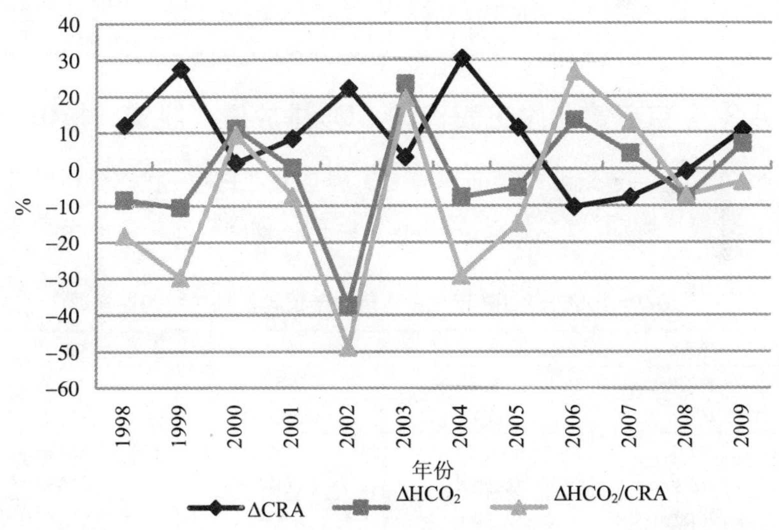

图 9-13　2001—2009 年北京竣工面积与生活能耗 CO_2 排放量变动关系

图 9-13 中的 CO_2 排放量变动幅度与排放强度变动吻合度较高，说明 CO_2 排放强度主要受 CO_2 排放量的影响，由此进行“脱钩”“复钩”分析。首先，图中曲线波动较大，比如，2002 年$\Delta HCO_2/CRA$为负值最大，达到–48.79%，2006 年又升至 26.66%，这些波动主要受当年ΔHCO_2变动的影响；其次，进行“脱钩”“复钩”年数的测定。在这 12 个年份中，有 8 个年份为“脱钩”，其中，有 1 个年份为衰退性“脱钩”，有 5 个年份为绝对“脱钩”，2 个年份为相对“脱钩”；在 4 个“复钩”年份中，2 个为扩张性“复钩”，2 个年份为绝对“复钩”。测算结果见表 9-8。

表 9-8　1998—2009 年北京竣工面积与生活能耗“脱钩”“复钩”年数

名称	年数/个	占比/%
衰退性“脱钩”	1	8.33
绝对“脱钩”	5	41.67
相对“脱钩”	2	16.67
扩张性“复钩”	2	16.67
绝对“复钩”	2	16.67
相对“复钩”	0	0.00
合计	12	100.00

9.4.3 北京建筑业竣工面积与 CO_2 排放量“脱钩”指数

在对北京建筑业竣工面积与 CO_2 排放量“脱钩”状态分析的基础上，计算“脱钩”指数，具体量化“脱钩”程度。计算结果见表 9-9。

表 9-9　1998—2009 年北京建筑业产值与能耗“脱钩”指数

年份	DI	年份	DI
1998	0.8171	2004	0.7077
1999	0.7015	2005	0.8523
2000	1.0927	2006	1.2666
2001	0.9258	2007	1.1298
2002	0.5121	2008	0.9290
2003	1.1954	2009	0.9651

根据“脱钩”指数内容，依据“脱钩”指数测定标准，DI<1，说明CO_2排放量增速慢于竣工面积增速，大体表现为“脱钩”状态；DI>1，说明CO_2排放量增速快于竣工面积增速，大体表现为“复钩”状态；DI＝1，说明二者基本同步变动。从表9-9结果看，“脱钩”年份大于“复钩”年份，总平均“脱钩”指数为0.8979，表明“脱钩”程度较为明显。

9.5 本章小结

北京建筑业的快速发展，对北京的经济发展有着重要的影响，使得北京居民居住条件改善成为可能。从建筑业发展与其能耗总体关系看，以“脱钩”为主要态势，说明建筑业增加值的变动与其能耗的变动并非同步，计算的“脱钩”指数同样印证了这一结论。但是建筑业发展对环境的影响不容乐观，从分析结果看，在波动变化中，有33%的年份为“复钩”，提醒有关部门在制定发展政策的同时，要充分考虑对环境的影响问题，以实现建筑业的可持续发展。

第 10 章　北京居民生活水平、生活能耗、环境之间关系的研究

按用途划分，能源消耗可分为生产能耗和生活能耗。虽然生产能耗是能源消耗的主要部分，但是伴随着北京人口的迅速增加和人民生活水平的提高，生活能源消耗的增长速度快于经济的发展速度。近几年，生活能耗在能耗总量中的比重呈现出逐年上升的趋势，而且生活能耗的比重增速加快。鉴于生活能耗和生活水平之间存在着相互联系、相互影响的关系，本章将从北京生活水平的角度出发，利用“脱钩”“复钩”理论与方法，从生活水平变动与能耗、生活能耗与环境压力、生活水平变动与环境压力 3 方面分别进行研究。

10.1 北京生活水平与生活能源消耗变动分析

10.1.1 北京居民生活水平变动分析

目前，北京人均收入、人均居住面积、机动车拥有量等指标与改革开放前相比均有明显的改善，北京居民生活水平在全国一直处于前列。随着生活水平的提高，居民对生活品质的要求也越来越高，制冷取暖、生活热水、家用电器的需求增大，使得北京居民在生活方面所消耗的各种形式的能源均有所增长。

经济社会发展中的许多矛盾和问题都与人口问题分不开，能源消耗也不例外。随着经济社会发展水平的提高，以及首都的优越条件，吸引了越来越多的人来北京寻求发展，北京常住人口规模不断扩大。2009 年北京常住人口已经达到 1755 万，较 1980 年增长了 94.07%，年均增长 2.31%。越来越多的人口意味着越来越多的能源需求，人口膨胀已是生活能耗增加的一个不容忽视的因素。北京常住人口变动见图 10-1。

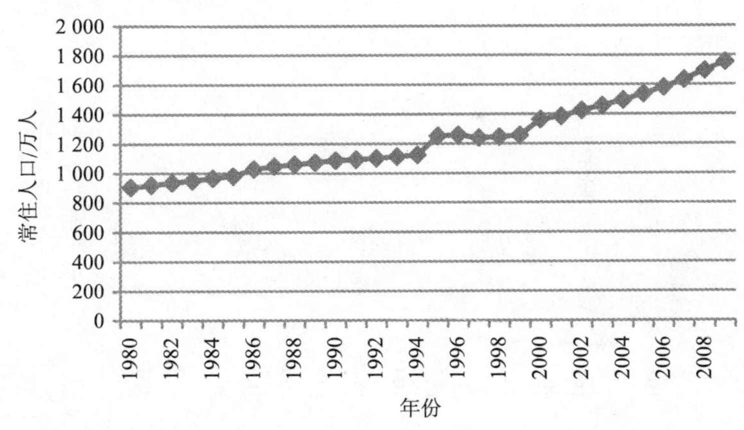

数据来源：《北京统计年鉴 2010》。

图 10-1 1980—2009 年北京常住人口数

北京人口规模过快增长对资源、环境造成巨大压力。《北京国民经济和社会发展第十二个五年规划纲要草案》中提出，今后 5 年，北京将调控人口规模，在严格执行准入政策的同时，配置进京户籍指标，实行户籍指标调控。

在分析北京居民生活水平变动时，主要分析对生活能源消耗有较大影响的因素变动。本节主要从人均可支配收入、人均住宅面积和每百户汽车拥有量 3 个方面分析北京生活水平的变动。

10.1.1.1 北京城镇居民人均可支配收入变动分析

北京城镇居民家庭人均可支配收入从 1980 年的 501.4 元增至 2009 年的 26 738.0 元。可支配收入的增加，表明了居民生活水平的提高，居民生活更有保障，能够拥有更多的资金用于消费。当居民的收入达到一定水平后，人们对于生活的要求开始从解决温饱向享受生活转变，这意味着生活能源消耗的增长。更多的家用电器导致了居民用电量的上升，更宽敞舒适的生活环境导致了热力、天然气等生活能源的消耗，更多的私家车导致了车用燃料等能源消费的增长。经计算，北京城镇居民家庭人均可支配收入与生活能源消耗的相关系数为 0.978，呈现高度的正相关。北京城镇居民可支配收入和生活能耗量变动见图 10-2。

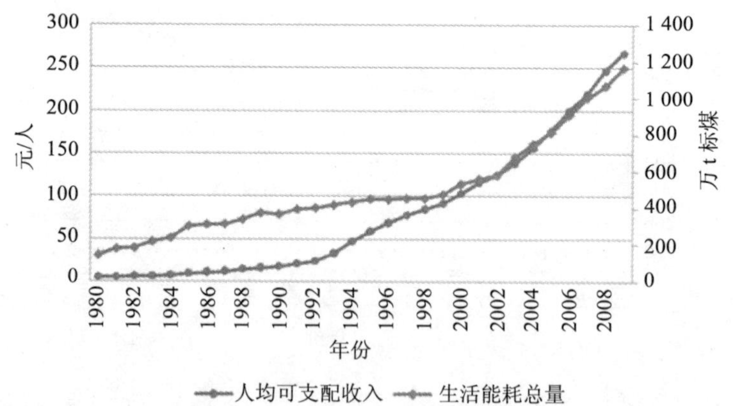

图 10-2　1980—2009 年北京城镇居民人均可支配收入和生活能耗总量

10.1.1.2 北京城镇居民人均居住面积变动分析

目前，北京城镇住宅建设的投资规模和建设数量，无论总量还是人均水平（占 GDP 的比重及每千人年新建住房套数）均已处在全国前列。改革开放以来，北京城镇居民的住房水平从人均居住面积 $6.7\,m^2$ 跃升到 2009 年的 $21.61\,m^2$，是 30 多年前的 3.22 倍，人均居住面积的增加在很大程度上缓解了城市居民的居住需求，改善了市民的居住环境。人均居住面积和人均生活能耗之间的关系见图 10-3。

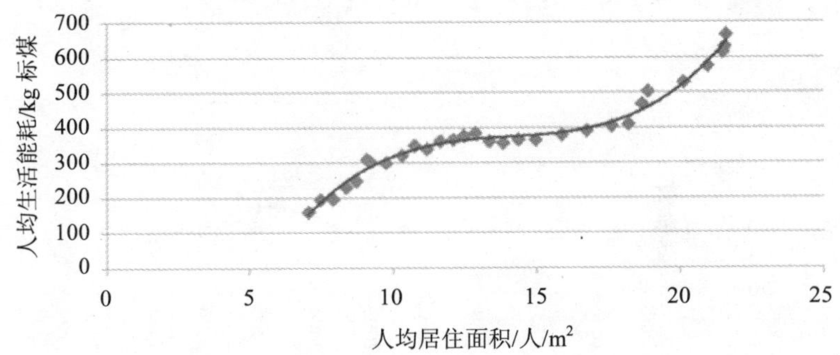

图 10-3　1980—2009 年北京城镇居民人均居住面积和人均生活能耗散点图

从人均居住面积和人均生活能耗的拟合来看，两者之间存在一定变动关系，通过拟合模型，构建关系式为：

$$y = 0.547x^3 - 23.07x^2 + 329.0x - 1\,213.0$$

此时，$R^2 = 0.983$。

式中：x——人均居住面积；

y——人均生活能耗。

该方程的一阶导数恒大于 0，该函数为增函数，人均生活能耗是随着人均居住面积的增加而增加。通过计算二阶导数得到拐点在 x=14.058 5 处，当 x＞14.058 5 时，函数是凹函数，由于该函数是增函数，此处的凹函数即表示增速的增速，即人均居住面积大于

14.0585 m^2 以后，随着居住面积的增加，人均生活能耗的增速是越来越快的。

10.1.1.3 北京城镇居民每百户汽车拥有量变动分析

现代社会，带有动力的交通工具已经成为人们生活必不可少的部分，交通工具的动力来源包括石油、电能和燃气等，未来还会有其他能源作为交通动力。高速增长的汽车拥有量也是反映居民生活水平变化的重要指标。有数据显示，从1997—2009年，北京城镇每百户汽车拥有量从0.8辆增长到29.6辆。具体变动轨迹见图10-4。

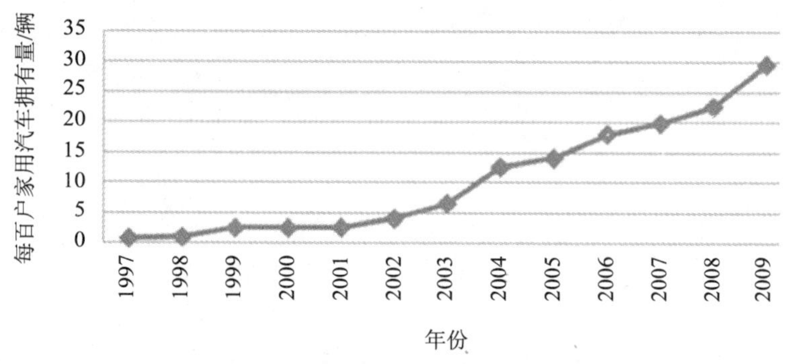

图10-4　1997—2009年北京每百户家用汽车拥有量趋势图

图10-4显示，北京城镇每百户汽车拥有量呈现出强劲的增长趋势，家用汽车的持续增长，意味着需要更多的能源供给和更多的尾气排放，必然给能源和环境带来压力。

10.1.2 北京居民生活能耗变动分析

10.1.2.1 北京生活能耗总量变动分析

从各产业能耗总量看，北京第二产业能耗占比较大，但近几年开始出现下降，主要是由于北京大型工业外迁，使得工业能耗下降所致。相反，第三产业和生活能耗则一直呈现增长趋势，且近几年增幅较大。第一产业在能耗总量中占比最小，且也逐渐呈现下降趋势。各产业能耗及生活能耗变动趋势见图 10-5。

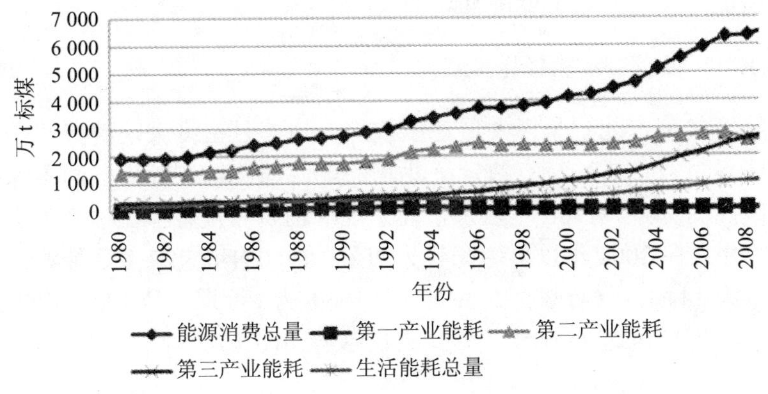

图 10-5　1980—2009 年北京分产业或部门能源消耗

随着经济的发展，各种影响生活水平的因素对能源的需求是不断增加的，毋庸置疑，生活能耗总量增长趋势明显。2009 年，北京居民生活能源消费量为 1 166.8 万 t 标煤，同比增长 9.13%。生活能耗总量的增长使得其占总能耗中的比重不断上升，由 1980 年的 7.55%，增加到 2009 年的 17.76%。北京生活能耗所占构成变动见图 10-6。

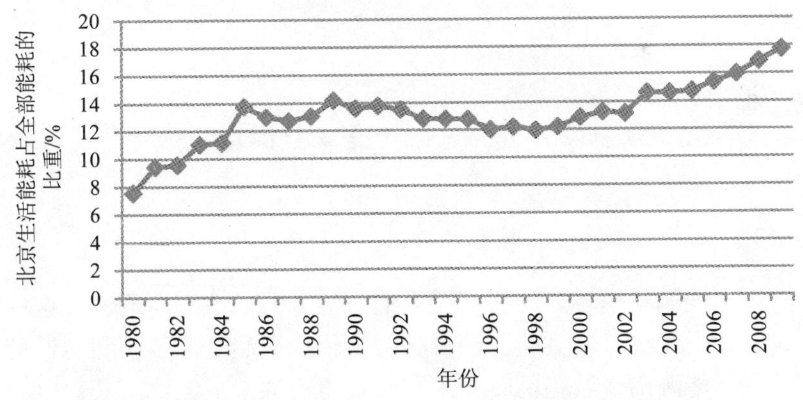

图 10-6　1980—2009 年北京生活能耗占全部能耗的比重

图 10-6 显示，伴随着人口的增加，北京生活能耗总量和占比均有不同程度的增长，而且这种增长态势将会愈加明显，北京生活能耗将成为今后北京节能降耗新的关注点。

10.1.2.2 北京生活能耗增速变动分析

多年来，北京呈现发展速度快，人口多且密度大，消费水平高等诸多特点，这些特点决定了北京的能源消费将在较长时间内保持在较高的水平。1980 年以来，北京能源消费总量整体上呈现上涨趋势，并且在 2004 年以后增长较为明显。1980 年，北京生活能源消费总量为 144.1 万 t 标煤，2009 年为 1 166.8 万 t 标煤，是 1980 年的 8.1 倍，年均增速达 23.66%。具体增长趋势如图 10-7 所示。

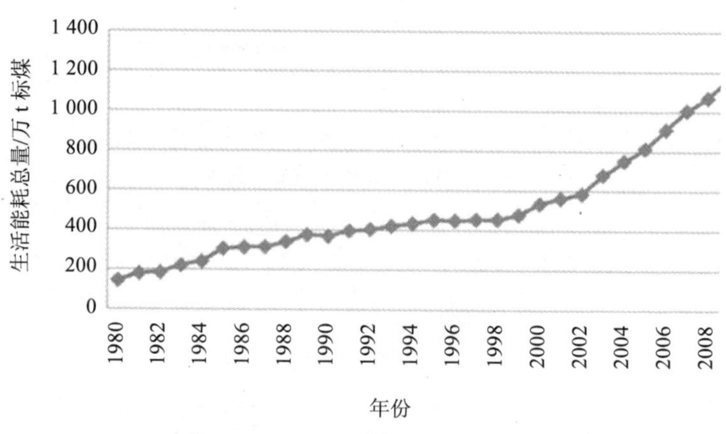

图 10-7 1980—2009 年北京生活能源消耗总量趋势图

10.1.2.3 北京生活能耗品种变动分析

生活能源使用方式结构随着人们生活方式的改变而改变，这种方式的改变最终延伸到能源消费种类结构，引起能源资源利用的变化。生活能源消费结构的转变主要表现为石油、天然气、其他电力对煤炭的替代以及煤的初级使用向清洁使用的转变，即生活能源使用的高级化和清洁化。

能源消费结构是影响能源利用效率的重要因素，以天然气和石油为主的消费结构的能源利用率明显高于以煤炭为主的能源消费结构。近十几年来，北京生活能耗表现出以天然气和石油为主的消费结构的能源利用率明显高于以煤炭为主的能源消费结构，虽然目前仍然表现出以煤为主的消费格局，居民对成品油的消费日趋上升，生活能源消费结构已呈现出石油化的发展趋势。具体数据见表 10-1。

表 10-1 1997—2009 年北京生活能耗品种能源消耗

年份	煤（万 t 标煤）	液化石油气（万 t 标煤）	天然气（亿 m^3）	电力（亿 kW·h）
1997	394.57	17.36	0.93	30.23
1998	360.35	17.56	1.42	33.56
1999	320.08	21.12	2.05	40.76
2000	355.35	22.09	2.65	58.68
2001	355.97	22.16	3.17	66.68
2002	219.19	22.89	3.40	62.64
2003	270.39	29.08	4.09	70.30
2004	247.13	32.74	4.85	80.54
2005	233.50	31.55	5.66	88.92
2006	266.64	23.90	8.40	95.87
2007	277.00	27.57	8.98	106.68
2008	255.83	22.02	9.16	116.30
2009	273.55	22.72	9.85	128.80

数据来源：根据历年《北京统计年鉴》整理得出。

将表 10-1 用图形表示，见图 10-8。

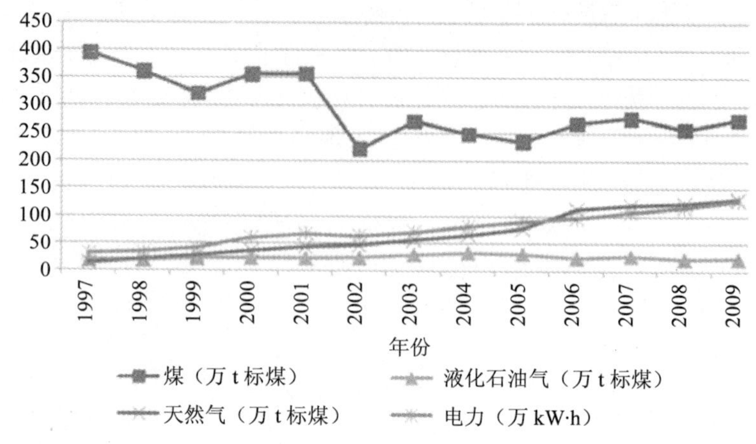

图 10-8　1997—2009 年北京生活能耗种类构成趋势

图 10-8 显示，从生活能耗的结构看，煤炭消费比例下降，电力、石油液化气和天然气等优质清洁能源比例持续上升，但以煤炭为主的格局没有变。

从总体来看，煤炭在能源结构中呈下降趋势，中间略有波动，1997—2009 年，煤炭消耗总量下降了 30.67%，年均降速为 1.7%。北京生活用煤有所降低，主要是因城镇住宅小区化，生活直接燃煤受限而减少。据统计，城镇将有更多的用户改用管道煤气、液化石油气、天然气等。同时，应该注意到，这里印证了煤炭结构与上文的 CO_2 排放量的趋势一样，说明北京碳排放主要还是煤炭消耗排放的。

液化石油气由于具有污染物排放较低的特点，其消耗基本处于上升趋势，年均增速达到 3.31%。

北京的天然气供应始于 1987 年，在陕甘宁天然气进京之前，由于当时供给北京的气量很少，北京的天然气主要满足居民炊事，无法满足更多的其他方面的气量需求。北京在使用清洁能源，扩大天然气应用范围、领域方面，与发达国家相比仍然比较落后，在整个城市能源消费结构中燃气所占比例很低，1997 年以前占 3%左右。

随着城市建设的现代化进程，北京天然气的比重逐年加大，1998—2000年，配合北京市大气环境治理，北京市开展了大规模的燃煤锅炉改烧天然气的工作，到2002年，北京生活用煤有了较大幅度下降，而天然气用量开始以较快速度增长，1997年以来，天然气以年均21.73%的速度增长，是所有能源品种中增长最快的。

电力方面，除了火力发电以外，新能源发电在北京也越来越得到推广和应用。发电能源的结构调整，在一定程度上缓解了北京在能源、环保上的压力。1997—2009年，北京电力消耗增长了3.26倍，年均增速达到了13.34%，

图10-8还显示出北京可再生能源的上升势头。利用可再生能源是我国能源发展战略的重要举措，也是北京今后能源利用的方向，它对于北京减少CO_2排放、缓解能源供需矛盾具有重要意义。

10.1.2.4 北京人均生活能耗变动分析

人均生活用能源考虑了人口因素对生活能源消费的影响，能够更真实地反映生活能源的消费状况。生活用能源品种主要包括煤炭、电力、液化石油气和天然气4大项。人均生活用能源指标从计算方法上可分为两个时间段：1997—2001年的人均生活用能源是按年末户籍人口计算，2001年至今是按常住人口年平均数计算。通过调整，得到1997—2009年按常住人口年平均数计算的人均生活用能源，见表10-2。

表10-2 1997—2009年北京人均生活用能源品种消费量

年份	煤炭/kg	液化石油气/kg	天然气/m^3	电力/kW·h	生活用能源/kg
1997	315.73	13.89	7.44	241.91	363.37
1998	289.95	14.13	11.43	270.01	366.11
1999	255.78	16.88	16.38	325.70	381.33
2000	271.18	16.86	20.19	447.77	407.13
2001	259.01	16.13	23.08	485.17	408.19

年份	煤炭/kg	液化石油气/kg	天然气/m^3	电力/kW·h	生活用能源/kg
2002	156.10	16.30	24.21	446.11	415.91
2003	187.80	20.20	28.41	488.26	472.70
2004	167.60	22.20	32.89	546.20	509.80
2005	154.09	20.82	37.35	586.80	537.42
2006	170.98	15.33	53.86	614.75	583.16
2007	172.37	17.16	55.88	663.85	625.55
2008	153.74	13.23	55.05	698.92	642.57
2009	158.58	13.17	57.10	746.67	676.41

注：本表人均生活用能源按常住人口年平均数计算。

数据来源：根据历年《北京统计年鉴》整理得出。

表 10-2 显示，北京的人均生活用能源呈现上升趋势，1997—2009 年的年均增长速度为 6.63%。由于人均生活用能源的几个指标数量级相差较大，故将数据分别绘制在图 10-9 和图 10-10 中。

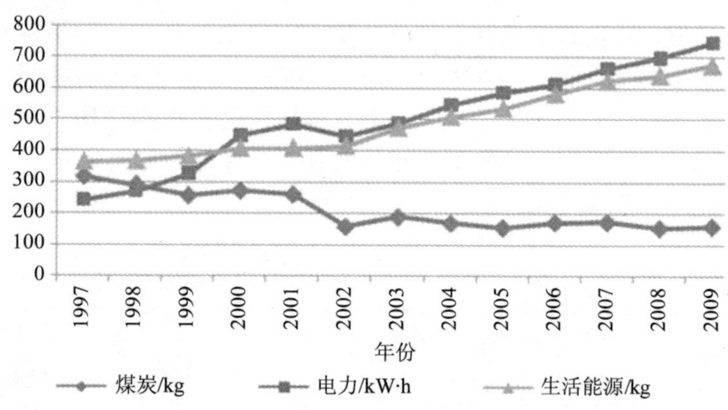

图 10-9　1997—2009 年北京人均生活用能源总量、电力及煤炭变动趋势图

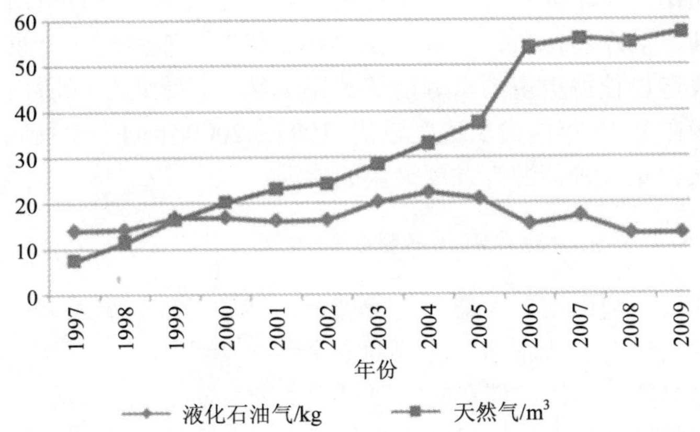

图 10-10　1997—2009 年北京人均生活用液化石油气及天然气变动趋势图

首先，从电力消费来看，随着信息化时代的到来，电脑的不断普及，家用电器的种类不断增加，人民生活水平的提高，居民对于电力的需求也在日益加大，人均用电量也呈现快速上涨态势，1997—2009 年北京人均生活用电增长了 2.09 倍，年均增速达到 10.3%。到 2009 年，北京人均生活用电消费已经达到 746.67 kW·h，尤其是在全球气候变暖的大环境下，夏季空调的使用数量及频率大大增加，增加了电力的消费。

其次，从煤炭消费的角度来看，1997—2009 年，北京人均生活所用的煤炭数量呈减少趋势，年平均降速为 4.38%；2001—2002 年下降幅度较大，随后有所波动，但总体仍呈降势。究其原因，人均生活用煤炭的变化是由于北京为适应时代发展，加快实行城区内危旧房改造，拆除旧房屋，使居民搬入楼房，更多地采用集中供暖，取代了曾经的煤炉取暖，使得煤炭的消费得以减少。

液化石油气的使用整体呈现先增后降趋势，1997—2004 年呈现上涨趋势，2005 年以后，由于北京“十一五”规划中加大了节能降耗的力度，使得液化石油气的使用出现下降趋势，5 年平均降速为 8.8%。

相比之下，天然气的增长就较为明显。天然气具有使用安全、热值高、洁净等优势，所以正在逐渐取代液化石油气，北京燃气管道的改造也使得更多的家庭能够使用天然气，人均生活所用的天然气消费在近 13 年内增长速度较快，1997—2009 年的平均发展速度为 19.69%，是 4 种能源中发展最快的能源。

10.1.2.5 北京生活能源消耗趋势预测

北京是我国第二大能源消费城市，能源以外地调入为主，对外部能源的依存度非常高，能源的安全性与持续性应该引起关注。生活能源消费作为能源消费的重要组成部分，与人们的生活息息相关，在近些年越来越受到重视。生活能源消费作为能源消费的“大户”，其变动趋势往往能够反映能源总消费的大体走势，也能够起到一定预测未来能源消费的变化的作用。见表 10-3。

表 10-3　1980—2009 年北京生活能源消费量　单位：万 t 标煤

年份	生活能源消费量	年份	生活能源消费量	年份	生活能源消费量
1980	144.1	1990	368.7	2000	533.5
1981	179.3	1991	395.8	2001	561.0
1982	183.7	1992	403.4	2002	584.0
1983	218.9	1993	419.1	2003	680.6
1984	239.3	1994	433.4	2004	751.7
1985	304.2	1995	451.8	2005	814.4
1986	311.9	1996	448.7	2006	909.4
1987	314.3	1997	454.1	2007	1 005.3
1988	340.7	1998	455.0	2008	1 069.2
1989	376.0	1999	477.2	2009	1 166.8

数据来源：历年《北京统计年鉴》。

表 10-3 显示了北京 1980—2009 年的生活能源消费总量，2009 年北京生活能源消费总量已达 1 166.8 万 t 标煤，是 1980 年的 8.09 倍。通过图 10-7 可以更直观地对其变动趋势进行观察，看出北京的

生活能源消耗持续增长，整体呈上涨趋势。

在对北京生活能源消耗状况的描述和定量分析后，需要对未来北京生活能耗做出预测，本小节将利用 Eviews 软件对生活能源消耗建立适当的分析模型，从而进行预测。

首先绘制 1980—2009 年北京生活能源消耗的变动趋势图，如果从这些上升的数据中找出逐年增长的数量规律，则可用一条曲线去拟合，进行预测分析。通过观察北京生活能源消耗趋势图，可以看出自 1980 年以来，北京生活能源消耗呈非线性增加，2002 年以后增长速度加快，大致呈指数或多项式两种形式，通过拟合指数趋势曲线、一元二次方程和一元三次方程以后，发现一元三次方程拟合得最好，其 $R^2=0.994$，方程的各项系数以及方程都通过了显著性检验，因此可利用一元三次趋势曲线进行分析，对变量进行预测。北京生活能源消耗总量趋势曲线预测模型见图 10-11。

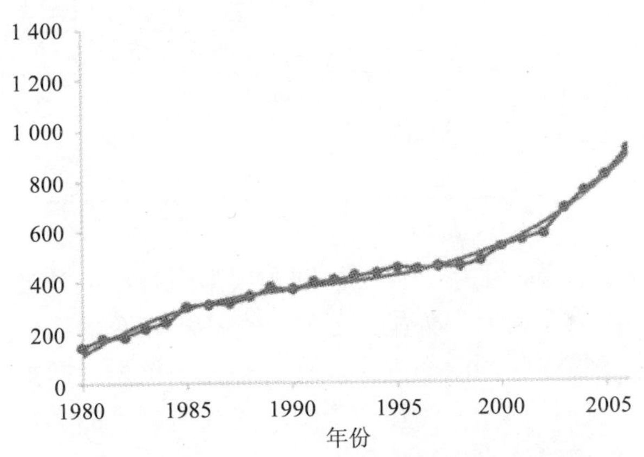

图 10-11　北京生活能源消耗总量趋势曲线预测模型的拟合图

通过观察北京生活能源消耗的变动趋势图以及拟合情况，确定采用的预测模型为一元三次曲线预测模型。图 10-11 显示了拟合结果，并显示了残差序列。

一元三次曲线模型为：

$$y = \beta_0 + \beta_1 x + \beta_2 x^2 + \beta_3 x^3 + \varepsilon \quad (10.1)$$

式中：x——时间变量；

y——北京生活能源消耗量。

通过拟合，得到回归模型如公式（10.2）：

$$y = 57.575 + 60.822x - 4.199x^2 + 0.114x^3 \quad (10.2)$$

T 值　（3.23）（12.45）（−11.57）（14.82）

方程的 F 检验值为 1511.484，$R^2 = 0.994$。

通过拟合后的方程，可以预测未来北京的生活能源消耗量，得到表 10-4。

表 10-4　2010—2020 年北京生活能源消耗预测　单位：万 t 标煤

年份	生活能耗预测值	年份	生活能耗预测值	年份	生活能耗预测值
2010	1303.99	2014	1930.32	2018	2805.32
2011	1439.66	2015	2124.05	2019	3068.06
2012	1588.81	2016	2334.00	2020	3349.75
2013	1752.14	2017	2560.86		

需要说明的是，采用一元三次回归模型进行趋势外推，越往后误差越大。因为这种时序外推法是以一个指标本身的历史数据的变化趋势，去寻找未来的演变规律，作为预测的依据，即把未来作为过去历史的延伸。但未来往往会受到很多随机因素的影响，因而做长期预测时预测结果的精确性会相对较低。

北京“十二五”能源规划中指出，2015 年全市能源消耗总量要控制在 9000 万 t 标煤左右。其中清洁能源消耗比重达到 80%以上，天然气比重超过 20%；煤炭消耗总量控制在 2000 万 t 标煤以内，五环路内基本实现无煤化；新能源和可再生能源占能源消耗的比重力争达到 6%左右。

根据上述分析得知，生活能耗占能源消耗的比重逐年增加，到

2009 年生活能耗已经占到能源消耗总量的 17.76%，生活能耗比重的年均增速为 3.24%。假设生活能耗比重的增速不变，到 2015 年北京生活能耗的比重将占到能源消耗总量的 21.5%，根据北京“十二五”能源规划可推算出，到 2015 年生活能耗总量要控制在 1935 万 t 标煤左右，这是保守的估计，因为，此处假设的是生活能耗的比重的增速是不变的，即 2015 年生活能耗最低也将达到 1935 万 t 标煤。而理论方程预测的 2015 年的生活能耗总量 2124.05 万 t 标煤，如果生活能耗控制在这个水平，则 2015 年生活能耗将占到能源消耗的 23.6%，而这个比重较假定年均增速不变在理论上更为合理。

10.1.3 实证分析

10.1.3.1 问卷的调查方法

为了解北京居民现阶段生活能耗的真实情况，对减少北京生活能源消耗提出建议，2010 年 3 月，在北京 8 大城区（宣武和崇文分别还没被并入西城和东城时）进行了一项关于生活能耗的问卷调查，调查对象为北京居民。该研究为描述性研究，采用配额抽样方法进行抽样。确定样本量为 100 人，按城区的不同平均分配名额，不限制性别、年龄比例。具体操作方法：将问卷平均分配到每个城区，调查实施采用拦访的方式。

10.1.3.2 调查者的基本信息

在调查的 100 个人中，行政机关人员有 20 人，企业事业单位人员有 32 人，个体经营者有 6 人，离退休人员有 21 人，下岗失业人员有 8 人，学生有 6 人，其他行业人员有 7 人。在家庭成员数量上，100 个调查者中有 8 人独自生活，有 24 个人家中由两个人组成，三人家庭占比最大，达到了 51 人，四人和五人家庭各有 8 人，只有一位调查者的家庭成员数为 6 人。在收入方面，有 25 人的月收入在 2000 元以下，月收入在 2000～4000 元的被调查者有 39 人，月收入在 4000～6000 元的被调查者有 21 人，月收入在 6000～8000 元的有 9 人，月收入在 8000 元以上的被调查者有 6 人。可以看出，月收入在 6000 元以下的调查者占绝大多数，比例达到 85%。

10.1.3.3 调查者的生活能耗情况

（一）水电燃气消费

在 100 名调查者中，人均用电量为 684.5 kW·h/年。其中，最小值为 120 kW·h/年，最大值为 1535.5 kW·h/年，按每千瓦时电 0.4883 元计算后，得到人均电费为 334.2 元/年，最少为 58.6 元/年，最多则为 749.8 元/年。在用水方面，人均用水量为 68.6t/年，最少为 7.2t/年，最多为 360t/年，差距非常大。按每 t 3.7 元计算后，得到人均水费为 253.7 元/年，最少为 26.6 元/年，最多为 1332 元/年。相比 2007 年，人均耗电增加了 3.1%，而耗水量则降低了 20%。其中，楼房的人均用水量为 78t，而平房的用水量只有 37t，不到楼房的五成。

在燃气方面，有两种消费方式，第一种是天然气，一般供楼房使用；第二种是煤气罐，一般供平房使用。在 100 名调查者中，有 76 名使用天然气，其余 24 名使用煤气罐。在使用天然气的调查者中，人均天然气使用量为 72.5 m^3/年，最少为 9 m^3，最多为 420 m^3。按每 m^3 2.05 元计算后，得到人均天然气费用为 148.6 元/年，最少为 18.5 元，最多为 861 元。相比 2007 年，人均消耗天然气增加了 30%。在 24 名使用煤气罐的调查者中，人均消费煤气罐为 5.3 罐/年，最少为 2 罐，最多为 12 罐。

在平房中，冬季一般使用煤炭取暖，在 100 名调查者中，有 21 名调查者的家庭使用煤炭取暖，人均消耗煤炭量为 2.2t/年，最少为 1t，最多为 5t。

（二）交通费用

在 100 名调查者中，没有汽车的家庭占据了绝大部分，共有 61 人，家中拥有一辆汽车的有 34 人，拥有两辆汽车的有 4 人，拥有两辆以上的有 1 人。在拥有汽车的 39 人中，汽油消耗量为 1588 L/年，平均每月为 132.3 L，按每 L 6.92 元计算后，得到汽油消费额为 10987 元/年，相当于每月花费 915 元。在 61 名没有汽车的调查者中，交通支出平均为 1254 元/年，平均每月为 104.5 元。可以看出，开车的交通支出要远远高于其他交通方式。

同时，笔者对一个小时以内的路程选择何种交通工具也进行了调查。结果显示，在 100 名调查者中，有 9 人选择步行，有 15 人选择汽车，有 48 人选择坐公交车或地铁，有 22 人选择开车，有 6 人选择打车。可以看出，选择公共交通工具的人还是占到将近一半。见表 10-5。

表 10-5　交通工具与汽车拥有量列联表

项目		交通工具					
		步行	骑车	公交车或地铁	开车	其他	总计
汽车拥有量	没有	8	11	37	0	5	61
	1	0	4	11	18	1	34
	2	1	0	0	3	0	4
	更多	0	0	0	1	0	1
	总计	9	15	48	22	6	100

表 10-5 显示，一个小时以内的路程，选择步行的 9 人中，有 8 人没有汽车，1 人拥有两辆汽车；选择骑车的 15 人中，有 11 人没有汽车，有 4 人拥有 1 辆汽车；在选择公交车或地铁的人中有 37 人没有汽车，有 11 人有 1 辆汽车；选择开车的人中，有 18 人拥有 1 辆汽车，有 3 人拥有 2 辆汽车，有 1 人拥有更多的汽车；选择其他交通工具的 6 人中，有 5 人没有汽车。也可以看出，没有汽车的人通常选择步行、骑车和公共交通工具，拥有汽车的人绝大多数仍然选择开车出行。

（三）住房面积

在 100 名调查者中，人均住宅面积为 30 m^2，最少的为 2 m^2，最多的达到了 150 m^2。其中，居住平房的 24 名调查者家庭的人居住宅面积为 15.4 m^2，居住楼房的 76 名调查者家庭的人居住宅面积为 34.6 m^2，是平房的 2.2 倍。而住房面积的差异也是直接导致了生活能耗的方式及多少。

10.1.3.4 案例小结

通过调查问卷所反馈的数据可知，居民生活能耗消费水平比往年提高，天然气涨幅最大，用电量也有所升高。在住房方面，人均住宅面积也有所增加，同时汽车拥有量增量也很大。可以看出，北京生活能源消耗结构正在向一个良性的方向发展，天然气和电力的消耗量在增加。

10.2 北京生活水平变动与能源消耗关系的研究

在定量分析北京生活水平变动与能源消耗之间的关系时，参考经济增长与环境压力“脱钩”“复钩”分析理论，用人均可支配收入、生活能源消耗总量和人均生活能耗 3 个指标。从生活水平变动与能耗、能耗种类两方面进行“脱钩”“复钩”测度。

10.2.1 北京生活水平变动与能耗“脱钩”“复钩”测度

对北京生活水平变动与能耗总量之间“脱钩”“复钩”问题分析时，利用城镇居民人均可支配收入数据（DPI）、生活能耗总量数据（HEC）及人均生活能耗（HEC/Pop）数据分别计算其环比增长速度（Δ）。计算结果见表 10-6。

表 10-6 1981—2008 年北京 DPI、HEC 和人均生活能耗（HEC/Pop）环比增长速度

单位：%

年份	ΔDPI	ΔHEC	Δ（HEC/Pop）	年份	ΔDPI	ΔHEC	Δ（HEC/Pop）
1981	2.53	24.43	22.41	1996	17.33	−0.69	−1.34
1982	9.14	2.45	0.72	1997	13.47	1.20	2.79
1983	5.24	19.16	17.28	1998	8.43	0.20	−0.25
1984	17.48	9.32	7.62	1999	8.39	4.88	3.91
1985	30.85	27.12	25.05	2000	12.71	11.80	3.07
1986	17.60	2.53	−2.16	2001	11.87	5.15	3.52
1987	10.72	0.77	−1.06	2002	7.65	4.10	1.31

年份	ΔDPI	ΔHEC	Δ（HEC/Pop）	年份	ΔDPI	ΔHEC	Δ（HEC/Pop）
1988	21.58	8.40	6.97	2003	11.38	16.54	13.88
1989	11.14	10.36	8.92	2004	12.64	10.45	7.76
1990	11.90	–1.94	–2.93	2005	12.89	8.33	5.14
1991	14.17	7.35	6.57	2006	13.17	11.67	8.64
1992	15.84	1.92	1.18	2007	10.07	10.54	7.02
1993	39.44	3.89	2.96	2008	12.44	6.36	2.47
1994	43.54	3.41	2.22	2009	8.14	9.13	5.40
1995	24.04	4.25	–6.26				

注：人均生活能耗是以年平均常住人口数计算。

资料来源：根据历年《北京统计年鉴》整理得出。

具体走势见图 10-12。

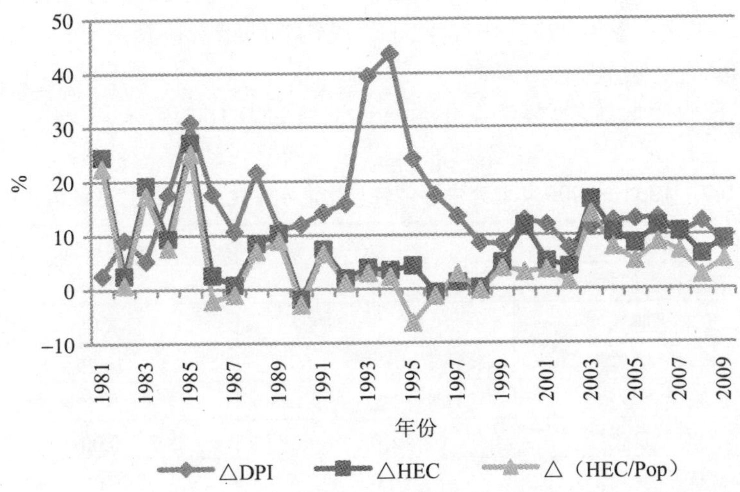

图 10-12　1981—2009 年北京 DPI、HEC 和人均生活能耗（HEC/Pop）环比增长速度

图 10-12 显示，自 1981 年以来，北京ΔDPI 一直是大于零的，说明北京居民生活水平是在不断提高的。生活能耗和人均生活能耗

的环比增长趋势相近，且起伏较大。在20世纪80年代初期，北京人均生活能耗的同比增长呈现与人均可支配收入相反的发展趋势：1981—1984年，人均可支配收入降低时人均生活能耗增加，而人均可支配收入增加时人均生活能耗反而下降。

从“脱钩”“复钩”的角度来看，当人均生活能耗Δ（HEC/Pop）环比增速小于零时，生活水平和生活能耗总体上是处于“脱钩”状态，从图10-12中可以看到，1986—1987年、1990年、1995—1996年以及1998年北京居民生活水平和生活能耗均处于“脱钩”状态。其中，1990年和1996年处于绝对“脱钩”状态，而其余年份处于相对“脱钩”状态。

相反，如果人均生活能耗Δ（HEC/Pop）环比增速大于零时，生活水平和生活能耗总体上是处于“复钩”状态，此时，若人均可支配收入ΔDPI的增速大于零，则生活水平和生活能耗表现为扩张性“复钩”。在北京的发展过程中，除了“脱钩”的年份，其余年份均表现出扩张性“复钩”。

现将“脱钩”“复钩”年数具体汇总如表10-7所示。

表10-7　1981—2009年北京生活能耗与生活水平之间“脱钩”“复钩”年数

名称	年数/个	占比/%
衰退性“脱钩”	0	0.00
绝对“脱钩”	2	7.14
相对“脱钩”	4	14.29
扩张性“复钩”	22	78.57
绝对“复钩”	0	0.00
相对“复钩”	0	0.00
合计	28	100.00

表10-7显示，北京人均可支配收入与生活能耗总量之间以扩张性“复钩”为主，在计算的28年中有22年为扩张性“复钩”，占比高达78.57%，特别是1999—2009年均处于扩张性“复钩”，究竟“脱

钩”或“复钩”哪一种是较为理想状态，则需要针对不同能源品种具体分析测度。

10.2.2 北京生活水平变动与能耗种类“脱钩”“复钩”测度

能耗总量的“脱钩”或“复钩”并不意味着不同能源种类也呈现同样的变动。根据生活能耗的特点，将生活能耗的品种划分为煤、液化石油气、天然气和电力 4 种，分别观察其与生活水平的变动关系。具体数据见表 10-8。

表 10-8　1998—2009 年北京煤、液化石油气、天然气、电力消耗量环比增速*

单位：%

年份	ΔC	Δ（C/Pop）	ΔP	Δ（P/Pop）	ΔN	Δ（N/Pop）	ΔH	Δ（H/Pop）
1998	–8.67	–8.16	1.17	1.73	52.69	53.53	11.00	11.62
1999	–11.17	–11.79	20.26	19.43	44.31	43.32	21.46	20.63
2000	11.02	6.02	4.59	–0.12	29.09	23.28	43.96	37.48
2001	0.17	–4.49	0.32	–4.35	19.90	14.32	13.64	8.35
2002	–38.42	–39.73	3.29	1.09	7.19	4.92	–6.06	–8.05
2003	23.36	20.30	27.04	23.90	20.29	17.32	12.23	9.45
2004	–8.60	–10.76	12.59	9.93	18.58	15.79	14.57	11.87
2005	–5.52	–8.06	–3.63	–6.23	16.70	13.56	10.41	7.43
2006	14.19	10.96	–24.25	–26.39	48.41	44.21	7.81	4.76
2007	3.89	0.81	15.36	11.95	6.90	3.74	11.28	7.99
2008	–7.64	–10.81	–20.13	–22.87	2.00	–1.49	9.02	5.28
2009	6.93	3.15	3.18	–0.47	7.53	3.73	10.75	6.83

* 表中：ΔC 为煤炭消耗增速、ΔP 为液化石油气消耗增速、ΔN 为天然气消耗增速、ΔH 为电力消耗增速。

资料来源：历年《北京统计年鉴》整理得出。

同样，将表 10-8 的数据用图形表示，见图 10-13 至图 10-16。

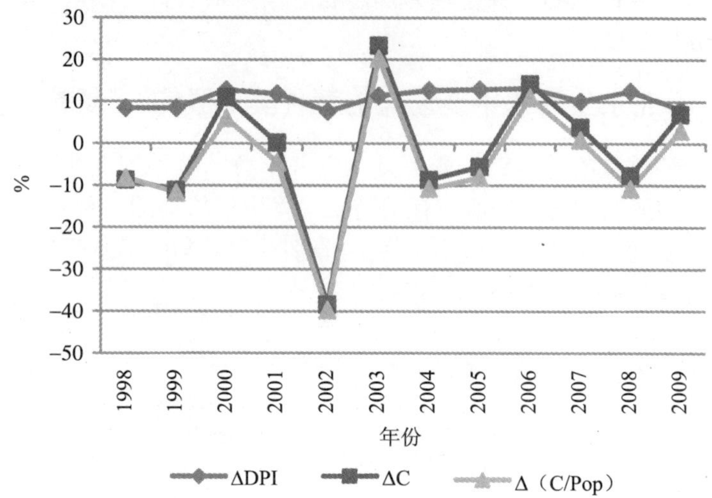

图 10-13　生活水平与煤炭消耗的关系

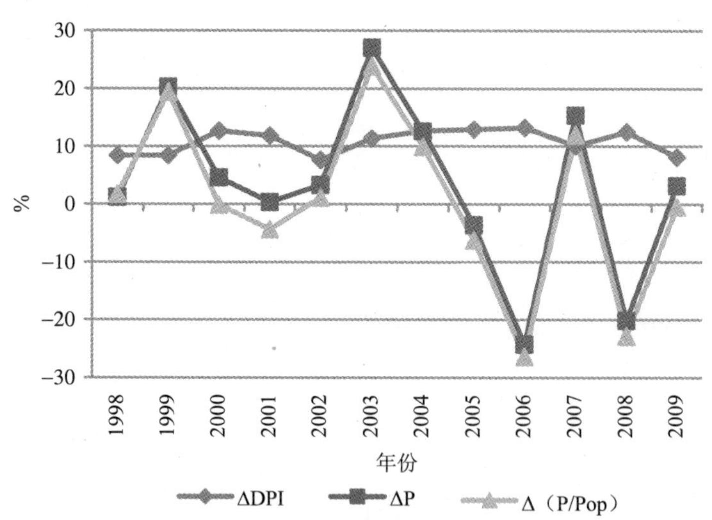

图 10-14　生活水平与液化石油气消耗的关系

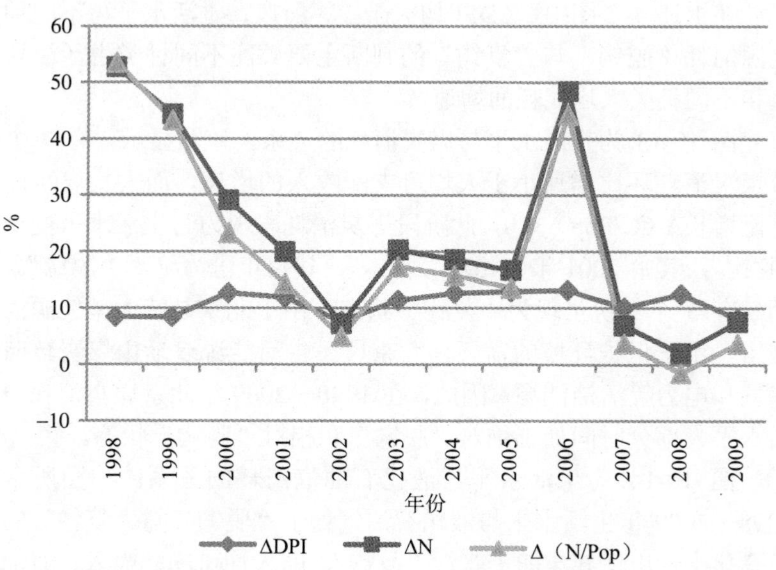

图 10-15　生活水平与天然气消耗的关系

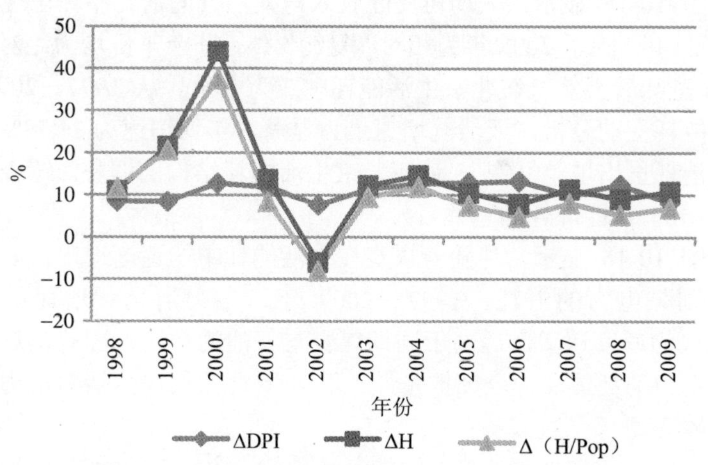

图 10-16　生活水平与电力消耗的关系

在上述 4 个图中，ΔDPI 均大于零，所以，生活水平与不同种类能源消耗“脱钩”与“复钩”的判断主要关注不同种类生活能耗增速和不同种类人均能耗的增速。

图 10-13 为生活水平与煤炭消耗的关系。该图显示，有 7 个年份煤炭消耗环比增速小于人均可支配收入的增速，而人均煤炭消耗环比增长Δ（C/Pop）＜0，此阶段煤炭消耗表现为与生活水平变动的“脱钩”，其中 2001 年为相对“脱钩”，其余年份为绝对“脱钩”。同期，有 5 个年份呈现为“复钩”状态，由于北京是特大型能源消费城市，出于保护环境的需要，北京市民生活能源逐渐由煤炭转向天然气和电力等清洁能源，因此，在 1998—2009 年北京煤炭消耗与生活水平大部分时间处于绝对“脱钩”和相对“脱钩”状态。

图 10-14 为生活水平与液化石油气消耗的关系。如图所示，1998—2009 年生活水平与液化石油气处于“脱钩”与“复钩”的交替变化中，出现 6 年的扩张性“复钩”，即人均可支配收入、石油消耗量和人均石油消耗量均呈现增长趋势，随着石油消耗量的波动，有 3 个年份的绝对“脱钩”。

图 10-15 显示，人均可支配收入与天然气的消耗整体出现扩张性“复钩”，除了 2008 年为相对“复钩”外，其余年份均为绝对“复钩”，意味着天然气在北京生活能耗中成为主角。从 1997—2009 年生活能耗变动分析，天然气增速最为显著，年均增速为 21.73%，天然气消耗量出现“复钩”，说明北京生活能耗结构的调整，符合北京“十二五”节能降耗的总体目标。

图 10-16 显示，伴随着煤炭在生活能耗中的逐渐退出，取而代之的则是电力的消耗。1997—2009 年，电力消耗量增速以年均 12.84%的速度递增，远高于同期煤炭与石油的增速，因此，这段时期对电力消耗体现为全部扩张性“复钩”，北京居民生活对电力的依赖性较高。

居民生活水平变动与不同能源品种的“脱钩”“复钩”年数具体汇总如表 10-9 所示。

表 10-9　1998—2009 年北京生活水平与煤炭、石油、天然气和电力消耗的“脱钩”“复钩”年数

名称	煤炭消耗		石油消耗		天然气消耗		电力消耗		合计	
	年数/个	占比/%	年数/个	占比/%	年数/个	占比/%	年数/个	占比/%	年数/个	占比/%
衰退性“脱钩”	0	0.00	0	0.00	0	0.00	0	0.00	0	0.00
绝对“脱钩”	6	50.00	3	25.00	0	0.00	0	0.00	10	22.73
相对“脱钩”	1	8.33	3	25.00	1	8.33	0	0.00	4	9.09
扩张性“复钩”	5	41.67	6	50.00	11	91.67	12	100.00	30	68.18
绝对“复钩”	0	0.00	0	0.00	0	0.00	0	0.00	0	0.00
相对“复钩”	0	0.00	0	0.00	0	0.00	0	0.00	0	0.00
合计	12	100.00	12	100.00	12	100.00	12	100.00	44	100.00

表 10-9 显示，北京居民生活水平与不同能源品种的“脱钩”“复钩”关系的变动轨迹清晰，方向明确。煤炭以“脱钩”为主；石油“复钩”显著；天然气和电力绝对“复钩”。这种趋势与北京的能源规划目标基本一致。

10.3 北京生活能源消耗与环境压力关系的研究

环境压力主要是利用 CO_2 和废弃物排放量反映，通过能源消耗与 CO_2 排放关系、能源消耗与废弃物排放关系分析北京生活能源消耗与环境压力之间的关系。

化石能源燃烧排放的 CO_2 来自燃料燃烧过程中的碳释放，CO_2 的排放量取决于燃料中的含碳量和燃料燃烧过程中的氧化率。在燃烧过程中，大部分碳以 CO_2 的形式排放，而少部分碳是以 CO、CH_4 和非甲烷挥发性有机化合物的形式排放。所有这些气体在大气中经过几天到大约十几年的时间最终被氧化为 CO_2。

根据不同能源的碳排放系数，可以估算出 CO_2 的排放量，公式为：

$$e_{ij} = \delta_{ij} E_{ij} \tag{10.3}$$

式中：δ_{ij}——第 i 种能源的 CO_2 排放系数；

E_{ij}——第 j 年第 i 种能源消耗的总量；

e_{ij}——第 j 年消耗第 i 种能源排放的 CO_2。

各类能源的碳排放系数如表 10-10 所示。

表 10-10　各类能源的碳排放系数

项目	煤炭*	液化石油气	天然气	电力**
碳排放系数（t 碳/t 标煤）	0.704	0.189	0.04	0.272
CO_2 排放系数***（t CO_2/t 标煤）	2.58	0.694	0.145	0.997

* 生活用煤一般是无烟煤，此处的煤炭的碳排放系数用的是无烟煤的碳排放系数。

** 电力以燃烧煤炭的火力发电为参考，其碳排放系数的单位是 kg 碳/kW·h。

*** 碳排放系数乘以 44/12 为 CO_2 排放系数。

资料来源：2005 环保标章产品手册——绿色消费指南。

根据公式（10.3）和表 10-10 中的碳排放系数，计算出 1997—2009 年北京生活能耗 CO_2 的排放量，见表 10-11。

表 10-11　1997—2009 年生活能耗中不同能源品种排放的 CO_2 及排放构成

单位：万 t

年份	煤炭		液化石油气		天然气		电力	
	排放量	构成/%	排放量	构成/%	排放量	构成/%	排放量	构成/%
1997	1 017.99	98.63	12.05	1.17	1.79	0.17	0.3	0.03
1998	929.71	98.39	12.19	1.29	2.74	0.29	0.33	0.03
1999	825.81	97.75	14.66	1.74	3.95	0.47	0.41	0.05
2000	916.81	97.76	15.33	1.63	5.1	0.54	0.58	0.06
2001	918.4	97.64	15.38	1.64	6.12	0.65	0.66	0.07
2002	565.51	96.08	15.89	2.70	6.56	1.11	0.62	0.11
2003	697.61	96.04	20.18	2.78	7.89	1.09	0.7	0.10
2004	637.6	95.10	22.72	3.39	9.35	1.39	0.8	0.12
2005	602.43	94.70	21.9	3.44	10.92	1.72	0.89	0.14
2006	687.93	95.32	16.59	2.30	16.2	2.24	0.96	0.13
2007	714.66	95.01	19.13	2.54	17.32	2.30	1.06	0.14
2008	660.04	95.09	15.28	2.20	17.67	2.55	1.16	0.17
2009	705.76	95.14	15.77	2.13	19	2.56	1.28	0.17

从构成上看，生活能耗所排放的 CO_2 中煤炭一直占有绝对比重，95%以上的 CO_2 由生活能耗中消耗的煤炭所致。因此，控制 CO_2 排放的主要方面就是减少对煤炭的消耗，这是降低排放的根本措施。

10.3.1 北京生活能源消耗与 CO_2 排放量关系的分析

如果从减排的角度出发，实现北京的减排目标可以从两方面入手，一方面是在能耗结构不变的前提下，实现单位 GDP 的 CO_2 排放强度的降低；另一方面，就是要调整北京能源结构。不同种类能源消耗 CO_2 排放的系数是不同的。根据上述能源消耗系数看，消耗煤和石油排放的 CO_2 较高，电力较高主要是由于发电用到煤，仍然是煤排放的 CO_2 所致。

10.3.1.1 北京生活能源消耗与 CO_2 排放总量关系分析

鉴于《北京统计年鉴》中只提供人均生活能耗主要能源品种消耗数据，根据表 10-12，只能计算出生活能耗中部分 CO_2 排放量。目前，由于生活中很多关于 CO_2 排放量的数据，比如人类呼吸排放的 CO_2 量，没有规范统一采集整理过程，因此无法算出总的 CO_2 排放量，只能根据生活中能源品种的消耗来折算，从而估计生活能耗中排放的 CO_2 的量，分析生活能源消耗与其变动关系。北京生活能耗与其排放的 CO_2 走势见图 10-17。

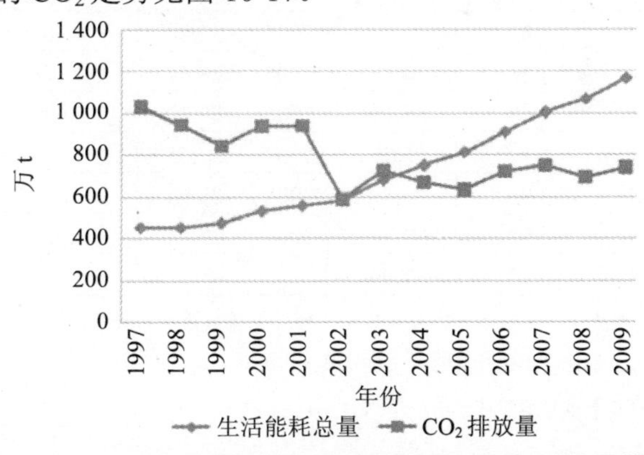

图 10-17　1997—2009 年生活能耗总量与 CO_2 排放量趋势

图 10-17 显示，随着生活能耗的不断增加，CO_2 排放量呈现波浪形起伏，由 1997 年的较高水平，逐渐降低到 2002 年的较低水平，之后保持稳定的状态。从总体分析，1997—2009 年，生活能耗以年均 8.25%的速度增长，生活能耗产生的 CO_2 总量是呈下降趋势的，2009 年比 1997 年降低了 28.12%，生活能耗和 CO_2 的排放并没有呈现出正相关趋势。主要是由于该 CO_2 排放量是根据分类的能源品种计算出来，其中主要是由煤炭排放的 CO_2，煤炭排放的 CO_2 之所以呈现下降趋势，主要原因是城市用煤继续下降、煤炭质量提高及采取了节能的措施。

10.3.1.2 北京生活能源消耗种类调整与 CO_2 排放变动关系分析

一个地区的 CO_2 排放量，不仅与该地区能耗总量有关，还与该地区能耗种类有关。又由于不同能源 CO_2 排放系数不同，减少化石燃料能源的消耗量，增加可再生能源的使用量，即使增加能耗总量，CO_2 排放量也可能呈现下降的结果。

根据《北京统计年鉴》数据，在降低北京煤炭消耗量的前提下，通过对能源消耗结构调整观察 CO_2 排放量的变动。见表 10-12。

表 10-12　1997—2009 年北京部分能源品种占生活能耗比重* 单位：%

年份	煤炭	液化石油气	天然气	年份	煤炭	液化石油气	天然气
1997	86.89	3.82	2.72	2004	32.87	4.36	8.58
1998	79.20	3.86	4.15	2005	28.67	3.87	9.24
1999	67.08	4.43	5.71	2006	29.32	2.63	12.28
2000	66.61	4.14	6.59	2007	27.55	2.74	11.88
2001	63.45	3.95	7.52	2008	23.93	2.06	11.39
2002	37.53	3.92	7.74	2009	23.44	1.95	11.23
2003	39.73	4.27	7.99				

* 笔者只选择了煤炭、液化石油气和天然气这几种 CO_2 排放系数较大的能源品种进行分析，由于只选择部分能源品种，因此，其构成之和不等于 100%。

数据来源：根据历年《北京统计年鉴》整理。

近年来，北京市政府根据国家颁布的一系列政策，如《可再生能源法》《可再生能源中长期发展规划》等做出相应的规划。北京“十二五”能源规划对于能源消费结构提出：大幅提升天然气、电力、新能源和可再生能源等清洁能源利用比重，努力实现能源发展由“外延式”向“内涵式”转变，强化能源的高效经济利用，走节约、低碳的发展道路。到 2015 年，清洁能源比重达到 80%以上，其中煤炭由 2010 年的 30%下降到 16%，天然气由 2010 年的 13%提高到 20%以上，外调电由 2010 年的 23%提高到 24.4%，新能源和可再生能源由 2010 年的 3%提高到 6%，促进“绿色北京”和宜居城市的建设。

结合数据，根据北京“十二五”能源规划并往后再推 5 年，即今后 10 年中北京可再生能源在能源结构中的比重按现有速度稳步发展，液化石油气比重保持不变，天然气消耗的比重逐步增长，而煤炭消耗的比重逐步下降，2010—2020 年，预计北京能源结构将如表 10-13 所示。

表 10-13　2010—2020 年北京生活能源消耗结构　　单位：%

年份	煤炭	液化石油气	天然气	年份	煤炭	液化石油气	天然气
2010	23.00	2.00	12.00	2016	15.50	2.00	21.00
2011	21.00	2.00	14.00	2017	15.30	2.00	22.00
2012	19.00	2.00	16.00	2018	15.10	2.00	23.00
2013	18.00	2.00	18.00	2019	14.90	2.00	24.00
2014	17.00	2.00	19.00	2020	14.50	2.00	25.00
2015	16.00	2.00	20.00				

根据上述对北京生活能源消耗做时间序列预测，得到 2010—2020 年北京生活能耗总量的数据，则这 11 年中北京生活能源消耗品种将如表 10-14 所示。

表 10-14 2010—2020 年北京生活能源消耗量 单位：万 t 标煤

年份	生活能耗总量	煤炭	液化石油气	天然气
2010	1 303.99	299.92	26.08	156.48
2011	1 439.66	302.33	28.79	201.55
2012	1 588.81	301.87	31.78	254.21
2013	1 752.14	315.39	35.04	315.39
2014	1 930.32	328.15	38.61	366.76
2015	2 124.05	339.85	42.48	424.81
2016	2 334.00	361.77	46.68	490.14
2017	2 560.86	391.81	51.22	563.39
2018	2 805.32	423.60	56.11	645.22
2019	3 068.06	457.14	61.36	736.33
2020	3 349.75	485.71	67.00	837.44

表 10-14 有 3 个约束条件：①煤炭消耗逐年稳定下降，但是到后期降幅不会太大，因为北京重型工业撤出后，煤炭消耗降低的空间不大，而短期内没有更好的可替代能源，特别是经过前期大量的削减煤炭使用量后，由于边际成本递增也会使得越往后期煤炭越难以出现大幅下降。②液化石油气消耗比重稳定不变。③天然气消耗比重逐年上升。各能源消耗所产生的 CO_2 排放系数不同。

由于 2020 年煤炭消耗比重比 2009 年减少了 8.5 个百分点，这 8.5 个百分点按 2020 年生活能耗总量计算，能够减少 284.73 万 t 标煤的煤炭消耗，按照无烟煤产生 CO_2 排放系数[①]计算，仅节约煤的消耗而减少 CO_2 排放量为 734.6 万 t，而这已经超过了 2009 年全年消耗煤炭排放的 CO_2。

2020 年天然气消耗比重比 2009 年提高了 13 个百分点，计算方法同上，2020 年天然气将增加 435.47 万 t 标煤，天然气的增加将增加 CO_2 排放量 63.14 万 t，与节约煤炭降低的 CO_2 排放量相比，净减排放量为 671.46 万 t，相当于 2008 年全年消耗煤炭排放的 CO_2 的量。从这方面分析，调整北京能源构成，降低高排放的能耗比重，可以

① 由于生活用煤主要是无烟煤，书中将按无烟煤系数计算。

促使北京减排目标的实现。

从北京“十二五”能源规划来看，如果确实能够达到这个目标，在缓解环境压力上将取得显著效果，但是值得注意的是，理论上的量化标准在实际操作中将面临很多困难，在节能减排上北京市政府任重道远。

此外，引起 CO_2 排放量逐期上升的因素很多，能耗增加是不可忽视的一个因素。有数据表明，根据所消耗物质资源 CO_2 排放系数看，煤炭单位能耗所产生的 CO_2 较高，因此，控制北京 CO_2 排放量，一方面要控制能耗总量的增长，另一方面要继续优化能源品种结构。

10.3.2 北京生活能源消耗与废弃物排放量关系的分析

废弃物排放增加是造成环境压力的重要原因，城市生活垃圾、危险废物等在内的大量固体废弃物排放到环境中，如果得不到有效处理，危害会日益增大。危险废物的处理需要很高的技术，处理成本也很高，目前大多数危险废物只是简单堆放或未经处理而直接排入环境，污染地下水和地表水，对人体健康和环境造成严重的危害。

能源消耗的增加导致 CO_2 排放的增长，除此以外，伴随能耗的变动，其他废弃物的排放量也在发生着变化，本节仅以 2000—2005 年生活污染物排放量为例，说明北京生活能耗与生活 SO_2、生活烟尘、生活废水和生活 COD（化学需氧量）之间的变动关系。见表 10-15。

表 10-15　2000—2005 年北京生活能源消耗和主要生活污染物排放量*

单位：万 t

年份	生活能源消耗/万 t 标煤	生活污染物排放量			
		生活 SO_2	生活烟尘	生活垃圾清运量	生活废水
2000	533.50	7.75	4.85	583.90	66 300.00
2001	561.00	7.44	4.65	309.30	68 700.00
2002	584.00	7.14	4.78	321.40	75 500.00
2003	680.60	6.88	4.16	425.10	80 600.00
2004	751.80	6.58	4.12	449.10	85 400.00
2005	814.40	8.51	3.99	454.60	88 200.00

*《北京环境状况公报》有关生活污染物排放量数据只提供到 2005 年。

数据来源：《北京统计年鉴》、《2005 年北京环境状况公报》。

表 10-15 显示，生活能源消耗与各生活污染物排放量变动增减不一，随着北京生活能源消耗的递增，生活 SO_2 排放先减后增；生活烟尘则表现出与能耗完全相反的趋势，逐年下降；生活垃圾清运量则波动比较大，2000—2001 年有较大幅度下降，随后开始缓慢增加，到 2005 年又开始下降；生活废水与生活能耗则表现出了相同的增长趋势。以上情况说明近些年北京大气环境改善较明显，但是 SO_2 的排放出现了反弹，空气净化还需进一步加强。固体废弃物的处理也取得了一定的成效，但对减少生活废水排放量的作用还有待提高。

10.4 北京生活水平变动与环境压力关系的研究

人类赖以生存和生活的地球，虽然环境资源很丰富，环境容量也很巨大，但毕竟总是有限的。如果盲目地增加人口，盲目地发展生产和消费，必将导致资源的短缺和枯竭，环境的污染和退化，削弱人类未来生存条件的基础，损害环境质量和生活质量。因此，必须把人口、环境和社会、经济发展统一起来考虑，把对提高生产和消费的要求同对生态环境的保护协调起来进行规划。

自改革开放以来，北京居民收入增长的同时，消费支出也明显增加，居民生活质量得到显著改善。根据前面分析的结果，北京已处于中上等国家或地区的富裕水平。

10.4.1 北京生活水平与 CO_2 排放之间的关系

作为世界人口最多的发展中大国的首都，北京正处在工业化、城镇化、国际化、市场化和信息化加快的进程中，面临资源与环境的双重压力。北京居民生活水平的提高与 CO_2 排放之间有没有必然的联系，图 10-18 显示了 1997—2009 年北京人均可支配收入与 CO_2 排放之间的关系。

北京居民生活水平的提高并没有使得 CO_2 的排放也随之增加，这主要得益于北京生活用煤改为管道煤气、液化石油气、天然气等清洁能源，使得煤炭使用量下降所致。

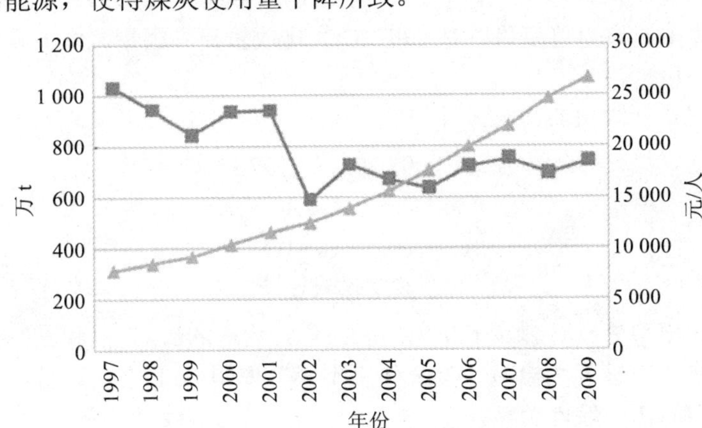

图 10-18　1997—2009 年北京人均可支配收入与 CO_2 排放趋势

10.4.2 北京生活水平与环境压力响应关系的研究

如前所述，北京居民生活水平同能源消耗间不断重复着“脱钩”与“复钩”的交替演进过程，而能源消耗的主角——耗煤量，又与大气污染指标呈现显著的正相关性，由此认为，经济发展同环境压力间也应该存在着“脱钩”与“复钩”的不断交替变换。见表 10-16。

表 10-16　1997—2009 年北京 DPI、CO_2 排放量、人均生活能耗

年份	DPI/元	CO_2/万 t	HEC/Pop/万 t	年份	DPI/元	CO_2/万 t	HEC/Pop/万 t
1997	7813.10	1032.13	366.21	2004	15637.80	670.47	503.60
1998	8472.00	944.97	365.29	2005	17653.00	636.13	529.50
1999	9182.80	844.83	379.57	2006	19978.00	721.67	575.23
2000	10349.70	937.83	391.24	2007	21989.00	752.18	615.59
2001	11577.80	940.57	405.02	2008	24725.00	694.15	630.81
2002	12463.90	588.58	410.34	2009	26738.00	741.81	664.85
2003	13882.60	726.38	467.32				

资料来源：历年《北京统计年鉴》。

为论证该设想的正确性，应用 Eviews 软件，以 DPI 为因变量，CO_2 的排放作为自变量，对 DPI、CO_2 排放量建立模型，作一元线性回归分析。

得到如下拟合方程结果：

$$DPI = 36\,825.987\,54 - 27.197\,35 \times CO_2$$

$$(4.17) \qquad (-2.46)$$

$$(0.001\,6) \qquad (0.031\,8)$$

$$R^2 = 0.355$$

此模型 F 统计量为 6.044，矫正的 R^2 为 0.296，方程和回归系数都没有通过显著性检验，拟合效果不好。说明 DPI 与 CO_2 排放之间不存在简单的线性关系。

10.4.3 北京生活水平与 CO_2 排放之间“脱钩”“复钩”的研究

虽然北京生活水平与环境压力不存在线性相关，但不意味着这两者之间就没有相互影响的变动关系，对二者之间的动态变动轨迹利用“脱钩”与“复钩”的理论和方法进行诠释。为了进一步研究生活水平与环境压力间的相应关系，将生活水平与能源的“脱钩”与“复钩”概念模型进行适当修改，以 CO_2 排放为环境压力的代表指标，构造生活水平与 CO_2 排放量间的“脱钩”与“复钩”概念模型。见表 10-17。

表 10-17　生活水平与环境之间“脱钩”与“复钩”概念模型表

“脱钩”“复钩”状态	名称	条件
“脱钩” $\Delta(CO_2/DPI)<0$	衰退性“脱钩”	$\Delta DPI<0$，$\Delta CO_2<0$
	绝对“脱钩”	$\Delta DPI>0$，$\Delta CO_2<0$
	相对“脱钩”	$\Delta DPI>0$，$\Delta CO_2>0$
“复钩” $\Delta(CO_2/DPI)>0$	扩张性“复钩”	$\Delta DPI>0$，$\Delta CO_2>0$
	绝对“复钩”	$\Delta DPI<0$，$\Delta CO_2>0$
	相对“复钩”	$\Delta DPI<0$，$\Delta CO_2<0$

在运用生活水平与 CO_2 排放量之间的“脱钩”“复钩”概念模型时需要 3 个考核指标，分别为人均可支配收入增长率、CO_2 排放变动率、单位 DPI 的 CO_2 排放量变动率。北京 1997—2009 年 3 个指标的相应变动情况见表 10-18、图 10-19。

表 10-18　1998—2009 年北京生活水平、CO_2 排放量、人均 CO_2 排放量环比增速

单位：%

年份	ΔDPI	ΔCO_2	Δ（CO_2/DPI）	年份	ΔDPI	ΔCO_2	Δ（CO_2/DPI）
1998	8.43	−8.44	−15.57	2004	12.64	−7.70	−18.06
1999	8.39	−10.60	−17.52	2005	12.89	−5.12	−15.95
2000	12.71	11.01	−1.51	2006	13.17	13.45	0.25
2001	11.87	0.29	−10.35	2007	10.07	4.23	−5.31
2002	7.65	−37.42	−41.87	2008	12.44	−7.71	−17.93
2003	11.38	23.41	10.80	2009	8.14	6.87	−1.18

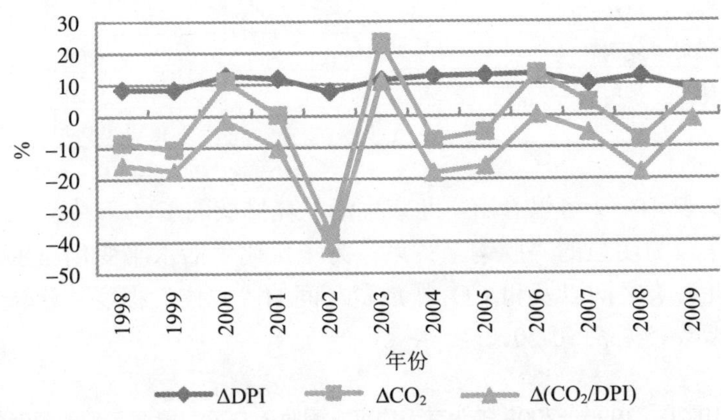

图 10-19　1998—2009 年北京生活水平、CO_2 排放量、人均 CO_2 排放量环比增速

图 10-19 显示，1998—2009 年，由于 CO_2 排放量大部分年份呈降低走势，而人均可支配收入一直呈正增长，致使在 12 个年份中有

10个年份呈现为Δ（CO_2/DPI）小于零，只有2003年和2006年表现为大于零，所以，从整体上看，北京在1998—2007年，生活水平与环境压力呈现“脱钩”状态，即随着生活水平的提高，环境压力为相反的变动趋势。若进一步分析，环境压力相对生活水平的方向变动，不是因为生活水平下降造成的衰退性“脱钩”，而是在DPI逐年上升（ΔDPI＞0）的情况下形成的。

生活能耗排放CO_2和生活水平之间“脱钩”与“复钩”年数具体如表10-19所示。

表10-19　1998—2009年北京生活排放CO_2量与生活水平之间“脱钩”“复钩”年数

名称	年数/个	占比/%
衰退性“脱钩”	0	0.00
绝对“脱钩”	6	50.00
相对“脱钩”	4	33.33
扩张性“复钩”	2	16.67
绝对“复钩”	0	0.00
相对“复钩”	0	0.00
合计	12	100.00

从表10-19可以看出，北京生活能耗排放的CO_2和生活水平之间存在较为明显的“脱钩”关系。为了量化生活水平变化与生活能源消耗种类之间以及和CO_2排放量之间的“脱钩”程度，计算“脱钩”指数。见表10-20。

表10-20　1998—2009年北京人均可支配收入与不同能源品种能源消耗以及CO_2排放量“脱钩”指数

年份	煤炭消耗DI	石油消耗DI	天然气消耗DI	电力消耗DI	生活CO_2排放量DI
1998	0.8423	0.9330	1.4081	1.0237	0.8443
1999	0.8195	1.1095	1.3314	1.1206	0.8248
2000	0.9850	0.9280	1.1454	1.2773	0.9849

年份	煤炭消耗 DI	石油消耗 DI	天然气消耗 DI	电力消耗 DI	生活 CO_2 排放量 DI
2001	0.8955	0.8968	1.0718	1.0159	0.8965
2002	0.5720	0.9594	0.9957	0.8726	0.5813
2003	1.1075	1.1406	1.0800	1.0076	1.1080
2004	0.8114	0.9995	1.0527	1.0171	0.8194
2005	0.8370	0.8536	1.0338	0.9780	0.8405
2006	1.0090	0.6694	1.3114	0.9527	1.0025
2007	0.9438	1.0481	0.9713	1.0110	0.9469
2008	0.8214	0.7103	0.9072	0.9695	0.8207
2009	0.9888	0.9541	0.9944	1.0241	0.9882

表 10-20 显示，煤炭、石油消耗以及生活 CO_2 排放量“脱钩”指数大于 1 的年份不多，即大体表现为“脱钩”状态，而天然气和电力消耗“脱钩”指数大于 1 的较多，大多表现为“复钩”状态。利用“脱钩”指数计算各能源品种和生活 CO_2 排放量的平均“脱钩”数据，以进一步量化“脱钩”程度的一般水平。计算结果如表 10-21 所示。

表 10-21 1998—2009 年北京人均可支配收入与不同能源品种能源消耗以及 CO_2 排放量平均 DI

名称	煤炭	石油	天然气	电力	CO_2 排放量
平均 DI	0.8861	0.9335	1.1086	1.0225	0.8882

10.5 本章小结

本章首先对北京生活能源消费变动趋势进行了定量分析，北京生活能源消费呈现逐年上涨趋势，但是增长量及增长率并不稳定。在此基础上，对北京生活能耗趋势进行了分析及预测，分析了北京生活水平变动与生活能耗的关系、生活水平变动与环境压力的关系、生活能耗与环境压力的关系，并对上述关系进行“脱钩”“复钩”的测度。得出北京居民生活水平与能耗之间大多体现为“复钩”，不同能源品种出现“复钩”的效果不同，对于CO_2排放量以“脱钩”为主。说明北京在生活能耗方面所做的节能减排工作取得了较好的效果。

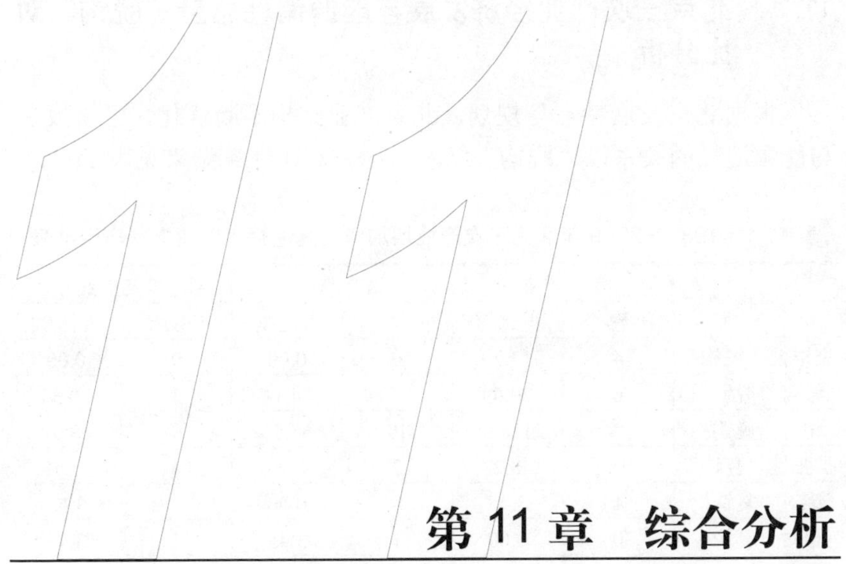

第 11 章　综合分析

前面各章节系统分析了北京经济发展、能源消耗、环境质量的现状及变动，利用“脱钩”理论对北京三次产业增加值、能耗、环境之间的关系进行了测度，并计算了各自的“脱钩”指数。本章将上述分析的结果进行综合归纳，对比观察北京总体以及各主要产业的“脱钩”状况。

11.1 北京三次产业经济发展与能源消耗“脱钩”对比分析

本书的第 5 章、第 6 章、第 7 章对北京第一、第二、第三产业的“脱钩”关系进行了测度，现归纳如下。

11.1.1 北京三次产业经济发展与能源消耗总量“脱钩”对比分析

根据北京发展特点与规划，北京产业结构不断优化，经济发展与能源消耗的关系以“脱钩”状态为主。对比计算结果见表 11-1。

表 11-1 1981—2009 年北京三次产业增加值与其能耗“脱钩”状态变动表

名称	第一产业		第二产业		第三产业	
	年数/个	占比/%	年数/个	占比/%	年数/个	占比/%
衰退性“脱钩”	4	13.79	0	0.00	0	0.00
绝对“脱钩”	6	20.69	7	24.14	3	10.34
相对“脱钩”	4	13.79	19	65.52	20	68.97
扩张性“复钩”	14	48.28	2	6.90	4	13.79
绝对“复钩”	1	3.45	0	0.00	1	3.45
相对“复钩”	0	0.00	1	3.45	1	3.45
合计	29	100.00	29	100.00	29	100.00

将表 11-1 中的数据用图形表示，见图 11-1。

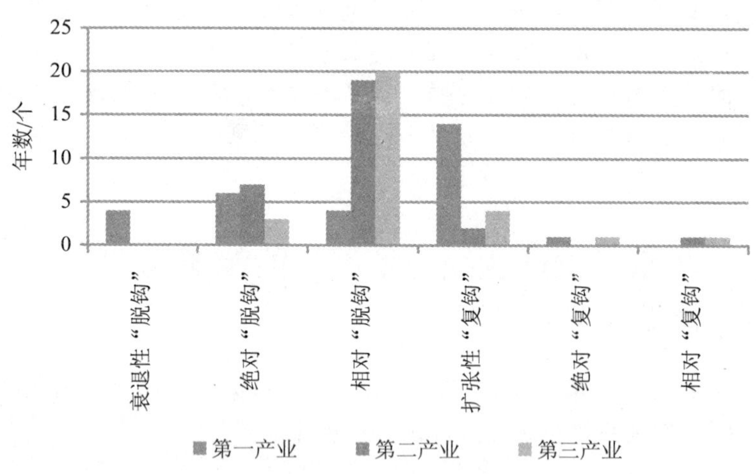

图 11-1 1981—2009 年北京三次产业增加值与其能耗“脱钩”状态

综合分析，第一产业主要体现为扩张性“复钩”，第一产业的增加值处于平稳增长态势，是否出现“脱钩”或“复钩”主要取决于其能耗的变动，而第一产业的能耗波动较大，超过了其增加值的增幅，致使出现第一产业经济、能耗、产值能耗同增的现象，即扩张性“复钩”；第二产业则是以相对“脱钩”为主，加上绝对“脱钩”年数共26年，占总年数的90%，说明了第二产业在产业调整过程中的能耗总量的下降和能源利用效率的提高，正是产业结构优化的结果；第三产业相对“脱钩”年数最多，为20年，占总年数近70%，但深入分析看出，这相对“脱钩”的背后隐藏着第三产业能耗绝对量的快速增长的现实，特别是第三产业中的交通运输、仓储和邮电业，作为第三产业能耗增长的主要推力，使得第三产业成为北京的能耗大户，也成为今后北京节能减排的重点产业部门。

11.1.2 北京三次产业经济发展与能耗品种“脱钩”对比分析

在《北京市“十二五”节能降耗与应对气候变化综合性工作方案》中提出了北京“十二五”主要目标，其中包括优化能源结构，清洁能源消费比重达到 80%以上，继续削减煤炭消费量。针对这一目标的提出，本书对三次产业的发展与能耗品种进行了“脱钩”测度，对比计算结果见表11-2。

表11-2 1981—2009年北京三次产业增加值与其能耗品种“脱钩”状态变动表*

项目		煤炭		石油		电力或天然气**	
		年数/个	占比/%	年数/个	占比/%	年数/个	占比/%
第一产业	衰退性“脱钩”	2	14.29	2	14.29	2	14.29
	绝对“脱钩”	5	35.71	3	21.43	5	35.71
	相对“脱钩”	0	0.00	0	0.00	0	0.00
	扩张性“复钩”	5	35.71	7	50.00	5	35.71
	绝对“复钩”	1	7.14	2	14.29	2	14.29
	相对“复钩”	1	7.14	0	0.00	0	0.00

项目		煤炭		石油		电力或天然气**	
		年数/个	占比/%	年数/个	占比/%	年数/个	占比/%
第二产业***	衰退性“脱钩”	0	0.00	1	3.57	0	0.00
	绝对“脱钩”	10	35.71	13	46.43	5	17.86
	相对“脱钩”	13	46.43	9	32.14	17	60.71
	扩张性“复钩”	4	14.29	5	17.86	5	17.86
	绝对“复钩”	0	0.00	0	0.00	1	3.57
	相对“复钩”	1	3.57	0	0.00	0	0.00
第三产业	衰退性“脱钩”	0	0.00	0	0.00	0	0.00
	绝对“脱钩”	6	42.86	1	7.14	1	7.14
	相对“脱钩”	4	28.57	7	50.00	3	21.43
	扩张性“复钩”	4	28.57	6	42.86	10	71.43
	绝对“复钩”	0	0.00	0	0.00	0	0.00
	相对“复钩”	0	0.00	0	0.00	0	0.00

* 本表中各产业分析的年数不同，第一、三产业 14 年，第二产业 28 年；

** 第一产业该列为电力数据，第二、三产业该列为天然气数据；

*** 此项内容主要为工业数据。

将表 11-2 中的数据用组图形表示，见组图 11-2。

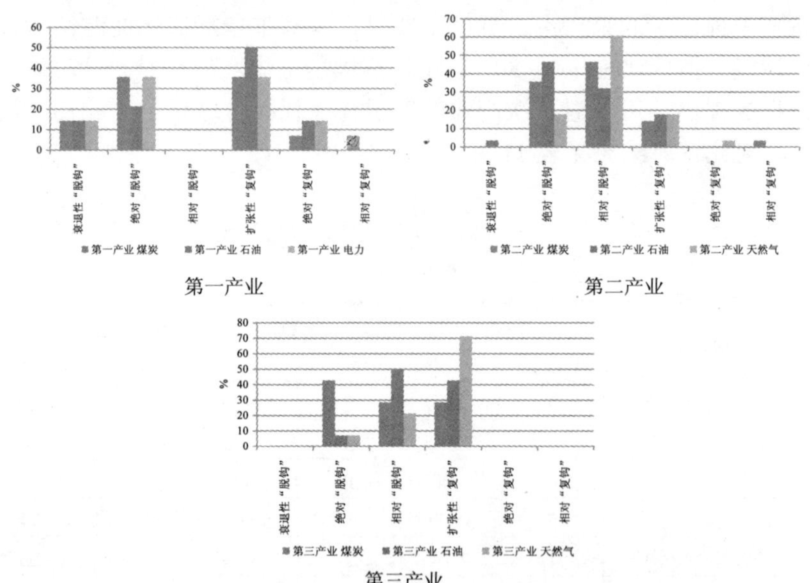

图 11-2　北京三次产业增加值与其能耗品种“脱钩”状态

综合分析，第一产业煤炭“脱钩”“复钩”状态基本持平，“复钩”的出现提示北京第一产业对煤炭的依赖，在城市化进程中，降低第一产业产值构成的同时，从绝对量上减少对煤炭的消耗，尽可能出现持续的“脱钩”；第一产业对石油制品虽然主要为“复钩”状态，但近几年“脱钩”趋势明显，在2009年，显示为绝对“脱钩”；第一产业对电力需求加大，扩张性“复钩”明显。第二产业增加值与其能耗品种关系处于良性循环的态势，产业结构调整、优化能源品种效果逐渐显现，对各能源品种均以“脱钩”为主，特别是近几年绝对“脱钩”的年份增多。第三产业煤炭和天然气消耗量的交替变动，使得其与增加值的变动关系不尽相同，以煤炭“脱钩”为主，天然气“复钩”显著，今后这种趋势将会持续下去，体现北京能耗优化的结构。

11.1.3 北京三次产业经济发展与能耗“脱钩”指数对比分析

现将各章计算的产业经济发展与能耗关系的平均“脱钩”指数进行对比，见表11-3。

表11-3 北京三次产业增加值与其能耗平均“脱钩”指数

名称			平均DI
第一产业	能耗总量		0.9886
	能耗品种	煤炭	0.9876
		石油	0.9491
		电力	1.0088
第二产业*	能耗总量		0.9351
	能耗品种	煤炭	0.9204
		石油	0.9141
		天然气	1.1143
		热力	1.0297
		电力	0.9549

名称			平均 DI
第三产业	能耗总量		1.0001
	能耗品种	煤炭	1.0359
		石油	1.0026
		天然气	1.2894
		热力	1.0185
		电力	1.0070

* 能耗品种数据为工业数据。

通过横向对各产业增加值与能源总量“脱钩”指数分析，北京第二产业“脱钩”程度明显，均高于其他产业的“脱钩”程度。从能耗品种“脱钩”程度分析，第一、第二产业煤炭“脱钩”状态较为理想，均小于1，值得注意的是，第三产业煤炭“脱钩”平均指数大于1，说明煤炭消耗量较大；天然气为显著“复钩”，第二、第三产业天然气平均“脱钩”指数均大于1，说明北京能源结构调整的结果。从三次产业增加值与其能耗“脱钩”状况分析，第一、第二产业“脱钩”明显，第三产业为全方位的“复钩”态势。

11.2 北京三次产业经济发展与 CO_2 排放量“脱钩”对比分析

拟从北京三次产业增加值与 CO_2 排放量“脱钩”对比以及“脱钩”指数两方面进行分析。

11.2.1 北京三次产业增加值与 CO_2 排放总量“脱钩”“复钩”对比分析

将三次产业增加值与 CO_2 排放量“脱钩”状态对比，见表11-4。

表 11-4 北京三次产业增加值与 CO_2 排放量“脱钩”“复钩”年数

名称	第一产业		第二产业		第三产业	
	年数/个	占比/%	年数/个	占比/%	年数/个	占比/%
衰退性“脱钩”	3	21.43	0	0.00	0	0.00
绝对“脱钩”	4	28.57	4	44.44	1	7.14
相对“脱钩”	3	21.43	3	33.33	9	64.29
扩张性“复钩”	3	21.43	2	22.22	4	28.57
绝对“复钩”	1	7.14	0	0.00	0	0.00
相对“复钩”	0	0.00	0	0.00	0	0.00
合计	14	100.00	9	100.00	14	100.00

将表 11-4 中的数据用图形表示，见图 11-3。

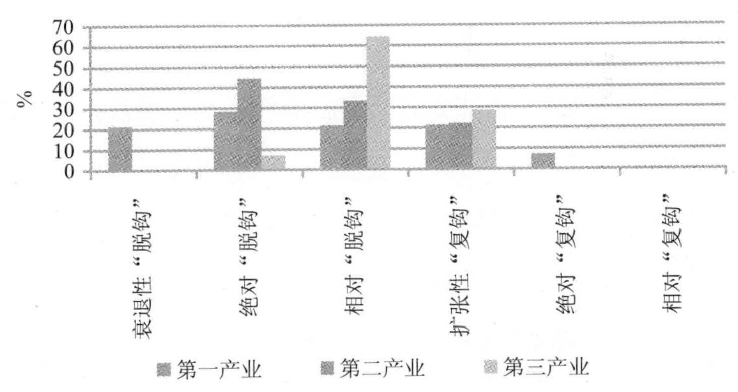

图 11-3 北京三次产业增加值与其 CO_2 排放量“脱钩”状态

综合分析，第一产业增加值与 CO_2 排放量关系出现的各种状态较多，并且分布较均匀，但仍呈现以“脱钩”为主；第二产业则以“复钩”态势为主；第三产业相对“脱钩”突出。

11.2.2 北京三次产业增加值与 CO_2 排放量“脱钩”指数对比分析

将上述分析结果利用“脱钩”指数加以量化，见表 11-5。

表 11-5 北京三次产业增加值与 CO_2 排放量平均“脱钩”指数

名称	第一产业	第二产业	第三产业
平均 DI	0.9840	0.9626	0.9958

表 11-5 显示，尽管三次产业增加值与其 CO_2 排放量均呈现“脱钩”状态，但程度不同，相比较第三产业“脱钩”程度较弱。对比表 11-3 和表 11-5，三次产业增加值与其 CO_2 排放量“脱钩”状况好于与其能耗的“脱钩”状况，说明北京面临的关键问题就是降低能耗。

11.3 北京三次产业能源消耗与 CO_2 排放量“脱钩”对比分析

11.3.1 北京三次产业能耗与 CO_2 排放总量“脱钩”“复钩”对比分析

将北京三次产业能耗与其 CO_2 排放量之间的“脱钩”状态进行对比分析，见表 11-6。

表 11-6 北京三次产业能耗与其 CO_2 排放量“脱钩”“复钩”年数

名称	第一产业		第二产业		第三产业	
	年数/个	占比/%	年数/个	占比/%	年数/个	占比/%
衰退性“脱钩”	2	14.29	0	0.00	0	0.00
绝对“脱钩”	1	7.14	3	33.33	1	7.14
相对“脱钩”	2	14.29	2	22.22	5	35.71
扩张性“复钩”	5	35.71	2	22.22	8	57.14
绝对“复钩”	3	21.43	1	11.11	0	0.00
相对“复钩”	1	7.14	1	11.11	0	0.00
合计	14	100.00	9	100.00	14	100.00

将表 11-6 中的数据用图形表示，见图 11-4。

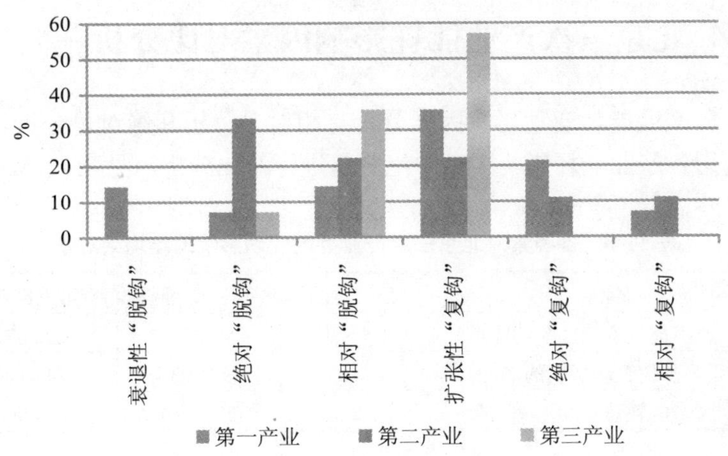

图 11-4 北京三次产业能耗与其 CO_2 排放量“脱钩”状态

综合分析，第一、三产业主要体现为“复钩”，第二产业主要体现为“脱钩”。能耗与 CO_2 排放量的“复钩”状态，是一种必然状态，二者“脱钩”则意味着能耗结构的优化。

11.3.2 北京三次产业能耗与 CO_2 排放量“脱钩”指数对比分析

将各章分析结果利用“脱钩”指数加以量化，见表 11-7。

表 11-7 北京三次产业能耗与 CO_2 排放量平均“脱钩”指数

名称	第一产业	第二产业	第三产业
平均 DI	1.0085	1.1068	1.0087

表 11-7 显示，三次产业能耗与其 CO_2 排放量呈现较为一致的“复钩”状态，特别是第二产业，“复钩”程度更加明显，说明北京在产业结构调整的同时，更要注意能源结构的优化，这样才能达到降低能耗的同时减少排放。

11.4 北京三次产业能耗影响因素对比分析

各产业能耗变动影响因素分析有相对量分析和绝对量分析，现仅利用各产业能耗影响因素的绝对量进行对比分析。见表 11-8。

表 11-8 各因素对北京三次产业能耗变动影响的年均绝对量

名称	第一产业	第二产业	第三产业
由于产值能耗变动影响的能耗	−1.5699	−155.9348	−29.8871
由于增加值变动影响的能耗	2.6906	195.4038	114.8113
能耗总变动	1.1207	39.4790	84.9241

北京三次产业能耗变动中，产值能耗水平的下降给各产业带来了不同程度的能耗节约，特别是第二产业，产值能耗变动对其能耗总量的影响最为显著，1980—2009 年年均节约 155.93 万 t 标煤；产值的增加对各产业能耗的影响同样突出，仍以第二产业为例，由于产值的增长，平均每年多消耗 195.4 万 t 标煤。近些年第三产业的快速发展，一方面提升了其产值构成，另一方面，加大了第三产业的能耗。若以近 10 年的数据分析，由于产值的增加使得第三产业能耗年均增加 214 万 t 标煤。因此，在提高第三产业构成的同时，关注其对能耗的促进作用，这将是北京今后节能降耗的工作重点。

11.5 本章小结

通过上述综合分析得知，北京三次产业整体变动趋势良好，特别是第二产业，总量和能源品种“脱钩”明显。值得注意的是，第三产业，剔除第三产业天然气“复钩”，其余“复钩”状态则说明第三产业发展质量有待提高。

案例分析篇

- 利用指数分解法对直辖市能耗影响因素的案例分析
- 北京居民新能源汽车购买决策影响因素的案例分析

第 12 章　利用指数分解法对直辖市能耗影响因素的案例分析

上述各章从不同层面、不同角度对北京经济发展、能源消耗、环境压力之间进行了全方位的分析研究。现将分析的范围扩展到我国 4 个直辖市，利用指数分解方法，对 4 个直辖市的能源消耗变动进行因素分析及测度，探究各个因素对直辖市能源消耗的作用方式和影响程度，以研究北京在经济、能源、环境等方面与其他直辖市的不同。

为了深入剖析直辖市的能耗影响因素，将能源消耗分为生产性能耗和生活能耗两部分进行分析说明。生产性能耗，即三次产业所消耗的能源，描述该城市用于各产业生产和发展所消耗的能源，可以从生产性能耗总量和三次产业能耗两方面进行分析。生活能耗，即居民日常生活所消耗的能源，描述该城市为常住人口提供日常生活所需而产生的能源消耗，可以从生活能耗总量和人均生活能耗两个角度进行探究。

在利用指数分解法探究直辖市能耗影响因素之前，首先要了解直辖市的能源消耗现状，对能耗总量、生产性能耗和生活能耗进行变动分析，用相对量对比分析直辖市能源消耗现状。之后，利用指数分解法将能耗总量、生产性能耗和生活能耗变动的影响因素进行分解，分别构建这三方面的因素分解模型，测算能耗变动受各因素影响的绝对量水平，结合之前的相对量对比分析，探究能耗问题的根本原因。

由于直辖市之间数据可获取性的差异，本章对北京市、天津市、上海市、重庆市的研究期限有所不同，分别是 1980—2009 年、1985—2009 年、1985—2009 年、1997—2009 年。各部分计算和分析中，产值数据按照 2005 年不变价计算，北京市的数据来源于《中国统计年鉴 2010》和《北京统计年鉴 2010》，天津市的数据来源于历年《天津统计年鉴》，上海市的数据来源于历年《上海统计年鉴》、《上海工业能源交通统计年鉴》、《中国能源统计年鉴》和《光辉的六十载——上海历史统计资料汇编》，重庆市的数据来源于历年《重庆统计年鉴》。

12.1 4 个直辖市能源消耗现状分析

在对我国 4 个直辖市的能耗现状分析中，先对直辖市的能耗总量进行分析，在了解总量变动趋势的基础上，再将能源消耗分为生产性能耗和生活能耗两部分进一步分析说明。

12.1.1 能源消耗总量现状分析

首先，依次分析直辖市能源消耗总量的变动情况，从总量上把握直辖市的能源消耗现状。

12.1.1.1 北京能耗总量变动分析

正如本书第 3 章对北京现状的描述，1980 年以来，北京地区生产总值快速增长，按 2005 年不变价计算，1980 年北京的地区生产总值为 593.44 亿元，到 2009 年达到 10 841.03 亿元，总量增长超过 18 倍，年平均增长速度为 10.54%。与此同时，伴随着经济的增长，北京的能源消耗总量也呈现较高的增长态势，但产值能耗却在逐年下降，见图 12-1。

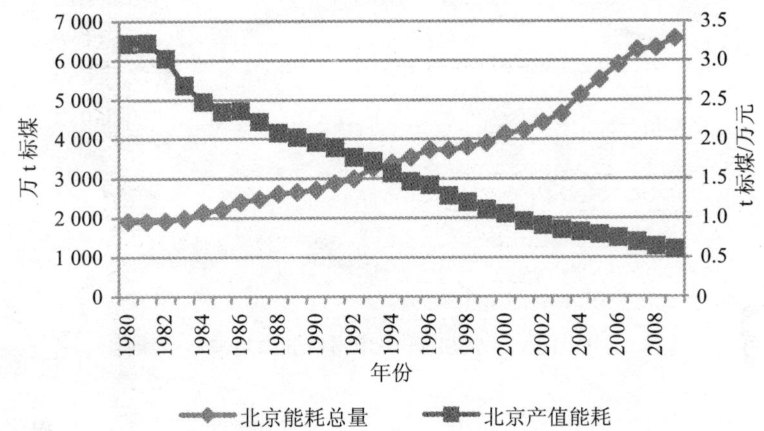

数据来源：《北京统计年鉴 2010》。

图 12-1 1980—2009 年北京市能源消耗与产值能耗

如图 12-1 所示，北京市能源消耗和产值能耗呈现相反的变动趋势。1980—2009 年北京市能耗总量以年均 4.36%的速度递增，由 1980 年的 1 907.7 万 t 标煤增长到 2009 年的 6 570.3 万 t 标煤。由于北京经济发展速度远远快于能耗增速，致使同期产值能耗由 1980 年的 3.21 t 标煤/万元下降到 2009 年的 0.61 t 标煤/万元，年均下降 5.59%。

12.1.1.2 天津能耗总量变动分析

多年以来，天津市以成为北方经济中心为定位，大力推进经济发展，按 2005 年不变价计算，1985 年天津市的地区生产总值为 527.93 亿元，到 2009 年达到 6 979.85 亿元，总量增长超过 13 倍，年平均增长速度为 11.36%，见图 12-2。

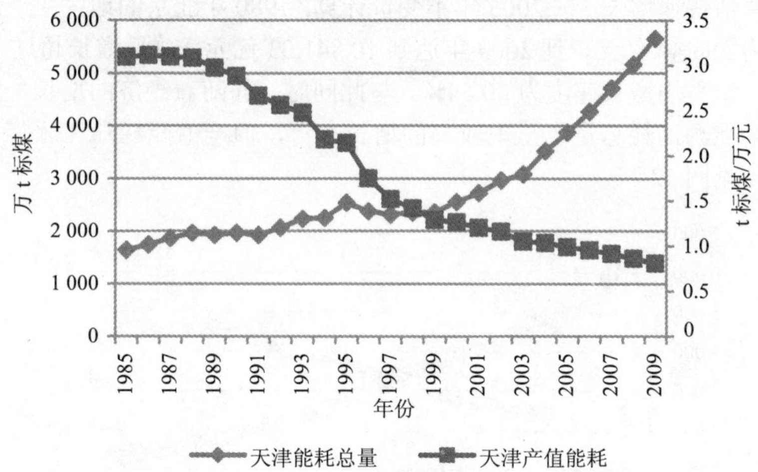

数据来源：根据历年《天津统计年鉴》整理得到。

图 12-2 1985—2009 年天津市能源消耗与产值能耗

如图 12-2 所示，天津市能耗总量先是稳定增长，之后，在 1988—1994 年呈相对稳定状态，1995 年小幅下降后，出现快速增长，年均增速为 5.3%，由 1985 年的 1 635.16 万 t 标煤增长到 2009 年的 5 652.62 万 t 标煤。产值能耗则呈现下降趋势，由 1985 年的 3.1 t 标煤/万元下降到 2009 年的 0.81 t 标煤/万元，年均下降 5.44%。与能耗总量变动趋势是相对的，1988—1994 年，由于能耗总量变动相对平稳，而经济总量还在继续增长，致使产值能耗出现快速下降，到 1996 年能耗总量恢复增长态势之后，产值能耗下降速度变缓。

12.1.1.3 上海能耗总量变动分析

上海市凭借地理优势和良好的发展契机，经济总量长期处于全国首位，按 2005 年不变价计算，1980 年，北京、天津、上海和重庆的地区生产总值分别为 593.44 亿元、338.16 亿元、809.83 亿元和 307.24 亿元，上海的地区生产总值远远高于其他 3 个城市。虽然在 1985—2009 年，上海市地区生产总值年平均增长速度仅为 10.67%，低于同期北京市和天津市的水平，但凭借深厚的经济基础，2009 年上海市的经济总量依然排在 4 个直辖市中的首位。上海能耗及产值能耗走势见图 12-3。

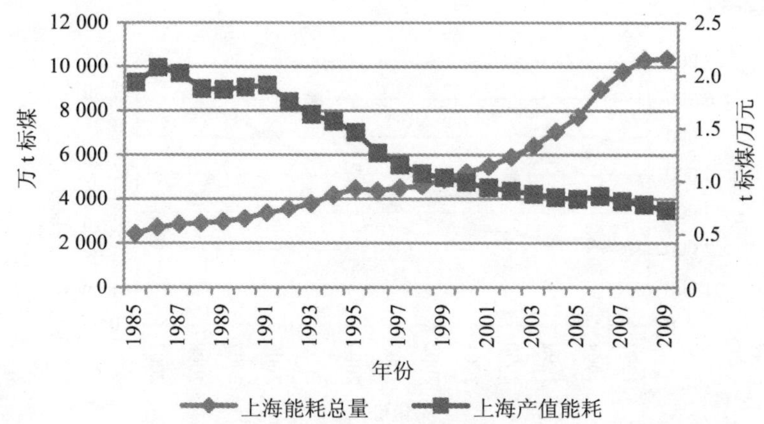

数据来源：整理历年《中国能源统计年鉴》和《上海工业能源交通统计年鉴》得到。

图 12-3　1985—2009 年上海市能源消耗与产值能耗

高经济总量也伴随着高能耗，1980 年，上海市能源消耗总量为 2 130.56 万 t 标煤，远高于同期北京、天津和重庆的水平。1985—2009 年，上海市能源消耗总量呈快速增长态势，年平均增长速度为 6.26%，超过同期北京市和天津市能耗总量的增速，到 2009 年，上海市能源消耗总量已达到 10 367.38 万 t 标煤，此时 4 个直辖市中北京市能耗总量排在第二位，而 2009 年上海市能源消耗总量是北京市的 1.6 倍。

同时，全国领先的经济总量也极有效地降低了上海市的产值能耗。1980 年上海市的产值能耗为 2.63 t 标煤/万元，并在逐年降低，2009 年仅为 0.73 t 标煤/万元，水平仅次于北京市。

12.1.1.4 重庆能耗总量变动分析

重庆市自被设立为直辖市以来，以“富民兴渝，建设长江上游经济中心”为发展目标，经济处于高速发展期。1997—2009 年，重庆市的地区生产总值年均增速为 11.49%，发展速度在 4 个直辖市中排在第二位，仅次于北京市。按 2005 年不变价计算，到 2009 年，重庆市地区生产总值达到 5 942.87 亿元。其能耗总量和产值能耗见图 12-4。

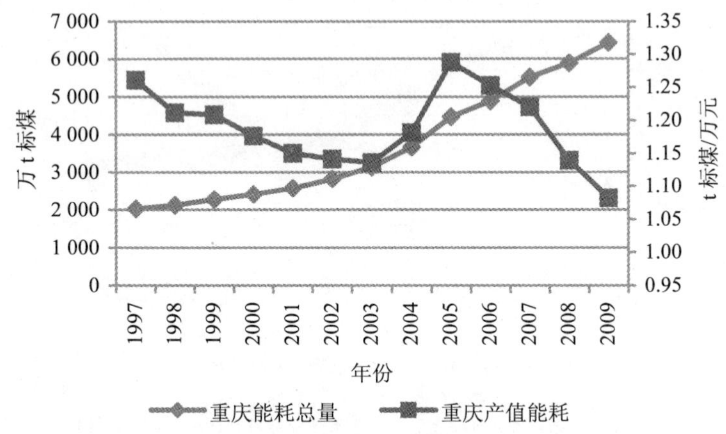

数据来源：整理历年《重庆统计年鉴》得到。

图 12-4　1997—2009 年重庆市能源消耗与产值能耗

如图 12-4 所示，自重庆市成为直辖市以来，能源消耗增长显著加快，1997—2009 年重庆市能源消耗总量年平均增长速度为 10.09%，远远高于 1980—1996 年年均 4.09%的增速，也超过了同期北京市、天津市和上海市的能耗总量增速，到 2009 年重庆市能源消耗总量已达到 6431.63 万 t 标煤，是 1997 年的 3.17 倍。

重庆市产值能耗变动频繁，1997—2002 年呈下降趋势，2003—2005 年产值能耗出现大幅度增长，两年增加了 13.33%，2005 年产值能耗达到 1.29t 标煤/万元，超过了 1997 年水平，2006 年产值能耗开始呈下降趋势。总体来看，重庆市产值能耗呈下降态势，年均降速为 1.26%，远远低于其他 3 个直辖市同期水平。

12.1.2 生产性能耗总量现状分析

生产性能耗在本书中指三次产业的能源消耗。在能源消耗总量中，绝大部分能耗来自于生产性能源消耗，降低了生产性能耗也就降低了能耗总量，因此生产性能源消耗的变动也是需要重点研究的内容。

12.1.2.1 北京生产性能耗总量的变动分析

1980—2009 年，北京市的生产性能耗呈增长趋势，年平均增长速度为 3.94%，低于同期能耗总量年均增速。1980—2009 年，北京市第一产业的能源消耗量一直保持在 100 万 t 标煤上下，是三次产业中能耗最低的。第二产业的能源消耗量最大，并且逐年增长，1996 年开始出现小幅度下降，直到 2009 年走势相对平缓。而第三产业的能源消耗量呈快速增长态势，年均增速为 7.98%，见图 12-5。

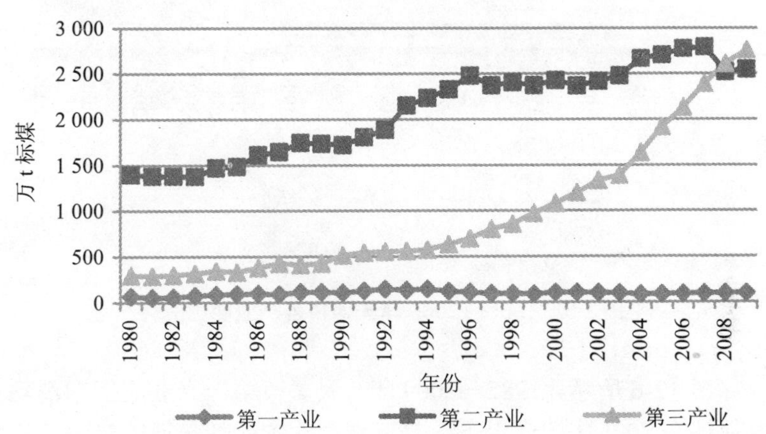

数据来源:《北京统计年鉴 2010》。

图 12-5 1980—2009 年北京市各产业能源消耗

其中，1980—1985 年，北京第三产业的能源消耗量比较低，1986 年开始进入增长阶段，1995 年开始快速增长，到 2008 年和 2009 年，北京市第三产业的能源消耗量超过了第二产业，成为北京市能耗量最高的产业。这是近年来，北京市将高耗能企业外迁，调整产业结构，大力开展节能减排工作的结果。

12.1.2.2 天津生产性能耗总量的变动分析

1985—2009 年，天津市的生产性能耗呈高速增长趋势，年平均增长速度为 5.24%，高于北京市生产性能耗增长速度，低于天津市同期能耗总量年均增速，见图 12-6。

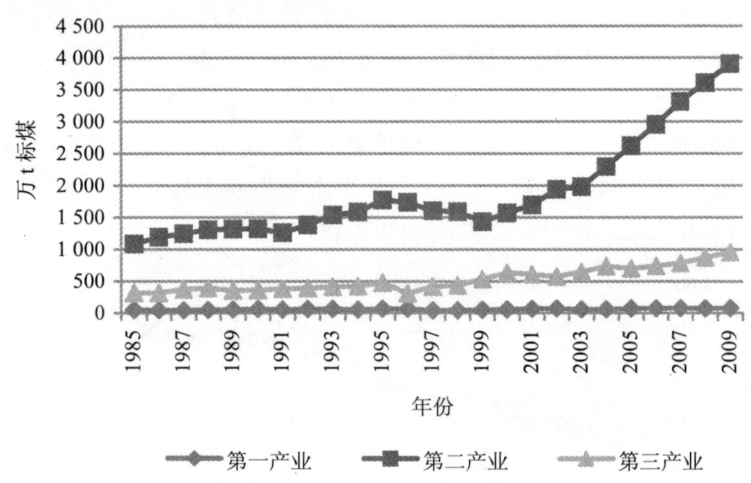

数据来源：整理历年《天津统计年鉴》得到。

图 12-6 1985—2009 年天津市各产业能源消耗

如图 12-6 所示，1985—2009 年，天津市第一产业的能源消耗量一直保持在 70 万 t 标煤上下，是三次产业中能耗最低的。第二产业的能源消耗量最大，1999 年开始大幅度增长，到 2009 年已经达到 3 904.75 万 t 标煤，远高于北京市水平。与第二产业相比，第三产业的能源消耗量比较低，但是 2003 年以来出现显著增长。可见天津市已经开始关注工业高能耗的问题并调整产业结构，但是与北京市相比，天津市还需要降低第二产业能耗量，调整发展模式。

12.1.2.3 上海生产性能耗总量的变动分析

1985—2009 年，上海市的生产性能耗持续增长，年平均增长速度为 6.35%，高于北京市和天津市生产性能耗增长速度，也略高于同期能耗总量年均增速，见图 12-7。

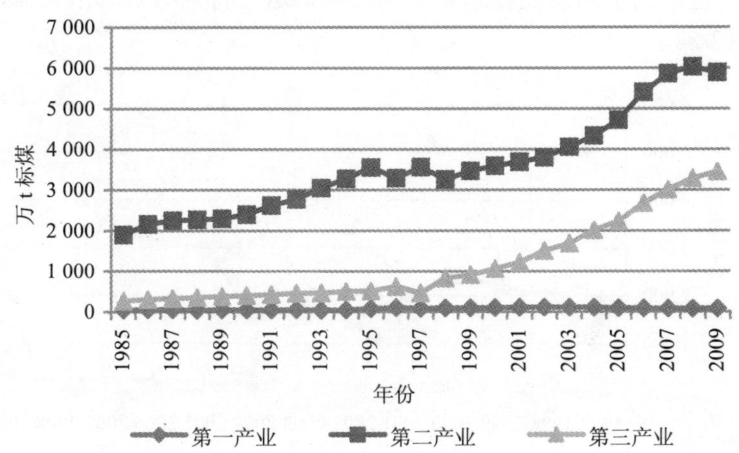

数据来源：整理历年《上海统计年鉴》、《中国能源统计年鉴》、《上海工业能源交通统计年鉴》和《光辉的六十载——上海历史统计资料汇编》得到。

图 12-7 1985—2009 年上海市各产业能源消耗

如图 12-7 所示，上海市第一产业的能源消耗量一直保持较低水平，这与北京市和天津市情况相似。第二产业的能源消耗量最大，并且持续增长，在 2009 年出现少许下降，能耗为 5 887.75 万 t 标煤，是同期北京市水平的 2.31 倍。同时，第三产业的能源消耗量从 1997 年开始显著增长，2009 年为 3 452.75 万 t 标煤，也高于北京市水平。上海市各产业能耗变动走势与北京市相似，但是在 1985 年时，北京市各产业能耗均高于上海市水平，而现今情况完全相反，这说明上海市的发展虽然表现出节能趋势，但是在实质降耗工作上与北京市存在明显差距，将来应该更加重视高能耗问题，调整发展战略和决策，切实组织节能工作。

12.1.2.4 重庆生产性能耗总量的变动分析

1997—2009 年，重庆市的生产性能耗持续增长，年平均增长速度为 10.56%，远高于北京市、天津市和上海市生产性能耗增长速度，也略高于同期能耗总量年均增速，这一特点与上海市相似，见图 12-8。

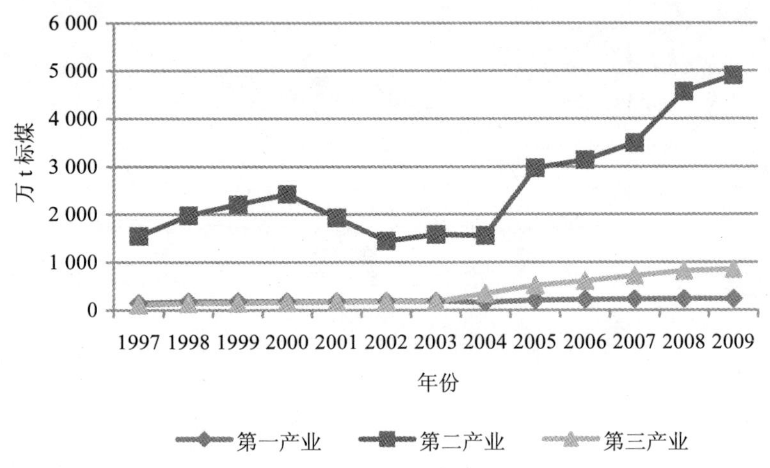

数据来源：整理历年《重庆统计年鉴》得到。

图 12-8 1997—2009 年重庆市各产业能源消耗

如图 12-8 所示，1997—2009 年，重庆市第一产业的能源消耗量一直保持较低水平，2003 年以前，第三产业的能源消耗量与第一产业水平相近，2004 年开始增长，2009 年为 854.02 万 t 标煤，远低于北京市和上海市，与天津市水平相似。第二产业的能源消耗量最大，2000—2005 年，曾出现低谷，之后呈增长趋势，在 2009 年达到 4 901.63 万 t 标煤，超过同期北京市和天津市水平。

重庆市各产业能耗变动走势与天津市相似，即第二产业耗能大幅增长，第三产业耗能缓慢上扬。这是一个城市节能工作处于初级阶段的表现，说明重庆市的节能工作存在着巨大的提升空间，未来要加快推进相关工作的开展，合理规划经济发展方向。

12.1.3 生活能耗总量现状分析

在了解了能耗总量和生产性能耗的现状后，下面对直辖市生活能耗的变动进行分析，说明直辖市生活能耗现状。

12.1.3.1 北京生活能耗总量的变动分析

生活能耗的变动受该地区生活水平与人口规模的影响，随着生活水平的提高，北京市生活能耗和人均生活能耗都呈上涨势头，见图 12-9。

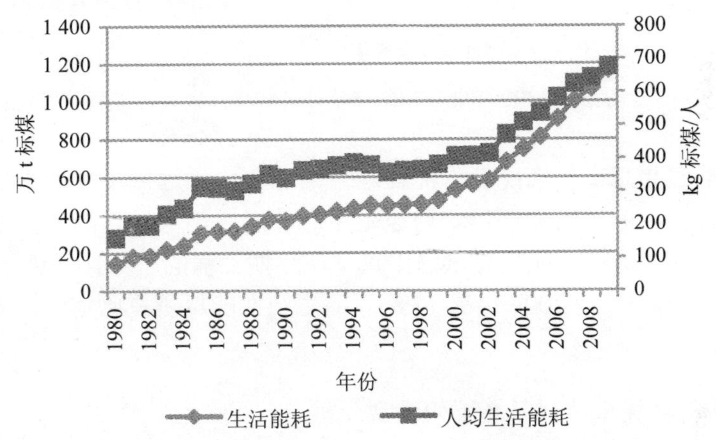

数据来源:《中国统计年鉴 2010》。

图 12-9　1980—2009 年北京市生活能耗和人均生活能耗

同时，受北京市人口规模不断扩大的影响，人均生活能耗的增长速度低于生活能耗的增长速度，年均增速分别为 5.1%和 7.48%。与全国生活能耗年平均增长速度 3.95%相比，北京市生活能耗增速高出全国水平近 4 个百分点，见图 12-10。

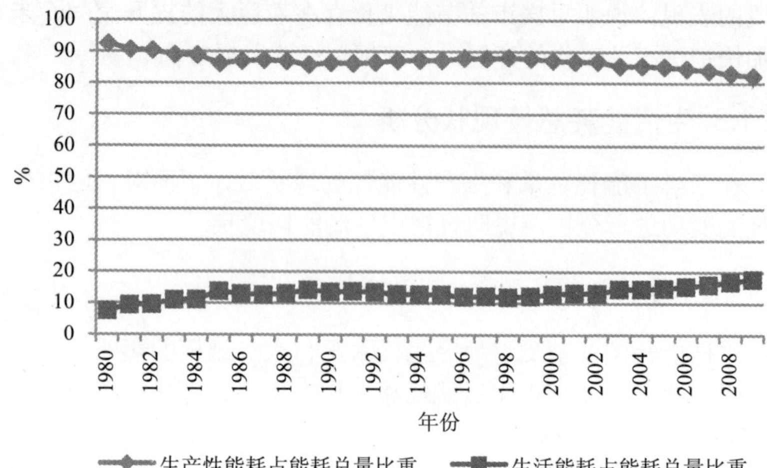

数据来源：根据《中国统计年鉴 2010》计算所得。

图 12-10 1980—2009 年北京市生产性能耗和生活能耗占能耗总量比重

虽然北京市生活能耗占能耗总量的比重还远远低于生产性能耗所占比重，但生活能耗年均增速是生产性能耗年均增速的近两倍。因此，生活能耗占能耗总量的比重呈现逐期上涨的趋势，已由 1980 年的 7.6%增长到 2009 年的 17.8%，而生产性能耗所占比重正在逐年下降。

12.1.3.2 天津生活能耗总量的变动分析

1985—2009 年，天津市生活能耗和人均生活能耗先是小幅度变动，后是快速增长，如图 12-11 所示。

天津市生活能耗年均增速为 5.79%，低于同期北京市生活能耗的增速，但高于同期天津市能耗总量增速和生产性能耗增速。人均生活能耗年均增速为 4.03%，同样低于同期北京市水平，但是仍超过全国平均水平，这与天津市的经济总量、居民生活水平和人口规模等实际情况相符。

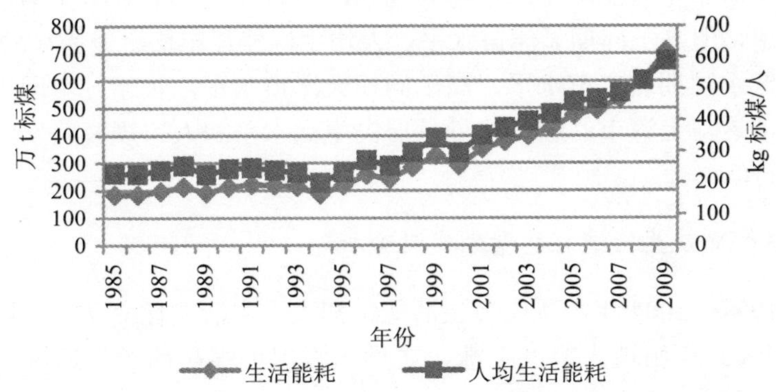

数据来源：整理历年《天津统计年鉴》得到。

图 12-11　1985—2009 年天津市生活能耗和人均生活能耗

12.1.3.3 上海生活能耗总量的变动分析

整体上看，1985—2009 年，上海市生活能耗和人均生活能耗呈增长趋势，如图 12-12 所示。

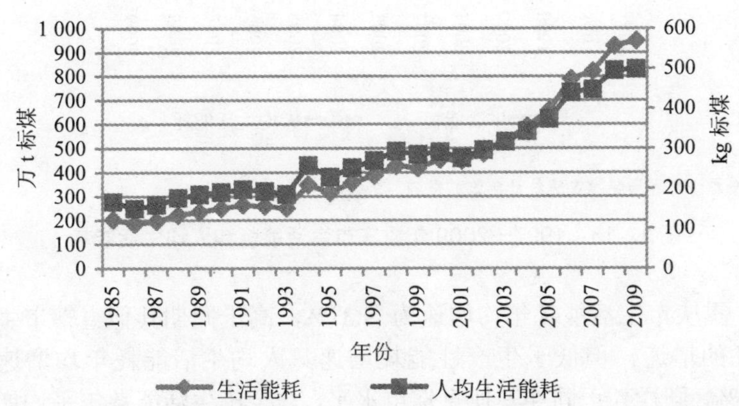

数据来源：整理历年《上海统计年鉴》、《中国能源统计年鉴》、《上海工业能源交通统计年鉴》和《光辉的六十载——上海历史统计资料汇编》得到。

图 12-12　1985—2009 年上海市生活能耗和人均生活能耗

上海市生活能耗年均增速为 6.66%，低于同期北京市生活能耗的增速，但高于同期天津市水平。人均生活能耗年均增速为 4.67%，同样低于同期北京市水平，高于同期天津市水平，且超过全国平均水平，这与上海市的经济总量、居民生活水平和人口规模等实际情况相符。

12.1.3.4 重庆生活能耗总量的变动分析

1997—2004 年，重庆市生活能耗和人均生活能耗变动幅度比较小，2005 年出现大幅度上涨，之后一直保持很高的增长速度，如图 12-13 所示。

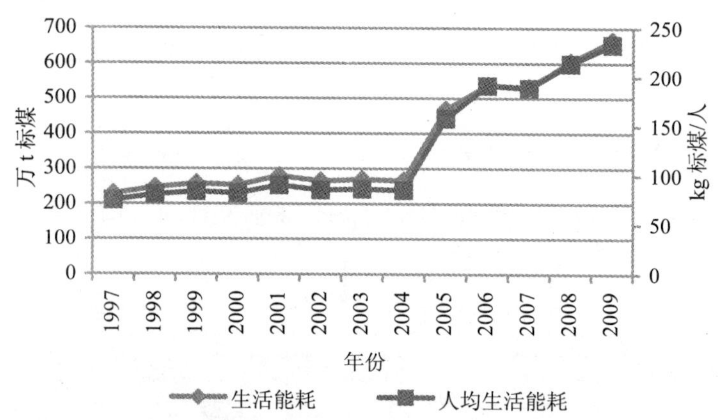

数据来源：整理历年《重庆统计年鉴》得到。

图 12-13 1997—2009 年重庆市生活能耗和人均生活能耗

重庆市生活能耗年均增速为 9.31%，高于同期其他直辖市生活能耗的增速，但低于生产性能耗增速。人均生活能耗年均增速为 9.91%，同样高于同期其他直辖市水平，与全国生活能耗年平均增长速度 3.95%相比，重庆市生活能耗增速高出全国水平 5 个多百分点。

综上所述，直辖市的能源消耗变动存在一些共同的趋势：能源消耗总量、生产性能耗和生活能耗都呈增长趋势，产值能耗都在不断下降，生产性能耗占能耗总量的比重高于生活能耗所占比重。但是受到经济环境、地理位置和政策条件等因素的影响，直辖市的能耗变动也表现出各自的特点，如表 12-1 所示。

表 12-1　直辖市能源消耗变动速度及 2009 年能源消耗排名

项目	北京	天津	上海	重庆
能耗增速/%	4.36	5.30	6.26	10.09
产值能耗降速/%	5.59	5.44	4.16	1.26
生产性能耗增速/%	3.94	5.24	6.35	10.56
生活能耗增速/%	7.48	5.79	6.66	9.31
人均生活能耗增速/%	5.10	4.03	4.67	9.91
能耗总量排名/位	2	4	1	3
产值能耗排名/位	4	2	3	1
生产性能耗排名/位	3	4	1	2
生活能耗排名/位	1	3	2	4

数据来源：整理历年《中国统计年鉴》、《中国能源统计年鉴》、《天津统计年鉴》、《上海统计年鉴》、《重庆统计年鉴》、《上海工业能源交通统计年鉴》和《光辉的六十载——上海历史统计资料汇编》计算所得。

重庆市的各项增速最高，产值能耗最高，且下降速度最低，说明与其他 3 个直辖市相比，重庆市能源利用水平还有相当大的差距，能源总体利用效率较低，经济增长以高能耗为代价，也正是这个原因导致重庆市的生产性能耗很高。虽然重庆市人口最多，但经济总量与其他 3 个直辖市较大的差距导致重庆市的生活能耗最低。

总体来看，北京市的能源消耗变动趋势最好，除生活能耗外，其余各项增速最低，产值能耗最低，且下降速度最高，说明北京市的能源利用效率最高，并正在不断提高。但是北京市的生活能源消耗量在直辖市中排在第一位，年均增速比较大，且目前仍呈增长趋势。结合北京市的实际情况考虑，这种现象是合理的。因为北京是我国的首都，具有独一无二的政治属性，而且居民生活水平较高，同时人口密度较大，这都必然导致较高的生活能耗。

上海市是绝对的高能耗城市，多年来，能耗总量最大，各项增速比较高，产值能耗降速较低，水平仅次于重庆市。虽然以经济总量上的绝对优势拖低了产值能耗，但是作为我国的领军城市之一，上海市的能耗现状还是不容乐观的。天津市的情况相对复杂，一方面表现出和重庆市相似的特性，即能耗增速较大，产值能耗较高；另一方面到2009年，天津市的能耗总量和生产性能耗最少，产值能耗降速也比较高，仅次于北京市。这说明天津市正处于发展的过渡期，能源利用水平不断提高，逐步摆脱高能耗的经济发展模式。

12.2 4个直辖市能耗影响因素的对比分析

通过对直辖市能源消耗的变动分析，已经基本了解了各直辖市的能耗现状和特点，下面根据第 2 章中的能源消耗分解模型，探究直辖市的能耗影响因素及其影响程度，并通过对比分析说明其各自的特点。

12.2.1 能源消耗总量影响因素的对比分析

利用能源消耗分解模型，分别对北京市、天津市、上海市和重庆市 4 个直辖市能源消耗总量的变动进行分解，测度效率因素和经济规模因素对直辖市能耗总量的影响。

12.2.1.1 北京能源消耗总量影响因素分析

利用公式（2.3），测算 1981—2009 年北京市能耗总量变动各因素影响的程度，测算结果见表 12-2。

如表 12-2 所示，能耗总量的变动主要受效率因素和规模因素的影响，根据表 12-2 测算结果，除 1981 年和 1997 年，北京市能源消耗总量减少，其余各年均表现为效率因素和规模因素共同作用导致北京市能源消耗总量增长。其中，能源利用效率提高抑制能耗总量增长，年均节约 226.35 万 t 标煤；经济规模扩大促进能耗总量增长，年均增加 387.13 万 t 标煤，两个因素共同作用促使北京市能源消耗总量年均增加 160.78 万 t 标煤。效率因素和规模因素各年对北京市能耗总量影响的绝对量变动趋势如图 12-14 所示。

表 12-2 1981—2009 年北京市总效率因素和规模因素对能耗总量影响的测度

年份	能耗总量变动	总能耗强度变动	产值变动	年份	能耗总量变动	总能耗强度变动	产值变动
1981	0.9973	1.0023	0.9950	1996	1.0569	0.9697	1.0900
1982	1.0094	0.9398	1.0740	1997	0.9959	0.9045	1.1010
1983	1.0335	0.8878	1.1640	1998	1.0239	0.9351	1.0950
1984	1.0803	0.9202	1.1740	1999	1.0259	0.9250	1.1090
1985	1.0314	0.9488	1.0870	2000	1.0608	0.9488	1.1180
1986	1.0853	1.0049	1.0800	2001	1.0206	0.9137	1.1170
1987	1.0316	0.9412	1.0960	2002	1.0489	0.9407	1.1150
1988	1.0553	0.9355	1.1280	2003	1.0478	0.9431	1.1110
1989	1.0155	0.9727	1.0440	2004	1.1057	0.9691	1.1410
1990	1.0213	0.9708	1.0520	2005	1.0744	0.9582	1.1213
1991	1.0599	0.9644	1.0990	2006	1.0692	0.9463	1.1299
1992	1.0402	0.9346	1.1130	2007	1.0645	0.9298	1.1449
1993	1.0928	0.9731	1.1230	2008	1.0067	0.9226	1.0911
1994	1.0372	0.9122	1.1370	2009	1.0384	0.9423	1.1020
1995	1.0435	0.9317	1.1200				

数据来源：根据《北京统计年鉴 2010》数据计算得出。

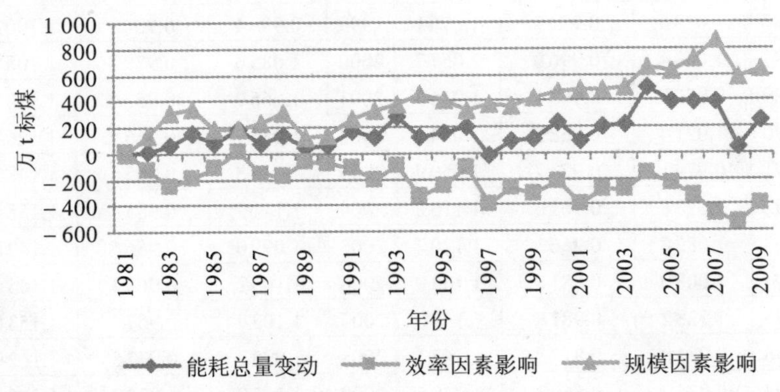

数据来源：根据《北京统计年鉴 2010》数据计算得出。

图 12-14 1981—2009 年北京市能耗总量变动影响因素绝对量测度

图 12-14 显示，北京市能耗总量变动绝对量受规模因素的推动作用和效率因素的抑制作用。总体分析，1981—2009 年，北京市效率因素影响和规模因素影响的走势关于横轴对称，大量的推动作用和抑制作用相互抵消，导致能耗总量变动的绝对量比较小，走势相对平缓。其中，2004—2007 年，受效率因素影响产生的能耗减少量降低，所以，能耗总量变动的绝对量出现增长。

经测算，1981—2009 年北京市受经济增长影响而增加的能耗量累计约为 1.12 亿 t 标煤，由于能源利用效率的提高而节约的能耗量累计约为 6 564.16 万 t 标煤，可见，单纯通过控制经济增速而降低能耗并不现实，提高能源利用效率是切实可行的手段。

12.2.1.2 天津能源消耗总量影响因素分析

利用公式（2.3），测算 1986—2009 年天津市能耗总量变动各因素影响的程度，测算结果见表 12-3。

表 12-3 1986—2009 年天津市总效率因素和规模因素对能耗总量影响的测度

年份	能耗总量变动	总能耗强度变动	产值变动	年份	能耗总量变动	总能耗强度变动	产值变动
1986	1.0638	1.0057	1.0577	1998	1.0177	0.9307	1.0935
1987	1.0706	0.9949	1.0761	1999	0.9994	0.9083	1.1003
1988	1.0534	0.9960	1.0577	2000	1.0856	0.9797	1.1081
1989	0.9790	0.9634	1.0163	2001	1.0669	0.9524	1.1202
1990	1.0214	0.9689	1.0541	2002	1.0889	0.9665	1.1267
1991	0.9791	0.9237	1.0599	2003	1.0398	0.9055	1.1483
1992	1.0738	0.9620	1.1162	2004	1.1419	0.9858	1.1584
1993	1.0828	0.9661	1.1207	2005	1.0990	0.9565	1.1490
1994	1.0080	0.8818	1.1430	2006	1.1032	0.9634	1.1450
1995	1.1282	0.9819	1.1490	2007	1.1039	0.9574	1.1530
1996	0.9349	0.8178	1.1431	2008	1.0952	0.9425	1.1620
1997	0.9742	0.8693	1.1206	2009	1.0950	0.9399	1.1650

数据来源：根据历年《天津统计年鉴》数据计算得出。

根据表 12-3 测算结果，除 1989 年、1991 年、1996 年、1997 年和 1999 年，天津市能耗总量不增反降，其余各年均表现为效率因素和规模因素共同作用导致天津市能耗总量增长。其中，效率因素抑制能耗总量增长，年均节约 166.18 万 t 标煤；经济规模扩大推动能耗总量增长，年均增长 333.57 万 t 标煤。两个因素共同作用使得天津市能源消耗总量年均增加 167.39 万 t 标煤。

与北京市的情况相比，天津市的地区生产总值较小，能耗总量受经济规模因素影响所产生的增量较小，这是合理的。但在能耗总量低于北京市水平并且受经济规模扩大影响所产生的能耗增量也低于北京市水平的前提条件下，天津市的能耗总量的增量高于北京市 6.61 万 t 标煤，这就体现出效率因素对天津市能耗总量的抑制作用还不到位，能源利用效率较低，提高空间较大。见图 12-15。

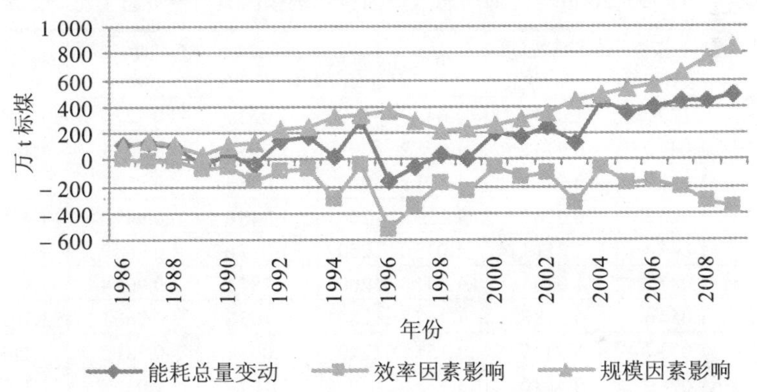

数据来源：根据历年《天津统计年鉴》数据计算得出。

图 12-15　1986—2009 年天津市能耗总量变动影响因素绝对量测度

如图 12-15 所示，1986—2009 年，天津市的规模因素趋势线呈上扬态势，经济增长产生的能耗增量相当可观，而效率因素呈振荡走势，虽然于 1989 年、1991 年、1994 年、1996 年、1997 年、1999 年、2003 年和 2009 年产生了一定的拉低能耗增量的效果，但是其抑制作用所产生的能耗减少量远低于规模因素的推动作用所产生的能耗增量，所以能耗总量变动的绝对量呈增长态势。

经测算，1986—2009 年天津市受经济增长影响而增加的能耗量累计约为 8 005.69 万 t 标煤，由于能源利用效率的提高而节约的能耗量累计约为 3 988.23 万 t 标煤。天津市正处于经济发展时期，通过控制经济增速来降低能耗的方法并不适用于天津市。建议天津市从根源上找问题，进一步提高能源利用效率，加快产值能耗下降速度，通过提高效率因素对能耗总量的抑制作用来达到节能降耗的目标。

12.2.1.3 上海能源消耗总量影响因素分析

利用公式（2.3），测算 1986—2009 年上海市能耗总量变动各因素影响的程度，测算结果见表 12-4。

表 12-4 1986—2009 年上海市总效率因素和规模因素对能耗总量影响的测度

年份	能耗总量变动	总能耗强度变动	产值变动	年份	能耗总量变动	总能耗强度变动	产值变动
1986	1.1209	1.0737	1.0440	1998	1.0227	0.9273	1.1029
1987	1.0470	0.9738	1.0752	1999	1.0633	0.9631	1.1040
1988	1.0205	0.9268	1.1011	2000	1.0653	0.9597	1.1101
1989	1.0262	0.9962	1.0302	2001	1.0486	0.9490	1.1050
1990	1.0464	1.0111	1.0350	2002	1.0776	0.9682	1.1131
1991	1.0822	1.0101	1.0714	2003	1.0841	0.9654	1.1230
1992	1.0546	0.9188	1.1478	2004	1.1033	0.9661	1.1420
1993	1.0737	0.9327	1.1511	2005	1.0931	0.9813	1.1140
1994	1.0969	0.9580	1.1450	2006	1.1628	1.0318	1.1270
1995	1.0693	0.9354	1.1430	2007	1.0893	0.9455	1.1520
1996	0.9800	0.8664	1.1311	2008	1.0559	0.9626	1.0970
1997	1.0296	0.9127	1.1280	2009	1.0052	0.9290	1.0820

数据来源：根据历年《上海统计年鉴》和《中国能源统计年鉴》数据计算得出。

根据表 12-4 测算结果，除 1996 年，上海市能源消耗总量下降，其余各年均表现为效率因素和规模因素共同作用导致上海市能源消耗总量增长。其中，能源利用效率提高对能耗增长起抑制作用，年均节约 233.68 万 t 标煤；经济规模扩大促进能耗总量增长，年均增加 564.97 万 t 标煤。两个因素共同作用使得上海市能源消耗总量年均增加 331.29 万 t 标煤。

在 4 个直辖市中，上海市的各方面条件与北京市最相似，经济总量比较大，所以上海市能耗总量受经济规模因素影响所产生的增量较大。比较 4 个直辖市，上海市能耗总量最高，增长速度又比较快，在这种前提下，更应该重视能源利用效率的问题，以保证上海市经济发展的科学性和可持续性。

1986—2009 年，上海市的规模因素趋势线呈上扬态势，受经济增长影响所产生的能耗增量相当可观，如图 12-16 所示。而效率因素走势相对曲折，1986 年、1990 年、1991 年和 2006 年产值能耗不降反升，导致效率因素对能耗总量产生了推动的效果，这几年效率因素的影响表现为能耗增加量。当然，上海市的效率因素也曾对能耗总量产生过较大程度的抑制作用，如 1992 年、1996 年、2007 年和 2009 年，产值能耗的大幅度下降，能源利用效率提高，使得效率因素产生的能耗减少量比较大，有效减少了当年的能耗增量。但是，1986—2006 年，效率因素产生的能耗减少量大多在 500 万 t 标煤以内，小于多数年份规模因素产生的能耗增加量，抑制作用小于推动作用，所以，上海市能耗总量变动的绝对量呈增长态势。从 2007 年开始，经济增长速度下降，产值能耗下降速度加快，导致上海市能耗总量的增量逐年减少，见图 12-16。

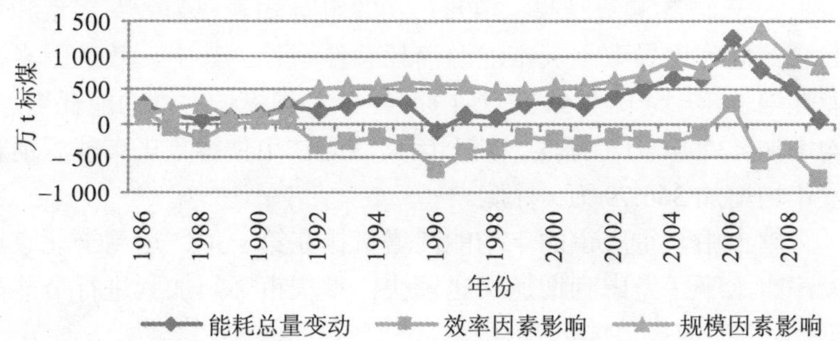

数据来源：根据历年《上海统计年鉴》和《中国能源统计年鉴》数据计算得出。

图 12-16 1986—2009 年上海市能耗总量变动影响因素绝对量测度

经测算，1986—2009 年上海市受经济增长影响而增加的能耗量累计约为 1.36 亿 t 标煤，由于能源利用效率的提高而节约的能耗量累计约为 5 608.36 万 t 标煤，两者差距很大。而且，上海市的产值能耗已经处于较低水平了，要想降低能耗总量，一方面要进一步提高能源利用效率；另一方面要控制经济增长速度，这是更有效的方式。

12.2.1.4 重庆能源消耗总量影响因素分析

利用公式（2.3），测算 1998—2009 年重庆市能耗总量变动各因素影响的程度，测算结果见表 12-5。

表 12-5 1998—2009 年重庆市总效率因素和规模因素对能耗总量影响的测度

年份	能耗总量变动	总能耗强度变动	产值变动	年份	能耗总量变动	总能耗强度变动	产值变动
1998	1.0440	0.9613	1.0861	2004	1.1691	1.0401	1.1240
1999	1.0750	0.9973	1.0779	2005	1.2170	1.0896	1.1170
2000	1.0581	0.9734	1.0870	2006	1.0934	0.9728	1.1240
2001	1.0676	0.9776	1.0921	2007	1.1292	0.9743	1.1590
2002	1.0969	0.9927	1.1049	2008	1.0694	0.9340	1.1450
2003	1.1115	0.9951	1.1170	2009	1.0910	0.9496	1.1490

数据来源：根据历年《重庆统计年鉴》数据计算得出。

根据表 12-5 测算结果，1998—2009 年，均表现为效率因素和规模因素共同作用导致重庆市能源消耗总量增长。其中，效率因素抑制能耗增长，年均节约 65.35 万 t 标煤；经济规模扩大推动能耗增加，年均增加 432.14 万 t 标煤。两个因素共同作用使得重庆市能源消耗总量年均增加 366.79 万 t 标煤。

直辖市中，重庆市的年均能耗增量排在第一位，远高于北京市和天津市水平，考虑到增速又比较快，重庆市必须加紧进行节能降耗工作。

1998—2009 年，重庆市经济的高速发展伴随着能耗的大幅增长，如图 12-17 所示。

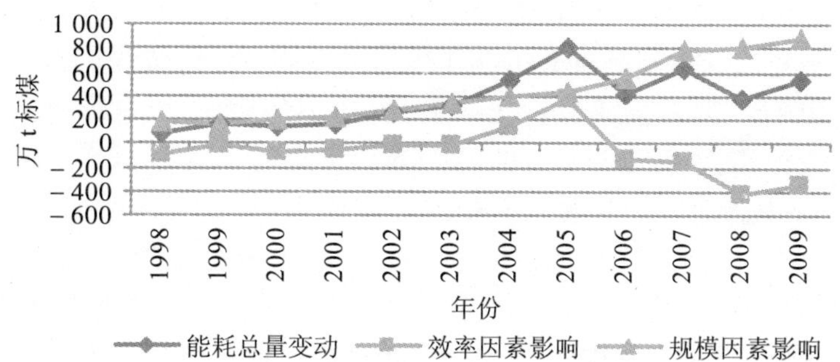

数据来源：根据历年《重庆统计年鉴》数据计算得出。

图 12-17　1998—2009 年重庆市能耗总量变动影响因素绝对量测度

重庆市的规模因素趋势线呈上扬态势，受经济增长影响所产生的能耗增量比较大。而效率因素对能耗总量变动的抑制作用表现得极其微弱，尤其在 2004 年和 2005 年，产值能耗不降反升，效率因素对能耗总量产生了推动的效果，这两年效率因素的影响表现为能耗增加量。与上海市相同，从 2007 年开始，重庆市经济增长速度下降，产值能耗下降速度加快，效率因素产生的能耗减少量增长，导致重庆市能耗总量的增量出现回落。总体来讲，抑制作用小于推动作用，所以，重庆市能耗总量变动的绝对量呈增长态势。

经测算，1998—2009 年重庆市受经济增长影响而增加的能耗量累计约为 5 185.7 万 t 标煤，由于能源利用效率的提高而节约的能耗量累计约为 784.2 万 t 标煤。就重庆市近 10 年来正处于经济高速发展时期这一情况来看，由于经济规模的扩大所产生的能耗增量并不算大，而效率因素影响所产生的能耗减少量确实很小，这说明大力提高能源利用效率，加大效率因素对能耗总量变动的抑制作用是控制重庆市能耗增长的有力手段。

12.2.1.5　直辖市能源消耗总量影响因素的对比分析

综上所述，能源消耗总量的变动可分解为总能源强度变动和产值总量变动两个因素，总能耗强度变动反映能源利用效率的变化，称为效率因素影响；产值总量变动称为规模因素影响。即能源消耗总量的变动受效率因素的抑制作用影响，同时，受规模因素的推动作用影响。在对直辖市能耗总量变动影响因素的绝对量测度中，发现天津市效率因素产生的能耗减少量小于上海市水平，但是在表 12-2 中天津市的产值能耗降速高于上海市一个百分点。这是因为速度是相对量，说明变化趋势，但是单纯地用相对量进行分析是片面的。例如，上海市的基期能耗总量远高于天津市，即使增速较低，也会导致较高的年均能耗增量，产值能耗的问题也是一样的。

因此，要对直辖市能耗变动影响因素的绝对量进行比较，剔除掉各直辖市基期能耗总量差异的影响，结合相对量对比分析直辖市能耗总量变动的情况和两个因素对能耗变动的作用程度。见表 12-6。

表 12-6 直辖市能耗总量变动影响因素的绝对量测度 单位：万 t 标煤

项目	北京	天津	上海	重庆
年均能耗总量变动	160.78	167.39	331.29	366.79
年均效率因素影响	–226.35	–166.18	–233.68	–65.35
年均规模因素影响	387.13	333.57	564.97	432.14

数据来源：根据《北京统计年鉴 2010》、历年《天津统计年鉴》、《上海统计年鉴》、《重庆统计年鉴》和《中国能源统计年鉴》数据计算得出。

如表 12-6 所示，总体上看，重庆市的年均能耗总量变动最大，其他直辖市按年均能耗总量变动水平由高到低依次是上海、天津、北京，其中，天津和北京水平相近，这与能耗增速的对比结果相符。无论是相对量分析还是绝对量对比，重庆市的能耗总量增长最快，说明重庆市的发展具有突出的高能耗、高增长的特点。规模因素影响产生的能耗年均增加量由高到低依次是上海、重庆、北京、天津，这与经济总量增速的情况基本相符。但是，上海市的情况特殊，因为上海基期经济总量有着绝对优势，即使经济增速放缓，也能产生较高的能耗增量，超过了其他 3 个直辖市的水平。效率因素影响产生的能耗年均减少量由高到低依次是上海、北京、天津和重庆，在这方面上海市和北京市起到了榜样作用，重庆市情况最差。

1980年，北京市的产值能耗为3.21t标煤/万元，高于上海的水平。近年来，天津市和上海市的产值能耗年均降速分别为5.44%和4.16%，重庆市仅为1.26%，而北京市高达5.59%，可见北京市的能源利用效率正在大幅提高，导致受效率因素影响产生的能耗减少量较高。从数字上看，上海市的产值能耗不高，但实际上这个数字并不能准确地反映上海市能源利用效率的水平，因为上海市的地区生产总值很高，很大程度地降低了产值能耗。上海市的产值能耗降速缓慢、效率因素抑制作用不大、能耗增量较高等现象都说明其存在高能耗问题，需要进一步提高能源利用效率，控制经济增长速度。天津市由于经济规模较小，受规模扩大影响所产生的能耗增量也比较低，但能耗总量增量却高于北京市水平，这说明天津市的效率因素对能耗总量的抑制作用也是不到位的，能源利用效率较低，存在较大的提高空间。但是，近年来，天津市能耗总量增速不高，产值能耗降速仅次于北京市水平，再加上其能耗总量并不大，可以说明天津市正在进行节能降耗工作，并取得了一定的成果，未来发展形势良好。但重庆市的情况最为严峻，虽然能耗总量也不算很高，但是其能耗总量增速最大，产值能耗降速又很小，效率因素几乎不起作用。重庆市必须重视节能降耗工作，加紧提高能源利用效率，加大效率因素对能耗总量变动的抑制作用，着力控制能耗增长。

12.2.2 生产性能耗总量影响因素的对比分析

利用能源消耗分解模型，分别对北京市、天津市、上海市和重庆市4个直辖市生产性能源消耗的变动进行分解，测度各产业效率因素、各产业结构因素和经济规模因素对直辖市生产性能源消耗的影响。

12.2.2.1 北京生产性能耗总量影响因素分析

利用公式（2.7），测算1981—2009年北京市生产性能耗变动各因素影响的程度，测算结果如表12-7所示。除1981年、1997年和2008年，北京市生产性能源消耗总量减少，其余各年均表现为3个因素共同作用导致北京市生产性能源消耗总量增长。其中，各产业效率因素对生产性能耗起抑制作用，使得生产性能耗降低了 4.19%，年均节约能源 145.54 万 t 标煤，经济规模因素对生产性能耗起推动作用，年均增加生产性能耗 334.49 万 t 标煤。除 1989 年、2003 年和 2004 年外，各产业结构因素对生产性能耗起抑制作用，年均节约生产性能耗 63.44 万 t 标煤。具体测算结果见表 12-7。

表 12-7 1981—2009 年北京市各产业效率因素、结构因素、规模因素对生产性能耗影响的测度

年份	生产能耗变动	各产业效率因素	各产业结构因素	规模因素	年份	生产能耗变动	各产业效率因素	各产业结构因素	规模因素
1981	0.9771	0.9936	0.9884	0.9950	1996	1.0663	1.0218	0.9574	1.0900
1982	1.0078	0.9494	0.9883	1.0740	1997	0.9937	0.9369	0.9633	1.1010
1983	1.0168	0.8903	0.9811	1.1640	1998	1.0269	0.9731	0.9637	1.0950
1984	1.0787	0.9266	0.9917	1.1740	1999	1.0228	0.9466	0.9743	1.1090
1985	1.0013	0.9249	0.9959	1.0870	2000	1.0528	0.9617	0.9792	1.1180
1986	1.0949	1.0268	0.9873	1.0800	2001	1.0160	0.9402	0.9675	1.1170
1987	1.0348	0.9610	0.9825	1.0960	2002	1.0501	0.9738	0.9671	1.1150
1988	1.0515	0.9471	0.9843	1.1280	2003	1.0300	0.9171	1.0109	1.1110
1989	1.0023	0.9481	1.0126	1.0440	2004	1.1059	0.9557	1.0142	1.1410
1990	1.0281	1.0022	0.9751	1.0520	2005	1.0729	0.9741	0.9823	1.1213
1991	1.0578	0.9927	0.9696	1.0990	2006	1.0610	0.9609	0.9772	1.1299
1992	1.0435	0.9378	0.9998	1.1130	2007	1.0571	0.9283	0.9945	1.1449
1993	1.1012	0.9980	0.9825	1.1230	2008	0.9896	0.9296	0.9757	1.0911
1994	1.0376	0.9368	0.9741	1.1370	2009	1.0342	0.9647	0.9728	1.1020
1995	1.0437	0.9653	0.9654	1.1200					

数据来源：根据《北京统计年鉴 2010》数据计算得出。

生产性能耗总量变动趋势如图 12-18 所示，1981—2009 年，北京市生产性能源消耗总量变动的绝对量在多数年份表现为增加量，年均值为 125.51 万 t 标煤。该增量变动的波动性极强，2004 年曾出现峰值，这一年生产性能源消耗增量高达 420.18 万 t 标煤。具体走势见图 12-18。

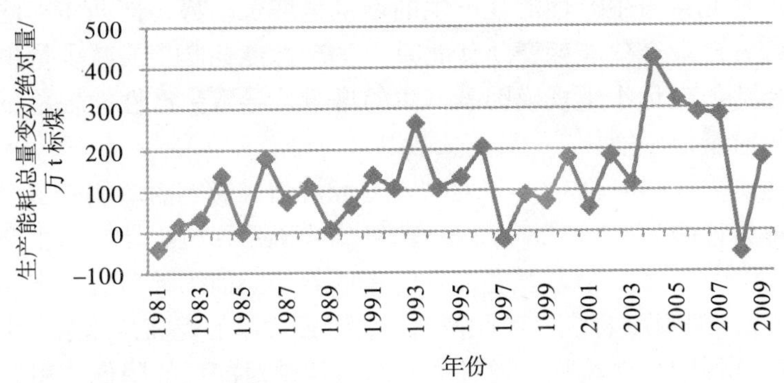

数据来源：根据《北京统计年鉴2010》数据计算得出。

图 12-18　1981—2009 年北京市生产性能耗总量变动绝对量测度

各产业效率因素、各产业结构因素和经济规模因素各年对北京市生产性能耗总量影响的绝对量变动趋势如图 12-19 所示。

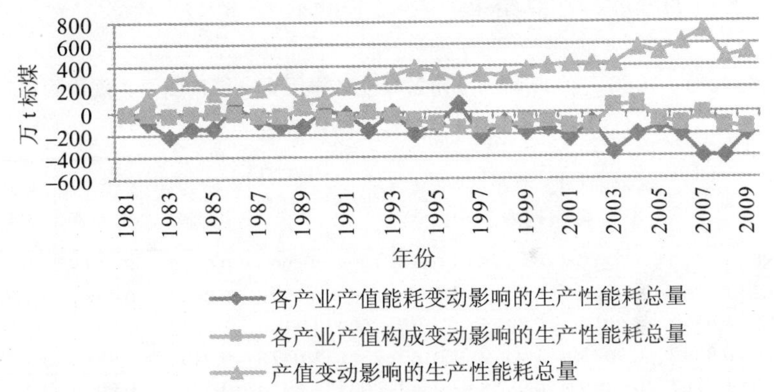

数据来源：根据《北京统计年鉴2010》数据计算得出。

图 12-19　1981—2009 年北京市生产性能耗总量变动影响因素绝对量测度

总体来看，经济规模因素对北京市生产性能耗总量影响程度大于各产业效率因素和各产业结构因素。1981—2009 年，各产业产值构成变动对北京市生产性能耗的影响一直很小，抑制作用微弱。产值变动使北京市生产性能耗产生的增量呈增长趋势，推动作用逐年加强，各产业产值能耗变动使北京市生产性能耗产生的减少量也呈增长趋势，但远小于规模因素产生的增量，导致生产性能耗总量变动的绝对量出现增长。

经测算，1981—2009 年北京市受经济增长影响而增加的生产性能耗量累计约为 9 700.28 万 t 标煤，受结构因素影响累计节约生产性能耗 1 839.68 万 t 标煤，受各产业效率因素影响而累计节约生产性能耗量 4 220.70 万 t 标煤。由此得出，各产业效率的提高是北京市生产性能耗降低的主要途径，通过产业结构调整对能耗的降低作用并非明显，并且，北京市受经济规模扩大产生的生产性能耗增量过高，未来还要继续控制经济增速。

12.2.2.2 天津生产性能耗总量影响因素分析

利用公式（2.7），测算 1986—2009 年天津市生产性能耗变动各因素影响的程度，测算结果如表 12-8 所示。

表 12-8 1986—2009 年天津市各产业效率因素、结构因素、规模因素对生产性能耗影响的测度

年份	生产性能耗变动	各产业效率因素	各产业结构因素	规模因素	年份	生产性能耗变动	各产业效率因素	各产业结构因素	规模因素
1986	1.0713	1.0237	0.9895	1.0577	1998	0.9993	0.9378	0.9745	1.0935
1987	1.0709	0.9998	0.9953	1.0761	1999	0.9778	0.8903	0.9981	1.1003
1988	1.0502	1.0014	0.9915	1.0577	2000	1.1184	1.0073	1.0019	1.1081
1989	0.9888	0.9673	1.0059	1.0163	2001	1.0478	0.9407	0.9943	1.1202
1990	1.0117	0.9769	0.9825	1.0541	2002	1.0914	0.9713	0.9974	1.1267
1991	0.9713	0.9217	0.9942	1.0599	2003	1.0372	0.8846	1.0210	1.1483
1992	1.0849	0.9726	0.9994	1.1162	2004	1.1531	0.9757	1.0202	1.1584
1993	1.0951	0.9731	1.0041	1.1207	2005	1.0972	0.9453	1.0102	1.1490
1994	1.0225	0.8986	0.9955	1.1430	2006	1.1117	0.9578	1.0137	1.1450
1995	1.1244	0.9865	0.9920	1.1490	2007	1.1068	0.9571	1.0030	1.1530
1996	0.9124	0.8069	0.9892	1.1431	2008	1.0908	0.9183	1.0223	1.1620
1997	0.9782	0.8821	0.9895	1.1206	2009	1.0844	0.9886	0.9416	1.1650

数据来源：根据历年《天津统计年鉴》数据计算得出。

1989 年、1991 年、1996 年、1997 年、1998 年和 1999 年，天津市生产性能源消耗总量减少，其余各年均表现为 3 个因素共同作用导致天津市生产性能源消耗总量增长。其中，经济规模因素对生产性能耗起推动作用，年均增加生产性能耗 308.3 万 t 标煤，各产业效率因素在 1986 年、1988 年和 2000 年曾拉高生产性能耗，其余各年均表现为对生产性能耗的抑制作用，但效果并不大，仅仅使生产性能耗降低了 0.93%，年均节约能源 147.77 万 t 标煤。各产业结构因素对生产性能耗的抑制作用更是微小，在 1989 年、1993 年、2000 年以及 2003 年到 2008 年，还一定程度地推动了生产性能耗的增长，年均节约生产性能耗 8.68 万 t 标煤。

从绝对量上看，1986—2009 年，天津市生产性能源消耗总量变动的绝对量在 6 个年份表现为减少量，其余年份表现为增加量，整体上看，呈增长趋势，年均值为 151.85 万 t 标煤，如图 12-20 所示。1986—2003 年，生产性能源消耗总量变动的绝对量上下变动比较频繁，但是，总体水平并不高。2004 年出现大幅度增长，增量达 411.05 万 t 标煤，之后几年的增量一直维持在 400 万 t 标煤左右。见图 12-20。

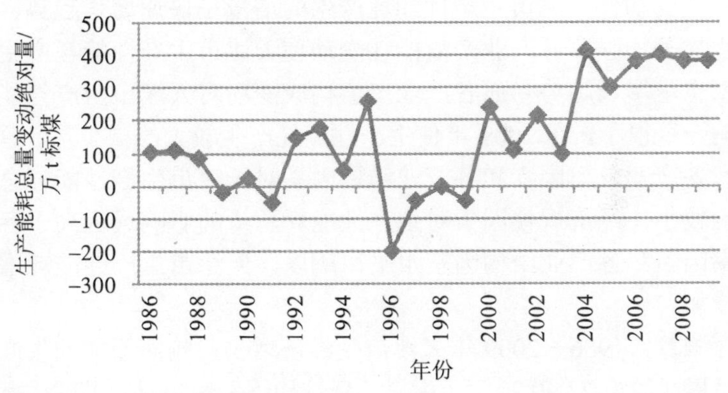

数据来源：根据历年《天津统计年鉴》数据计算得出。

图 12-20　1986—2009 年天津市生产性能耗总量变动绝对量测度

各产业效率因素、各产业结构因素和经济规模因素各年对天津市生产性能耗总量影响的绝对量变动趋势如图 12-21 所示。

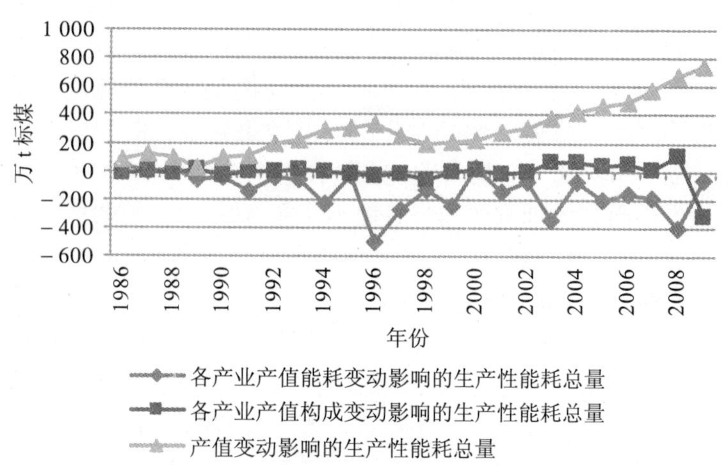

数据来源：根据历年《天津统计年鉴》数据计算得出。

图 12-21　1986—2009 年天津市生产性能耗总量变动影响因素绝对量测度

产值变动使天津市生产性能耗产生的增量呈快速增长趋势，推动作用显著加强，各产业产值能耗变动使天津市生产性能耗产生的减少量也呈增长趋势。而各产业产值构成变动对天津市生产性能耗的影响一直很小，在 2009 年使生产性能耗产生较大的减少量。总体来看，各产业效率因素和各产业结构因素对天津市生产性能耗总量的影响较小，经济规模因素对生产性能耗总量的影响远远高于各产业效率因素和各产业结构因素水平，所以，天津市生产性能耗增量逐年增加。

经测算，1986—2009 年天津市受经济增长影响而增加的生产性能耗量累计约为 7 090.90 万 t 标煤，受结构因素影响累计节约生产性能耗 199.65 万 t 标煤，受各产业效率因素影响而累计节约生产性能耗量 3 398.79 万 t 标煤。与北京市相同，各产业效率的提高是天津市生产性能耗降低的主要途径，并且天津市受各产业效率因素影响产生的生产性能耗的减少量还太小，三次产业能源利用效率还须进一步提高。

12.2.2.3 上海生产性能耗总量影响因素分析

利用公式（2.7），测算 1986—2009 年上海市生产性能耗变动各因素影响的程度，测算结果如表 12-9 所示。

表 12-9 1986—2009 年上海市各产业效率因素、结构因素、规模因素对生产性能耗影响的测度

年份	生产能耗变动	各产业效率因素	各产业结构因素	规模因素	年份	生产能耗变动	各产业效率因素	各产业结构因素	规模因素
1986	1.1404	1.1035	0.9899	1.0440	1998	0.9565	0.9538	0.9651	1.1029
1987	1.0452	0.9854	0.9865	1.0752	1999	1.0717	0.9938	0.9769	1.1040
1988	1.0127	0.9196	1.0001	1.1011	2000	1.0638	0.9730	0.9849	1.1101
1989	1.0231	0.9921	1.0010	1.0302	2001	1.0541	0.9566	0.9972	1.1050
1990	1.0452	1.0279	0.9825	1.0350	2002	1.0787	0.9751	0.9938	1.1131
1991	1.0839	1.0383	0.9743	1.0714	2003	1.0824	0.9439	1.0212	1.1230
1992	1.0610	0.9319	0.9919	1.1478	2004	1.1019	0.9643	1.0006	1.1420
1993	1.0821	0.9541	0.9853	1.1511	2005	1.0914	0.9780	1.0018	1.1140
1994	1.0763	0.9582	0.9810	1.1450	2006	1.1592	1.0294	0.9992	1.1270
1995	1.0838	0.9580	0.9897	1.1430	2007	1.0939	0.9582	0.9910	1.1520
1996	0.9687	0.8867	0.9660	1.1311	2008	1.0494	0.9693	0.9869	1.0970
1997	1.0874	0.9359	0.9705	1.1280	2009	1.0330	0.9687	0.9571	1.0820
1989	1.0231	0.9921	1.0010	1.0302	2001	1.0541	0.9566	0.9972	1.1050

数据来源：根据历年《上海统计年鉴》、《上海工业能源交通统计年鉴》、《光辉的六十载——上海历史统计资料汇编》和《中国能源统计年鉴》数据计算得出。

除 1996 年和 1998 年外，上海市生产性能源消耗总量减少，其余各年均表现为 3 个因素共同作用导致上海市生产性能源消耗总量增长。其中，经济规模因素对生产性能耗起推动作用，年均增加生产性能耗 542.16 万 t 标煤，各产业效率因素在 1986 年、1990 年、1991 年和 2006 年曾拉高生产性能耗，其余各年均表现为对生产性能耗的

抑制作用，但效果甚微，年均节约能源 158.96 万 t 标煤。各产业结构因素对生产性能耗的抑制作用更是微小，在 1988 年、1989 年、2003 年、2004 年和 2005 年，还一定程度地推动了生产性能耗的增长，年均节约生产性能耗 68.88 万 t 标煤。生产能耗总量变动趋势见图 12-22。

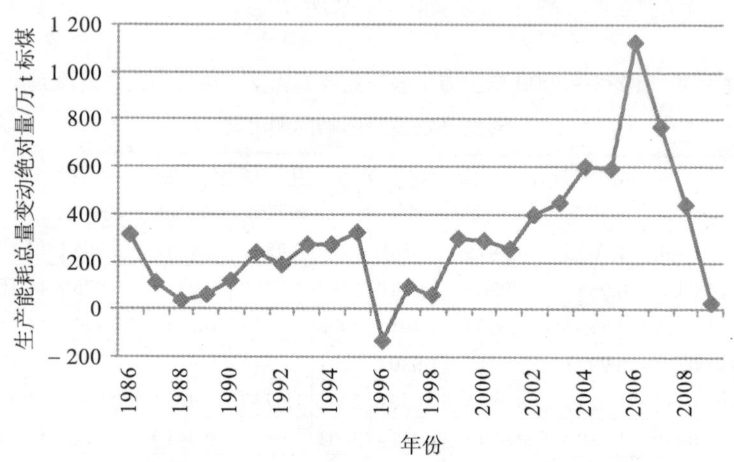

数据来源：根据历年《上海统计年鉴》、《上海工业能源交通统计年鉴》、《光辉的六十载——上海历史统计资料汇编》和《中国能源统计年鉴》数据计算得出。

图 12-22　1986—2009 年上海市生产性能耗总量变动绝对量测度

图 12-22 显示，除 1996 年上海市生产性能源消耗总量变动的绝对量大幅度减少，出现负值，1986—2006 年的其余年份均表现为增加量，整体上看，呈增长趋势，年均增长 313.19 万 t 标煤。到 2006 年，上海市生产性能耗总量年均增量已高达 1 123.27 万 t 标煤，2007 年增量开始大幅减少，到 2009 年达到历史最低值，生产性能耗总量年均增量仅为 29.82 万 t 标煤。

各产业效率因素、各产业结构因素和经济规模因素各年对上海市生产性能耗总量影响的绝对量变动趋势如图 12-23 所示。

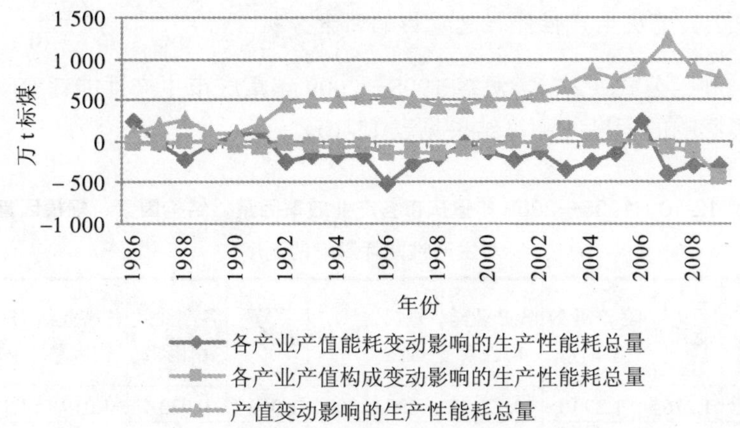

数据来源：根据历年《上海统计年鉴》、《上海工业能源交通统计年鉴》、《光辉的六十载——上海历史统计资料汇编》和《中国能源统计年鉴》数据计算得出。

图 12-23　1986—2009 年上海市生产性能耗总量变动影响因素绝对量测度

上海市产值变动所产生的生产性能耗增量呈增长趋势，推动作用显著，而各产业产值能耗变动和各产业产值构成变动产生的生产性能耗减少量增长缓慢。其中，各产业产值构成变动对上海市生产性能耗的影响比较小，但在 2009 年有显著提高。各产业产值能耗变动产生的生产性能耗减少量一直上下波动，但对生产性能耗的抑制作用优于各产业产值构成因素的影响。其中，1996 年出现较大的减少量，同时，该年的各产业产值构成产生的减少量较大，从而出现生产性能耗负增长，与实际情况相符。

经测算，1986—2009 年上海市受经济增长影响而增加的生产性能耗量累计约为 1.24 亿 t 标煤，受结构因素影响累计节约生产性能耗量 1 584.33 万 t 标煤，受各产业效率因素影响而累计节约生产性能耗量 3 656.08 万 t 标煤。与北京市相同，上海市受经济规模扩大产生的生产性能耗增量比较高，但是上海市各产业效率因素对生产性能耗增长的抑制作用比较小，导致其生产性能耗快速增长。

12.2.2.4 重庆生产性能耗总量影响因素分析

利用公式（2.7），测算 1998—2009 年重庆市生产性能耗变动各因素影响的程度，测算结果见表 12-10。

表 12-10 1998—2009 年重庆市各产业效率因素、结构因素、规模因素对生产性能耗影响的测度

年份	生产性能耗变动	各产业效率因素	各产业结构因素	规模因素	年份	生产性能耗变动	各产业效率因素	各产业结构因素	规模因素
1998	1.2765	1.2000	0.9794	1.0861	2004	1.0699	0.9334	1.0198	1.1240
1999	1.1103	1.0384	0.9919	1.0779	2005	1.7815	1.6020	0.9956	1.1170
2000	1.0872	0.9946	1.0057	1.0870	2006	1.0761	0.9226	1.0377	1.1240
2001	0.8234	0.7537	1.0003	1.0921	2007	1.1179	0.9309	1.0362	1.1590
2002	0.7947	0.7164	1.0040	1.1049	2008	1.2633	1.0776	1.0239	1.1450
2003	1.0713	0.9410	1.0192	1.1170	2009	1.0663	0.9279	1.0002	1.1490

数据来源：根据历年《重庆统计年鉴》数据计算得出。

根据表 12-10 的测算结果，除 2001 年和 2002 年，重庆市生产性能源消耗总量减少，其余各年均表现为 3 个因素共同作用导致重庆市生产性能源消耗总量增长。其中，经济规模因素对生产性能耗起推动作用，年均增加生产性能耗 392.18 万 t 标煤，各产业效率因素在 1998 年、1999 年、2005 年和 2008 年曾拉高生产性能耗，其余各年均表现为对生产性能耗的抑制作用，但效果非常微小，年均节约能源 55.03 万 t 标煤，平均起来不仅没有降低生产性能耗增量，还促使其增加了 9.44%。各产业结构因素对生产性能耗起推动作用，只在 1998 年、1999 年和 2005 年一定程度地抑制了生产性能耗的增长，年均增加生产性能耗 44.04 万 t 标煤。重庆市是唯一一个产业结构因素促使生产性能耗增长的直辖市，可见其产业结构的不合理性和落后状态。生产能耗总量变动趋势见图 12-24。

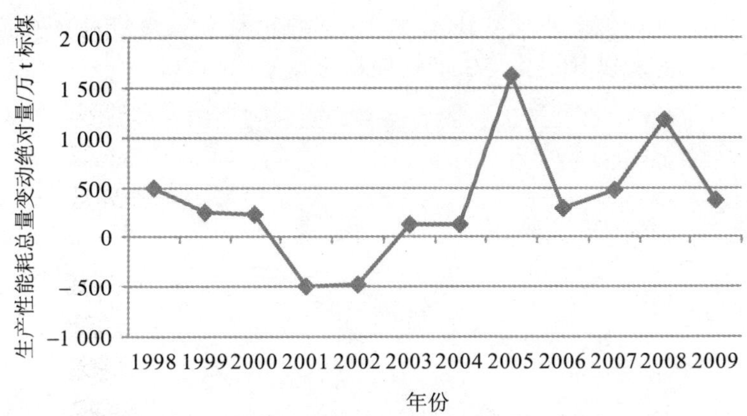

数据来源：根据历年《重庆统计年鉴》数据计算得出。

图 12-24　1998—2009 年重庆市生产性能耗总量变动绝对量测度

图 12-24 显示，1998—2001 年，重庆市生产性能源消耗的增量逐年减少，到 2001 年生产性能源消耗变动的绝对量表现为减少量，从 2002 年开始出现回升，到 2005 年达到峰值，生产性能耗年增加 1 620.93 万 t 标煤。2006 年又大幅下降，经过两年的增长后，2009 年下降到 372.17 万 t 标煤。整体上看，重庆市生产性能耗总量变动绝对量呈增长趋势，年均增长 381.19 万 t 标煤，略高于上海市水平。各产业效率因素、各产业结构因素和经济规模因素各年对重庆市生产性能耗总量影响的绝对量变动趋势如图 12-25 所示。

图 12-25 显示，重庆市产值变动所产生的生产性能耗增量呈增长趋势，推动作用逐年加强。各产业产值构成变动对重庆市生产性能耗起推动作用，产生的增量从 2005 年开始呈增长态势，2008 年开始回落。各产业产值能耗变动幅度比较大，1998—2001 年呈逐年下降趋势，2001—2004 年对生产性能源消耗的影响表现为减少量，之后大幅增长，到 2005 年达到增加量峰值，促使生产性能耗增加 1 388.55 万 t 标煤。2006 年又大幅下降，出现减少量，维持一年后，在 2008 年又出现增加量，2009 年下降到节约生产性能耗 465.576 万 t 标煤的水平。并且，规模因素和各产业产值结构因素的变动幅度较

小，各产业产值能耗变动在三者对生产性能耗总量变动的影响中起决定因素，所以其走势与生产性能耗总量变动相似。

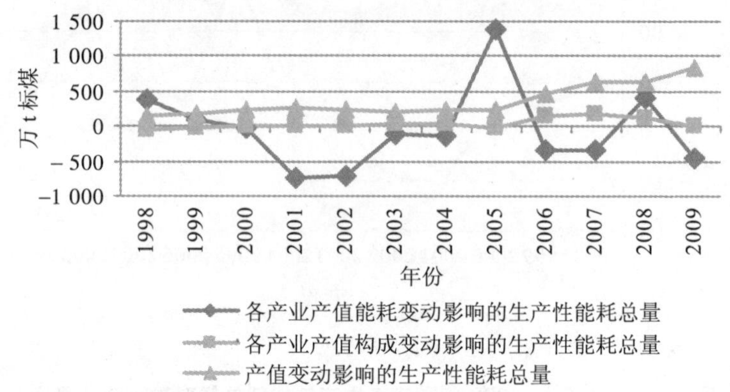

数据来源：根据历年《重庆统计年鉴》数据计算得出。

图 12-25 1998—2009 年重庆市生产性能耗总量变动影响因素绝对量测度

经测算，1998—2009 年重庆市受经济增长影响而增加的生产性能耗量累计为 4 313.94 万 t 标煤，受结构因素影响增加的生产性能耗量累计为 484.48 万 t 标煤，受各产业效率因素影响而累计节约生产性能耗量 605.33 万 t 标煤。与另外 3 个直辖市相比，重庆市的产业结构因素还在推动生产性能耗增长，存在严重的结构问题，同时，各产业效率因素对生产性能耗增长的抑制作用不足，导致生产性能耗快速增长。未来重庆市应调整产业结构，提高各产业效率，进一步优化发展模式，改变高能耗发展的现状。

12.2.2.5 直辖市生产性能耗总量影响因素的对比分析

综上所述，生产性能源消耗总量的变动可分解为各产业效率因素、各产业结构因素和经济规模因素 3 个因素，理论上讲，生产性能源消耗总量的变动受各产业效率因素和各产业结构因素的抑制作用影响，同时，受经济规模因素的推动作用影响。其中，各产业结构因素对生产性能耗总量变动的影响极其微弱，这说明通过优化产业结构来降低能耗的方法并不适用于直辖市的现况。这是因为我国仍处于第二产业占国民经济主导地位的阶段，虽然近年国家正在大力扶持服务业发展，优化产业结构，但这样的调整不会在短时间内改变我国的经济格局，相应地，产业结构的调整对生产性能耗增长的抑制作用效果不佳。而第二产业产生的增加值最大，能耗最高，也导致经济规模因素对生产性能耗总量的影响程度最大，这是与实际国情相符的。各因素对生产性能耗总量的具体影响程度见表 12-11。

表 12-11　直辖市生产性能耗总量变动影响因素的绝对量测度

单位：万 t 标煤

项目	北京	天津	上海	重庆
年均生产性能耗总量变动	125.51	151.85	313.19	381.19
年均各产业效率因素影响	−145.54	−147.77	−158.96	−55.03
年均各产业结构因素影响	−63.44	−8.68	−68.88	44.04
年均经济规模因素影响	334.49	308.30	541.03	392.18

数据来源：根据《北京统计年鉴 2010》、历年《天津统计年鉴》、《上海统计年鉴》、《重庆统计年鉴》、《上海工业能源交通统计年鉴》、《光辉的六十载——上海历史统计资料汇编》和《中国能源统计年鉴》数据计算得出。

表 12-11 显示，北京市、天津市和上海市各产业效率因素影响产生的生产性能耗年均减少量较大，上海市经济规模因素影响产生的生产性能耗年均增加量最高，重庆市的年均生产性能耗总量变动最大，产业结构因素促使生产性能耗出现负降低，表现出其产业结构极大的不合理性。

由于能耗总量大部分来源于生产性能耗，所以直辖市生产性能耗总量变动的绝对量测度分析结果与能耗总量相似，都表现为经济规模因素影响最为显著，而效率因素的影响程度有较大的提升空间。具体来讲，北京市的生产性能耗年均增加量最小，各产业效率因素对生产性能耗增长的抑制作用较为有效。重庆市的高能耗问题在生产性能耗总量变动的对比分析中暴露无遗。重庆市的生产性能耗年均增加量最大，各产业效率因素对生产性能耗增长的抑制作用最小，并且各产业结构因素还在促使生产性能耗增长，虽然产业结构因素对生产性能耗总量的影响不大，但是该影响表现为增加值也是极其不合理的。这要求重庆市进一步优化产业结构，大幅提高能源利用效率，以抑制能耗的快速增长，同时也使重庆市成为唯一一个还需要通过产业结构调整来降低能耗的直辖市。与此同时，上海市也表现出高能耗问题，其生产性能耗总量的年均增量也远远高于北京市水平。天津市受规模扩大影响所产生的生产性能耗增量比较小，生产性能耗总量增量高出北京市水平不多，这说明天津市的节能降耗工作已取得了初步的成果，但未来还应该着力于提高能源利用效率，为经济总量的发展争取更大的空间。

12.2.3 生活能耗总量影响因素的对比分析

在了解了直辖市能耗总量和生产性能耗受各因素的影响状况后，利用能源消耗分解模型，分别对北京市、天津市、上海市和重庆市四个直辖市生活能源消耗的变动进行分解，测度人均生活能耗和人口规模变动对直辖市生活能源消耗的影响。

12.2.3.1 北京生活能耗总量影响因素分析

根据式（2.9）和式（2.10），分别测算 1981—2009 年北京市生活能耗变动各因素影响的相对量和绝对量。测算结果见表 12-12。

生活能源消耗变动受人均生活能耗和人口规模两个因素变动的影响，根据表 12-12 的测算结果，除 1990 年和 1996 年北京市生活能耗下降外，其余年份都表现为两个因素共同作用导致的生活能耗上涨，年均增加 36.53 万 t 标煤。其中，人均生活能耗因素在 1986 年、1987 年、1990 年、1995 年和 1996 年对生活能耗总量的增长起抑制作用，其他年份起推动作用，促使生活能耗总量年均增长 23.91 万 t 标煤。人口规模因素在 1997 年和 1998 年对生活能耗总量的增长起抑制作用，其他年份起推动作用，促使生活能耗总量年均增长 12.61 万 t 标煤。总体上说，两个因素都在推动生活能耗增长，人均生活能耗因素的作用比较明显。见图 12-26。

表 12-12　1981—2009 年北京市人均生活能耗和人口规模对生活能耗影响的测度

年份	生活能耗变动	人均生活能耗因素	人口规模因素	年份	生活能耗变动	人均生活能耗因素	人口规模因素
1981	1.2443	1.2292	1.0123	1996	0.9931	0.9400	1.0566
1982	1.0245	1.0076	1.0168	1997	1.0120	1.0165	0.9956
1983	1.1916	1.1721	1.0166	1998	1.0020	1.0075	0.9945
1984	1.0932	1.0761	1.0159	1999	1.0488	1.0416	1.0069
1985	1.2712	1.2510	1.0162	2000	1.1180	1.0676	1.0471
1986	1.0253	0.9932	1.0324	2001	1.0515	1.0026	1.0488
1987	1.0077	0.9756	1.0329	2002	1.0410	1.0189	1.0217
1988	1.0840	1.0670	1.0159	2003	1.1654	1.1366	1.0254
1989	1.1036	1.0891	1.0133	2004	1.1045	1.0785	1.0241
1990	0.9806	0.9692	1.0117	2005	1.0833	1.0542	1.0277
1991	1.0735	1.0641	1.0088	2006	1.1167	1.0851	1.0291
1992	1.0192	1.0118	1.0073	2007	1.1054	1.0727	1.0305
1993	1.0389	1.0305	1.0082	2008	1.0636	1.0272	1.0355
1994	1.0341	1.0235	1.0104	2009	1.0913	1.0527	1.0367
1995	1.0425	0.9814	1.0622				

数据来源：根据《北京统计年鉴 2010》数据计算得出。

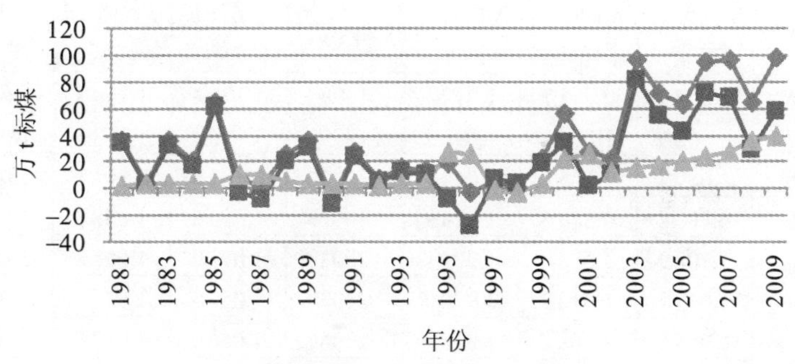

数据来源：根据《北京统计年鉴 2010》数据计算得出。

图 12-26　1981—2009 年北京市生活能耗总量变动绝对量测度

如图 12-26 所示，1981—2009 年，人均生活能耗产生的影响上下变动很频繁，2003 年后出现明显上扬，促使生活能耗增长达到 81.77 万 t 标煤。人口变动对生活能耗的影响比较小，2003 年开始明显拉高生活能耗总量的增量，但是整体影响幅度小于人均生活能耗因素。

经测算，1981—2009 年，北京市受人均生活能耗增长影响而产生的生活能耗增量累计为 669.49 万 t 标煤，受人口规模扩大影响产生的生活能耗增量累计为 353.22 万 t 标煤。因此，生活能耗增减变动的绝对量主要是由于人均生活能耗的变动影响所致，北京市降低生活能耗的主要途径是减少人均生活能耗量。

12.2.3.2 天津生活能耗总量影响因素分析

根据式（2.9）和式（2.10），分别测算 1986—2009 年天津市生活能耗变动各因素影响的相对量和绝对量。测算结果见表 12-13。

表 12-13 1986—2009 年天津市人均生活能耗和人口规模对生活能耗影响的测度

年份	生活能耗变动	人均生活能耗因素	人口规模因素	年份	生活能耗变动	人均生活能耗因素	人口规模因素
1986	1.0040	0.9917	1.0124	1998	1.1754	1.1698	1.0047
1987	1.0686	1.0540	1.0139	1999	1.1569	1.1533	1.0031
1988	1.0807	1.0651	1.0147	2000	0.8836	0.8637	1.0230
1989	0.8988	0.8856	1.0149	2001	1.2156	1.1883	1.0230
1990	1.1089	1.0828	1.0241	2002	1.0720	1.0688	1.0030
1991	1.0437	1.0129	1.0305	2003	1.0576	1.0539	1.0035
1992	0.9886	0.9692	1.0201	2004	1.0666	1.0576	1.0084
1993	0.9793	0.9692	1.0104	2005	1.1115	1.0943	1.0157
1994	0.8708	0.8638	1.0081	2006	1.0418	1.0167	1.0247
1995	1.1707	1.1620	1.0075	2007	1.0815	1.0459	1.0340
1996	1.1728	1.1647	1.0069	2008	1.1295	1.0797	1.0461
1997	0.9413	0.9359	1.0058	2009	1.1750	1.1198	1.0493

数据来源：根据历年《天津统计年鉴》数据计算得出。

根据表 12-13 的测算结果，除 1989 年、1992 年、1996 年和 2000 年，天津市生活能耗下降外，其余年份都表现为两个因素共同作用导致的生活能耗上涨，年均增加 22.83 万 t 标煤。其中，人均生活能耗因素在 1986 年、1989 年、1992 年、1993 年、1994 年、1997 年和 2000 年对生活能耗总量的增长起抑制作用，其他年份起推动作用，促使生活能耗总量年均增长 16.46 万 t 标煤。人口规模因素对生活能耗总量的增长起推动作用，促使生活能耗总量年均增长 6.37 万 t 标煤，效果比较微弱。总体上说，两个因素都在推动生活能耗增长，人均生活能耗因素的作用比较明显。因此，天津市生活能耗的变动也是随着人均生活能耗增减而变化，具体变动走向见图 12-27。

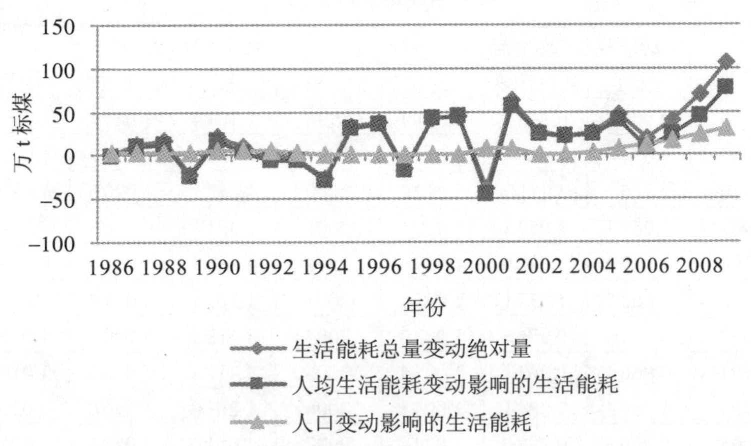

数据来源：根据历年《天津统计年鉴》数据计算得出。

图 12-27　1986—2009 年天津市生活能耗总量变动绝对量测度

如图 12-27 所示，1986—2009 年，人均生活能耗对生活能耗总量变动的影响逐步扩大，产生的增量从 2006 年开始持续增长，2009 年该增量达到 75.82 万 t 标煤。人口变动对生活能耗的影响比较小，2005 年开始明显拉高生活能耗的增长量，但是与人均生活能耗因素相比，人口变动对生活能耗的影响极其微弱。

经测算，1986—2009 年，天津市受人均生活能耗增长影响而产生的生活能耗增量累计为 378.6 万 t 标煤，受人口规模扩大影响产生的生活能耗增量累计为 146.41 万 t 标煤。因此，生活能耗增减变动的绝对量主要是由于人均生活能耗的变动影响所致，与北京市的情况相似，减少人均生活能耗量也是天津市降低生活能耗的有效方法。

12.2.3.3 上海生活能耗总量影响因素分析

根据式（2.9）和式（2.10），分别测算 1986—2009 年上海市生活能耗变动各因素影响的相对量和绝对量。测算结果见表 12-14。

表 12-14　1986—2009 年上海市人均生活能耗和人口规模对生活能耗影响的测度

年份	生活能耗变动	人均生活能耗因素	人口规模因素	年份	生活能耗变动	人均生活能耗因素	人口规模因素
1986	0.9069	0.8967	1.0114	1998	1.1014	1.0844	1.0156
1987	1.0717	1.0573	1.0136	1999	0.9803	0.9747	1.0058
1988	1.1252	1.1119	1.0120	2000	1.0821	1.0206	1.0602
1989	1.0637	1.0528	1.0104	2001	0.9914	0.9488	1.0449
1990	1.0599	1.0295	1.0296	2002	1.0663	1.0715	0.9951
1991	1.0625	1.0371	1.0245	2003	1.1035	1.0714	1.0299
1992	0.9795	0.9766	1.0030	2004	1.1184	1.0805	1.0351
1993	0.9663	0.9631	1.0034	2005	1.1118	1.0906	1.0194
1994	1.3898	1.3841	1.0041	2006	1.2010	1.1766	1.0207
1995	0.9096	0.8880	1.0244	2007	1.0410	1.0183	1.0223
1996	1.1272	1.1021	1.0227	2008	1.1300	1.1080	1.0199
1997	1.0867	1.0709	1.0148	2009	1.0230	1.0061	1.0168

数据来源：根据历年《上海统计年鉴》、《上海工业能源交通统计年鉴》、《光辉的六十载——上海历史统计资料汇编》和《中国能源统计年鉴》数据计算得出。

如表 12-14 所示，在 1986 年、1992 年、1993 年、1995 年、1999 年和 2001 年，上海市生活能耗下降，其余年份都表现为两个因素共同作用导致的生活能耗上涨态势，年均增加 32.51 万 t 标煤。其中，人均生活能耗因素在 1986 年、1992 年、1993 年、1995 年、1999 年和2001年对生活能耗总量的增长起抑制作用，其他年份起推动作用，促使生活能耗总量年均增长23.57万t标煤。人口规模因素对生活能耗总量的增长起推动作用，促使生活能耗总量年均增长8.94万t标煤。总体上说，两个因素都在推动生活能耗增长，人均生活能耗因素的作用比较明显。因此，上海市生活能耗的变动基本上随着人均生活能耗增减而变化，具体变动走向见图12-28。

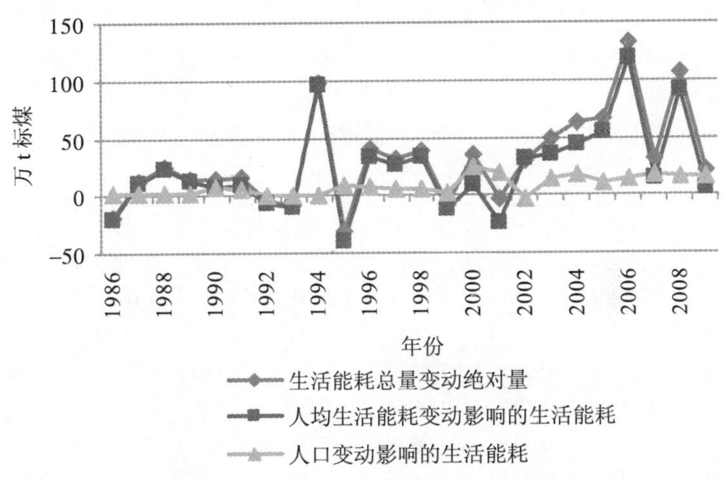

数据来源：根据历年《上海统计年鉴》、《上海工业能源交通统计年鉴》、《光辉的六十载——上海历史统计资料汇编》和《中国能源统计年鉴》数据计算得出。

图12-28　1986—2009年上海市生活能耗总量变动绝对量测度

1986—2009年，人口变动对生活能耗的影响比较小，1999年开始明显拉高生活能耗总量的增量，但是影响幅度远小于人均生活能耗因素。1986—2001年，人均生活能耗除了在1994年极大地拉高了生活能耗的增长外，在其他年份对生活能耗的影响并不大，2001年后出现明显上扬态势，促使生活能耗的增量持续增长，2006年开始回落，到2009年仅为5.71万t标煤。

整体来看，1986—2009年，上海市受人均生活能耗增长影响而产生的生活能耗增量累计为542.14万t标煤，受人口规模扩大影响产生的生活能耗增量累计为 205.51 万 t 标煤。因此，生活能耗增减变动的绝对量主要是由于人均生活能耗的变动影响所致，与北京市和天津市的情况相似，上海市降低生活能耗的主要手段就是减少人均生活能耗量。

12.2.3.4 重庆生活能耗总量影响因素分析

根据式（2.9）和式（2.10），分别测算 1998—2009 年重庆市生活能耗变动各因素影响的相对量和绝对量。测算结果见表 12-15。

表 12-15 1998—2009 年重庆市人均生活能耗和人口规模对生活能耗影响的测度

年份	生活能耗变动	人均生活能耗因素	人口规模因素	年份	生活能耗变动	人均生活能耗因素	人口规模因素
1998	1.0798	1.0766	1.0030	2004	0.9874	0.9850	1.0024
1999	1.0447	1.0391	1.0054	2005	1.7568	1.8553	0.9469
2000	0.9844	0.9793	1.0052	2006	1.1466	1.2108	0.9470
2001	1.1041	1.1002	1.0036	2007	0.9902	0.9871	1.0032
2002	0.9461	0.9438	1.0024	2008	1.1389	1.1327	1.0055
2003	1.0181	1.0127	1.0053	2009	1.0989	1.0906	1.0076

数据来源：根据历年《重庆统计年鉴》数据计算得出。

如表 12-15 所示，在 2000 年、2002 年、2004 年和 2007 年，重庆市生活能耗下降，其余年份都表现为两个因素共同作用导致的生活能耗上涨态势，年均增加 39.67 万 t 标煤。其中，人均生活能耗因素在 2000 年、2002 年、2004 年和 2007 年对生活能耗总量的增长起抑制作用，这是导致生活能耗减少的重要原因。但是，总体来讲，人均生活能耗因素对生活能耗的增长起推动作用，促使生活能耗总量年均增长 41.74 万 t 标煤。

在 2005 年和 2006 年，重庆市年均常住人口大量减少，导致生活能耗总量受人口规模因素影响产生减少量，即使在其余年份人口规模的扩大一直推动生活能耗增长，但是平均来看，人口因素促使生活能耗总量年均降低 2.06 万 t 标煤。总体来说，人均生活能耗因素推动重庆市生活能耗增长，人口规模因素抑制重庆市生活能耗增长。但是，由于人口规模因素对重庆市生活能耗增长的抑制作用极其微弱，所以，重庆市生活能耗的变动还是随着人均生活能耗增减而变化，具体变动走向见图 12-29。

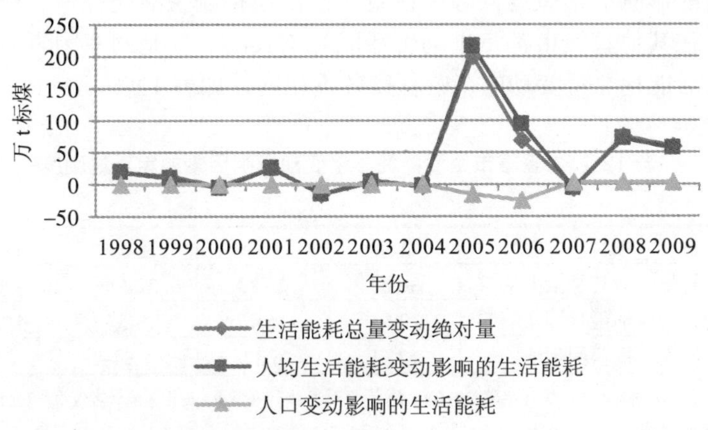

数据来源：根据历年《重庆统计年鉴》数据计算得出。

图 12-29　1998—2009 年重庆市生活能耗总量变动绝对量测度

图 12-29 显示，1998—2009 年，重庆市生活能耗总量的变动基本上与人均生活能耗因素影响的变动一致。特别是在 2005 年，受人均生活能耗因素影响所产生的生活能耗增长量非常大，达到 215.66 万 t 标煤，人口变动对重庆市生活能耗的影响一直比较小，但在这一年人口因素促使生活能耗产生了较大的减少量。同样地，能源消耗总量和生产性能源消耗总量也在该年发生了非常突出的变动。

整体来看，1998—2009 年，重庆市受人均生活能耗增长影响而产生的生活能耗增量累计为 459.12 万 t 标煤，受人口规模扩大影响产生的生活能耗减少量累计为 22.71 万 t 标煤。即使人口规模因素抑制重庆市生活能耗的增长，但是，生活能耗增减变动的绝对量主要是受人均生活能耗的变动影响，与其他 3 个直辖市的情况相似。

12.2.3.5 直辖市生活能耗总量影响因素的对比分析

综上所述，人均生活能耗因素是直辖市生活能耗总量变动的主要影响因素，促进生活能耗的增长，人口规模因素对生活能耗总量变动的影响非常微弱，除了在重庆市出现抑制生活能耗增长的现象外，在其他直辖市都是推动生活能耗增长的。但是两个因素对直辖市生活能耗总量变动的影响程度各不相同，如表 12-16 所示。

表 12-16 直辖市生活能耗总量变动影响因素的绝对量测度

单位：万 t 标煤

项目	北京	天津	上海	重庆
年均生活能耗总量变动	36.53	22.83	32.51	39.67
年均人均生活能耗因素影响	23.91	16.46	23.57	41.74
年均人口规模因素影响	12.61	6.37	8.94	–2.06

数据来源：根据《北京统计年鉴 2010》、历年《天津统计年鉴》、《上海统计年鉴》、《上海工业能源交通统计年鉴》、《重庆统计年鉴》、《中国能源统计年鉴》和《光辉的六十载——上海历史统计资料汇编》数据计算得出。

根据表 12-16 的测算结果，重庆市的生活能耗总量的年均增长幅度最大，其次是北京市，上海市紧随其后，天津市水平较低，这与生活能耗增长速度的对比分析结果一致。由于生活能耗总量变动受人均生活能耗因素影响较大，所以与生活能耗总量变动的情况相同，各直辖市受人均生活能耗因素影响产生的生活能耗年均增量由高到低排序依次是重庆、北京、上海、天津。人口规模因素对生活能耗总量影响比较小，但是，由于北京市和上海市的人口基数比较大，近年人口规模扩大速度又比较快，所以人口规模因素产生的年均增量较大。

总体来讲，随着城市经济的发展，居民生活水平逐渐提高，生活能耗总量必然出现增长，各直辖市生活能耗的变动趋势相同，并且其主要影响因素都是人均生活能耗，减少人口数并不能有效降低生活能耗总量。但是，近年来，生活能耗总量正在以较高的速度增长，快速有效地展开居民生活中的节能降耗工作是必要并且紧迫的需求。建议政府多扶持节能生活用品相关产业的发展，依靠科技降低居民生活用能，同时，向居民广泛宣传节能意识，推行节能政策，引导居民改变高能耗的生活状态，从而有效降低生活能耗总量。

综上所述，利用指数分解法对直辖市能耗变动影响因素进行的分析和绝对量的测度得出如下结论：

第一，能源消耗总量的变动可分解为受效率因素和经济规模因素的共同影响，效率因素对能耗增长起抑制作用，经济规模因素对能耗增长起推动作用，并且经济规模因素对能源消耗总量变动的影响占主导地位。其中，按绝对量计算，重庆市的年均能耗增量最大，其他直辖市按年均能耗增量水平依次是上海、天津、北京，规模因素和效率因素作用最显著的直辖市是北京市，重庆市效率因素影响产生的能耗年均减少量最低，所以，从能源消耗总量变动的情况上看，北京市起到了绝对的榜样作用，天津市和上海市都存在一定的高能耗问题，重庆市情况最差。

第二，生产性能源消耗总量的变动可分解为受各产业效率因素、各产业结构因素和经济规模因素的共同影响，理论上讲，各产业效率因素和各产业结构因素对生产性能耗增长起抑制作用，经济规模因素对生产性能耗增长起推动作用。其中，各产业结构因素对生产性能耗总量变动的影响极其微弱，而经济规模因素对生产性能耗总量变动的影响最大。这里依然是北京市的表现最佳，天津市的生产性能耗年均增量略高于北京市水平，三次产业生产过程中能源效率较低，这一特点在对能源消耗总量变动影响因素的分析中即可得出。同时，上海市由于经济规模因素导致的高能耗问题凸显出来，而重庆市极高的年均生产性能耗增量和产业结构因素促使生产性能耗出现负降低的两个表现也使我们找到了重庆市高能耗问题的根源所在，即产业结构极大的不合理性。

第三，生活能源消耗总量的变动可分解为受人均生活能耗因素和人口规模因素的共同影响，两个因素都对生活能耗的增长起推动作用。其中，人口规模因素的影响非常微弱，人均生活能耗因素是直辖市生活能耗总量变动的主要影响因素。重庆市的生活能耗总量年均增量最大，其次是北京市、上海市和天津市。

12.3 相应对策建议

综上所述，影响直辖市能耗变动的最主要因素是经济规模因素，其次是能源效率因素和产业结构因素，人均生活能耗是影响生活能耗的主要因素。为此，提出以下建议：

第一，切实控制能源消耗总量。根据上述分析得出，现阶段，经济规模扩大是能耗增加的根本性原因。直辖市居高不下的经济增长，一方面增加了能源需求，另一方面，降低了万元 GDP 能耗水平，但是，这种能源利用效率的提高，是在经济规模更快扩张的基础上实现的。我国“十一五”规划中制定的节能目标是以万元 GDP 能耗为测度指标的，这样节能工作的完成，可以通过真正提高能源效率实现，也可以通过增加产值、相对降低产值能耗来实现。产值能耗的降低，不排除能耗总量的增加。所以，我国在制定“十二五”规划时，将能耗总量控制纳入规划指标是非常科学合理的，将能耗总量控制与产值能耗降低率相结合，将能耗总量控制指标具体化，结合不同行业、企业的情况，制定切实可行的总量控制指标，纳入各级考核体系中，才能真正实现能源消耗的节约。

第二，监测各产业或各行业产值能耗指标。根据上述分析得出，提高能源利用效率是降低能源消耗总量和生产性能耗的有效手段，所以，建议政府部门针对各产业或各行业的具体情况设定能耗标准，建立同行业最高能耗限制和最低能耗下降速度限制指标，逐渐淘汰能耗高于最高能耗限制和能耗下降速度低于最低能耗下降速度的企业，以提高整体的能源效率。而对于能耗较低和能耗下降速度较快的企业可以考虑给予适当的税收优惠或补贴，来鼓励提高能源效率的投资和研发等行为，以减少生产性能源消耗量，进一步优化产业结构，达到从整体上控制能源消耗总量的目的。

第三，加快生活能源品种中新能源的替代。经济发展与生活水平的提高，势必带动生活能源消耗量的增加。与发达国家相比，我国直辖市人均生活能耗有很大的上升空间。由于人口众多，人均生活能耗上升一个百分点，将意味着增加数百万 t 的能源。单纯抑制生活能源消耗量的增加并不现实，应大力开发新能源，使其进入百姓生活之中，优化生活能源品种结构，鼓励支持优质能源和可再生能源的开发和利用，要合理引导消费行为，发展节能环保型消费品，倡导与我国国情相适应的文明、节约、绿色、低碳消费模式，实现节能的目的。

第四，直辖市应该针对各自经济发展和能源消耗的特点制定节能政策。北京市的节能降耗工作效果最好，应该继续提高能源利用效率，控制经济增速，保持良好的节能典范作用。同时，北京市应该着力开发新的生活能源品种，控制生活能耗的增长速度。天津市的节能降耗工作已取得初步效果，考虑到其还处于经济发展时期，通过控制经济增速来降低能耗的方法并不适用，应该进一步提高能源利用效率，通过提高效率因素对能耗增长的抑制作用来达到节能降耗的目标。上海市的经济规模较大，高能耗问题显著，大力提高能源利用效率的同时，需要重视对经济增长速度的控制。重庆市是能耗问题最为严峻的直辖市，能耗增速极快，能源利用效率与其他直辖市相比存在巨大差距，也是唯一一个产业结构因素促使生产性能耗增长的直辖市。重庆市必须重视节能工作，严格落实相关政策，进一步优化产业结构，改善当前产业结构不合理和落后的状态，同时，大幅提高能源利用效率，以抑制能耗的快速增长。

12.4 本章小结

通过对能耗总量、生产性能耗和生活能耗进行变动分析，发现直辖市的能源消耗现状存在一些共同的特点：能源消耗总量、生产性能耗和生活能耗都呈增长趋势，产值能耗都在不断下降，生产性能耗占能耗总量的比重高于生活能耗所占的比重。但是受到经济环境、地理位置和政策条件等因素的影响，直辖市的能耗变动也表现出各自的特点。

其中，北京市的能源消耗变动趋势最为良好，除生活能耗外，其余各项能耗增速较低，产值能耗降速较高，能源利用效率最高，但是北京市的生活能源消耗量在直辖市中排在第一位，且增长速度比较快。

天津市的特点是低能耗、高增速，是典型的处于经济发展阶段的城市的能耗表现，同时，天津市的产值能耗及其降速也比较高，能源利用水平正在不断提高，逐步摆脱高能耗的经济发展模式。

上海市的特点是高能耗伴随着高产值，从而产值能耗较低，表面上能耗现状良好，但实际上却是一个隐形的高能耗城市，能源利用效率有很大的提升空间。

重庆市是一个能源消耗问题极其严峻的直辖市，各项能耗增速极快，能源利用效率与其他直辖市相比存在巨大差距，产业结构不合理，经济增长以高能耗为代价。

之后，利用指数分解法将能耗总量、生产性能耗和生活能耗变动的影响因素进行分解，并测算能耗变动受各因素影响的绝对量，结合之前的相对量对比分析，得出如下结论：

第一，能源消耗总量的变动可分解为受效率因素和经济规模因素的共同影响，效率因素对能耗增长起抑制作用，经济规模因素对能耗增长起推动作用，并且经济规模因素对能源消耗总量变动的影响占主导地位。

第二，生产性能源消耗总量的变动可分解为受各产业效率因素、各产业结构因素和经济规模因素的共同影响，理论上讲，各产业效率因素和各产业结构因素对生产性能耗增长起抑制作用，经济规模因素对生产性能耗增长起推动作用。其中，各产业结构因素对生产性能耗总量变动的影响极其微弱，而经济规模因素对生产性能耗总量变动的影响最大。

第三，生活能源消耗总量的变动可分解为受人均生活能耗因素和人口规模因素的共同影响，两个因素都对生活能耗的增长起推动作用。其中，人口规模因素的影响非常微弱，人均生活能耗因素是直辖市生活能耗总量变动的主要影响因素。

根据对直辖市能耗影响因素的绝对量测度和分析，对直辖市的节能降耗工作提出了参考建议，即控制能源消耗总量，监测各产业或各行业产值能耗指标，切实提高能源利用效率，开发新能源替代品，着力抑制生活能耗的增长。同时，直辖市还应该根据自身现状，有目标、有计划、有针对地开展节能降耗工作。建议北京市政府多扶持节能生活用品相关产业的发展，依靠科技降低居民生活用能，并向居民广泛宣传节能意识，推行节能政策，引导居民改变高能耗的生活状态，成为直辖市乃至全国降低生活能耗的楷模。其他直辖市应制定相关政策，追求能源利用效率的有效降低，其中，上海市还需要注意控制经济增长速度，而重庆市需要进一步优化产业结构，改变高能耗发展的现状，配合效率因素抑制能源消耗总量的增长。

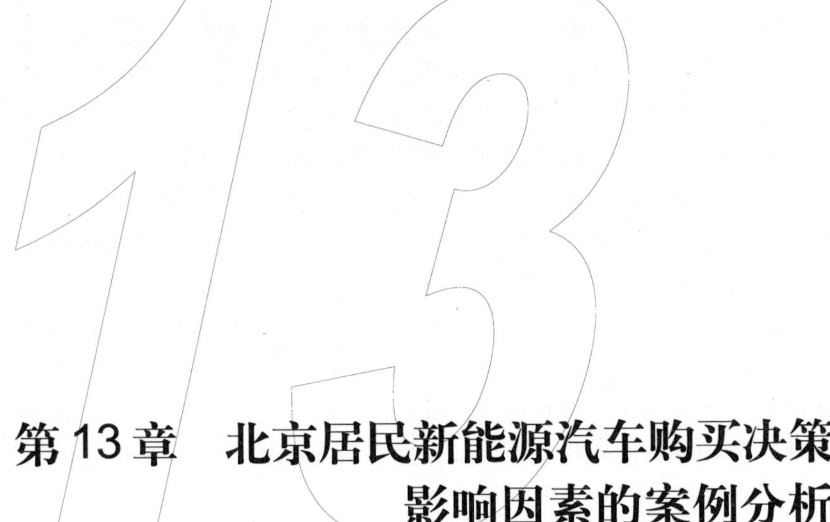

第13章　北京居民新能源汽车购买决策影响因素的案例分析

结合前几章对北京经济、能源、环境关系的研究，得出北京在节能减排方面还有许多工作要做。节能减排不单是企业的事情，而应该是全社会的事情。其需要有政府的积极引导，企业绿色产品进入市场，市民自觉的节能意识与消费绿色产品的行为，才有可能真正实现北京经济、能源、环境的协调发展。本案例通过了解新能源汽车的市场需求情况以及发展前景，对北京市民进行抽样调查，分析消费者对新能源汽车的购买意向，分析北京居民新能源汽车购买决策的影响因素，为进一步打开新能源汽车市场的途径提供决策依据。

13.1 案例研究背景与研究方法

13.1.1 案例研究背景

近年来我国汽车工业快速发展，使我国成为世界上汽车市场潜力最大的国家。据预测，2020 年汽车保有量将达到 1.3 亿～1.5 亿辆。作为最具有车辆消费市场潜力的北京，2003 年全市机动车保有量达到 200 万辆，2009 年，北京汽车保有量以 200%的增长幅度，突破 400 万辆。在享受汽车给社会生活带来便捷之时，高速增长的汽车工业正面临着传统能源制约的挑战。自 2000 年以来，我国机动车年消费的汽油、柴油约占全国汽油、柴油消费总量的一半，消费的石油约占全国石油消费的 30%。这说明，车用汽油、柴油消费总量与石油消费总量同步快速增长。北京作为我国车辆消费第一的城市，其燃油消费压力也直接体现在其车辆购置税、燃油费以及相关限行政策上。

与此同时，车用石油消耗所产生的空气污染和 CO_2 排放也正在成为愈来愈严重的环境问题。北京作为代表性城市其高汽车保有量也带来了高 CO_2 排放量的环境压力。因此，我国汽车工业若按传统交通能源动力系统发展下去是不可持续的。因此，实现我国交通能源动力系统转型是大势所趋。

在我国政府的大力支持下，新能源汽车已走向了汽车销售市场。2009 年 1 月，财政部、科技部发出《关于开展节能与新能源汽车示范推广工作试点工作的通知》，决定在 13 座城市开展节能与新能源汽车示范推广试点工作，鼓励试点城市率先在公交、出租、公务、环卫和邮政等公共服务领域推广使用节能与新能源汽车。国家有关部门也在 2010 年出台针对新能源汽车发展的 5 项配套措施。在 2009 年 3 月发布的《汽车产业调整和振兴规划》中，针对新能源汽车中的电动车，国家已明确提出到 2011 年要形成 50 万辆产能的近期目标。然而新能源汽车是否能成为未来汽车产业的主流，新能源汽车是否具有良好的发展前景成为当今人们最为关注的问题。要解决新能源汽车在中国叫好不叫座的问题，对消费者购买新能源汽车的意愿以及影响消费者购买新能源汽车的决策因素进行定量研究是非常必要的。

13.1.2 案例研究方法

本案例主要对新能源汽车购买决策的主观影响因素和客观影响因素进行定性与定量分析。根据消费者行为学中的购买决策因素作为理论依据，结合现今新能源汽车在我国发展的研究现状，对北京市民进行调查，以问卷调查的方式采集北京市民对于新能源汽车的购买意向，以及对于各决策影响因素的观点，汇总调查数据，分析提取其购买决策中的主客观因子，运用了频数分析、因子分析、列联分析、对应分析以及对数线性模型 5 种统计分析方法。利用频数分析对数据进行简单的描述分析，用饼图和频数分布表展示不同选项的比例构成及不同选项的比例排名。因子分析是将变量维数降低，以便于描述、理解和分析的方法，利用因子分析将多个影响新能源汽车决策的影响因子降维，并经过因子旋转，归纳出几个具有代表性的主要影响因子。列联表展现不同变量的不同水平组合出现的频数或计数，更重要的是可以通过列联分析中的 Pearson 卡方检验验证这些变量之间的相关性。对应分析是进一步探索变量之间的相关性，像因子分析的载荷图一样直观地展现两个变量在不同水平之间的相关性，通过数据画出散点图描述其相关性。对数线性模型的应用是对列联分析的进一步延伸，利用对数线性模型的好处是不仅可以直接进行预测，而且可以增加定量变量作为模型的一部分。

13.2 北京居民新能源汽车购买意向基本状况分析

新能源汽车以其环保、节能与燃料来源相对持久的特点成为受世界关注的未来车型。从我国的汽车市场来看，新能源汽车正在成为当今汽车产业的期望发展方向，而且一些汽车厂商已经将新能源汽车推进我国汽车消费市场，然而通过近两年的新能源汽车的销售数据了解到，新能源汽车的销售情况并不乐观。因此，本案例针对北京市民新能源汽车购买意向进行了实际调研。

13.2.1 新能源汽车调查单位分析

此次调查采用街头拦访的方式对被访者进行问卷调查，调查单位主要来自北京东城区、西城区、朝阳区、海淀区、大兴等区县的100 名普通市民，其年龄分布在 19～59 岁之间，男女比例为 11∶9，被调查者的学历以本科学历的人数比例最大，占总调查人数的56%，其次是大专学历和研究生学历，分别占总人数的 15%和 13%，被调查者的家庭每月总收入从 2000 元以下到 18000 元以上分布不等，其中月收入在 4 000～6000 元的人数比例占总人数的 20%，其次是收入在 2 000～4000 元，收入在 6 000～16000 元的人数也占到了很大比例，如图 13-1 所示。

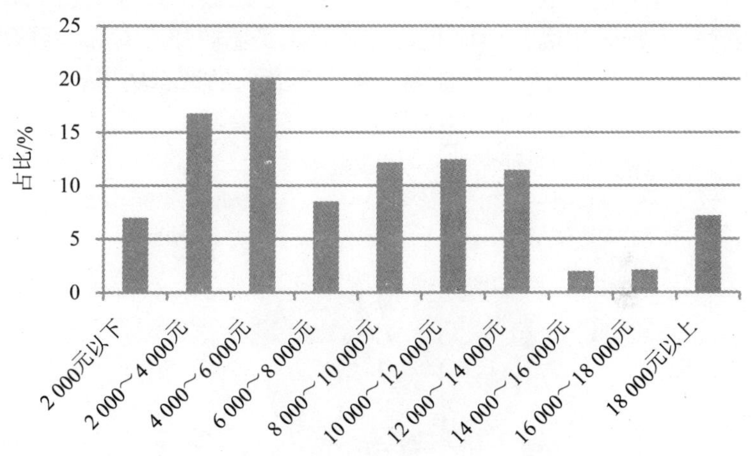

图 13-1　被调查者家庭平均月收入分布

图 13-1 显示了此次调查中被调查者的家庭平均月收入的情况，看出被调查者的家庭月收入分布在不同层次，家庭月收入在 4 000～

6000元这个层次的人数比例最大。

在所有被调查者中，拥有私家车的被调查者占总人数的44%。笔者从被调查者对新能源汽车的认知度、购买意向、未来新能源汽车上市被调查者所担忧的问题和购买群体特征等几方面逐步分析，初步推断未来新能源汽车的市场发展潜力和影响消费者购买决策的主客观因素。

13.2.2 新能源汽车购买意向分析

新能源汽车的市场需求量是新能源汽车市场发展前景的决定性因素，而民众对于新能源汽车的购买意向又决定了新能源汽车的未来的市场需求量。本次调查基于北京市民对于新能源汽车的购买意向进行分析，根据其调查结果对北京市民的购买意向进行估计。

13.2.2.1.购买意向结果分析

如今越来越多的新能源汽车开始走下生产线，政府对新能源汽车的呼声也越来越高，然而北京市民的购买愿望却没有那么强烈，图2-2显示了北京市民对新能源汽车购买意向的调查结果。

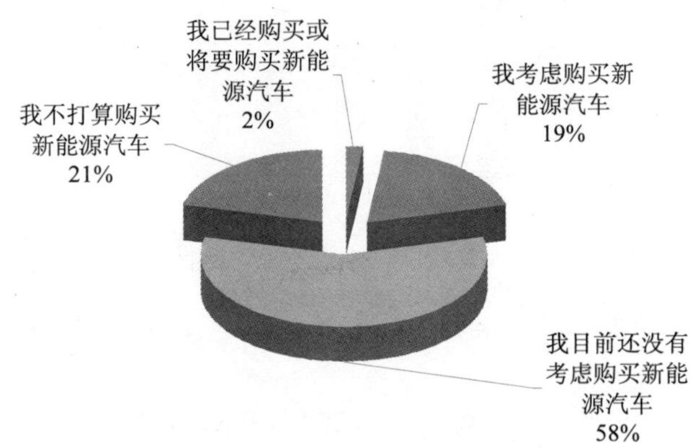

图13-2 北京市民新能源汽车购买意向

结果显示只有 2%的被调查者已经购买或将要购买新能源汽车，19%的被调查者考虑购买新能源汽车，58%的被调查者目前还没有考虑购买新能源汽车，还有 21%的被调查者不打算购买新能源汽车。经过进一步分析，31%的被调查者在最近 1～2 年内有购车计划，而在 1～2 年内有购车计划并且考虑购买新能源汽车的人占总比例的 8%，从目前调查结果来看，未来 1～2 年内对新能源汽车具有购买意向的消费人群在 10%左右。

经过频数统计笔者发现，当问及不打算或没有考虑购买新能源汽车的理由时，被人们提及最多的是因为不了解新能源汽车，其次是认为新能源汽车的技术支持平台发展不够完善。见表 13-1。

表 13-1　被调查者不具有购买意向的理由频数表

不打算或没有考虑购买新能源汽车的理由	理由出现频数
对新能源汽车不了解	29
新能源汽车的技术支持平台发展不够完善	24
新能源汽车市场保有量过低	21
新能源汽车价格过高	16
其他理由	8
新能源汽车的性能不可靠	6

表 13-1 为目前对新能源汽车没有购买意向的人群给出的他们不打算或没有考虑购买新能源汽车的理由频数表，出现频数代表该理由被调查者提及的次数，表 13-1 显示人们不具有购买意向的主要原因，排在第一位的是对新能源汽车不了解，第二位的是新能源汽车的技术支持平台发展不够完善，第三位的是新能源汽车的市场保有量过低，第四位的是新能源汽车价格过高。

13.2.2.2 购买意向动因分析

调查发现这些具有购买意向人群的购买动因主要是考虑环保，有将近 80%具有购买意向的被调查者认为，他们购买新能源汽车是因为新能源汽车致力于环保事业，有 68.97%被调查者的购买动因是认为新能源汽车能够减少汽车燃料消费，还有55.17%的被调查者认为新能源汽车能够解决现今的石油资源紧缺的问题，只有1/4以下的被调查者认为购买新能源汽车是因为其价格相比于传统汽车将有所改善。可见未来新能源汽车的多数消费者属于环保爱好者，并且想通过新能源汽车解决其燃料消费问题。见图13-3。

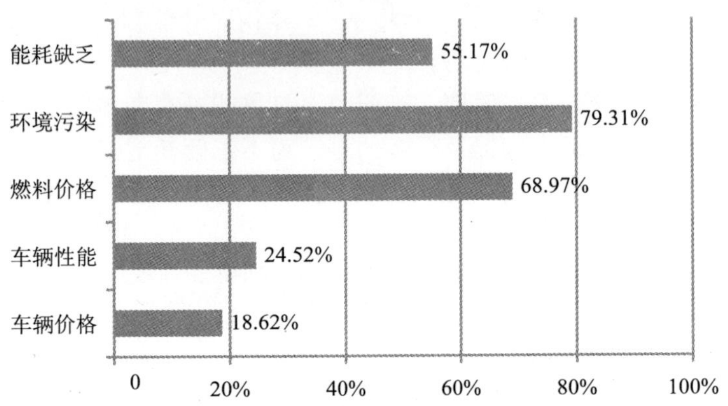

图 13-3 具有购买意向的被调查者购买动因

图13-3是具有购买意向的被调查者的购买动因显示图，其中条形图表示被调查者希望购买新能源汽车可以帮助改善方面的比例，从图13-3中可知多数的被调查者希望其可以致力于环保和燃料价格问题。

13.3 北京居民新能源汽车购买决策客观影响因素分析

13.3.1 新能源汽车购买决策影响因素综合分析

新能源汽车的需求程度受其市场价格、燃料价格、安全性能、技术支持平台、政府政策等多方面的因素影响，笔者通过调查未来新能源汽车上市人们所担忧的7个方面问题，分析各影响因素对于北京市民新能源汽车购买意向的影响程度。根据客观影响因素的分值，对其进行描述性统计分析，以担忧分值作为主要影响人们购买决策的指标。由于变量之间存在一定的相关性，可以由少量综合指标表示客观影响因素的分类，再经过因子分析对其进行综合概括。

13.3.1.1 客观影响因素描述分析

在分析过程中，本案例为各担忧问题以及人们对它的担忧程度赋予分值，其分值的高低代表了人们对此问题的担忧程度的高低，分值从“0”到“7”，分为8个等级，“0”为担忧程度的最低等级，“7”代表担忧程度的最高等级，担忧程度越高，其分值越高，也代表其影响程度越大。表13-2是未来新能源汽车上市人们所担忧问题的平均分值表。

表13-2 新能源汽车上市担忧问题分值表

担忧的问题	平均分值
新能源汽车是否具有完善的技术支持平台	5.50
新能源汽车是否具有良好的性能	5.10
新能源汽车是否安全可靠	5.01
新能源汽车市场价格会不会过高	4.69
新能源汽车燃料价格会不会过高	4.42
新能源汽车是否具有良好的售后服务	4.34
政府是否会出台相关政策或者给予一定补贴	4.09

表13-2显示，人们对于新能源汽车担忧程度由高到低依次是新能源汽车的技术支持平台问题、新能源汽车的性能问题、新能源汽车安全性问题、新能源汽车价格问题、新能源汽车燃料价格问题、新能源汽车的售后服务问题、政府相关政策与补贴问题。

13.3.1.2 客观影响因素因子分析

为了进一步探讨新能源汽车购买决策的客观影响因素，本案例以人们对于新能源汽车购买担忧问题为依据，选取以上 7 个担忧的问题作为新能源汽车购买决策客观影响因素，经过对这 7 个影响因素的客观描述性分析，将研究这几个因素之间的相关性综合成更为明确的主要影响因素。表 13-3 为这 7 个变量的名称和担忧平均分值以及标准差。

表 13-3 新能源汽车购买决策客观影响变量因素

影响因素	变量名称	均值	标准差
市场价格	*X*1	4.69	2.33
燃料价格	*X*2	4.42	2.27
车辆性能	*X*3	5.10	2.12
安全性能	*X*4	5.01	2.24
技术支持平台	*X*5	5.50	1.78
售后服务	*X*6	4.34	2.60
政府补贴	*X*7	4.09	2.61

为了对以上 7 个变量进行因子分析，首先要通过显著性检验，看其是否适合做因子分析，表 13-4 是 KMO 和 Bartlett 检验，由检验结果可知，sig.＜0.001，说明检验结果显著，调查样本数据适合做因子分析。

表 13-4 KMO 和 Bartlett 的检验

取样足够度的 Kaiser-Meyer-Olkin 度量		0.661
Bartlett 的球形度检验	近似卡方	140.224
	df	21
	Sig.	0.000

表 13-5 是 7 个影响因子未旋转时提取变量的公因子方差，提取方法为主成分分析。由以下分析结果显示，这些公因子方差都很高，表示因子变量的多重相关性比较高。说明将要提取的主成分可以很好地描述这些变量。

表 13-5　影响因子未旋转前的公因子方差

变量	初始	提取
市场价格	1	0.667
燃料价格	1	0.684
车辆性能	1	0.729
安全性能	1	0.730
技术支持平台	1	0.724
售后服务	1	0.839
政府补贴	1	0.524

表 13-6 是各成分的公因子方差表，本案例采用主成分分析的提取方法，由初始特征值的合计一栏看出主成分中有 3 个因子的特征值大于 1，累计百分比一栏显示，前 3 个因子的特征值之和占总方差的 69.970%，这说明可以提取前 3 个主成分作为选取的主要影响因子。

表 13-6　主要因子解释的总方差贡献率

成分	初始特征值			提取平方和载入			旋转平方和载入		
	合计	方差/%	累积/%	合计	方差/%	累积/%	合计	方差/%	累积/%
1	2.611	37.298	37.298	2.611	37.298	37.298	1.797	25.666	25.666
2	1.267	18.100	55.398	1.267	18.100	55.398	1.740	24.861	50.527
3	1.020	14.572	69.970	1.020	14.572	69.970	1.361	19.443	69.970
4	0.713	10.180	80.149						
5	0.593	8.477	88.626						
6	0.433	6.181	94.807						
7	0.363	5.193	100.000						

图 13-4 表示各成分特征值的碎石图，该图显示第一个因子与第二个因子、第二个因子与第三个因子之间的特征值之差值比较大，所解释的方差百分比也就比较大，可以表明选择特征值大于 1 的前 3 个因子作为主成分比较适合。

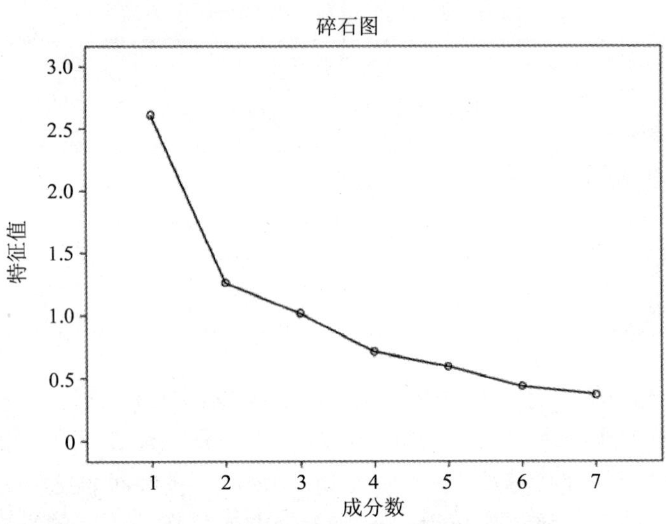

图 13-4 因子分析各成分特征值的碎石图

表 13-7 是因子旋转前的因子载荷阵，选取主成分分析法，提取 3 个主成分，可以看出第一个主成分与 7 个变量的相关性都较高，其相关系数在 0.526～0.704，然而用于实际解释效果不明显，所以进行因子旋转。

表 13-7 因子旋转前的因子载荷阵

变量	成分		
	1	2	3
市场价格	0.612	0.447	–0.304
燃料价格	0.541	0.624	–0.033
车辆性能	0.616	–0.564	–0.178
安全性能	0.704	–0.429	–0.225
技术支持平台	0.641	–0.302	0.471
售后服务	0.526	0.227	0.715
政府补贴	0.617	0.181	–0.333

经过因子旋转后的因子载荷矩阵，具有了比较明显的解释效力和代表特征。表 13-8 是经过因子旋转后的因子载荷矩阵，采用比较常用的具有 Kaiser 标准化的正交旋转法，旋转经过 6 次迭代后收敛。经过旋转的 3 个主成分各自具有比较清晰的解释意义。见表 13-8。

表 13-8　旋转后的因子载荷矩阵

变量	成分		
	1	2	3
市场价格	0.154	0.801	0.046
燃料价格	–0.093	0.778	0.266
车辆性能	0.848	0.056	0.087
安全性能	0.820	0.221	0.095
技术支持平台	0.496	0.007	0.691
售后服务	–0.024	0.211	0.891
政府补贴	0.356	0.631	0.004

表 13-8 显示，第 1 因子的载荷中，车辆性能和安全性能的系数较大，其得分均值分别为 5.1 和 5.01，说明消费者在购买新能源汽车时很注重车辆性能和安全性能，因此可以将主成分因子 1 命名为“车辆自身性能因子”；第 2 因子的载荷中，市场价格、燃料价格和政府补贴 3 个因子的系数较大，其均值分别为 4.69、4.42 和 4.09，说明消费者在购买新能源汽车时也经常考虑这些与价格消费，投资补贴相关的因素，因此将第 2 因子命名为“价格与燃料消费因子”；第 3 因子载荷中的技术支持平台和售后服务两项的系数较为突出，因此将第 3 因子命名为“技术支持与售后服务因子”。

13.3.2 新能源汽车购买决策影响因素分类分析

13.3.2.1 车辆自身性能因子分析

作为第 1 因子的“车辆自身性能因子”是在人们未来购买新能源汽车所担忧的问题中人们最为关注的问题，调查显示对新能源汽车车辆性能的担忧平均分值为 5.10，对其安全性的担忧平均分值为 5.01。50% 以上的被调查者表示他们不了解目前新能源汽车的车辆性能、安全性质量，有 21%的人认为新能源汽车的质量、性能和安全性均要低于传统内燃机汽车。为了拉动新能源汽车市场的需求，政府和厂商应加强其性能、安全性和质量等方面的宣传，使消费者对其有一个初步的认识，这样才能赢得消费者的信任，打消人们的顾虑。然而对于新能源汽车在性能、安全性和质量方面所面临的实质性技术突破问题，政府应予以支持，鼓励技术研发与基础设施建设，协同企业对消费者做出保障。

笔者对人们购买汽车时的选择因素也进行了调查，发现不同年龄组的人群购车时选择因素也不同，调查显示 30～39 岁年龄组的多数人认为车辆性能是最重要的选择因素。如果未来新能源汽车的核心消费群体是 30～39 岁年龄段的人群，那么厂商就更应注重新能源汽车性能与安全性的技术完善方面。

13.3.2.2 车辆价格消费因子分析

对于新能源汽车的消费问题，也是人们普遍关注的，尤其是在消费者一次购车时的车辆价格，以及后续的燃油价格，还有与车辆价格和燃油价格相关的政府补贴和政府政策支持，都影响消费者对于新能源汽车的购买决策，担忧的平均分值相对较高。以下分别对于“价格与燃料消费因子”相关的 3 个因素进行分析。

第一，新能源汽车价格。无论是传统汽车还是新能源汽车，价格是大多数消费者购车选择的因素之一，在此次调查中，有 65.7%的被调查者认为价格是他们购车时需要考虑的重要因素。目前市场上销售的新能源汽车有普锐斯、别克君越、HYBRID、雷克萨斯等，其价格都要远高于性能相似的燃油汽车。然而近两年的销售数据显示，这几款汽车在汽车总销量中所占比例很低。家住北京市朝阳区的一位先生表示，思域混合动力车售价为 26 万多元，普通的思域价格在 16 万元左右，若他家汽车按一个月行驶 1 500 km、用油 100 L、以每升 6 元计算，油费共 600 元，一年大约 7 200 元的油费，如果多花 10 万元购买混合动力思域，这些钱折算购买的汽油就可以用 10 年以上。经过这样一笔计算，这位先生决定还是购买性能相似的传统车型。对新能源汽车价格期望分布情况见图 13-5。

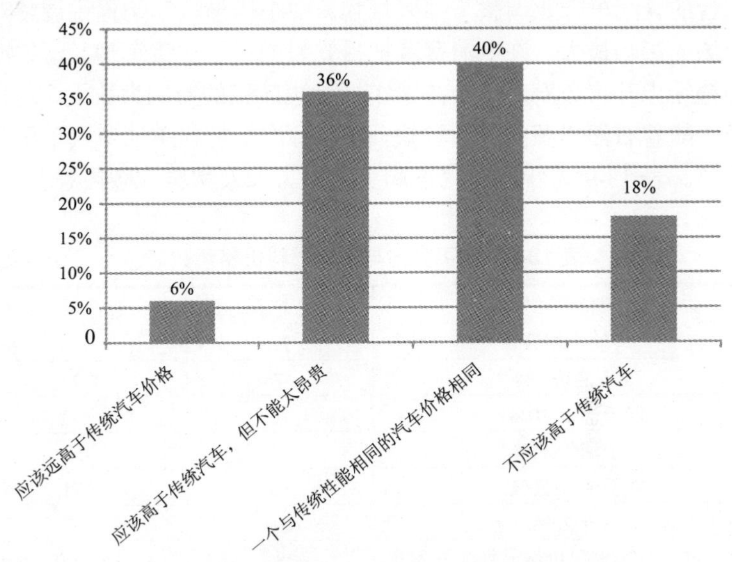

图 13-5　被调查者对新能源汽车价格期望

图 13-5 是这次调查中北京市民对新能源汽车价格的期望，调查显示 40%的被调查者认为新能源汽车应该与传统性能相似的汽车具有相等的价格，而有 18%的被调查者认为新能源汽车价格应低于传统汽车，还有 36%的被调查者认为新能源汽车价格应高于传统汽车，但是价格不能太昂贵。

对于北京市民所能接受的新能源汽车的合理价位的调查结果显示，40%的被调查者认为 10 万～15 万元是他们所能接受的，其次是 15 万～20 万元，这部分人群的比例为 29%，可推测 70%左右的北京市民所愿意接受的新能源汽车价位为 15 万～20 万元。未来新能源汽车的推广还要求其价格符合大众所能接受范围，如果新能源汽车未来定价过高，也会使一大部分具有购买意向的消费人群望而却步。

第二，新能源汽车燃料价格。随着高油价时代的到来，汽车的耗油量成为更多消费者购车选择因素之一，调查发现有 66.7%的市民在购车时会考虑耗油量问题，在 2009 年 9 月，益索普公司发现我国出台的《汽车产业调整与振兴规划》中小排量汽车购置税调整对汽车市场的影响最大，许多消费者把目光投向了小排量车型。这说明油价的持续走升将政府对于小排量车型优惠政策的影响力放大，这也间接说明随着石油资源的逐渐稀缺，新能源汽车替代燃油型汽车将是必然趋势。表 13-9 为新能源汽车购买意向与未来燃料价格频数表。

表 13-9 购买意向与未来燃料价格频数表 单位：%

未来新能源汽车燃料价格	购买意愿百分比	购买意愿累计百分比
与油价相等	20	20
低于油价 5%	7	27
低于油价 10%	16	43
低于油价 15%	15	58
低于油价 20%	13	71
低于油价 20%以上	21	92
不管新能源汽车燃料价格怎样我都不买	8	100

表 13-9 显示，假若未来新能源汽车与传统燃油汽车有相同的性价比，若新型燃料价格低于汽油价格 5%，则有 20%的人考虑购买新能源汽车，低于油价 10%，有 27%的人会考虑购买，如果未来新能源汽车燃料价格低于油价 20%以上，就会有 92%的人有意购买。可见随着技术的发展，造价成本的降低，新能源汽车会具有广阔的市场前景。

第三，政府政策与补贴。此次调查有 56.2%的被调查者表示会关心政府是否出台私人购买新能源汽车的相关补贴政策。有政府相关人员表示，在新能源汽车发展初期，政府将会提供较高的补贴，引导市场消费。选择一些城市作为试点，推行私人购买节能与新能源汽车补贴政策。补贴幅度和标准将接近公共服务领域购买新能源车的补贴办法。根据 2009 年 2 月财政部公布的《节能与新能源汽车示范推广财政补助资金管理暂行办法》，混合动力汽车最高每辆可享受 5 万元的补贴，纯电动汽车每辆补贴 6 万元。如果未来按照这样的补贴幅度，消费者则有可能以相等或者更低价格购买到与传统燃油汽车性能相似的新能源汽车，新能源汽车消费市场的需求量也有望增加。

13.3.2.3 车辆技术服务因子分析

截至案例调查时点，国内已经有 24 家企业、47 种新能源汽车产品列入中国生产企业和产品公告，这其中包含了电动车、混合动力车等，而我国目前首推的新能源汽车就是混合动力汽车和电动汽车，其技术支持方面却给消费者带来了很大担忧，许多被调查者担心新能源汽车会给自己出行带来不便，其中被提及最多的就是电动车充电问题，有些有购买意向的被调查者认为充电问题、维修问题是使他们迟迟没有决定购买的重要因素。通过此次调查发现，新能源汽车技术支持平台发展是否完善是最让北京市民担忧的，其担忧程度的平均分值排在首位。

然而目前国家电网发布消息称，将大范围开建电动车充电站，这一举措的实现将打消众多消费者的顾虑，成为新能源汽车市场的一个实质性突破。国家电网公司有关负责人表示，2010 年 12 月起在全国 27 个城市开建电动车充电站。目前国家电网已经在上海、天津和西安等城市开展电动车充电站建设试点。北京也在筹划加快建设电动车充电站。在上海建设中的电动汽车充电站将具有可与停车场、停车位相结合的优点，无须额外用地，便于未来规模的增加。随着新能源汽车的发展会给人们生活带来更多的便利。

13.4 北京居民新能源汽车购买决策主观影响因素分析

13.4.1 购买决策主观影响因素综合分析

实际上，购买决策是消费者的一种心理判断和行为选择，它是消费者在购物前形成一种想法，然后再下决心做出心理判断与行为选择，最后寻求并实现某一最佳预期目标的过程。在下决心做出心理判断时，消费者往往也会受主观因素的影响，比如对于新能源汽车的了解度、兴趣度、自身购买力等因素的影响，我们称为内部影响因素。这些内部影响因素也往往会受消费者自身特性影响，比如了解度受其学历等因素影响，兴趣度受消费者的年龄、学历、性别等因素的影响，购买力受其月收入、职业等因素影响。以下笔者从消费者对于新能源汽车的认知与兴趣度，消费者的购买力，以及潜在消费群体的特征 3 个主观影响因素对消费决策进行分析。

13.4.2 购买决策主观影响因素分类分析

13.4.2.1 认知度分析

认知是消费者意识到理想状态和实际状态存在差距，从而需要采取进一步的行动，在这个过程中消费者需要知道自己需要的是什么，商品是否适合消费者需求，只有在需求的推动下，消费者才可能产生购买动机和进一步的购买行为，因而认知在整个决策过程意义重大。

根据调查结果分析，北京市民对新能源汽车的认知度并不高。图 13-6 显示了北京市民对新能源汽车认知度的情况。

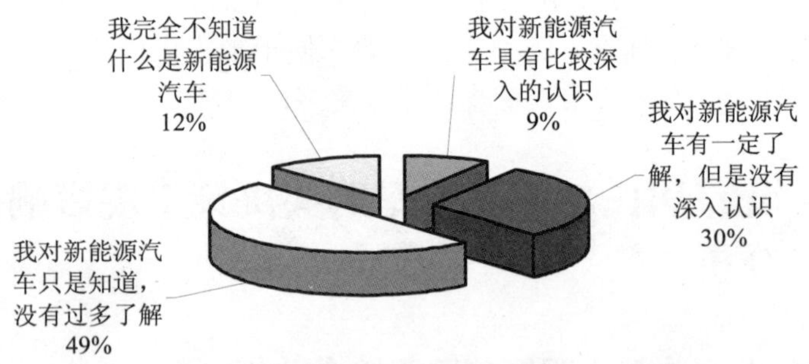

图 13-6 被调查者对新能源汽车的认知度

图 13-6 显示，将近一半的被调查者对新能源汽车只是知道，没有过多了解，还有 12%的被调查者完全不知道什么是新能源汽车，只有 9%的被调查者对新能源汽车具有比较深入的认识，有 30%的被调查者对新能源汽车有一定了解但是没有深入认识。多数不了解新能源汽车的被调查者都对新能源汽车的性能、安全性持有怀疑态度。因此，汽车生产厂家若要拓宽新能源汽车的销售市场，要加强媒体宣传，提高民众对新能源汽车的认知度，消费者如果对新能源汽车没有很好的了解，将可能不会考虑购买。

兴趣是人们对于事物认知的前提，经过列联分析卡方检验，笔者发现，对新能源汽车越感兴趣的人对其购买欲望也越强，此次调查有 33%的人表示对新能源汽车感兴趣，并且想要了解更多这方面的信息，这部分人群是未来新能源汽车的潜在消费者，还有 40%的人想对新能源汽车有一个大概的了解。为了使新能源汽车更好地推广上市，汽车厂家应该通过宣传，提高人们对新能源汽车的兴趣度，而不只是把它当成一个新生概念。

表 13-10 是新能源汽车兴趣度与购买意向列联表，笔者对其进行了从 Person 卡方检验，检验发现人们对新能源汽车购买意向与对其兴趣度有显著的关联度。

表 13-10　新能源汽车兴趣度与购买意向列联表

购买意向 / 兴趣度	感兴趣，想要了解更多这方面的信息	还可以，只想要有一个初步的了解	不是很感兴趣，但会偶尔关注一下相关信息	不感兴趣，也不想有进一步了解	总计
有购买意向	12	7	1	0	20
没有购买意向	21	33	19	7	80
总计	33	40	20	7	100

13.4.2.2 购买力分析

在消费者进行购买决策时，其行为还受其购买力的制约。新能源汽车作为日常生活中的消费品，而非必需品，在进入市场初期，一些新能源汽车的市场价格相对较高，一部分消费群体受购买力的制约，无从选择新能源汽车。在前面的购买决策客观影响因素的价格因素中，多数消费者对于新能源汽车的价格接受范围在 15 万～20 万元，可想而知，对于高出这个价格范围的车型，多数消费者不会产生购买兴趣。

为了更进一步证实购买力与购买意向的相关性，笔者对人们的价格接受范围和购买意向进行列联分析，并进行 Person 卡方检验和似然比检验，检验结果如表 13-11 显示，其 P 值<0.000，说明人们的价格接受范围的确影响消费者的购买意向。

表 13-11　购买力与购买意向的相关性的卡方检验

项目	值	df	渐进 Sig.（双侧）
Person 卡方	100.776[a]	18	0.000
似然比	110.638	18	0.000
线性和线性组合	2.89	1	0.089
有效案例中的 N	451		

在此调查研究中，假定购买力主要体现于人们的收入情况和购车计划，认为高收入群体的价格接受范围比较广，且购车计划年限越短的人群，越具有购买意向。由于涉及被调查者的购买计划、收入与购买意向 3 个变量，属于高维列联，本案例运用对数线性模型对不同水平的变量值进行预测分析。在此只考虑主效应，即其模型为购车时间、收入、购买意向 3 个变量的单独影响。其对数线性模型的表达式见公式（13.1）：

$$\ln(m_{ijk}) = \alpha_i + \beta_j + \gamma_k \qquad (13.1)$$

公式（13.1）表示具有 3 个变量的对数线性模型，在列联表中，不同的行变量列变量代表不同变量的不同水平，在此公式中 m_{ijk} 代表三维列联表中第 i 行，第 j 列，第 k 分组的频数，而 $\alpha_{i,}\beta_{j,}\gamma_k$ 分别代表 3 个变量在其 i,j,k 3 个水平上对于 $\ln(m_{ijk})$ 的影响。对对数线性模型的拟合优度的检验结果见表 13-12。

表 13-12　对数线性模型的拟合优度检验

	值	df	Sig.
似然比	677.657	144	0.000
Person 卡方检验	836.866	144	0.000

a. 模型：多项式。

b. 设计：常量 + 购车时间 + 收入 + 购买意向。

表 13-12 是对于收入、购车计划和购买意向的对数线性模型的拟合优度检验，Person 卡方检验中的 P 值＜0.000，说明其模型具有良好的拟合优度。对数线性模型的参数估计结果见表 13-13。

表 13-13　对数线性模型的参数估计

参数	估计	标准误	Z	Sig.	95%置信区间	
					下限	上限
常量	1.280[a]					
[购车时间 =1]	0.108	0.124	0.868	0.385	–0.136	0.351
[购车时间 =2]	–0.094	0.131	–0.717	0.473	–0.350	0.162
[购车时间 =3]	–0.443	0.144	–3.071	0.002	–0.725	–0.160
[购车时间 =4]	0[b]	—	—	—	—	—
[收入 =1]	–2.303	0.396	–5.810	0	–3.079	–1.526
[收入 =2]	–0.722	0.209	–3.455	0.001	–1.132	–0.312
[收入 =3]	–0.154	0.176	–0.876	0.381	–0.499	0.191
[收入 =4]	–0.783	0.213	–3.668	0	–1.201	–0.365
[收入 =5]	–0.074	0.172	–0.430	0.667	–0.412	0.263
[收入 =6]	0.028	0.168	0.168	0.867	–0.301	0.357
[收入 =7]	0.095	0.165	0.577	0.564	–0.228	0.419
[收入 =8]	–1.476	0.277	–5.326	0	–2.019	–0.933
[收入 =9]	–1.358	0.264	–5.139	0	–1.876	–0.840
[收入 =10]	0[b]	—	—	—	—	—
[购买意向 =1]	–1.609	0.266	–6.058	0	–2.130	–1.089

参数	估计	标准误	Z	Sig.	95%置信区间	
					下限	上限
[购买意向 =2]	0.111	0.149	0.745	0.456	–0.181	0.404
[购买意向 =3]	1.095	0.125	8.736	0	0.849	1.340
[购买意向 =4]	0^b	—	—	—	—	—

a. 在多项式假设中常量不作为参数使用。因此不计算它们的标准误差。

b. 此参数为冗余参数，因此将被设为零。

c. 模型：多项式。

d. 设计：常量 + 购车时间 + 收入 + 购买意向。

α_i 购车时间=1：有购车意向，在 1～2 年内打算买车

购车时间=2：有购车意向，在 3～5 年内打算买车

购车时间=3：有购车意向，但是在 5 年之内可能还不会购买

购车时间=4：没有购车意向

β_j 收入=1：收入在 2000 元或以下

收入=2：收入在 2 000～4 000 元

收入=3：收入在 4 000～6 000 元

……

收入=10：收入在 18 000 元或以上

γ_k 购买意向=1：我已经够买或将要购买新能源汽车

购买意向=2：我考虑购买新能源汽车

购买意向=3：我目前还没有考虑过购买新能源汽车

购买意向=4：我不打算购买新能源汽车

表 13-13 是购买力影响因素对数线性模型的参数估计值，α_i 代表购车时间的第 i 个水平对于 $\ln(m_{ijk})$ 的影响，β_j 代表收入的第 j 个水平对于 $\ln(m_{ijk})$，γ_k 代表购买意向的第 k 个水平对于 $\ln(m_{ijk})$ 的影响，从输出结果可以得到，在常数项为 1.28 的水平上 3 个变量的不同水平的估计值。

13.4.2.3 潜在消费群体特征分析

消费者的购买力、认知度和兴趣度等特点受个体特征的支配影

响，不同消费群体具有不同的群体特征，正是这种群体差异使得消费者产生不同的购买意向。在消费者行为学理论中将这种个体差异影响因素被称为群体特征影响因素，作为购买决策过程中的主观影响因素，它更具有代表性，也更容易让市场调研人员判断市场中的潜在消费者。

第一，购买群体年龄特征分析。虽然从总体来看，考虑过购买新能源汽车的人占 21%左右，但是不同年龄层对新能源汽车的购买意向存在着明显的差别。表 13-14 为新能源汽车不同年龄层购买意向分布表。

表 13-14 新能源汽车购买意向与年龄列联表 单位：%

购买意向 年龄	有购买意向	没有购买意向
19～29 岁	16.00	84.00
30～39 岁	26.67	73.33
40～49 岁	25.00	75.00
50～59 岁	12.50	87.50
总计	20.00	80.00

表 13-14 显示，50～59 岁年龄段的人群考虑购买新能源汽车的人数比例最少，为 12.5%，19～29 岁年龄段的人群考虑购买新能源汽车的人数也相对较少，为 16%，可推测这两个年龄段群体的购买意向不高，其原因不仅是对新能源汽车的兴趣度不够，还可能由于 19～29 年龄段的人群不具有足够的购买力，而 50～59 年龄段的人群已经购车或者没有购车计划。30～39 岁和 40～49 岁两年龄段购买意向的人数比例相对较高，分别为 26.66%和 25%，前者对新能源汽车最具有购买意向，并且这部分人群相对于低年龄段的人群更具有经济实力，将是未来新能源汽车市场的核心消费群体。

第二，购买群体收入特征分析。根据调查结果发现，在此次调查中月收入在 16 000～18 000 元的被调查者具有购买意向的比例高达 54.5%，其次是家庭月收入在 8 000～10 000 元阶段的人群，这部分人群中具有购买意向的人数比例为 30.8%，图 13-7 为不同家庭月收入水平的被调查者对新能源汽车购买意向的散点图的趋势曲线图。

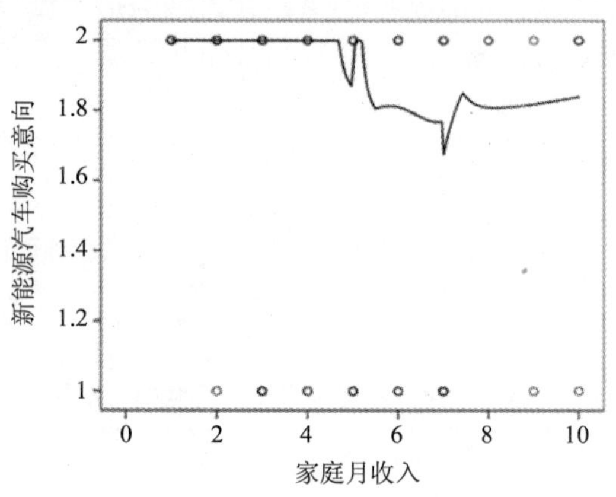

图 13-7 新能源汽车购买意向与家庭月收入的散点趋势图

图 13-7 中纵坐标“1”代表被调查者对新能源汽车具有购买意向，“2”代表被调查者对新能源汽车不具有购买意向；图 13-7 中横坐标从“1”到“10”是家庭月收入从 2000 元以下到 18000 元以上的 10 个收入等级。图 13-7 显示在家庭月收入在 8 000～10000 元以上的被调查者更倾向购买新能源汽车。笔者通过假设检验得到了同样的结果，即家庭月收入在 8000 元以下的被调查者的购买意向明显低于月收入在 8000 元以上的人群。

第三，购买群体学历特征分析。此次调查结果显示高中以及高中以下学历的被调查者中几乎没有人具有购买意向，而在大专及大专以上的被调查者中都拥有一定的新能源汽车潜在消费者，其中硕士以上学历的被调查者中有 50%左右的人考虑购买新能源汽车，而大专、本科和硕士学历人群中均有 20%。此次调查结果还发现大专以上学历的人群对于新能源汽车的兴趣度也明显高于大专以下学历的人群，由此可以将未来新能源汽车的消费人群锁定在高学历人群。

为了进一步说明不同学历人群未来对于新能源汽车的购买意

向，笔者将对于新能源汽车的兴趣度与被调查者的学历做了对应分析。见图 13-8。

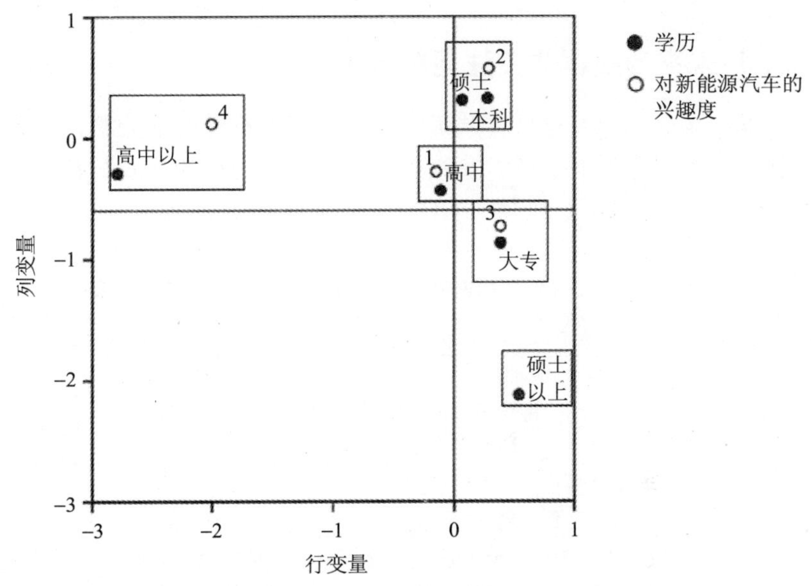

图 13-8　学历与兴趣度对应分析的二维投影图

图 13-8 是学历与对新能源汽车兴趣度对应分析的二维投影图，图 13-8 中的兴趣度用数字表示，其中“1”代表感兴趣，想要了解更多这方面的信息，“2”代表还可以，只想要有一个初步的了解，“3”代表不是很感兴趣，但会偶尔关注一下相关信息，“4”代表不感兴趣，也不想有进一步了解。笔者人为地将学历与兴趣度的投影分布分成了四个区域，其中一区域最为明显，显示高中以下学历与“4”对应明显，说明高中以下学历的人群对新能源汽车不是很感兴趣，比较不容易接受新能源汽车。而其他几个区域学历的与其他兴趣度的分布相对比较密集，由此可以说明高中以上学历的人群未来购买新能源汽车的可能性也较大。

13.5 北京居民未来消费群体的关注与选择

13.5.1 未来消费群体关注问题分析

通过筛选，笔者对具有购买意向的群体进行针对性分析，结果发现这些人群对于未来新能源汽车进入市场所担忧的问题与被调查者总体有着明显不同。见表 13-15。

表 13-15 具有购买意向的群体对新能源汽车上市担忧问题分值表

未来新能源汽车上市所担忧的问题	担忧平均分值
政府是否会出台相关政策或者给予一定补贴	5.65
新能源汽车市场价格会不会过高	5.35
新能源汽车是否具有完善的技术支持平台	5.25
新能源汽车燃料价格会不会过高	5.10
新能源汽车是否具有良好的性能	5.05
新能源汽车是否安全可靠	4.55
新能源汽车是否具有良好的售后服务	4.40

表 13-15 显示，具有购买意向的群体所担忧问题的前三位依次是政府补贴政策、新能源汽车价格、新能源汽车技术支持平台这 3 个问题。而没有购买意向的被调查者担忧问题的前三位依次是新能源汽车是否具有完善的技术支持平台、新能源汽车是否具有良好的性能、新能源汽车是否安全可靠。相比来看，没有考虑购买新能源汽车的人群所担忧的主要是新能源汽车自身的技术支持平台、性能、安全性、质量等问题，而有购买意向的人群主要关注价格、补贴政策等与自身购买新能源汽车相关性更强的现实问题。

目前考虑购买新能源汽车的人数比例在 1/5 左右，而真正购买新能源汽车或者将要购买新能源汽车的人数比例却只有 2%，若要让这些具有购买意向的消费者将计划付诸行动，需要通过政府和企业在实现新能源汽车合理价格和技术支持平台完善等方面的共同努力。

13.5.2 未来消费群体购车选择分析

具有购买意向的被调查者对于购车品牌选有不同的选择，如图 13-9 所示。

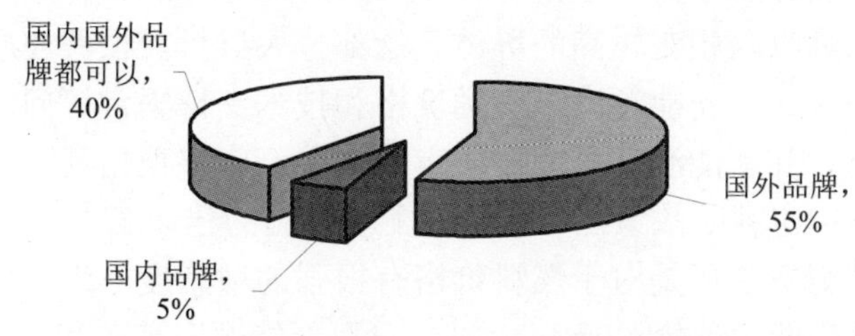

图 13-9　具有购买意向的被调查者购车品牌选择

图 13-9 显示，在对新能源汽车具有购买意向的被调查者中，有 55%的人倾向于购买国外品牌的新能源汽车，有 40%的人认为国内国外品牌的新能源汽车他们都能接受，还有 5%的人倾向于购买国内品牌的新能源汽车。综合来看，有 45%的人可以接受国内品牌的新能源汽车，有 95%的人可以接受国外品牌的新能源汽车。可见人们对国外品牌的质量、车辆性能的信任度要高于国内品牌的新能源汽车。可以预测在新能源汽车市场拓展的初期，多数人会选择国外品牌。未来政府部门要对购买新能源汽车的消费者给予补贴时，也需要考虑这些消费者对于品牌的选择倾向。

13.6 对策建议

为促进节能环保的新能源汽车产业在我国的发展，打开新能源汽车在北京地区的销售市场，首先政府和企业要加大媒体宣传力度，提高人们的认知度和兴趣度，只有更多的人了解新能源汽车才会有更多的人去关注、去考虑购买新能源汽车。其次新能源汽车配套设施的完善，是打消消费者购买新能源汽车顾虑的关键，只有逐步完善新能源汽车配套设施的建设，才会促使更多潜在消费者决定购买新能源汽车。

汽车厂家要确定核心消费群体，按照核心消费群体的喜好设计车型。笔者认为目前对于新能源汽车具有购买意向的人群普遍是对燃料价格敏感的环保爱好者，而且大多在 30 岁以上到 50 岁以下，学历与家庭收入相对较高的群体，这部分人群目前很关注政府是否出台相关政策、新能源汽车车辆价格和技术支持平台等问题。对于可以提早打开新能源汽车的销售市场，政府应该根据其购买偏好及价格期望制定补贴政策，尽快做好配套设施的建设工作。

多数消费者还是对于燃料价格有很强的敏感度，当新能源汽车的燃料价格低于油价 20%以上时，只要新能源汽车在其他方面得以完善后，有九成消费者表示会考虑购买新能源汽车。

即便未来政府补贴政策的支持等方案使得新能源汽车价格为多数人接受，还有近三成的人还是会因为新能源汽车性能、安全性等问题的不完善而不考虑购买，所以新能源汽车生产商依然不能忽视这两方面技术的完善。

参考文献

[1] 李效顺，曲福田，郭忠兴，等．城乡建设用地变化的脱钩研究[J]．中国人口·资源与环境，2008（5）：179-184.

[2] Carter AP. The Economic of Technological Change[J]. Scientific American，1996（214）：25-31.

[3] OECD. Decoupling：A Conceptual Overview[R]. Paris：OECD，2001：6-12.

[4] 朱显成，刘则渊．基于 IPAT 方程的大连水资源效率研究[J]．大连理工大学学报（社会科学版），2006（3）：39-42.

[5] 诸大建，邱寿丰．城市循环经济规划的分析工具及其应用：以上海为例[J]．城市规划，2007（3）：64-69.

[6] 邓华，段宁．“脱钩”评价模式及其对循环经济的影响[J]．中国人口·资源与环境，2004（6）：44-47.

[7] 赵一平，孙启宏，段宁．中国经济发展与能源消费响应关系研究：基于相对“脱钩”与“复钩”理论的实证研究[J]．科研管理，2006（3）：129-135.

[8] 陆钟武，毛建素．穿越“环境高山”：论经济增长过程中环境负荷的上升与下降[J]．中国工程科学，2003（12）：36-42.

[9] Jan Kovanda，Tomas Hak. Changes in Materials Use in Transition Economies[J]. Journal of Industrial Ecology，2008（5-6）：721-738.

[10] Tapio P. Towards a Theory of Decoupling：Degrees of Decoupling in the EU and the Case of Road Traffic in Finland between 1970 and 2001[J]. Transport Policy，2005（2）：137-151.

[11] OECD. Indicators to Measure Decoupling of Environmental Pressures for Economic Growth[R]. Paris：OECD，2002：4.

[12] Cleveland Cutler J，Ruth Matthias. Indicators of Dematerialization and the Materials Intensity of Use[J]. Journal of Indus trial Ecology，1998（3）：15-50.

[13] 段宁，邓华．“上升式多峰论”与循环经济[J]．世界有色金属．2004（10）：4-7.

[14] Christian Azar，John Holmberg，Sten Karlsson. Decoupling-past Trends and Prospects for the Future[R]. Ministry of the Environment of Sweden，2002.

[15] 段宁．物质代谢与循环经济[J]．中国环境科学，2005（3）：320-323.

[16] J W Sun，T Meristo. Measurement of Dematerialization Materialization：A Case Analysis of Energy Saving and Decarbonization in OECD Countries，1960—1995[R]. Technological Forecasting and Social Change，1999：60，275-294.

[17] Robert U Ayres，Udo E Sinmonis. Industrial Metabolism[M]. The United Nations University，1994.

[18] 黄海峰，李博．北京经济发展中的“脱钩”转型分析[J]．环境保护，2009（4）：23-26.

[19] 陆钟武．经济增长与环境负荷之间的定量关系[J]．环境保护与循环经济，2007（5）：4-5.

[20] Jarmo Vehmas，Jyrki Luukkanen and Jari Kaivo-oja. Material Flows and Economic Growth[J]. Finland：Turku School of Economics and Business Administration，2003：9-11.

[21] Organization for Economic Co-operation and Development（OECD），Indicators to Measure Decoupling of Environmental Pressure and Economic Growth[R]. Paris：OECD，2002.

[22] Economy-wide Material Flow Accounts and Derived Indicators：A methodological guide[R]. European Communities，2001.

[23] 赵立祥，等．日本的循环型经济与社会[M]．北京：科学出版社，2007.

[24] Kuznets S. Economic Growth And Income Inequality[J]. American Economic Review，1955（45）：1-28.

[25] Grossman G and Krueger A. Environmental Impacts of the North American Free Trade Agreement[N]. NBER，Working Paper，No.3914，1991.

[26] Managi S，Are There Increasing Returns to Pollution Abatement? Empirical Analytics of the Environmental Kuznets Curve in Pesticides[J]. Ecological Economics，2006（58）：617-636.

[27] Richmond A K，Kaufmann R K. Is There A Turning Point in the Relationship Between Income and Energy Use and/or Carbon Emissions?[J]. Ecological Economics，2006（56）：176-189.

[28] Galeotti M，Lanza A，Pauli F. Reassessing the Environmental Kuznets Curve for CO_2 Emissions：A Robustness Exercise[J]. Ecological Economics，2006

（57）：152-163.

[29] Khanna N，Plassmann F. The Demand for Environmental Quality and the Environmental Kuznets Curve Hypothesis[J]. Ecological Economics，2004（51）：225-236.

[30] Maddison D. Environmental Kuznets Curves：A Spatial Econometric Approach[J]. Journal of Environmental Economics and Management，2006（51）：218-230.

[31] DeBruyn S，R Heintz. The Environmental Kuznets Curve Hypothesis[M]. Oxford：Blackwell Publishing Co.，1998.

[32] 刘扬，王毅，等．能源 Kuznets 曲线：发达国家的实证分析[J]．中国管理科学，2008（16）：648-650.

[33] 李世祥，成金华．中国能源效率评价及其影响因素分析[J]．统计研究，2008（10）：18-27.

[34] 史丹．中国能源效率的地区差异与节能潜力分析[J]．中国工业经济，2006（10）：49-58.

[35] 杨中东．中国制造业能源效率的影响因素经济周期和重化工工业化[J]．统计研究，2010（10）：33-39.

[36] 冯蕾．2005—2007 年我国省际能源效率研究——基于 DEA 方法非意愿变量 CRS 模型的测度[J]．统计研究，2009（11）：31-35.

[37] 王霞，淳伟德．我国能源强度变化的影响因素分析及其实证研究[J]．统计研究，2010（10）：71-74.

[38] 吴巧生．中国工业化进程中的能源消耗强度变动及影响因素——基于费雪（Fisher）指数分解方法的实证分析[J]．经济理论与经济管理，2010（5）：44-50.

[39] 刘静华，涂国平．我国第二产业能源消耗强度变化的因素分解——基于结构份额和效率份额视角[J]．科技进步与对策，2010（12）：25-31.

[40] Chung H，S. Chung. Industrial Structure and Source of Carbon Dioxide Emissions in East Asia-Estimation and Comparison[J]. Energy and Environment，1998（95）：509-533.

[41] Ang and Zhang. B. W. Ang and F. Q. Zhang. Inter-regional Comparisons of Energy-related CO_2 Emissions Using the Decomposition Technique[J]. Energy-The International Journal，1999（244）：297-305.

[42] Vicent Alcantara and Rosa Duarte. Comparison of Energy Intensities in European Union Countries. Results of a Structural Decomposition Analysis[J]. Energy Policy，2004（32）：177-189.

[43] Zhang and Ang. F. Q. Zhang and B. W. Ang. Cross Country/Region Decomposition of Energy and Environmental Indicators[J]. Energy Economics，2001（232）：179-190.

[44] 王虹．利用脱钩理论对我国经济增长与能耗关系的测度[J]．软科学，2010（9）：23-27.

[45] 翟荣新，刘彦随，梁昊光．东部沿海地区农业结构变动特征及区域差异分析[J]．人文地理，2009（1）：72-75.

[46] 李光全，聂华林，等．中国农村生活能源消费的区域差异及影响因素[J]．山西财经大学学报，2010（2）：68-73.